U0710182

二十五史说略

王钟翰 安平秋 等著

中华书局

图书在版编目(CIP)数据

二十五史说略/王钟翰,安平秋等著. —北京:中华书局,
2015.1(2021.9重印)
ISBN 978-7-101-10464-6

Ⅰ.二… Ⅱ.①王…②安… Ⅲ.中国历史-古代史-纪传体-通俗读物 Ⅳ.K204.1-49

中国版本图书馆CIP数据核字(2014)第226454号

书　　名	二十五史说略
著　　者	王钟翰　安平秋等
责任编辑	申作宏
出版发行	中华书局
	(北京市丰台区太平桥西里38号　100073)
	http://www.zhbc.com.cn
	E-mail:zhbc@zhbc.com.cn
印　　刷	北京市白帆印务有限公司
版　　次	2015年1月北京第1版
	2021年9月北京第3次印刷
规　　格	开本/700×1000毫米　1/16
	印张27　插页2　字数400千字
印　　数	11001-14000册
国际书号	ISBN 978-7-101-10464-6
定　　价	49.00元

目　录

再版序言

李学勤

《十三经说略》、《二十五史说略》，由中华书局修订、再版，这是传承中华传统文化的好事。

两部书虽不厚，却是体大思精之作。这两部书对作为中国传统文化核心文献的《十三经》、《二十五史》(《二十四史》加《清史稿》)逐一介绍。执笔的二十几位学者，都是学养甚深的专门名家，堪称一时之选。现有几位先生已经故去，令人不禁感慨，只能读其文念其人。

全书各篇，既有系统的叙述，又有独到的见解，在行文上更注意深入浅出，便利学人。对于这样的好书，我是不敢随意讲话的，所能说的，首先是我自己一定会仔细绎读，其次是向广大读书界竭诚推荐。

古代学者对经史一贯推重。不少人自立课程，规定"刚日读经，柔日读史"(古人用干支纪日，日干值甲、丙、戊、庚、壬的为刚日，值乙、丁、己、辛、癸的为柔日)，坚持多年不废。这表明经史是当时文化的基本内容，为有教养的人所必须掌握了解。经过近百年的社会变革，今天我们的教育已有根本的改变，但是如果想认识传统的历史文化，还不能不对经史有概要的理解。这两部书就是为适应这种需要来设计的。

"经"在先秦时期已经存在。"经"字的本义是布帛的经线，经线贯穿于整幅布帛之间，从而"经"引申而有常、本的意思。被尊为基本典籍，常相传授的书，便叫做“经”。那些解释或发挥经义的，则称为“传”、“记”、“说”、“解”，后来还有“训”、“诂”、“注”、“笺”等名。

诸子作品也有称“经”的，如《墨子》有《经上》、《经下》、《经说上》、《经说下》，《管子》有《经言》和《解》，《韩非子》的《内储说》、《外储说》也有“经”。不过这些文献，即使在当时也没有得到普遍的尊崇，真正称得上是“经”的，只有《六经》。

《六经》见于战国，即《诗》、《书》、《礼》、《乐》、《易》、《春秋》，《庄子》的《天运》和《天下》、《商君书》的《农战》、《荀子》的《儒效》等篇都有记载。其中《天下篇》说：“《诗》以道志，《书》以道事，《礼》以道行，《乐》以道和，《易》以道阴阳，《春秋》以道名分，其数散于天下而设于中国者，百家之学时或称而道之。”可见《六经》不是儒家所特有。(《文史知识》编辑部编《经书浅谈》，杨伯峻《导言》，第2—4页，中华书局1984年版)

曾有学者以为《庄子》等记述或系晚出，战国时的“乐”本来没有成文，质疑是否有《六经》存在。最近，在荆门郭店楚简里发现了《诗》、《书》、《礼》、《乐》、《易》、《春秋》之名，次序与《庄子》等全然一致，这种怀疑便消除了。

秦火以后，《乐经》亡佚，汉朝只有《五经》立于学官。到唐代，《礼》有《周礼》、《仪礼》、《礼记》，《春秋》有《左传》、《公羊》、《榖梁》，加上《论语》、《尔雅》、《孝经》，共为《十二经》。宋明又增添《孟子》，于是定型为《十三经》。宋代有人提到把《大戴礼记》收入，合为“十四经”，但没有成功。

经被宣布为神圣不可侵犯，像清代《四库全书总目》就讲：“经禀圣裁，垂型万世，删定之旨，如日中天，无所容其赞述。”事实上，历代学者的注疏诠释，还是各抒己见，顺应时代的潮流，疑经、改经的事例也复不少，使经学有了丰富多彩的内涵。无论怎样，经在历史上的影响十分重大，不了解经与经学，实不足与言中国学术文化的流变。

和《十三经》类似，《二十五史》的形成也有相当复杂的过程。据文献记载，唐朝试士，以《史记》、《汉书》、《后汉书》为《三史》。北宋时刻书，增加《三国志》、《晋书》、《宋书》、《南齐书》、《梁书》、《陈书》、《魏书》、《北齐书》、《周书》、《南史》、《北史》、《隋书》、《唐书》和《五代史》,称作《十七史》。明代再加《宋史》、《辽史》、《金史》、《元史》,为《二十一史》。至清加以《明史》,称《二十二史》;武英殿本又有《旧唐书》、《旧五代史》,合成《二十四史》。民国时开明书店印行《二十五史》,是于《二十四史》外增收《新元史》一种。但在《清史稿》印行流布后,人们又逐渐将《清史稿》与《二十四史》合称《二十五史》,《新元史》慢慢就很少有人提到了。今天人们所言《二十五史》就是指《二十四史》加《清史稿》。

《二十五史》以西汉司马迁《史记》居首,然而中国修史的起源要更古远得多。我们看商代甲骨文已有"史"这一职官,又称"作册",专司文书记述之事。西周史职分工更细,金文如史墙盘详叙国史,史惠鼎引据《诗》文,都可看出当时史官的博学。至于《左传》、《国语》所载东周各国史官秉笔直书,不畏强权,尤其是众所周知的佳话。周代的史多为世袭,史墙一家即其明证。直到秦朝,法律仍然规定不是史的儿子不准去培养史的学室读书(参看李学勤《试说张家山简〈史律〉》,《文物》2002年第4期)。司马迁也是继承父业而任太史令的。此后公私修史,历代不绝,《二十五史》正是这一传统积累的主要成果。

在目录学上,《二十四史》称为"正史"。《四库总目》认为"正史体尊,义与经配",广泛流行的《书目答问》也主张"事实先以正史为据"。这些正统的看法自然带有偏见,贬低了所谓"别史"、"杂史"等的作用。连四库馆臣也以《资治通鉴》编纂时兼收博采为例,承认各类史书并存的必要(《四库全书》研究所整理《钦定四库全书总目》,第611页,中华书局1997年版)。不过《二十四史》中,有的如《史记》、《汉书》等是不朽名作,就是《宋史》、《明史》之类属集体撰修,但取材宏富,规模恢远,仍为研究者所必读。

我们不能要求人人都通读《十三经》、《二十五史》,但是希望大家对这两部最重要的文献有基本的知识,而且知道在需要的时候怎样去阅读和使用。《十三经说略》、《二十五史说略》正是帮助读者取得这方面知识的良好指导。

二〇一四年七月二十四日于清华园

《史记》说略

安平秋　张玉春

一、司马迁其人

1.承家学少负不羁之才，习坟典初奠鸿儒之基

古老的黄河流经的黄土高原孕育了灿烂的华夏文化，培育了众多璀璨巨星般的杰出人物。西汉景帝中元五年(前 145)，中华民族的文化巨匠司马迁就诞生于陕西韩城南、龙门山麓的芝川镇(西汉属左冯翊夏阳)。龙门山横跨黄河，奔腾的河水咆哮着将龙门山一分为二，两岸断山绝壁，相对如门，气势磅礴。龙门地理奇特，大禹疏通黄河，开凿龙门山，使其闻名遐迩。河水粼粼，鲤鱼腾跃，风光壮阔而神奇，陶冶了幼年司马迁的精神气质。司马迁的家世有着传统悠久的辉煌：先祖或为文臣典周史，或为武将立功名。据司马迁的追述，其远祖是颛顼时代主掌天文地理的重、黎之后(此系传说)，传至周朝，先祖程伯休甫为武将，任司马之职，遂以司马为姓。周宣王时程伯休甫失其官职，司马家族自此之后“世掌周史”。直至周惠王、襄王时，王室内乱，司马家族迁徙晋国，又移居于秦。公元前 621 年定居于龙门，为当地望族。其后三百年，司马迁的八世祖司马错成为秦国的名将，因功官为蜀郡守。六世祖司马靳是秦国名将白起的得力佐将，与白起共同在长平坑杀赵国降卒四十万。四世祖司马昌曾为秦始皇的主铁官。三世祖司马无

泽曾任汉市长(集市之长)。祖父司马喜官为五大夫。家学渊源深深地影响着司马迁品格、志向的形成,使他自幼便萌发了发扬先祖传统、光大家族荣耀的抱负。而对司马迁一生影响最大的是他的父亲司马谈。司马谈的精心培养和所寄予的厚望,直接导致司马迁最终撰写出不朽的史学、文学巨著——《史记》。

司马谈生年不详,卒于元封元年(前110)。他曾学天官(天文历法学)于唐都,受《易》(阴阳吉凶变化)于杨何,习道论(学术史)于黄子。唐都、杨何、黄子这三个人都是西汉前期活跃于朝廷的大学问家。天文历法学和《易》学是史官必备的知识和职掌,而道论则是哲学观与学术史的结合。司马谈以其深厚的功底与淹博的学识,成为名重当时、博古通今的渊博的学者。在武帝初年,司马谈撰著《论六家要旨》,创立阴阳、儒、墨、名、法、道德等六家名目,综合表达各种政治学术派别。这是我国第一部系统的政治学术史,它的贡献及价值正如梁启超所说:“其檃括一时代学术之全部而综合分析之,用科学的分类法,釐为若干派而比较评骘,自司马谈始也。……此六家者,实足以代表当时思想界六大势力圈,谈之提挈,洵能知类而举要矣。”(梁启超《司马谈〈论六家要旨〉书后》,载《饮冰室合集·专集》)司马谈评骘诸家学术,不仅只是对先秦以来的政治学术派别作一总结,主要和实现他的夙愿有直接关系,是怀着“成一家之言的企图,至少可以说是潜意识的企图”。(白寿彝《说“成一家之言”》,《历史研究》1984年第1期)熔六家之长于一炉,效《春秋》而著《史记》,成一家之言,《论六家要旨》鲜明地体现了这种意图。这种意图对司马迁的思想产生了深远的影响。我们看到《史记》所体现的思想尽管与《论六家要旨》的观点有所差别,但是可以说《论六家要旨》是《史记》基本的理论指导思想。

司马谈禀承祖业,在汉武帝建元、元封年间为太史令。他以修史为任为荣,效《春秋》而作《史记》,修撰一部淹贯古今的通史是他的夙愿,并为此做了充分的准备工作。司马谈深知实现这项宏基伟业非一辈人所能完成,所以,从司马迁诞生于龙门,便开始对他进行了有意识的严格培养教育,期望自己的夙愿在司马迁的手中实现。他对司马迁进行的教育培养包括两个方面:一是向司马迁讲述先祖“世典周史”的传统,灌输继承祖业的信念,强调史学事关民族兴衰、国家安定的重要作用,竭力培养司马迁对治史的爱好。司马谈的谆谆教诲和司马迁长期的耳濡目染,司马谈的理想已在司马迁心中牢牢扎下了根。他在《太史公自序》中说:“先人有言:‘自周公卒五百岁而有孔子。孔子卒后至于今五百岁,有能绍明世,正《易传》,继《春秋》,本《诗》、《书》、《礼》、《乐》之际?’意在斯乎!意在斯乎!小子何敢让焉。”司马谈修史立言的理想信念成为了司马迁为之奋斗终生的事业;二是在学识上的培养教育。司马谈深知修成一部与孔子《春秋》相媲美的巨著,撰著者不但要有超凡的品德,而且还要具备渊博的知识、深邃的思想;他不是期望司马迁成为普通的史官,而是期望他成为继孔子以来最卓越的史学家、思想家。为此,司马谈为司马迁创造了良好的教育环境,制定了严格的教育方法,加之司马迁聪颖的天资和勤奋的努力,能“年十岁则诵古文”(这里所谓的古文,是指用战国文字书写的先秦文献)。司马迁在《太史公自序》中说:“周道废,秦拨去古文,焚灭《诗》、《书》,故明堂石室金匮玉版图籍散乱。”秦始皇焚书坑儒,以小篆统一战国文字,使先秦文献遭到了毁灭性的劫难。司马迁诞生之时,用战国文字书写的先秦文献已难能得见,更不用说诵读了。而熟读这些文献却是治史的基本条件。司马迁能在十岁“诵古文”,一方面反映了他具有超人的天资,一方面体现了司马谈对他的严格教育和精心培养。虽然“秦拨去古文,焚灭《诗》、《书》”,但由于“司马氏世掌天官”,当然收藏着丰富的文献典籍,正如司马迁在《太史公自序》中所说:“百年之间,天下遗文古事靡不毕集太史公。”这是其他人无法具有的条件。在十岁以后的岁月里,司马迁阅读了《诗》、《书》、《易》、《礼》等几乎所有的古代典籍,又从司马谈系统学习了历法、天文、阴阳等专门知识,为成长为一名学贯古今的史学、思想、文学界巨擘奠定了雄厚的基础。

2.展视野青年壮游,遵遗嘱入仕太史

汉武帝元朔三年(前126),二十岁的司马迁,经过家学的熏陶,饱读了“天下遗文古事靡不毕集太史公”的文献典籍,成长为“胸有经史万卷”的青年学者。他已不满足于书本上得来的知识,开始寻求更广阔的知识领域。

于是在司马谈的支持与安排下，将视野投向社会，走出京城，开始了有生以来的第一次壮游。此行的主要目的在于“罔罗天下放失旧闻”，在探访名胜古迹、采集史事佚闻的同时，领略祖国壮丽河山，陶冶自己的情操。

司马迁壮游的范围重点在南方。他从京师长安出发东南行，出武关至宛。南下襄樊到江陵。渡江，溯沅水至湘西，然后折向东南到九嶷。窥九嶷后北上长沙，到汨罗屈原沉渊处凭吊，越洞庭，出长江，顺流东下。登庐山，观禹疏九江，辗转到钱塘。上会稽，探禹穴。还吴，游观春申君宫室。上姑苏，望五湖。之后，北上渡江，过淮阴，至临淄、曲阜，考察了齐鲁地区的文化，观孔子的遗风。然后沿着秦汉之际风起云涌的历史人物的故乡，楚汉相争的战场，经彭城，历沛、丰、砀、睢阳至梁，回到长安。广泛搜集了丰富的民间口传史料，着意搜求了古今人物遗事：如魏公子礼贤侯嬴的故事，苏秦、张仪等说士发迹的故事，陈涉佣耕垄上的故事，刘邦家居时喜酒好色的故事，韩信受胯下之辱及其葬母高敞地的故事，樊哙屠狗、萧何为刀笔吏、张良亡居下邳、周勃织薄曲、夏侯婴为车夫、陈平宰社肉等故事，补充了文献的不足；亲身体察了各地的民俗风情。此次壮游，涉及古代历史地理、民族、民俗等内容，取得了从传说中的黄帝到秦汉初年历史阶段中的重大历史事件和人物的补充材料，使他对全国山川地理了如胸中，正如顾炎武所说：“秦汉之际，兵所出入之途，曲折变化，惟太史公序之如指掌。……盖自古史书兵事地形之详，未有过此者。太史公胸中固有一天下之势，非后代书生之所能讥也”。（顾炎武《日知录·史记通鉴兵事》）日后，司马迁成功地运用了社会历史调查所获资料，将口传史料与文字史料相印证，补其缺，纠其错，使《史记》具有了极高的史料价值和学术价值。

这次壮游，使司马迁有机会接触了下层社会，了解了人民的疾苦，一幕幕人间的悲剧，震撼了他的心灵，唤起了对遭受苦难的百姓、对志向难酬的仁人志士的同情，也引起了他对黑暗势力的不满和憎恶。凡此种种认识和感情，他在日后撰写《史记》中都付诸笔端，使《史记》这部巨著洋溢着一种浩然正气。

司马迁青年时期的壮游，对形成他那豪放、激昂的性格精神及遒劲雄浑的文风起了举足轻重的作用。祖国大地上那莽莽苍苍、气象万千的景象，使他亲切地感受了汉王朝盛大的时代气息，坚定了他述史的志向；那峭壁挺拔、瀑布飞泻的名山，使他领略到山川的豪气，锤炼了他坚韧不屈的意志；那波涛翻卷、宽阔无边的大海，养就了他忍辱负重的宽阔胸怀；那汹涌澎湃、滚滚东流的长江黄河，激励着他为追求信念虽九死而不悔的品格。壮游陶冶了他的情操，开阔了他的视野，扩展了他的胸怀，使他的品德愈益崇高，使他的性格愈益豪放，使他的文采愈益飞扬，正如苏辙所说："太史公行天下，周览四海名山大川，与燕赵间豪俊交游，故其文疏荡，颇有奇气，岂尝执笔学为如此之文哉？其气充乎其中而溢乎其貌，动乎其言，见乎其文，而不自知也。"（苏辙《栾城集·上枢密韩太尉书》）这是《史记》能够成为"无韵之离骚"的原因之一。

司马迁壮游回到京城后，大抵在西汉元狩、元鼎年间，依赖家族的声望，入仕为郎中（《报任安书》云："仆赖先人绪业，得待罪辇毂下二十余年矣。"）。在汉朝的职官中，郎中是郎官的最低一级，职务是"掌守门户，出充车骑"，为皇帝的侍从。官职虽低，但平常亲近皇帝，所以也是荣耀之职。司马迁凭借他超群绝逸的才干，很得汉武帝的信任，常为侍从随武帝巡行郡县、参与祭祀、东巡封禅，这对他日后撰著《史记》有很大的帮助。

司马迁出仕郎中以后所做的第一件大事，就是奉使西征巴、蜀以南。司马迁对这次奉使出征极为重视，他在《太史公自序》中说："于是迁仕为郎中。奉使西征巴、蜀以南，南略邛、筰、昆明，还报命。"在他的一生游历中，此次西征、南略与二十岁时的壮游交相辉映。只是与上次不同的是，这次已不是司马迁的个人行为，而是肩负着朝廷的使命，以武帝的钦差大臣的身份去监军"西征"、"南略"，故而这次出游的性质是以军政为主。但是，作为一个成熟的学者，司马迁充分利用这个踏察民情、丰富见闻、增长学识的机会。这次奉使出征由汲县新中乡（今河南新乡县西）出发，前往巴、蜀以南广大西南夷地区，即今云南、贵州两省，以及四川南部、西部广大地区，最远之地达邛、筰、昆明，即今云南昆明、大理等地。历时一年又三个月之久。奉使西征及较长时间的考察与生活体验，引发了司马迁创作民族史传的激情。这次奉命出使，是司马迁最难忘经历之一。

游历天下名山大川，探寻历史遗迹遗址，搜访逸闻遗事，在司马迁的一生中占有重要位置，可以说是他生命的组成部分。除了二十岁的壮游和奉使出征两次系统的游历外，他还多次扈从武帝出巡。司马迁从元狩、元鼎年间入仕为郎中起，到征和四年扈从武帝最后一次封禅泰山止，侍奉武帝前后长达三十余年。汉武帝有经天纬地之才，深受当时的司马迁的钦敬崇拜。同时，汉武帝又多欲喜动，喜欢出巡游历，走遍大江南北。司马迁身为郎官，多次扈从出游，从巡时了解各地民情，考察历史遗迹，用以印证历史文献的记载。汉武帝西登空桐，北出萧关，西上雍祠五帝，东巡河东祠后土，南登嵩高祠太室，北过涿鹿，东到大海，封禅泰山，后经关中、关东、大河上下，举行祭礼山川百神的活动，这都包含着丰富的历史内容与现实生活场景。武帝所巡行的地域，也是中华民族传统文化的中心，五帝、夏、商、周、秦历代统治的中心，这对于司马迁搜集遗闻，撰写三代及春秋战国时期各本纪、世家，无疑有重大的影响。

司马迁非常满意这种扈从生活，尽心竭力侍奉武帝，他在《报任安书》中说："仆以为戴盆何以望天，故绝宾客之知，忘室家之业，日夜思竭其不肖之材力，务壹心营职，以求亲媚于主上。"这说明此时的司马迁怀有热烈的尽忠思想。

就在司马迁"务壹心营职"之时，元封元年（前110），汉武帝东巡泰山封禅，太史令司马谈作为顾问随从东行，不幸途中身患重病，不得不"留滞周南"。恰好司马迁刚刚奉使归来，在洛阳附近见到了病危的父亲。司马谈拉着儿子的手，悲伤地留下了遗言："……余死，汝必为太史；为太史，无忘吾所欲论著矣。且夫孝始于事亲，中于事君，终于立身。扬名于后世，以显父母，此孝之大者。……今汉兴，海内一统，明主贤君忠臣死义之士，余为太史而弗论载，废天下之史文，余甚惧焉，汝其念哉！"面对行将去世的父亲，司马迁恳切地低下头来，含泪向父亲庄严发誓说："小子不敏，请悉论先人所次旧闻，弗敢阙"，司马谈这篇感人肺腑的遗嘱，是向司马迁传授治史的任务和主体思想，要司马迁矢志继承自己的事业和理想——做太史令，完成通史著作。我们从司马谈的遗嘱中可以知道,司马谈临终念念不忘的是《史记》的撰著,把它看作是自己毕生的事业,要求司马迁接续下去。由司马迁的回答:“小子不敏,请悉论先人所次旧闻,弗敢阙”,可以看出,司马迁作《史记》是继承了父亲未竟的事业。因此,《史记》是司马谈、司马迁共同创作,是父子两代人毕生的心血结晶。司马谈的临终遗言对以后司马迁的思想产生了强烈的影响,成为他完成《史记》撰著的根本动力。司马迁守丧三年后,遵循父亲的临终遗愿,在元封三年(前108)继任为太史令。

3.遭腐刑忍辱著书,酬壮志成旷世盛典

自元封三年,司马迁继任太史令后,政务之暇,在认真整理司马谈为创作《史记》所编写的遗稿的基础上,开始了《史记》的撰著。前后大约用了十年左右的时间。这个时期,随着司马迁在政治上的成熟,对朝廷推行的政策有了更深刻和更理性的认识。汉武帝具有雄才大略,是地主阶级的优秀代表。在他执政的半个世纪里,在政治、经济、军事、思想方面均有建树。同时,由于他好大喜功的作为,使社会矛盾愈加激化,严重地动摇了封建帝国的根基。司马迁从维护封建王朝长治久安的根本利益考虑,在治国大政上与汉武帝产生了分歧。天汉三年(前98),因这种分歧而形成的矛盾终于暴发。矛盾暴发的导火索是司马迁为战败而投降匈奴的李陵辩护,触怒了龙颜,犯了“诬上”的弥天大罪,被系入狱,身受腐刑。

天汉二年(前99),汉武帝宠姬李夫人的哥哥李广利与李陵奉旨各自率军出击匈奴。结果李广利所率的三万大军损兵折将,残败而归;匈奴单于亲自率领八万重兵将李陵所率五千汉兵包围。汉军终因寡不敌众,全军覆没,李陵投降。消息传来,汉武帝“为之食不甘味,听朝不怡。大臣忧惧,不知所出”。(见《报任安书》,载《汉书·司马迁传》。下引同)司马迁“见主上惨悽怛悼,诚欲效款款之愚”,恰逢武帝召问,便对汉武帝坦陈了他的看法:“……(李陵)身虽陷败,彼观其意,且欲得其当而报汉。”当时,汉武帝对司马迁的意见未置可否。不料一年后,司马迁的“拳拳之忠”竟被武帝认为是“沮贰师”(李广利受封为贰师将军),“为李陵游说”,犯了“诬上”大罪,“遂下于理”。

按汉律,“诬上”罪是“大不敬”的欺君死罪。然而还有两种办法可以免死:一是入钱五十万赎死;二是用腐刑代替死罪。司马迁因为“家贫,货赂不足以自赎,交游莫救,左右亲近不为壹言”,只有在死与腐刑二者之间作选择。接受腐刑,将成为士大夫所不齿的“刑余之人”;可是“假令仆伏法受诛,若九牛亡一毛,与蝼蚁何异!”司马迁在极度艰难的生与死、荣与辱的严酷抉择之中,悟出了人生的真正价值,道出了震撼千古的至理名言:“人固有一死,或重于泰山,或轻于鸿毛,用之所趣异也。”他要忍辱而活,因为《史记》“草创未成,适遭此祸,惜其不成,是以就极刑而无愠色”。司马迁在荣与辱、生与死的痛苦抉择中更加懂得了人生的意义。

天汉三年(前98)十二月,司马迁受腐刑,天汉四年二三月间出狱。出狱后被任命为中书令。中书令是皇帝身边机要秘书长官,位卑而权重,被朝野目为“尊宠任职”。但是,身受腐刑,是司马迁难以忍受的侮辱,是对他精神和肉体的无以复加的摧残与折磨,以至使他“肠一日而九回,居则忽忽若有所亡,出则不知所如往。每念斯耻,汗未尝不发背沾衣也”。司马迁陷入了欲生不得欲死不能的痛苦境地,而他“所以隐忍苟活,幽于粪土之中而不辞者,恨私心有所不尽,鄙陋没世而文采不表于后也”。司马迁“有所不尽”的“私心”、“鄙陋没世”而“不表于后”的“文采”,就是父亲司马谈“所欲论著”的《史记》。这是一种何等巨大的精神力量!具有这种在逆境中奋起、做出一番事业来的崇高精神境界,是那些能够经受得起艰难环境磨炼的人。在中华民族的历史上,涌现了许多这样可歌可泣的杰出人物:“西伯拘而演《周易》;孔子厄而作《春秋》;屈原放逐,乃赋《离骚》;左丘失明,厥有《国语》;孙子膑脚,《兵法》修列;不韦迁蜀,世传《吕览》;韩非囚秦,《说难》、《孤愤》。《诗》三百篇,大抵贤圣发愤之所为作也。”这些杰出人物的不屈不挠的精神感召,也是司马迁忍辱撰著《史记》的动力之一。他继承父志,效法往代先哲,把毕生的精力和热血倾注在《史记》之中,终于在汉征和三年(前90)左右始创了一部旷世盛典——《太史公书》,为世界文化宝库增添了一颗最为璀璨的明珠。这颗晶莹璀璨的明珠已经并将永远为人类的文明、进步作出杰出的贡献。其后不久,司马迁离开了人世,一代文化巨星陨落了。

二、史记其书——宗旨

伟大的时代造就杰出人物，孕育出不朽著作。司马迁和《史记》正是汉代这个伟大时代的产物。《史记》能成为波澜壮阔、气势宏伟的巨著，固然与司马迁本人的经历、学识有密切的关系，更主要的还是时代所造就的。汉王朝建立后，汲取秦王朝暴政亡国的教训，实行清静无为、休养生息的治国方略，使汉王朝的政权得以巩固。汉武帝继承并发扬文、景的业绩，将汉王朝推向了强盛统一的巅峰，出现了前所未有的国家统一、政治稳定、疆域广阔、社会安定、经济发展、学术文化繁荣的局面。司马迁怀着欣喜的心情称颂了汉初的繁盛景象："汉兴，海内为一，开关梁，弛山泽之禁，是以富商大贾周流天下，交易之物莫不通，得其所欲，而徙豪杰诸侯强族于京师。"(《史记·货殖列传》)繁盛的社会景象，使司马迁立足于现实，对历史发展进程做以集中概括，展现时代的精神和特点。

这种时代精神的展现肇始于司马谈，完成于司马迁。司马迁在《太史公自序》和《报任安书》中对此作了鲜明的揭示，它是司马谈萌生创作一部反映这样时代巨著的主要原动力。司马谈在对司马迁的遗训中，非常明确地提出了《史记》的创作宗旨："今汉兴，海内一统，明主贤君忠臣死义之士，余为太史而弗论载，废天下之史文，余甚惧焉，汝其念哉！"在这里，我们可以看到，司马谈已为《史记》的撰写宗旨确定了基调，这正是司马迁在《史记》中所反映的主要内容：记载时势主宰者事迹，依其"王迹所兴"，着重是以记述传说中的五帝及夏、殷、周、秦、汉各代天子的大事来维系；世家中"二十八宿环北辰，三十辐共一毂"的"拱辰共毂"的立意，正是强调以天子为中心的等级制的思想体现；司马迁所记关系"天下所以存亡"及"扶义俶傥"中的许多人物事迹，正是以维系王朝兴衰、维护天子权威为重要内容来安排的。所有这些安排，都体现了司马迁维护、珍重国家和民族统一的强烈愿望，而这种愿望正是时代的呼唤和要求，是时代精神的体现。

司马迁在忠实遵循了父亲所制订的撰述宗旨基础上，将这个宗旨进一步升华，使之更为深远更为具体。不可否认，司马谈对家世的荣誉感和责任感,希望从更深层面上探悉社会历史演进及社会心理发展规律的强烈欲念,是他撰著一部与《春秋》相媲美的史著的最初动机。然而,促使这种动机强烈迸发的原动力,是司马谈亲身经历的汉初以来最为兴盛安定的社会状况,是那些他所见所闻、令他钦敬赞叹的"明主贤君忠臣死义之士",由此使他更为急迫地感到应该歌颂这个伟大的时代、伟大时代的辉煌业绩。而司马迁与其父的区别,是他看到了从汉武帝后期开始显示出来的更为复杂深刻的社会矛盾,所看到的多欲之主,酷法之治,兴利之臣,谄媚之辈及自身所遭到的摧残。所以,他对《史记》的创作宗旨有了更深刻的思考,提出"罔罗天下放失旧闻,考之行事,稽其成败兴坏之理,亦欲以究天人之际,通古今之变,成一家之言"。(《报任安书》)它与司马谈提出的创作宗旨互为表里,相辅相成,贯穿于《史记》通篇。

"罔罗天下放失旧闻,考之行事,稽其成败兴坏之理",是《史记》最根本的创作宗旨。司马迁尽其所能,搜集当时所能得到的文献记载、民间传说,进行综合分析考察,目的在于通过自古以来的重大社会史事,主要是历代帝王的交替现象,考察"王迹所兴"的轨迹,从中"原始察终,见盛观衰"。对帝王事迹考察评论,目的在于"稽其成败兴坏之理",总结历史治与乱的经验教训。综观《史记》全书,我们可以知道,"稽其成败兴坏之理"的"理",指的是历史发展的规律。司马迁作为一名史学家,就是要考查出历史发展的规律所在。然而,司马迁在考查成败兴坏之"理"的过程中,一些不符合历史发展规律的现象、结果令他困惑不解,他要进行深入的探究,这也是创作《史记》的宗旨之一,即"究天人之际"。

司马迁欲"究天人之际",就是要探寻"成败兴坏"过程中所表现出的不可理解的现象。"所谓天人之际者,盖谓古今之变,有非人之所能为者,则归之于天。此所谓天,非有深意,即孟子所谓莫之为而为者。故秦之成则归之于天。……天人参焉,故曰际"。(刘咸炘《太史公书知意·序论三·挈宗旨》)在历史发展的长河中,因出现人们所没有预料的偶然事件,进而改变了历史的进程和人物的命运。人们对产生这种偶然事件而导致的结果感到困惑,司马迁也同样感到不解。因而司马迁所要探究的就是产生不可预料结果的原因所在。有的学者把“究天人之际”理解为是司马迁在探讨人与神的关系，把“天”解释为具有人格意志的天命、天意，这是不恰当的。固然，盛行于汉代的董仲舒的“天人感应说”对司马迁是有一定的影响，使他在对某些具体人物或具体事件的解释、评论中，表现出一定的天命论倾向。但同时也不能否认，在《史记》的大量篇章中，也表现出司马迁具有强烈的反天命论的倾向。关键问题是“究天人之际”的“天”是什么性质的“天”。《史记》中关于“天”的含义有三种，即自然之天，命运之天，形势之天。应该说司马迁所欲“究天人之际”的“天”，既不指自然之天，也不是指命运之天，而是指形势之天。主张司马迁有天命论倾向的学者，大多援引司马迁在《史记》中对“命运之天”的议论为例证。可是他们忽略了在这种情况下，大多是司马迁对所谓“天道”所作的质疑和指责，而不是在探究它的原因。因此，“究天人之际”的“天”只能是“形势之天”。作为《史记》创作的宗旨之一，它是力图探究历史进程所出现的出乎人们意料的结果的真正原因，揭示“形势之天”对历史进程、人物命运的影响，进而能正确、客观地分析形势。而要真正做到这一点，就要“通古今之变”。

“通古今之变”就是通观、贯通“古今之变”，是《史记》“究天人之际”创作宗旨的进一步深入和更全面的把握，它对历史进程中出现的某些逆转的事件、某些人物的反常命运找出了答案。司马迁在《史记》中对那些逆转的事件、那些遭遇反常命运的人物，时常发出“岂非天哉！”、“岂夫命也哉！”、“岂可谓天乎！”等慨叹，似乎是对这种现象无能为力。但他在“通古今之变”的创作宗旨的指导下，则揭示了这种逆转和反常现象虽似偶然，却是蕴涵在历史发展的必然规律之中。“通古今之变”旨在提出用“通观”的思维去对待历史发展进程中的“变”，用贯通的方法去认识分析历史进程中产生的“变”。司马迁提出了贯彻“通古今之变”这一宗旨的最基本的方法是“原始察终，见盛观衰”。“原”是考察原由的意思，“始终”，指的是因果关系。“原始察终”，就是追原其始，察究其终，把握历史演变的全过程来看它的原因、经过、发展和结果。对此，司马迁作了进一步的解释，他说“维三代之礼，所损益各殊务，然要以近性情，通王道，故礼因人质为之节文，略协古今之变”,(《史记·礼书》)“略协”就是综核、考察而把握大纲的意思。司马迁综核历史,鲜明地表现了历史是不断发展、进化和变革的观点,而且愈向前发展,变革愈烈。司马迁的这一思想旨在说明历史发展具有时间上的连续性和空间上的广阔性。解释历史应该着眼于历史长河的变化和发展过程,拘于一时、一事、一地的评论分析,是不能体察出历史发展的客观规律的。“见盛观衰”,这是司马迁认为对待历史发展,不仅要体察古今变化,而且能在事物发展变化的兴盛阶段,要看到它转化的起点,观察出导致事物衰败的迹象。这就是“见盛观衰”的历史观点。司马迁用这八个字来看人类社会历史的发展,把整个历史看成是一个不断兴衰发展的连续系列,要洞悉它的发展过程,不仅要作贯通的研究,还要考察它的不同阶段。前一段历史是后一段历史发展的原因,后一段历史是前一段历史发展的结果。司马迁贯通的历史观点,充分体现在《史记》对历史进程的叙述中,对古今的详略层次、发展变化划分段落,详变略渐,把握“变”的规律;也鲜明地表现在《史记》的具体内容中,朝代更替,制度建立,对民施政等各个方面都表现了这些进步的历史观。司马迁本着上述宗旨创作《史记》,最终目的是要“成一家之言”。“成一家之言”是《史记》创作宗旨的归结点。

“成一家之言”是司马迁在历史学上的一个首创,目的就是要独立成家,自立为言,建立自己的思想体系。对于司马迁“一家之言”之“家”的归属,也就是说司马迁的主体思想,学术界见解不一:有的认为他尊崇道家,有的说他尊崇儒家,有的折衷,认为他既尊道家也重儒家,也有人认为他是杂家。全面分析司马迁的思想,可以明确地说,司马迁不属于先秦六家中任何一家,也不是杂家,是先秦时代所根本没有的一家。从总体上看,可以说司马迁是西汉时期出现的史家,但他并不同于后世所说的史家,也就是说,他是不同于任何史家的史家。司马迁提出“究天人之际,通古今之变”,为的是“稽其成败兴坏之理”,即探讨影响人类社会发展的种种关系,总结古往今来历史变化的规律。这两种观点构成了他的“一家之言”,也就是他创作《史记》的宗旨。这正是司马迁和其他史家的不同之处。司马迁的“一家之言”和通史巨著,不是用“史家”之作所能范围的。从史学史的发展角度来看,中国史学源远流长。商周时代，王室就有了史官。当然，如果没有《尚书》、《左传》、《国语》、《春秋》、《战国策》等史籍，《史记》不可能凭空创作出来。但是追溯历史，先秦时代没有、也不可能有任何一个历史家写一部“究天人之际，通古今之变，成一家之言”的历史巨著。所以史学在司马迁以前尚处在童年时期。司马迁的“一家之言”，是通过他的体大思精的创作——《史记》全书体现出来的完整的思想体系，而它的内容是一部治世的百科全书。同时《史记》又以它雄健峻洁、委婉含蓄的文采，成为世界文学宝库中的一枚奇葩。可以毫不夸张地说，《史记》是熔文史哲于一炉的旷世大典。因此可以这样认为：史学是一家言的载体，文学是一家言的光泽，思想是一家言的灵魂。司马迁是集文史哲于一身的大思想家和文化巨人，既是历史学家，也是文学家、思想家。所以司马迁的“一家之言”是仅属于他本人的、完整的、包罗万象的思想体系。这个体系的核心是探寻社会成败兴坏的规律。

三、史记其书——体例

司马迁开创了宏伟而博大精深的五体结构体史例，从而孕育了纪传体史书的诞生。自班固以下，历代效仿，成为中国传统史学的主干。《史记》成为饮誉世界的名著，体例的创新起到了重要作用。体例是一部典籍各部分之间联系的方式和方法，是反映作者世界观、主导思想，特别是所要包含的内容的载体，即创作思想和创作内容的表现形式。《史记》的体例充分体现了司马迁对所记时代的社会结构、结构间的相互联系与发展变化的观点，清楚客观地表现所记各种人物、事件、典制等在社会历史中所处的位置，正确认识各种人物、事件、典制等对历史影响的性质与作用。因此，它既是作者所处时代的历史认识水平的一个侧面的如实反映，同时也是作者世界观和方法论在学术上的生动体现。从这样的理解出发，就会更清楚地认识到《史记》开创的五体史例的重要意义。

《史记》体例由五体构成：《本纪》十二篇，《表》十篇，《书》八篇，《世家》三十篇，《列传》七十篇，凡一百三十篇，五十二万六千五百字，原题《太史公书》，东汉桓、灵之际，始名《史记》。

1.本纪

“本纪”之意是法则、纲要。采用编年、记正朔的形式，以王朝为体系，记载天子、国君及时势主宰者的事迹，反映朝代变迁大势，是认识历史的纲纪。司马迁考察王迹兴衰的历史，详略有别地区分时代大势，作十二本纪，将汉以前历史划分为上古、近古、今世三个段落。五帝、夏、殷、周等四篇本纪写上古史，合称五帝三王。其中《五帝本纪》叙述传说中的黄帝、颛顼、帝喾、唐尧、虞舜时代的史事，大体反映了古代氏族社会末期的一些历史线索。《夏本纪》、《殷本纪》、《周本纪》，分别叙夏、商、周三代的史事，是关于三代史实惟一较系统较完备的记载，从中可以了解我国古代奴隶制国家形成、发展与衰亡的历史脉络。中心是表现儒家宣扬的“德治”政治的兴衰，突出记载了尧、舜的禅让，这是儒家的理想政治。《秦本纪》、《秦始皇本纪》、《项羽本纪》三篇本纪写近古史，中心表现春秋战国以及秦汉之际霸政兴衰的历史。《秦本纪》、《秦始皇本纪》，叙秦先世业绩，以及秦始皇并兼六国建立统一的中央集权的封建国家和二世而亡的有秦一代的史事。《项羽本纪》，叙秦末及楚汉之际的史事，主要记楚败汉兴。《高祖本纪》、《吕太后本纪》、《孝文本纪》、《孝景本纪》、《孝武本纪》，集中叙述了汉兴百年间的史事，是《史记》的当代史部分。中心表现汉家得人心归附而兴起；刘邦战胜了暴虐的项羽而有天下；吕太后“政不出房户，天下晏然，民务稼穑，衣食滋殖”；汉文帝“专务以德化民，是以海内殷富，兴于礼义”。进而得出结论：“汉兴，至孝文四十有余载，德至盛也。”汉家以力取天下，承袭秦制而无为，带着道家的色彩，是德力结合的政治。汉武帝外儒内法，以多欲取代无为，时势又为之一变。汉兴，隆在建元(前 140—前 133)，由于过度使用民力，在汉武帝鼎盛之时已显露出衰败的端倪。“原始察终，见盛观衰”，可以从十二本纪的王迹兴衰变迁中总结出规律来，那就是民心向背决定着事势的发展。在司马迁笔下展示出德与力两种政治的对比：秦国两个本纪写取天下“得之难”与“失之易”的对比；项羽、刘邦两本纪写强弱转化的对比，都是民心向背起了根本的作用。《史记》以人为中心述史，本纪的勾画，正是全书的著述大纲。

2.表

《史记》十表,因"并时异世,年差不明"而作。以表列三代以来的世系与年代,以时间为中心综合记录当时发生的各种历史事件。十表统括了错综复杂的年代与区域发展,分为"世表"、"年表"、"月表"三类。

十表编年与十二本纪互为经纬,划分时代段落,展现天下大势,亦为全书纲纪。两体篇目均按年代顺序排列。年表编年进一步以时代变革划分段落,打破了王朝体系,揭示天下大势更为明晰。十表明确地划分古代三千年史为上古、近古、今世三个段落、五个时期。上古史表分为《三代世表》和《十二诸侯年表》两个时期:《三代世表》,起黄帝,迄西周共和,表现积德累善得天下的古朴时代;《十二诸侯年表》,起共和,迄孔子卒,即公元前 841 年至公元前 476 年,表现王权衰落的霸政时代。近古史表分为《六国年表》和《秦楚之际月表》两个时期:《六国年表》,起周元王元年,迄秦二世之灭,即公元前 475 年至公元前 207 年,表现暴力征伐得天下的战国时代;《秦楚之际月表》,起陈涉发难,迄刘邦称帝,即公元前 209 年至公元前 201 年,详著月表以表现五年之间天下三擅的剧烈变革时代。从秦亡至西汉统一是五年,但月表溯及陈涉发难,共八年。汉世诸表为今世史表,一个时期:汉兴以来六表,分类条析,表现大一统的今世时代。

《史记》十表是司马迁的精心之作,它以经纬纵横的形式表现天下大势,又能把纷繁的历史内容纳入尺幅之中,使人一目了然。十表还以多种结构的形式表现笔法义例。十表的内部结构分为四种:《三代世表》谱列五帝三代世系,以帝王世次为经,以诸侯世系为纬;《十二诸侯年表》、《六国年表》、《秦楚之际月表》、《汉兴以来诸侯王年表》以年月时为经,以国为纬,表现自西周以来诸侯分封以及兴衰发展大势;《高祖功臣侯者年表》、《惠景间侯者年表》、《建元以来侯者年表》、《建元以来王子侯者年表》,是分类表现百年汉史一个时期的历史,故以国经而年纬,以观一时之得失;《汉兴以来将相名臣年表》以大事为主,年经而人纬,观君臣之职分。十表内容不仅表现天下大势,而且紧密地与本纪、列传互补,凡传之不胜传而事实又不容尽没的历史人物,则载于表中。由于十表结构的特殊和文字简明,所以它容纳了大量的历史内容以资考证,并且是联系纪、传的桥梁。

3.书

“书”是以事类为纲,叙述同类性质的重要史事及其发展过程。八书之中,《礼书》、《乐书》、《兵书》亡缺,后人分《律历书》为《律书》、《历书》,以足八书之数(依司马贞说)。今本八书中《礼书》、《乐书》、《律书》正文前均有序,研究者认为为司马迁原文,或为司马迁草创未就,后人有所改窜、增补,尚无定论。司马迁认为礼、乐、兵、律历、天官、封禅、河渠、平准等八个方面,是经国大政,因此,八书的内容是影响国家社会政治发展的重要典章制度。其中《礼书》、《乐书》,记述礼乐制度,多发议论,阐述了礼乐是维系社会统治的一项根本原则,目的是明确封建等级制度。《律书》,主要记述五音六律,阐述了律、吕之间的关系,认为六律是万事的根本,在典章制度中具有重要地位,并认为律、吕的平衡与否,关系到是否会发生战争。所以,在此书中系统地陈述了自黄帝至近世军事家的事迹并总结其思想、经验,以说明战争的规律及其对社会历史发展的作用。《历书》(只存原序),记述黄帝以来夏、商、周至汉代制定历法的思想、制度及其有关的历法发展情况,论述自古以来制定历法都是以日、月、五星的运行规律作标准,以观察四时物候为验证,体现了司马迁遵从客观实际的进步思想。《天官书》,记天文星象,它在两千多年以前精确地记载了几百个星体、星座及其出没的时间和季节运行的规律,与我国古代第一部记星象的《甘石星经》具有同等不朽的价值。但从文化思想的发展方面看,《天官书》最重要的价值,是表现了我国古代关于“天人合一”的重要思想。《封禅书》的前一部分,记述秦以前的封禅大事,也记山川形势;后一部分主要叙述汉武帝封禅事,体现了与皇权神化的思想密切结合,表现了人对天地观念的利用及人自身的追求。司马迁虽然在一定程度对封禅持肯定态度,但对汉武帝实行封禅是取批判态度的。《封禅书》将汉武帝物欲不尽,梦想长生不老、升空登仙的种种意念、思虑和盘托出,就是对他的抨击和否定。《河渠书》记述了全国的主要河流与古代著名的水利工程,诸如禹疏九川入海、开鸿沟通济汝淮泗、蜀守李冰凿建都江堰、西门豹引漳水溉邺、秦修郑国渠等,也记述了汉代治理黄河等大型的水利工程，反映了统一规划与管理修治全国的灌溉系统是古代国家的一项重要职能。但是古代国家治水的更加重要的目的是为了漕运，为中央政权提供所需的粮食和其他物资。所以，《河渠书》在政治思想上，充分体现出肯定了“官民”利益的一致性。《平准书》，主要记叙了汉武帝时代的财政经济政策，展现了汉初百年间经济的发展和变化，突出表现了“官民”之间的利害关系。《平准书》首先记汉初的休养生息使经济得到恢复和发展，然后述汉武帝时代封建国家经济的繁荣，进而转向指出汉武帝所推行的外攘夷狄、内兴功业而导致国家财政空虚。由此而采取的“兴利”的种种措施，不是发展生产，增加财富，而是与民“争利”，结果是一切社会弊病均由此生。司马迁将《平准书》列为八书之一，把经济财政政策纳入“国家大体”之中，反映了司马迁思想观念的进步性。

4.世家

“世家”是《史记》五体中比较复杂的一种。它是用编年和纪传的形式，记载捍卫天子的诸侯、有功于国家的勋贵、于民族有杰出贡献的先贤、于历史进程有重大影响的俊杰的家族或个人的历史和事迹。虽然世家所记人物复杂，但仍可以依其性质做出明确的归类。《史记》三十世家，可以分为六类：(1)从开篇的《吴太伯世家》第一至《田敬仲完世家》第十六，所记为春秋时代的列国诸侯吴、齐、鲁、燕、管、蔡、曹、陈、杞、卫、宋、晋、楚、越、郑，又加上战国时代的各国诸侯田齐、韩、赵、魏等，他们都是周王朝的屏藩之臣。这一类是编年纪事，形式上与本纪大体相同，只是比本纪地位略低一等。又因不是采用纪传体，在记事上不如列传详尽。(2)《孔子世家》，孔子入世家，是因为他虽是处在势衰道微时势下的一布衣，但他编修“六艺”，为维护天子的地位作出了不朽的贡献，也是为汉朝制度立下了大经大法，符合司马迁所定的列入世家的条件。(3)《陈涉世家》，陈涉入世家，是因为汉朝的建立，陈涉有首难之功。(4)《外戚世家》，司马迁所说的“外戚”不同于后世所说的皇后的家族，而是专指皇家妇室。这里所记的是吕、薄、窦、王诸太后及卫皇后、王、李二夫人。司马迁认为皇太后、皇后是王室的辅佐，与王朝的兴衰关系密切。(5)《楚元王世家》、《荆燕世家》、《齐悼惠王世家》、《梁孝王世家》、《五宗世家》、《三王世家》，此六家均是王室宗亲，是王朝“藩辅”，天子“股肱”。(6)《萧相国世家》、《曹相国世家》、《留侯世家》、《陈丞相世家》、《绛侯周勃世家》，他们是汉代开国的社稷之臣，辅弼肱股。

《史记》世家的人物、侯国的构成可谓林林总总，但哪些人可以入世家，司马迁有其明确的标准，这就是“非天下所以存亡”者不著。(《史记·留侯世家》)司马迁遵循这一原则而确定可入世家的人物和侯国：列入世家的个人必须是对天下兴亡有特别影响之人；列入世家的侯国必须是对历史的发展、王朝的兴衰发挥了重要作用之国。研究者曾对《史记》世家的概念作过种种概括，朱东润概括得最为客观明确，他说：“周汉之间，凡能拱辰共毂，为社稷之臣，效股肱辅弼之任者，则史迁入世家；开国可也，不开国可也；世代相续可也，不能相续亦可也。乃至身在草莽，或不旋踵而亡，亦无不可也。”(朱东润《史记考索》)从世家的创作原则到各世家的具体写法，都可以看出，司马迁订立列入世家的原则是为“稽其成败兴坏之理”的创作宗旨服务的。

5.列传

“列传”主要记述了周秦至汉武帝时期重要的历史人物、民族、邻国及各类特殊事业的有关事迹。从形式上可分为五类：(1)专传，指专为一人立传。凡立专传的人，均是司马迁认为在历史上具有独特地位的人。(2)合传，将若干人物合为一传。这些人物，或是职业相同，事迹相关，或是前后相承，彼此相形。或对照或连类，故合传人物往往打破时代界限，上溯下及，如《白起王翦列传》、《鲁仲连邹阳列传》、《屈原贾生列传》等是下及，《扁鹊仓公列传》是上溯。在连类相及时，合传与类传相通。如《孟子荀卿列传》，附列人物十一人，实质是一篇先秦的“诸子列传”。《汲郑列传》，可以看作是汉代的“黄老列传”。这两篇合传均可视为类传。(3)类传，或是把性质相同、行为相类的人物并为一传，以类标题，如《游侠列传》、《货殖列传》。(4)附传，凡未入传目标题的人物为附传。专传、合传、类传三种皆有附传。正传与附传，表示列传人物的主次，附传并非为可有可无的附属物。(5)自传，七十列传的最后一篇《太史公自序》，是司马迁的自传。司马迁的家世源流，论著始末，备见于此；《史记》的大纲细目，记述得粲然明白，其文字贯串，累累如贯珠,灿然夺目;作者的悲壮之情,力透纸背,豪放之气,势薄云天。读之令人振奋,催人深思,是“史家之绝唱,无韵之离骚”的最高体现。读《史记》,不可以不读《自序》。读《史记》之前,不可不先读《自序》。

《史记》五体,以七十列传的内容最为生动活泼,丰富多彩,具有非常广阔的社会面。历史人物除了活跃于历史舞台的政治家、军事家、思想家、各色英雄豪杰之外,下层社会的侠客、医卜、商贾、俳优、博徒、猎户、妇女等,凡在人类社会发展过程中起过作用的代表人物都叙入史中。时间从上古到当代,地域从中原到八荒。司马迁不仅把周边民族纳入史传,还把大宛等外国民族纳入史传,使《史记》具有古代世界史的意义。

司马迁在运用《史记》五体的过程中,在卷前或卷末,以“太史公曰”的形式,表明他对历史人物的爱憎、对历史事件的评价,后世称之为“《史记》论赞”。“太史公曰”在形式上仿自《左传》的“君子曰”,但把这种形式发展成为史学理论,却是司马迁的首创。“太史公曰”的内容非常广博,涉及政治、经济、军事、思想文化、天文地理、伦理世俗等,往往补篇中所未备。议论宏阔,笔势纵横,言辞精练,旨意深微,或叙游历所得,或揭示取材义例,或明述作之旨,皆直抒胸臆,观点鲜明,构成了系统的历史学理论,是我们了解研究司马迁思想的主要根据。

总括五体所载内容,本纪侧重载述朝代兴亡及政治演变大势;表侧重阐发历史发展的阶段大势;书侧重探讨天道观和典章制度的演变,并指陈时政;世家侧重表彰对促进历史的发展、维护王朝的统一作出贡献的诸侯和个人;列传侧重记载不同时期各色代表人物的活动,反映广阔的社会生活。几种体裁相辅为用,相得益彰,融合为一个整体,载述了丰富的历史内容,蕴涵着深刻的历史哲学,从而构成了博大精深的体系。

四、史记其书——材料来源与整理

司马迁在《太史公自序》中引孔子的话说:“我欲载之空言,不如见之于行事之深切著明也。”“见之于行事”,就是用事实、靠材料体现自己的观点主张。他“绌史记石室金匮之书,罔罗天下放失旧闻”,搜求了丰富的原始材料，并运用“厥协六经异传，整齐百家杂语”的方法，将经过整理取舍的材料融会于《史记》之中，去实现“稽其成败兴坏之理”的宗旨，展现了中华民族近三千年发展进程的雄伟画卷。

1.紬史记石室金匮之书，罔罗天下放失旧闻

《史记》凝聚了司马谈、司马迁父子两代人的心血，自司马谈萌生创作《史记》的意念始，就着手进行材料的搜求工作。所以，《史记》取材丰富而具体，广博而典型。概括起来，大致来源于以下三个方面：

（1）纵览秘府典籍，遍观秦汉文档。《太史公自序说》：“紬史记石室金匮之书”，史记指旧书掌故，石室金匮之书则是西汉国家图书馆所藏图书档案。西汉至惠帝时废除秦代的“挟书律”，文帝时“广开献书之路”，到武帝时“建藏书之策，置写书之官”，以至“书积如丘山”。司马迁父子两代任太史令，职责之一就是掌管国家藏书（《史记·太史公自序·集解》：“如淳曰：‘《汉仪注》：太史公，武帝置，位在丞相上。天下计书先上太史公，副上丞相’”），所以，司马迁自豪地说“百年之间，天下遗文古事靡不毕集太史公”。而且在汉初，朝廷就已对典籍文献作了初步的整理分类（《史记·太史公自序》：“于是汉兴，萧何次律令，韩信申军法，张苍为章程，叔孙通定礼仪，则文学彬彬稍进，《诗》、《书》往往间出矣”），提高了文献的利用效率。因此，司马迁具有任何人所不具备的优越的利用文献的条件。

司马迁运用西汉国家图书馆的资料大体包括两个方面：一是自西周至秦汉的典籍文献。司马迁撰著《史记》，在具体篇章常常用“予观《春秋》”、“其发明《五帝德》”、“余以《颂》”、“采于《书》、《诗》”、“余读管氏商君《开塞》、《耕战》书”、“皆道《孙子》十三篇，”、“世之传郦生书”，或以“《礼》曰……”、“《周官》曰……”等方式说明所用材料出自的典籍。除此之外，司马迁在具体篇章中还以种种方式，或是直录书名，或是采用某书之文等，显示出引用典籍的线索，为我们展现了西汉图书宝库的丰富收藏。据张大可先生考证，《史记》引书可知书名者达一百零六种之多。（张大可《史记研究·载于〈史记〉中的司马迁所见书》）用后世的图书分类法划分，它包括了经、史、子、集各类图书。至今，这些典籍半数已经亡佚。而且，这并不能说司马迁著《史记》所

引典籍仅限于此。《史记》所引典籍，应该有相当一部分在西汉以后就已亡佚，自《汉书·艺文志》起就没有著录，致使我们难以知晓。仅从今天可知的典籍来看，已足以说明司马迁引用先秦至汉代的典籍是相当丰富的，正如班固所说："亦其涉猎者广博，贯穿经传，驰骋古今，上下数千载间，斯以勤矣！"(《汉书·司马迁传》)二是皇家图书馆所藏的自秦至汉所保存的档案文献资料。这些档案文献资料虽没有成书，但它的史料价值并不低于典籍，或者可以说更重要、更宝贵。因为它们是没有经过加工的原始材料，更具有真实性、可靠性。秦灭亡后，幸赖萧何的远见而将"秦丞相御史律令图书"藏入西汉国家图书馆。(《史记·萧相国世家》)这里的"图书"，是指地图和官方文书，应该包括郡县分布及各地形势图、户籍、制诏律令、盟约条例、军事活动进程及朝议、巡游、封禅之纪录、各种制度的文本等。我们从《秦本纪》、《秦始皇本纪》及《史记》记述礼、乐、律、历、封禅、河渠、经济货币等制度的篇章中，在李斯、赵高、蒙恬等人的传记中，都可以看出司马迁运用这些材料的痕迹。汉代档案是司马迁撰写《史记》汉代部分的重要材料，而且均是非常具体、真实的材料，它大致包括：计功档案、专科档案、诏令及有司文书、奏议文本、上计年册、朝廷议事纪录等。我们可以看到，《史记》引用了这些具体的材料，如《曹相国世家》所记曹参的军功、《樊郦滕灌列传》所记樊哙的军功，所列的斩、虏、降、定的敌军人数及郡县数，均是据计功档案。《高祖功臣侯者年表》所记加封功臣，更是依据了计功档案。《扁鹊仓公列传》记仓公所对的医案是皇室所藏医疗档案。《史记》引用诏令及有司文书、奏议文本，往往用"据……"、"天子曰……"、"诏曰……"、"有司言……"、"公卿言……"、"……上书"等形式表明所引诏令及有司文书、奏议文本等档案资料。而《史记》对西汉所属各郡国情况的叙述，则很多采用各郡国的上计年册。在这方面，司马迁具有得天独厚的条件。因为司马迁充分掌握、利用了秦、汉的档案文献资料，所以《史记》中秦、汉部分写得生动、详尽，正如班固所说："其言秦、汉，详矣。"(《汉书·司马迁传》)

(2)游历访古，实地考察。司马迁曾青年壮游，奉使巴、蜀，扈从武帝巡游天下，足迹几乎遍及大江南北。所经之地，事事留心，访古问故，实地考察，获得了大量的书本没有记载的知识和掌故。他把所掌握的第一手资料有选择地运用到《史记》之中。如他曾“西至空桐，北过涿鹿，东渐于海，南浮江淮”，据各地“长老皆各往往称黄帝、尧、舜之处”，印证“百家言黄帝”与《五帝德》、《帝系姓》所传黄帝之事，得出各地长老所称虽“风教固殊焉”，但“总不离古文近是”，《五帝德》、《帝系姓》“其所表见皆不虚”的结论。由其访古问故，确定了所用材料的可靠性，而将黄帝事迹写入了《五帝本纪》。

司马迁在《史记》中从多方面分析人物的幸运、背时，家族的兴旺、衰落，侯国的强盛、毁亡时，他所亲身考察过的故地起了很大的作用。如他到过韩信的家乡，听到关于韩信少有大志，身贫而葬母于“其旁可置万家”的“高敞地”之事后，“余视其母冢，良然”，引发了司马迁的无限感慨，所以在《淮阴侯列传》中表现了韩信的大志俊才。再如“吾适齐”，体验到齐国百姓的天性“阔达多匿知”，是齐太公成就事业的基础，因而具有“洋洋哉，固大国之风也”。其他如亲身调查汉初故事、古战场形势、古今地名变迁、各地物产习俗等，无不给他以熏陶、启示，对《史记》的撰写起了重大的作用。

（3）身与其事，亲见耳闻。司马迁在《史记》中为许多当代人、当代事作《传》。这些人或作古未久，这些事或发生未远，均无书面材料可据。给他（它）们作《传》，就如同我们今天写“报告文学”，如果能参与其事，或是耳闻目睹，则增强了传记的真实性和可信性。司马迁在这方面也颇有建树。因为《史记》是由司马谈、司马迁父子所共撰，所以《史记》所记的亲闻亲见、亲身经历，他们父子皆在其中。同时，他们父子二人相继为太史令，其所经历的与作《史记》相关的人与事，也是他人所不能企及的。

在制度、事迹方面，如司马迁随从武帝“巡祭天地诸神名山川而封禅焉”，亲身参加了封禅大典，并且曾“入寿宫，侍祠神语，究观方士祠官之意”，（《史记·封禅书》）了解了当时“用事于鬼神者”的“表里”，所以在《封禅书》中对封禅制度的起源、演变叙述得清楚细致，并在一定程度上讥讽了武帝醉心于封禅之事的穷奢极欲行为；他随从武帝巡视黄河的瓠子决口，亲身参加了“负薪塞宣房”的劳动，更加深切地体会到水利是关系国计民生的大事，并为武帝当场所作的《瓠子歌》所感动“而作《河渠书》”；（《史记·河渠书》）灼龟问卜活动自商殷以至秦末，一直受到统治阶级的重视，频繁举行。传至西汉，具体过程已不甚了了。而一些方士利用武帝的迷信心理，以占卜为手段，或是牟利致富，或是构陷他人。司马迁为了揭开笼罩在龟策占卜行为上的神秘光环，“至江南，观其行事，问其长老”，仅得出食龟“有益助衰养老，岂不信哉！”的结论，（《史记·龟策列传》）于是作《龟策列传》（《龟策列传》原文已佚，仅存司马迁写的《序》，《传》文是褚少孙补写的）。在人物方面，如《史记》记叙战国史事，以赵国最详。这是因为祖籍赵地的冯唐、冯王孙父子相继在朝廷为郎官，又与司马谈、司马迁父子为世交好友，为司马谈、司马迁提供了丰富的赵国掌故。如《赵世家》记载了赵王迁诛杀良将李牧而用郭开的缘由始末，就是“吾闻冯王孙曰”得来的；《刺客列传》详尽记载了荆轲刺秦王的过程，是因为“公孙季功、董生与夏无且（秦始皇侍医）游，具知其事，为余（指司马谈）道之如是”；《韩长孺列传》记叙了韩长孺的种种具有长者风范的事迹，他与壶遂都是梁人，而司马迁“与壶遂定律历”，亲身感受了“壶遂之深中隐厚”的性格，由他们二人的品德，印证了“世之言梁多长者”是“不虚”的。

司马迁把亲身所闻所见写进《史记》，使其内容更加准确、详尽、真切，为后世了解研究汉代社会、历史提供了真实而可贵的资料。

2.厥协六经异传，整齐百家杂语

经过父子两代人的不懈搜求，司马迁掌握了丰富而又博杂的资料。司马迁根据《史记》的创作宗旨——稽其成败兴坏之理，确定了选择运用这些资料的原则，大体包括以下两个方面。

（1）厥协六经异传，折中于夫子。司马迁创作《史记》，是要效孔子作《春秋》，总结往古，彰明汉室，垂教后世。所以，在文献资料的取舍上，一尊孔子整理过的《易》、《书》、《诗》、《礼》、《乐》、《春秋》，以之为圭臬，也就是他所说的“折中于夫子”。但是经过孔子整理过的“六经”，传至汉代，“六艺经传以千万数”，这“千万数”的经传“来路非一，时代又非一，经和传已常相抵牾，经和经又自相抵牾”，（顾颉刚《古史辨》第七册《战国秦汉间人的造伪和辨伪》）何为孔子真谛，需下“协”的功夫。“协”就是综合。综合解说六经的各种异传，使之归于一致。一致的标准是符合孔子的原意。

《史记》中，上古史的绝大部分史料来自六经传记，如《史记·五帝本纪》取材于《尚书·尧典》和《大戴礼记》中《五帝德》、《帝系姓》；《夏本纪》取材于《尚书》的《禹贡》和《甘誓》，另外补采了一些《世本》中的记载；《殷本纪》多据《尚书·商书》；《周本纪》多取材于《尚书·周书》，并分别补采了《诗经》、《国语》的一些记载。《史记》中春秋时期的史料多来自《春秋》与《三传》，特别是《春秋左氏传》。春秋战国时期的人物传记部分取材于《礼记》。司马迁"协理"六经的重点在于"异传"，如果某种事件或某个人物的记载没有异传，也就是说没有第二种说法，如果需要，便直接采用。如《左传·哀公十六年》记载了孔子去世后，鲁哀公致悼，遭到子贡批评的事，鲁哀公在悼词中自称"余一人"，子贡对他说："……生不能用，死而诔之，非礼也；称余一人，非名也。"抨击了鲁哀公的虚情假义行为和僭号言论。《公羊传》和《谷梁传》均未记载此事。司马迁在《史记·孔子世家》中全文录用了《左传》这段文字，以表明对鲁哀公悼念孔子一事的评价。如果六经异传对同一件事记载不同，司马迁则"折中于夫子"，取一家之说，这种情况在《史记》中最多。例如《春秋·成公二年》："六月癸酉……齐师败绩。"《公羊传》、《左传》在解经中都记叙了齐臣逢丑父为了让齐侯逃跑，自己冒名顶替齐侯欺骗晋军。可是，后果二传却记载得大相径庭。《公羊传》记叙为晋将郤克说逢丑父是"欺三军者"，按法当斩，"于是胢逢丑父"。《左传》则记叙为："郤献子将戮之，（逢丑父）呼曰：'自今无有代其君任患者，有一于此，将为戮乎？'郤子曰：'人不难以死免其君，我戮之，不祥。赦之，以劝事君者。'乃免之。"司马迁在《史记·齐太公世家》采用了《左传》的说法，赞赏了逢丑父的忠君行为，这是符合孔子思想的。六经异传对同一事的评价相同，《史记》就同时采用各家之说。例如，《春秋·僖公二十八年》载："天王狩于河阳。"《春秋》、《三传》对这一条经文的解说基本一致，《左传》甚至引孔子"以臣召君，不可以训也"的话作解。《三传》均持这是"为天王讳也"的观点。司马迁在《史记·晋世家》中便无歧义："诸侯无召王，'王狩河阳'者，《春秋》讳之也。"《史记·周本纪》和《孔子世家》也有类似的记载和评论。由以上诸例可以清楚看出，司马迁"厥协六经异传"的标准是很明确的，那就是"折中于夫子”。

(2)整齐百家杂语,考信于六艺。关于“六经异传”和“百家杂语”的区别,虽然司马迁没有作出明确的说明,但其概念还是很清楚的。“六经异传”就是《易》、《书》、《诗》、《礼》、《乐》、《春秋》及对它们进行解说的《传》。除此之外均是百家杂语,既包括战国、秦汉诸子的著作,如《庄子》、《孟子》、《荀子》、《韩非子》、《淮南子》、陆贾《新语》、贾谊《新书》等,也包括汉以前的史书,如《世本》、《国语》、《战国策》(当时尚未有统一书名)、《秦记》、《楚汉春秋》等,还有一些诗赋作品,例如屈原、宋玉、贾谊、司马相如等人的辞赋,大量的兵书、神话、小说、医经、天文、方技、术数著作,诸如《禹本纪》、《山海经》、《燕丹子》等。大体上说,司马迁写战国秦汉史的素材主要来自百家杂语。

“整齐百家杂语”的“整齐”,就是整理选择使之统一。自春秋起,学术下移,不同阶层的代表人物纷纷著书立说,私家著述层出不穷。而各家都有自己对事物认识的体系,从他们各自的体系出发,常常产生一些对历史人物及事件主观片面的、甚至是荒诞不经的说法。司马迁面对这种种相矛盾、相抵牾的百家杂语,就必须进行“选择整理”,使它们统一到创作《史记》的宗旨之下。司马迁所作的“选择整理”,也有他的原则。总的原则是“考信于六艺”,就是说使之与“六艺”相印证。为贯彻“考信于六艺”的原则,又制定两条具体的标准:一是“总不离古文近是”;二是“择其言尤雅者”。所谓“古文”,其实并无深意,就是用战国文字写的书,因为未经后人改窜,比较真实可信,就如同我们今天所说的“善本”。学术界一些人根据这里的“古文”二字,便说司马迁是古文学派。根本没那么回事！司马迁生活的时代,还没产生壁垒森严的今文、古文两大学术派别。所谓“言尤雅者”,一是指书的内容不荒诞,二是指言辞不轻浮。司马迁所定的原则和标准,在《史记》中有明显反映。如《五帝本纪》对上古帝王世系的确定,就是“整齐”掉百家杂说中“不近于古文”的说法。关于上古帝王世系,先秦诸子书有种种说法,《庄子·胠箧》、《六韬·大明》、《逸周书·史记解》、《战国策·赵策》、《山海经》、《左传·昭公十七年》、《淮南子》、《吕氏春秋·古乐》均记有上古帝王世系。可是司马迁对其一概不取，而是采用《礼记·五帝德》和《帝系姓》的说法，因为其“不离古文近是”，同时结合《尚书·尧典》，以黄帝、颛顼、帝喾、尧、舜为上古五帝。我们并不是说司马迁的确定是正确的，但最起码可以说是一个可以接受的系统。再如司马迁在《三代世表序》说，“余读谍记，黄帝以来皆有年数，稽其历谱谍终始五德之传，古文咸不同，乖异”。“咸不同”，就是离“古文”的记载差得太远了，所以“乖异”。他认为像谍记这一类的文献，列出黄帝以来的具体年数，是不可靠的。他说：“自殷以前诸侯不可得而谱，周以来乃颇可著。孔子因史文次《春秋》，纪元年，正时日月，盖其详哉。至于序《尚书》则略，无年月；或颇有，然多阙，不可录。”并由此肯定地说：“夫子之弗论次年月，岂虚哉！”孔子都没能论年次，这些谍记怎么会论得出来呢！至于百家杂语中，其言不“雅”者，就更多了。如《史记·五帝本纪》记载黄帝与蚩尤的战争：“黄帝乃征师诸侯，与蚩尤战于涿鹿之野，遂擒杀蚩尤。”可是《山海经》却载黄帝与蚩尤战，“尤请风伯雨师，纵大风雨；黄帝乃下天女曰魃，雨止，遂杀尤”。司马迁认为所记不“雅”而未取。再如《史记·刺客列传》论赞说：“世言荆柯，其称太子丹之命，‘天雨粟，马生角’也，太过。”司马迁说它“太过”，就是太荒诞了。类似这样的事例还有很多。即使在今天，我们阅读先秦诸子的书，还会发现这些书里相当多的对上古事件、人物的记载与《史记》所载不同，也就是说，司马迁认为它们不近“古文”而没有收入《史记》。可以说，司马迁为了“整齐”众多纷繁的百家杂语，付出了相当艰辛的劳动。

五、《史记》研究的历史和课题

司马迁于征和二年（前91）完成了《史记》，誊写两本，正本藏于家中，副本收入汉室书府。文采终于可以表于后世，他死而无憾了。汉宣帝时，《史记》由司马迁外孙杨恽对外宣布，遂开始流传。不久就产生影响，相继有十七人续补《史记》。最有成就的是东汉的班彪，作《史记后传》六十五篇，其子班固加以扩充，独立为《汉书》，体例基本模仿《史记》，由此确定了纪传体史书占据中国封建社会正史的主导地位。班固在肯定司马迁有良史之才、

《史记》是部信史的同时，又批评司马迁："论大道则先黄老而后六经，序游侠则退处士而进奸雄，述货殖则崇势利而羞贱贫。"(《汉书·司马迁传·赞》)这就是后世所谓的"史公三失"，对《史记》的研究产生了比较大的影响，并逐步演化为《史记》研究领域中的一个重要课题："班马异同研究"。

《史记》传至东汉初，部分篇卷亡佚。班固在《汉书·艺文志》著录"《太史公》百三十篇"，又自注说："十篇有录无书。"三国魏人张晏指出亡佚的具体篇名，并说至"元、成之间褚先生补"其中四篇。(见《史记·太史公自序·集解》、《汉书·司马迁传》颜师古注所引张晏说)由此引发了对《史记》亡篇和补篇的研究，时至今日，仍是《史记》研究领域的重要课题。

魏晋南北朝至隋唐时期，是纪传体史学的大发展时期，史学著作大量涌现，《史记》得到了前所未有的重视，名称也由最初名为《太史公书》(或称《太史公记》、《太史公》)，到东汉末桓帝、灵帝时开始称《史记》，三国时则成了普遍认同的专名。《史记》的注释也呈现繁荣的局面，据《隋书》及两《唐书》等三书史志记载，这个时期出现的《史记》的注释书多达十五种：晋徐广《史记音义》十二卷，刘宋裴骃《史记集解》八十卷，梁邹诞生《史记音义》三卷，唐许子儒《史记注》一百三十卷、《史记音》三卷，唐刘伯庄《史记音义》二十卷、《史记地名》二十卷，唐李镇《史记注》一百三十卷、《史记义林》二十卷，唐王元感《史记注》一百三十卷，唐陈伯宣《史记注》一百三十卷，唐徐坚《史记注》一百三十卷，唐裴安时《史记纂训》二十卷，唐司马贞《史记索隐》三十卷，唐张守节《史记正义》三十卷。十五家《史记》注书大多亡佚，只有刘宋裴骃《史记集解》、唐司马贞《史记索隐》、唐张守节《史记正义》流传下来(晋徐广的《史记音义》大部分被裴骃引用于《史记集解》之中)，世称"《史记》三家注"。

《史记集解》、《史记索隐》、《史记正义》最初均是独自成书。据目前所知，最早将"三家注"合为一书始于南宋黄善夫刊本，而"三家注"单行本均已亡佚。现在流行的《史记索隐》单行本，是明代毛晋据所见"北宋秘省大字本"刊刻，与《索隐》原本有所区别。"三家注"内容非常广泛，从文字考校、注音释义，到注释人物、地理、史事、天文历法、山水草木、鸟兽虫鱼、典章制度;不仅训释音义通假,而且分析虚词用法,或点明句读,或揭示司马迁的作文之法等。就其特点来说,“三家注”各有所长:《集解》以广征博引、订定文字为胜;《索隐》以探幽发微、订正史实、说解详密为著;《正义》则以详于地理沿革见长。同时“三家注”又依次相注,互为补充,关系紧密,对阅读理解《史记》帮助极大。可以说,“《史记》三家注”是魏晋隋唐时期《史记》注释的集大成之作,也是目前《史记》研究的重要领域。今人通过对“三家注”的研究,对开拓《史记》研究领域、推动《史记》研究的深入起了重要作用。如钱穆作《史记地名考》、程金造作《史记索隐引书考实》均是利用“三家注”展开研究的成功典范。尽管如此,目前对“三家注”的研究还比较薄弱,它将是今后《史记》研究值得重视的重大课题。

这个时期,由于修史蔚为风气,史学著作大量涌现,我国第一部有系统的史学论著——刘知幾的《史通》也应运而生。《史记》开创的纪传体史书是《史通》论述的重点内容,对正史的体例、修史的态度、技巧等进行了阐述,从理论上总结了《史记》在编纂方面的得失。尽管刘知幾的论述并不十分公允、准确,但却开了研究《史记》编纂方法的先河。至宋代郑樵作《通志》,对《史记》开创的纪传体史例做了较为全面系统的阐述,促进了“《史记》编纂学”的诞生。

唐代是我国文学最为繁荣昌盛的时代,《史记》对唐代文学的繁荣也作出了杰出的贡献。促进唐代文学繁荣发展的重要因素之一,是韩愈、柳宗元等人针对六朝骈俪遗风倡导的文必秦汉的古文运动,而《史记》是古文运动的一面旗帜。韩、柳等人的文章,不但在风格、文法、语言艺术上效法《史记》,在人物传记上,也得“龙门神髓”。而在此之前,从唐太宗贞观三年至二十二年,编撰完成了《北齐书》、《梁书》、《陈书》、《周书》、《隋书》、《晋书》、《南史》、《北史》等八部史书。这八部史书都注重修辞和文采,都善于用纪传体的形式刻画人物。尤其是《晋书》、《南史》、《北史》,以异闻琐事入历史人物传记,最具“小说”特色。可以说这种表现手法是受了《史记》的影响。以上两种因素相结合,使《史记》的文学价值得到进一步的张扬,史传文学从此在中国文学史上占据了一席之地,研究势头久盛不衰。

宋代的学术特点是崇尚空疏，士人有好发议论的习惯。表现在《史记》研究上，是开了评论《史记》的先风。欧阳修、曾巩、王安石、三苏、二程、罗大经、刘辰翁、黄震、洪迈、郑樵、吕祖谦、晁公武、王应麟、叶适，以及秦观、黄庭坚、黄履翁、陈振孙、朱熹、辛弃疾等数十人，都对《史记》作过分析评论，与今人的"《史记》宏观研究"有些相似。评论比较集中的问题，有"史公三失"、"马班异同"、《史记》文章风格、《史记》人物等。但这些评论多是随己所欲，即兴而言，只是浮在表象上的就事论事。虽也不乏个别精彩之处，可是总体而论，学术价值不大。在众多评论中，有一定成绩的，当推郑樵、王应麟二人。如前所述，郑樵的贡献主要体现在史书的编纂学上。他在《通志》中对《史记》五体的定位及《史记》各体的评论都有新见。王应麟是宋代杰出的文献学家，以擅长考据著称。他对《史记》的考证，多有创见，其成果大多收入所著《困学纪闻》之中。在宋代注重义理之学的风气下，王应麟能以考据为主，又兼通义理，故成绩斐然。

宋人评论《史记》的风气，至明代有了大发展，成为《史记》研究的主流。这与明代流行空疏的学风有关。其特点是改变了宋人因人因事立题的单篇散论和随兴札记的形式，而以在《史记》原文上作夹批、眉批、总批的形式为主，或是收集前人的论说，标注在《史记》相关的正文上。后人称之为"评林本"。评论的内容十分庞杂，有总体分析，有细事发微，有人物评论，有史实考证；或论编纂体例，或评文章风格、艺术手法，几乎无所不及。总体上看，这些评论虽有一些精当的见解，对初学者理解《史记》有一定的帮助，但大多是空洞虚浮之言，对《史记》研究并无补益。集前人的论说标注在相关的正文之上，似乎方便学者，实则大多有割裂文意之嫌，容易引人误入歧途。所以，引用"评林本《史记》"的评论，一定要慎之又慎。

《史记》研究的鼎盛时期是清代。清代学者将考据学方法引入《史记》研究，运用训诂、笺释、校勘、辨伪等方法和手段，涉及天文、地理、典制、人物、事件、文字、体例等诸多方面，对《史记》作了全面系统的整理研究，取得了前所未有的成就。清代著名的考据学家如王鸣盛、钱大昕、赵翼、何焯、王念孙、梁玉绳等人，都在《史记》考证上下过一番功夫。他们注重实证，力戒空谈，穷年累月搜集资料，进行归纳、排比，“究其异同，核其始末”，言必有据，据必可信，孤证不立，必以多项证据定是非，因此他们的考据成果有很高的学术价值。这些卓著的研究成果，至今仍是《史记》研究者不可或缺的参考书，其中以梁玉绳的成绩为最大。梁玉绳以十九年的精力撰写完成《史记志疑》，对《史记》研究中出现的种种疑难问题均作出较为精审的考证，而且多有不易之论。可以说《史记志疑》代表了清人《史记》研究的最高水平，清代著名学者钱大昕誉之为“足为龙门之功臣，袭《集解》、《索隐》、《正义》而四之矣”。(钱大昕《史记志疑序》)其他著名学者的专著也都有很高的学术声望，如王鸣盛《十七史商榷》、钱大昕《廿二史考异》、赵翼《廿二史劄记》、王念孙《读书杂志》、洪亮吉《四史发覆》、钱泰吉《甘泉乡人稿》、张照《馆本史记考证》、汪越《读史记十表》、王先谦《汉书补注》、杭世骏《史记考证》、王元启《史记三书正讹》、何焯《义门读书记》、张文虎《校刊史记集解索隐正义札记》、方苞《史记注补正》、沈家本《史记琐言》等，都是研精覃思的力作。

清代学者将《史记》研究推向了一个划时代的巅峰，为近代《史记》研究走向更广阔的领域奠定了坚实的基础。近代学者的《史记》研究基本上是继承了清人的研究余绪，但研究内容更具理论性，研究方法更具科学性。如崔适的《史记探源》、朱东润的《史记考索》、余嘉锡的《太史公书亡篇考》、李长之的《司马迁之人格与风格》、郑鹤声的《司马迁年谱》等，都是各具特色的专著。而王国维把他开创的“二重证据法”运用于《史记》研究，取得了前所未有的成就。如他依据殷墟卜辞考证殷商王族世系，作《殷卜辞所见先公先王考》，以出土文物与文献相结合，证实了《史记·殷本纪》记叙的殷商王族世系基本是正确的，开了用新方法研究《史记》的先河；所著《太史公行年考》，据有限的资料，探赜索隐，对司马迁的生平活动作了概括总结，逻辑严密，论说平允，是司马迁的第一部年谱，并首次明确提出关于司马迁生卒年这一研究课题。到20世纪50年代，郭沫若对王国维的结论提出了不同意见，(郭沫若《“太史公行年考”有问题》，载《历史研究》1955年第6期)遂引发了持续半个世纪之久的大讨论。虽然学者们或从王说，或主郭见，观点没能统一，但是，公正地说，至今也没有一家的说法能够动摇王说的根基和主导地位。王国维以他卓著的成就，给清代的《史记》研究划上了一个圆满的句号，同时开创了20世纪《史记》研究的新风。在这种新风的直接影响和带动下，20世纪的《史记》研究取得了丰硕的成果，也预示着21世纪《史记》研究的前景将会更加灿烂辉煌。

六、史记版本流传

《史记》自杨恽对外传布，至今已两千多年。历代传写刊刻，版本甚多，但多数亡佚。流传至今的版本，大约有六十余种，现择要略述。

1.宋代以前的抄本

现存《史记》抄本都是残本，计有十七种，可分为四类。

第一类，六朝抄本：《史记集解张丞相列传》残卷、《史记集解郦生陆贾列传》一卷（卷末脱三百一十五字），藏于日本京都之石山寺；1918年罗振玉曾影印，名《古写本史记残卷》刊出，国内各大图书馆均有收藏。

第二类是敦煌唐抄卷子本，有三件：《史记集解燕召公世家》残卷、《史记集解管蔡世家》残卷、《史记集解伯夷列传》残卷，原藏敦煌石窟，后被法人伯希和盗去，现存法国巴黎国家图书馆。中国国家图书馆有原卷照相。

第三类是唐抄本，有六件：《史记集解夏本纪》一卷，藏于日本东洋文库；《史记集解殷本纪》一卷，藏日本高山寺；《史记集解周本纪》一卷，藏日本高山寺；《史记集解秦本纪》一卷，藏日本东洋文库；《史记集解高祖本纪》一卷，藏日本宫内厅书陵部；《史记集解河渠书》残卷，藏日本神田文库。以上六件抄本中，罗振玉于1917年、1918年分别影印了第二、第六件，中国国家图书馆藏有第三、第四、第五件的原卷照相。

2.《史记》最早的刻本——《集解》单刻本

刘宋时裴骃撰《史记集解》，注文附《史记》正文以行，世称《史记集解》本。宋代刊刻的第一部《史记》就是《集解》本，以后历代均有刊刻，构成《史记集解》本系统。今存《集解》本有十行本、十四行本、十二行本。

（1）十行本。《史记》的最早刻本刊于北宋太宗淳化五年（994），半页十行，每行十九字。今已亡佚。北宋仁宗景祐二年（1035），国子监据淳化旧本重刊，即后世所说的“景祐本”，流传至今。原刻本（其中有十五卷为别版补配）现藏中国台湾中央研究院历史语言研究所；另有五种覆刻本，分别藏于中国国家图书馆（一百三十卷本、四十卷本〈两部〉、四十九卷本）、中国台湾中央图书馆（一百三十卷本）。这五部覆刻本刊刻时代不同，其中有些篇卷是别本补配，均每半页十行，故称十行本。

（2）十四行本。刊刻于北宋真宗景德年间（1004—1007）。半页十四行，行二十四至二十七字不等。原刻本现藏日本大阪杏雨书屋，仅存六十九卷。覆刻本一百三十卷（有别本补配）藏中国国家图书馆，1955 年文学古籍刊行社影印刊行。另外，北宋仁宗嘉祐六年（1061），国子监又刊刻十四行本，今存十四卷，藏中国国家图书馆。

（3）十二行本。有两种刊本：一是南宋绍兴十年（1140）邵武朱中奉刊本，是第一部《史记》私刻本。每半页十二行，行二十二字。此本为世间孤本，现藏日本大阪杏雨书屋；一是明毛晋刊本，世称“毛本”。《四库全书》所收《史记集解》一百三十卷即据此本抄录。

（4）九行本。南宋绍兴年间（1131—1162）淮南路转运司刊刻，半页九行，行十六字。今有三种存世：原刻本（存三十卷），藏上海图书馆；宋元明初递修本，分为两种，皆为一百三十卷（一为四十册，一为六十册）本，均藏中国国家图书馆。

3.《史记索隐》单刻本

《史记索隐》单刻本不录《史记》全文，而是标字列注，即将注文列在相关的正文之下。《史记索隐》单刻本传世者仅有明毛晋刻于明崇祯十四年（1641）的汲古阁本，三十卷。各大图书馆均有收藏。

4.《集解》、《索隐》二家注合刻本

（1）蔡梦弼刻本。南宋孝宗乾道七年（1171）建安蔡梦弼刻，是目前所知最早的《史记集解索隐》二家注合刻本。今有两种存世：一为一百三十卷本，一为存九十二卷本，均藏中国国家图书馆。

(2)张杅桐川郡斋本。南宋孝宗淳熙三年(1176)张杅刊于常州。此本国内仅存一部残本(六十卷),藏中国国家图书馆。

(3)耿秉重修桐川郡斋本。南宋淳熙八年(1181)澄江耿秉刊。今有两种存世:一为中国国家图书馆所藏一百三十卷本;一为日本静嘉堂文库所藏存九十九卷本。

(4)中统本。蒙古中统二年(1261)平阳道段子成刊。今有四种存世:中国国家图书馆藏二种;中国台湾中央研究院历史语言研究所藏一种;日本静嘉堂文库藏一种(存九十二卷)。

5.《史记集解索隐正义》三家注合刻本

(1)黄善夫本。南宋光宗绍熙年间(1190—1195)建安黄善夫刊,是目前所知最早的三家注合刻本。今有两部存世:一为日本国立历史民俗博物馆所藏一百三十卷本;一为中国国家图书馆所藏存六十九卷本。1936年上海商务印书馆以国内所藏六十九卷,又借用日本藏本中的六十一卷,经张元济校勘,影印出版。

(2)彭寅翁本。元世祖至元十五年(1288)安福彭寅翁刊。此本据黄善夫本刊刻,因所据底本个别篇卷残缺,以至多有脱落。今有七部存世:中国国家图书馆藏两部,一为存七十七卷的残本,一为一百三十卷本(有五卷是别本补配);北京大学图书馆藏一部存十六卷的残本;日本藏有四部,宫内厅书陵部藏二部,一为一百三十卷本、一为存一百二十六卷本,天理大学图书馆藏有一百三十卷本一部,庆应大学图书馆藏有存七十一卷本一部。

(3)明廖铠本。明正德十二年(1517)廖铠据黄善夫本翻刻,是明代刊刻的第一部《史记》三家注本。今存世二部:中国国家图书馆藏一百三十卷本;中国台湾中央图书馆藏一百三十卷本。

(4)明"嘉靖三刻"本。明嘉靖年间三次刊刻《史记》三家注本,世称"嘉靖三刻"。首刻:嘉靖四年至六年(1525—1527)金台汪谅据黄善夫本刊刻,因由莆田柯维熊校正,故世又称之为柯本。次刻:嘉靖四年至六年(1525—1527)震泽王延喆覆刻黄善夫本(但有补刻页)。三刻:嘉靖十三年(1534)明王室朱维焯据黄善夫本刊刻。因刊刻于他的封地——西安藩府,故世又称之为秦藩本。以上三本,国内各大图书馆均有收藏。

(5)明“南北监本”。明南京国子监、北京国子监均刻《史记》三家注本,世称南监本、北监本。南监本有三种:一为明嘉靖九年(1530)南京国子监祭酒张邦奇主持的刊刻本。此本以元大德九年(1305)所刊《史记集解索隐》二家注本为底本,合入《正义》注文而成;二是明万历三年(1575)南京国子监祭酒余有丁主持的刊刻本。此本以嘉靖九年本为底本,但校勘不精,且对三家注文多有删削;三是明万历二十四年(1596)南京国子监祭酒冯梦祯主持的刊刻本。此本以嘉靖九年本为底本,恢复了被余有丁删削的三家注文。北监本一种:明万历二十六年(1598)北京国子监祭酒刘应秋主持的刊刻本。此本的底本是明嘉靖九年本。国内各大图书馆均藏有明南北监本。

(6)清刻“武英殿本”。清乾隆四年(1739)武英殿据明北监本刊刻,是清代官刻《二十四史》之一,故又称之为“殿本”。此本原刻已不多见,国内各大图书馆均藏有此本的翻刻本、影印本。

(7)清刻“金陵书局本”。清同治五年至九年(1866—1870)金陵书局请张文虎主持刊刻,故又称之为“局本”。此本《史记》正文以明毛晋所刊《史记集解》本为底本,参考钱泰吉等人的校本及众多古刻本、时本,吸收《史记》研究的最新成果,考证异同,择善而从,是清代后期比较好的刊本。国内各大图书馆均藏有此本。

(8)《史记会注考证》本。1934年日本泷川资言刊本。此本以金陵书局本为底本,引用中日典籍一百二十余种,别择缀辑在正文或三家注文之下,并时作考证。1955年,中国北京文学古籍刊行社影印出版。1988年,上海古籍出版社将日本人水泽利忠所作《史记会注考证校补》与此本合为一书排印发行。

(9)中华书局点校本。1959年中华书局出版。此本是国务院组织国内专家集中校点《二十四史》的第一部,是目前通行的精善之本。此本以金陵书局本为底本,采用新式标点,并对体式作了调整,十分方便阅读、使用。

(10)中华书局点校本修订本。2013年中华书局出版。修订本由赵生群主持,仍以金陵书局本为底本,以原点校本为基础,进行全面梳理甄别,适度、适当修订完善,统一体例,弥补不足,还附有校勘记。

七、阅读参考书目

1.基本阅览书

《史记》 中华书局点校本修订本。

《史记集解》 北京文学古籍刊行社1955年影印国家图书馆藏覆刻北宋十四行本。

《史记》 上海商务印书馆1936年影印(校改)南宋黄善夫本,日本东京汲古书院平成十年(1998)影印南宋黄善夫本。

2.主要参考书

[清]王元启《史记三书正讹》,岳麓书社1994年《二十五史三编》本。

[清]王鸣盛《十七史商榷》,商务印书馆1959年版。

[清]赵翼《廿二史考异》,中华书局1984年版。

[清]王念孙《读书杂志》,中华书局1991年版。

[清]梁玉绳《史记志疑》,中华书局1981年版。

[清]张文虎《校刊史记集解索隐正义札记》,中华书局1977年版。

崔　适《史记探源》,中华书局1986年版。

郑鹤声《司马迁年谱》,上海商务印书馆1956年版。

王国维《太史公行年考》,载《观堂集林》卷一〇,上海商务印书馆1940年《王国维遗书》本。

朱东润《史记考索》,华东师范大学出版社1996年版。

贺次君《史记书录》,商务印书馆1958年版。

李长之《司马迁之人格与风格》,北京三联书店1984年版。

金德建《司马迁所见书考》,上海人民出版社1963年版。

陈　直《史记新证》,天津人民出版社1979年版。

程金造《史记管窥》,陕西人民出版社1985年版。

吴汝煜《史记论稿》,江苏教育出版社1986年版。

肖　黎《司马迁评传》,吉林文史出版社1986年版。

杨燕起《史记的学术成就》,北京师范大学出版社 1986 年版。

李少雍《司马迁传记文学论稿》,重庆出版社 1987 年版。

张新科、俞樟华《史记研究史略》,三秦出版社 1990 年版。

陈桐生《中国史官文化与史记》,汕头大学出版社 1993 年版。

钱穆《史记地名考》,商务印书馆 2001 年版。

张玉春《史记版本研究》,商务印书馆 2001 年版。

张大可《史记研究》,华文出版社 2002 年版。

赵生群《史记文献学丛稿》,江苏古籍出版社 2002 年版。

[日本]泷川资言考证、水泽利忠校补《史记会注考证附校补》,上海古籍出版社 1986 年影印本。

《汉书》说略

周天游

一、班固生平与《汉书》成书经过

班固(32—92),字孟坚,东汉右扶风安陵(今陕西咸阳东北)人。是中国古代断代史体的奠基者。

班氏的祖先是楚人。秦灭楚以后,班氏迁徙到山西与河北的北部一带。秦末汉初,班壹在楼烦(今山西宁武)养牛马多达数千群,以财富众多而称雄当地。每次他出外打猎,旌旗招展,鼓乐喧天,是个不折不扣的边地大豪。到了文景时期,班氏家族开始涉足政界。成帝时,班况官居右曹越骑校尉。其女被选入宫中,封为婕妤,得到成帝的宠爱。于是班氏成为皇亲国戚,声名显赫起来。班况的次子班斿曾随同刘向一起整理宫中图书秘籍,因博学有俊才,深得成帝的器重。当时宫中典籍管理十分严密,贵为叔父的东平思王上书求取《史记》和诸子书籍,都不获批准。而成帝却特将宫中藏书的副本赐给了班斿,实属难得。这批图书在很长的一段时间内,吸引了众多的学者拜访班家,也为班彪、班固父子撰写《汉书》提供了重要依据。

班彪(3—54),字叔皮,是著名的儒学大师。两汉之际,班彪躲避战乱,来到天水,委身于隗嚣。隗嚣志大才疏,妄图与刘秀争夺天下。班彪颇不以为然,曾著《王命论》以劝诫隗嚣。隗嚣不从,班彪就隐居到了河西。光武帝在位之初，班彪在河西大将军窦融的推荐下，一度出任徐县（今江苏泗洪）县令。不久即因病辞官，专心著述。班彪认为司马迁的《史记》对汉武帝太初（前104—前101）以后的汉代史事，缺而不录，虽然有褚少孙、刘向、刘歆、冯商、扬雄等近二十位今可知见的学者续补《史记》，但班彪认为他们或仅是材料的堆砌，或文字鄙俗，都不足与《史记》相匹配。于是他续采前朝遗事，傍贯异闻，写《史记后传》凡六十五篇。今天《汉书》中的《元帝纪》、《成帝纪》、《韦贤传》、《翟方进传》、《元后传》等都明确可知出于其手笔。其余作品融入班固的整理之中，不可一一确认。然而正是由于他的努力，为班固完成《汉书》奠定了坚实的基础。

班固九岁时，就在其父的点拨下，"属文诵诗赋"。随着年龄的增长，他博览群籍，熟习九流百家之言。他十三岁那年，王充拜访班家，一经接触，王充就拍着他的后背说："此儿必记汉事。"事实也恰恰证明了这一点。无疑，深厚的家学渊源，以及众多名士的指点与提携，是班固能写好《汉书》的重要条件。

建武三十年（54），班彪去世。班固立即离开太学，回家乡守丧。这年他刚刚二十三岁，即着手写作《汉书》。不料有人上书汉明帝，告发他私修国史。因此班固被关入狱中，所有书稿均被没收。所幸的是，明帝是一个颇有政治头脑的皇帝，他敏锐地发现著史对巩固政权十分有益，特别是他在阅读了《汉书》的初稿之后，更坚定了自己的信念。因而明帝下令赦免了班固，任命他为兰台令史，让其先完成《光武帝纪》、云台二十八功臣传，以及绿林、赤眉、公孙述、隗嚣等各种势力发展始末的载记。这样《东观汉记》的雏形成型，首开官修当代正史之例。此事大功告成后，明帝又命班固继续写作《汉书》。而班固此时已大量阅读和利用了兰台的藏书，为进一步写作《汉书》做好了充分的准备。他用二十余年的时间，凡武帝以前汉史，以《史记》为蓝本，凡武帝太初以后史事，以《后传》为基础，多方博采旧闻，整齐故事，上起汉高祖兴兵反秦，下迄王莽新朝覆亡，断代为史，草成《汉书》。

班固为人不似其父淡泊名利，而好趋炎附势，巴结权贵。章帝中后期，大将军窦宪擅权，他曲意逢迎，深得赏识。他的家人包括家奴，仗势欺人，横行乡里，甚至家奴还当众羞辱了洛阳令种竞。永元(89—105)初，和帝不满外戚的专权，在宦官的帮助下，于公元92年从窦宪手中夺回了政权的支配权，窦宪被迫自杀。洛阳令种竞乘机报复，告发班固参预了窦宪的阴谋，将他关入洛阳狱中。不久，班固就死在那里。

班固死后，《汉书》中尚有八表和《天文志》没有完稿。和帝就命班固之妹班昭续作八表，又命马续协助班昭补作《天文志》。这样《汉书》一书，历经班彪、班固、班昭、马续四人之手，历时近四十年，才最终完成。

二、《汉书》的学术成就

《汉书》共一百篇，后人将其中部分篇幅较长的纪、传、表、志分为上下卷或上中下卷，形成今本一百二十卷的样子。全书由十二本纪、八表、十志和七十列传四部分组成。

《汉书》具有很高的史学价值，其成就主要表现在以下六个方面：

首先，班固《汉书》与通史体的《史记》不同，断西汉一代为史，对一个完整的时代作了全面系统的总结。既体现了史学应有的价值与作用，更适应了历代封建统治者“以史为鉴”的政治需要，所以历代正史中，除《史记》、《南史》、《北史》外，均采用《汉书》史体。正如刘知幾在《史通·六家》中所讲的那样：“历观自古，史之所载也，《尚书》记周事，终秦穆；《春秋》述鲁文，止哀公；《纪年》逮于魏亡，《史记》惟论于汉始。如《汉书》者，究西都之首末，穷刘氏之废兴，包举一代，撰成一书。言皆精练，事甚赅密，故学者寻讨，易为其功。自尔迄今，无改斯道。”

其次，班固在体例上虽基本因袭了《史记》，但有所创新。他用“本纪”，采编年形式，以记录皇帝与国家之大事。西汉一代无真正意义上的独立封国，所以班固弃用“世家”，并入“列传”之中，以适应汉代中央集权的政体。又改“书”为“志”，名称虽改，实质未变，而内容却有很大的扩充，如《刑法志》、《地理志》、《艺文志》、《五行志》的首次创立，为我们了解汉代的法律内容及法制沿革，行政区划的沿革与变迁，户口的增减，各地域的物产、资源、经济、社会风貌的概况，各学术流派的源流、存世著作和学术主旨，阴阳五行学说和天体、天象的变化等提供了十分宝贵的资料，充分体现出他博学贯通的特点。《汉书》八表中，内容也有较大的突破。《古今人表》不涉及汉代，主要总结了先秦时期的重要历史人物，有明显的讽喻当代的特征。而《百官公卿表》也是第一次将继承秦制基础上的汉代官制简明扼要地叙述出来，成为后人研究汉代官制不可或缺的基本史料。在列传的编次上，他一改司马迁以编次明褒贬的方式，而是以时代先后为序，先专传，后类传，再边疆传。前两类多以姓或姓名命篇，虽格式呆板，缺乏深意，但形式上一方面更为集中地体现了封建中央集权制的等级秩序，迎合封建统治者的需要；同时在客观上也起到了整齐体例、便于翻检的效果，所以成为以后正史在编目上所遵循的规范。

再次，班固在吸取《史记》成果的基础上，纠偏补缺，做了大量的工作。如补立《惠帝纪》，补叙了当时一批有影响的制度和法令。又增加《王陵传》、《吴芮传》、《蒯通传》、《伍被传》、《贾山传》等，还将张骞事迹从《卫将军骠骑列传》中抽出，加以扩充，设立专传，都使今人了解当时的重大历史事件有了更加深刻的认识。此外，班固十分重视诏令和奏疏的价值，如贾谊的《治安策》，晁错的《言兵事疏》和《募民徙塞下疏》、《贤良策》，邹阳的《讽谏吴王濞邪谋书》等分入各自的传中。又昭、宣、元、成、哀、平六帝纪，全详载了他们发布的诏令。所以就史料的原始性、完整性、系统性而言，却较《史记》为佳。当然，他删去了《仓公传》，不能不说是一大失误。此举开轻视科技人物的恶劣先例，甚不足取。

另外，《汉书》承继了司马迁重视边疆，重视周边国家的开放眼光，设立了《匈奴传》、《西南夷两粤朝鲜传》、《西域传》。前两传主要取资于《史记》，均有相当的补充，内容更趋完善。而《西域传》却突破《史记》中《大宛列传》主要记载大宛，附带言及乌孙、康居、奄蔡、大月氏、安息、条支的做法，正式全面论述西域五十一国，国别明，区域广，内容详尽丰富，在西域史研究中，其学术价值超过了《史记·大宛列传》。之所以如此，其弟班超多年经略西域，熟习情况，帮了他的大忙。

又班固除参据《后传》外，同时也利用了刘向、刘歆、冯商、扬雄等人的成果。如《高祖纪》径用刘向的《高祖颂》,《艺文志》则取材于刘歆《七略》,《张汤传赞》引用了冯商的案语,《郊祀志》部分袭用扬雄补作的《封禅书》。内容丰富,叙事极有条理。《王莽传》更是研究新朝史的最基本的史料,对照《东观汉记》和《后汉书》有意无意地美化刘秀贬斥王莽的情况,《汉书》此传,客观翔实,愈发显得可贵。

班固深受正统儒学的熏陶,恪守封建礼教的规范,又崇尚天命图谶,不能像司马迁那样秉正直言,而多有避讳。但他又不能不受到史家直书传统的影响,因而不敢轻改《史记》已著的史实,并能曲折地反映西汉社会的种种腐败现象。这一矛盾的心理和作为,是阅读中必须留意的。

三、《汉书》注概述

《汉书》多古字古训,较为难读。正如《后汉书·班昭传》所言,"时《汉书》始出,多未能通者"。而此书又极受朝廷重视,流传既早且广,学者争相讽诵。为了解决读者的疑难,所以作注者甚多,而且其产生时代应与《汉书》问世的时间相去不远。然而据陈直《汉书新证》的考证,最早为《汉书》作注的人应是汉桓帝时期的延笃。唐司马贞《史记索隐》曾说延笃著有《史记音义》。而《汉书·天文志》中晋人李奇注昭帝始元(前86—前80)年间的一句话下曾引用了延笃的观点,这不可能出自《史记音义》,因此推断延笃可能著有《汉书音义》。

不过现今确切可知最早为《汉书》作注的,当推灵帝时期的人应劭和服虔。这两人都是汉代大儒,学问广博,著述甚丰,所以注中精说颇多。唐颜师古注《汉书》时采用较多。而颜氏漏引的部分,还可以从裴骃《史记集解》等古注中去发现。

《汉书》注中有两家最为突出,即颜师古《汉书注》和清王先谦《汉书补注》。

颜师古名籀,以字行,唐雍州万年(今陕西西安)人。祖父颜之推,是南北朝时期著名的文学家,所著《颜氏家训》名噪当代,流传至今。父思鲁,尤工训诂。所以家学传统对颜师古产生深刻的影响。贞观(627—649)年间,在魏徵的荐举下,他参与了《隋书》的修撰工作。同时还从事《五经》文字的考订,为其后《五经正义》的问世奠定了基础。不难看出,颜师古确实博学多闻,具备了为《汉书》作注的条件。

颜师古注之前,自东汉至隋,注家不下于二十三家。其中蔡谟的《汉书集解》是颜师古注的主要参照书之一。在蔡注之前,如应劭《汉书集解音义》(实为臣瓒之作)、晋灼《汉书音义》等都是文与注分,各自单行。而蔡谟把前人的注释以及自己的见解,分别散入《汉书》各纪传之中,文与注始合。这一新形式被颜师古所吸取,并在其基础上进一步加以扩充与完善,成就已远在蔡谟之上。不过如项昭、伏俨、李斐、刘宝等诸家之注,于唐时已大多散亡,所以颜师古所引,可能出自蔡谟《集解》,蔡谟的草创之功不可没。

又,颜师古的叔父颜游秦,曾著《汉书决疑》,共三十卷,为集注体裁,与师古注的形式体例基本相同。对照《史记集解》和《史记索隐》所转引的颜游秦之说,可知颜师古注中借鉴了不少游秦的考释,只是师古注未加说明罢了。毫无疑义,《汉书决疑》也是师古注的主要参考依据之一。

总的说来,颜师古注有以下重要特点:

首先是取材广博,抉择审慎,摘录精确,论证可信。颜师古《汉书叙例》中言,经其考证所引诸家注释凡二十三家,不仅吸取他们的成果,还对"颇或难知"的注家爵里、生平、出处都简要考出,足见其治学之严谨,胸襟之开阔。又如他在辨析萧望之是否萧何之后的问题上,直斥私家谱牒的虚妄,足见其治学之认真。凡是难以遽下结论的时候,颜师古继承了司马迁疑则存疑的学风,往往罗列众说,供读者品评,或者提出倾向性意见,供读者研习时参考。这也是师古注始终能与《汉书》合刻,不被剔出或被替代的主要原因之一。

《汉书》自古号称难读,特别是古字古训与后世颇有不同,历代注家的误释或误刻,更加重了读者的负担。《汉书注》中多侧重音义,就是因为这个原因。师古注于是形成注重音读,不好史事考据这一特点。而颜氏自颜之推起就好古音古义,《证俗字音》就是颜之推与陆法言等人研讨古韵后的产物。颜游秦《汉书决疑》也具备这一特点。颜师古"多取其义",正是一脉相承、同气相求的缘故。有人指摘颜师古有贵远贱近之嫌，殊不知正是如此，才沟通了《汉书》本义与读者的心意，才能取得如此巨大的成功。

然而颜师古注的缺点也十分突出，即史实的考证明显弱于裴松之《三国志》注、刘昭《续汉志》注，注释的领域略嫌狭窄。又取辑虽广，却也有重大遗漏，如隋萧该的《汉书音义》、包恺《汉书音》、姚察《汉书训纂》都弃而不用，有失偏颇，也确有"贵远贱近"之嫌。否则的话，其成就远不止于此。

清代治朴学者，一般都会涉足《汉书》，所以传世著述颇丰。清末王先谦征引有关论著六十七家，撰成《汉书补注》。其特点是个人发明不多，但综合抉择能力极强，兼采各家之长，客观务实，征引准当，是不可多得的集大成之作。所以凡研究《汉书》者，除了依靠师古注，就是以《补注》为基本依据了，至今无可替代。

四、《汉书》的版本

《汉书》自问世后，即受到东汉政权的推崇，士人争相抄阅，请益名师，苦心研读。其流传远较深闭宫中的"谤书"《史记》为大，所以传世抄本也多。自五代末起，雕版印刷术迅速发展起来，除经书外，《史记》与《汉书》、《后汉书》均有镂版刊行。

现今可考的《汉书》版本，主要源出于北宋淳化本。但正如余靖所言，"文字舛伪，恐误后学"。于是他奉诏与国子监直讲王洙一起在崇文院参括众本，旁据他书，校对《汉书》，于是形成景祐本。该版本必利用了景德二年(1005)刁衎、晁迥、丁逊的校定成果。他们校定凡三百四十九条，刊正三千余字，录为六卷进呈真宗。因此景祐本吸收了景德监本的长处，远较他本为胜。景祐本在元代，分别于大德、至大、元祐、元统诸年陆续重修补刊。此后除明天顺五年(1461)冯让重刊本、明弘治修补本外，明正统本可谓其中的佼佼者，称之为淳化本"嫡孙"也不为过。其余如宋绍兴蜀大字本、淳熙湖北茶盐司本、嘉定建安蔡琪刊本等宋本，只能算旁支别系，质量较之景祐本、正统本逊色，若非必要，可以不问。惟南宋建安刘之问刊本出自宋祁校本，与景祐本有渊源关系。该本之后，承袭者有明国子监本、清武英殿本，可聊备一用。

又明汲古阁本集宋元诸本之长，卓然独立，影响较大。清同治金陵书局本自称“毛氏正本”，王先谦《汉书补注》也“以汲古本为主”。中华书局《二十四史》点校本中的《汉书》，就以王本为底本，用北宋景祐本、明汲古阁本和清武英殿本、金陵书局本相参校，取各家之长，点校而成。该本虽便于用，但不尽完善，有待进一步校订。

五、《汉书》的阅读方法

《汉书》难读，所以一要有毅力，二要有恒心，三要细心。

研读《汉书》可以说无捷径可言，勤能补拙。作为铺垫，可先读《资治通鉴》西汉部分，包括胡三省注，进而读荀悦《汉纪》。

荀悦字仲豫，颍川颍阴（今河南许昌）人。建安三年（198），奉汉献帝之命，按《左传》体例，删略《汉书》，历时二年而成书。时称此书“辞约事详，论辩多美”，又“省约易习，有便于用”。《汉纪》共十八万字，所用史料，《汉书》以外采录极少，所以史料价值不高。但《汉纪》将《汉书》精华大体吸收进来，以年系事，条理清晰，头尾连贯，重点突出，不失为一部西汉历史的简明大事记，完全可以作为研讨西汉史的入门书来读，当然也可以作为了解《汉书》的入门书来读。何况荀悦的论赞十分精彩，可以与班固的论赞相比较，对评判他们史学观的优劣大有裨益。

《汉书》不是读过一两遍就可利用的史籍。著名秦汉史专家陈直教授从十三岁起通读《汉书》，以后每两年必读一遍，数十年不辍。所以他才能对《汉书》烂熟于心，做起课题才能得心应手，左右逢源。因此以勤补拙，持之以恒，是一切有志于《汉书》或汉史研究的人都应努力的方向。

同时，《汉书》是一块熟地，自古以来，研习者众多，成果也汗牛充栋，要想从中开辟出一块新天地，谈何容易。所以现今研读《汉书》必须细心，既要逐字逐句读正文，还要一条一条分析注文。武帝太初以前的部分，要与《史记》相应纪传相比较，从同异中做出分析；西汉晚期部分，则要与《后汉书》及诸家《后汉书》的辑本相参照，以挖掘线索。然而这样做，还远远不够，进一步扩大史料选取范围十分关键。比如研究官制,需参考《汉官六种》;了解礼制,则应读《五经》郑玄注等汉代学者之注;攻读思想史,则要看《新语》、《新书》、《淮南子》和《春秋繁露》;研究经济,又需看号称"半部《桑弘羊传》"的《盐铁论》等,其他如诗赋文论、笔记小说、天文医药、算学典籍、字典辞书均应涉猎。

然而最为重要的则是利用文物考古资料,特别是其中带有文字的资料。陈直教授之所以公推为秦汉史研究的泰斗,尤其是《汉书》研究的独辟蹊径的开路人,就是他在熟读《汉书》的基础上,借鉴王国维先生的"二重证据法",把大量出土的汉代文物资料用于证史,撰成《汉书新证》,完全改变了过去以文献证文献的旧学方法,使《汉书》研究达到了崭新的高度。如《汉书·百官公卿表》是我们了解西汉官制的最原始、最基本的史料,但失于简略和片面,难窥全貌。如《汉书》所据实为武帝改革后的西汉晚期官制,此前的情况就粗略难明;而武帝定制中,该表"六百石以下之官吏,沿革每漏而不记,令长以下之丞,只记有几丞,而不记某丞之名"。(《汉书新证序》)陈直教授既大量利用了居延、敦煌等地出土的汉简,也利用了铜器、漆器的铭文;既发掘了碑刻、陶文的资料,又剖析了玺印、封泥的印文。《百官公卿表》的考证就占了《汉书新证》六分之一的篇幅,现在研究西汉官制史的学者没有人不读此书,也没有人在其论文或专著中不借鉴陈直教授的研究心得。可以断言,不认真而充分地利用越来越丰富的文物考古资料,《汉书》研究不可能有重大突破。

六、《汉书》的研究资料

《汉书》的研究资料十分丰富,主要有以下三大部分。

首先是清代关于《汉书》的重要考订之作,主要有以下数种:王念孙《读汉书杂志》,沈钦韩《汉书疏证》,周寿昌《汉书注校补》,钱大昭《汉书辨疑》,朱一新《汉书管见》,沈家本《汉书琐言》。

王、周之作,长于音训文义。二沈、钱、朱诸氏精于考证。之所以特别推荐以上诸作,因为他们精说颇多,或未被王先谦《汉书补注》认真吸收,甚或未被利用。在《补注》基础上，充分发挥上述诸书的作用，显得尤为必要。

又清人的补表补志之作甚多，成就也大。代表性的作品多收入《二十五史补编》或《史记汉书诸表订补十种》二书中。其中夏燮《校书八表》、梁玉绳《人表考》、杨守敬《汉书地理志补校》、姚振宗《汉书艺文志拾补》最为重要。

其次是近今人的研究成果。

就综合考证而言，杨树达《汉书窥管》和陈直《汉书新证》最为突出。《窥管》一书，于训诂校勘颇有可取，并已开始注意利用文物考古资料，惜开掘深度广度不足。陈直之作的价值已见前述，不断关注汉代文物的出土信息，关注发掘报告和相关论著图册的问世，是研究《汉书》的必不可少的手段及途径，初学者尤应重视。又吴恂的《汉书注商》也值得一读，就是方法比较陈旧，限制了他的成就。

此外，金少英《汉书食货志集释》是研究汉代经济的重要参考书。岑仲勉的《汉书西域传地理校释》则是研究西域地名、国别、设置沿革的必读书。

最后是工具书。

解放前哈佛燕京学社引得编纂处曾编有《汉书及补注综合引得》，现在再度影印出版，足见其利用价值。港人黄福銮《汉书索引》更为详细科学，当是首推，惜印数有限，流传不广。中华书局所出魏连科《汉书人名索引》等系列书，与《汉书》点校本相配套，使用起来更方便一些，惜系列书并不完整，有待来日。

南宋徐天麟《西汉会要》共七十卷，这部会要体史书取资《史》、《汉》，完全可以当作工具书使用。该书将西汉典章制度的有关资料，分隶于帝系、礼、乐、舆服、学校、运历、祥异、职官、选举、民政、食货、兵、刑法、方域、蕃夷等十五门中，凡三百六十七事。不过值得注意的是，该书虽便于翻检，但取材狭隘，重要资料仍有遗漏，引文节略过甚，时有错误，使用时必须核查原文，不可轻易直接引用。

《后汉书》说略

周天游

一、《后汉书》作者生平

《后汉书》九十卷，南朝宋范晔撰。范晔字蔚宗，顺阳（今河南淅川或内乡）人。生于东晋安帝隆安二年（398），死于宋文帝元嘉二十二年（445），终年48岁。

范晔出身于晋代世族家庭。祖父范宁曾任晋豫章太守，以博学通经而名噪一时，著有《谷梁集解》。该书一出，汉魏以来注《谷梁》者十余家之作尽废。因此，《谷梁集解》成为今本《十三经注疏》中《谷梁注疏》的主要组成部分之一。父范泰于东晋初先后任卫将军谢安、骠骑将军司马道子二府的参军，后投靠刘裕，深得倚重。刘宋建立后，范泰官拜金紫光禄大夫，加散骑常侍，成为新贵。范泰"博览篇籍，好为文章"，撰《古今善言》二十四篇流传于世，同时又"好酒，不拘小节"，这两点都对范晔产生了深刻的影响。所以范晔从小博览经史，善写文章，能隶书，晓音律，常以名门之后自居，生性孤傲，嗜酒如命，不拘小节，放达任性，仕宦不甘居人后，著述也不甘居人后。以此成名，也以此丧身。

范晔是范泰第四子，母亲入厕时所生，额头被地砖碰破，所以小名就叫做砖。稍长后，过继给了伯父范弘之，承袭了武兴县五等侯的爵位。成人后，随父范泰投靠刘裕，不久成为刘裕之子刘义康的部下。刘宋代晋而立，范晔一度随檀道济北伐，主要为前方运送兵士与军械。彭城王刘义康入朝辅政时，范晔任尚书吏部郎，春风得意。不料，元嘉九年(432)，刘义康之母彭城太妃去世。在其下葬的前一夜，范晔酒瘾大发，与弟范广渊等在司徒府值班室中狂饮，并开北窗听王府挽歌为乐，因而激怒了刘义康，被贬任宣城太守。从此范晔郁郁不得志，只能借助写史来抒发自己的政治抱负，完成了《后汉书》纪传部分的写作，并与谢俨一起写作了《礼乐》、《舆服》、《五行》、《天文》、《州郡》(包括《百官》在内)等志。元嘉二十二年(445)，在《后汉书》即将大功告成之际，有人向宋文帝告发他参与了刘义康的篡位阴谋。不久，范晔下狱而死。谢俨怕受牵连，毁掉了志稿，使《后汉书》残而不全。

二、诸家《后汉书》简介

魏晋南北朝时期，群雄竞立，纷争不已。令人眼花缭乱的政权更迭，却引来了史学的勃兴。为替一时当道的统治者提供治世的镜鉴，谋求正统的地位；为了给播越的门阀士族炫耀高贵的门第，追忆逝去的荣华，私家修史一时蔚为风尚。其中在《东观汉记》的基础上而撰写的《后汉书》，今可知的有十二家之多。除袁宏《后汉纪》与范晔《后汉书》流传至今外，尚有谢承《后汉书》、薛莹《后汉记》、司马彪《续汉书》、华峤《汉后书》、谢沈《后汉书》、张莹《后汉南记》、袁山松《后汉书》、刘义庆《后汉书》、萧子显《后汉书》和张璠《后汉纪》。

以上诸书中，除刘义庆、萧子显二书成书或与范晔同时，或略迟，对范晔的写作未造成影响外，其他诸书或多或少都对范晔《后汉书》的问世有所帮助，现简要介绍于下：

梁刘勰《文心雕龙·史传篇》中说："《后汉》纪传，发源《东观》。"《东观汉记》是诸家《后汉书》的祖本。该书始作于汉明帝时期，以班固为首作《光武帝本纪》、功臣列传及新市、平林、公孙述、隗嚣等人的载记，凡二十八篇。安帝时，刘珍两度奉诏著述东观，始有《汉记》之名，所撰为光武至永初诸帝纪、表、名臣传、节士传、儒林传、外戚传等。桓帝时，先有边韶领衔作《献穆孝崇二皇后传》（依刘知幾说）、《顺烈皇后传》、《安思阎后传》、《儒林传》、《百官表》、《宦者传》。此时，《汉记》已有一百一十四篇之多。后由伏无忌主持补修《诸王表》、《王子表》、《功臣表》、《恩泽侯表》、《南单于传》、《西羌传》、《地理志》等。于是该书诸体齐备。灵帝时，蔡邕又两度组织撰作《朝会》、《车服》、《律历》等志十篇，并续作纪传。汉末丧乱，蔡邕被王允所杀，全书未竟全功，遂告终结。

不难看出，这部以东观为主要著述场所的《汉记》，是一部与东汉王朝几乎相始终的纪传体正史，是记述东汉历史的最原始的材料。尽管该书由时人撰述当时君臣的事迹，不免有回护曲笔的嫌疑；书又成于众人之手，质量自然参差不齐；且书非完书，安、顺二帝以下，亡缺尤多，但毕竟成为各家（包括范晔在内）《后汉书》取材的基本来源，是我们阅读利用《后汉书》时所必须首先要明白的。

其余诸家书中，华峤《汉后书》无疑是佼佼者。刘勰《文心雕龙》中曾说："若司马彪之详实，华峤之准当，则其冠也。"刘知幾在《史通·古今正史》中，在简要叙述《东观汉记》的撰述经过后，于八家书中仅仅介绍了司马彪、华峤二书，并说《后汉书》"作者相继，为编年者四族，创纪传者五家，推其所长，华氏居最"。可见自南北朝至唐初，推崇华、彪二书，是一时的公论。

华峤字叔骏，西晋平原高唐（今山东禹城西南）人。历事武、惠二帝，"博闻多识，属书典实，有良史之志"。（《晋书·华峤传》）因而长期主持朝廷的撰述之事。华峤不满意《东观汉记》的芜杂，有意改作。自担任台郎后，得以遍览宫省秘籍，于是整理史料，排比考校，写成《汉后书》。惜十典（即志）未成而病逝，又经其子华彻、华畅相继董理，始成完书。此作一经问世，受到一致推重，荀勖、和峤、张华、王济等一时之杰，都认为该书"文质事核，有迁、固之规，实录之风"。（《晋书·华峤传》）于是藏之秘府，与《史记》、《汉书》、《东观汉记》并行于天下。

司马彪，字绍统，晋高阳睦王之长子。因好色薄行，废而不得为嗣。于是司马彪闭门谢客，专精学问，博览群籍，撰述甚丰。他在谯周《东观汉记》删改稿的基础上，重加整理，特别对安、顺二帝以下东汉史事补缺尤多，成

《续汉书》八十卷。此外,他注《庄子》,作《九州春秋》,又据《汲冢纪年》,纠谯周《古史考》之误凡一百二十二事,而名噪当世。司马彪虽经挫折,却能翻然醒悟,因祸得福,其性格品行确有过人之处。

而谢承,字伟平,会稽山阴(今浙江绍兴)人。吴主孙权谢夫人之弟,官至武陵太守。谢承《后汉书》是继《东观汉记》之后的第一部私修《后汉书》。就内容而言,谢承于"忠义隐逸,蒐罗最备,不以名位为限",(孙志祖《谢氏后汉书补逸》,严元照序)所以"姜诗、赵壹身止计吏,而谢书有传"。(《史通·杂说下》)这与范晔讲究门第,重视名士,有所不同。而他久居江南,不大了解中原史事,所以全书"尤悉江左,京洛事缺于三吴",(《史通·烦省》)颇有地方史的味道。因此范书取材较少。但他在体例上颇有创新,不似《东观汉记》将《百官》列入《州郡志》,而是别立新目,并被《续汉志》所效仿;又立《兵志》,为当时史书所仅见,实属难得。

至于薛莹、谢沈、张莹、袁山松、张璠五书,或被刘勰称作"偏驳不论",或被斥作"疏谬少信",均不能望上述诸书之项背。其中只有袁山松作有《艺文志》,值得赞赏,惜已全佚。但他们或多或少对范晔著史都有一定的参考价值。

最后值得一提的是袁宏《后汉纪》,它是除范晔书外,惟一留传至今的有关东汉的史籍。

袁宏,字彦伯,陈郡阳夏(今河南太康)人。在东晋时期,以才思敏捷,下笔成章,号一代文宗而著称于世。然而他的真正成就却反映在他的史著《后汉纪》中。袁宏曾读《东观汉记》及谢承、司马彪、华峤、谢沈诸家《后汉书》,以为烦秽杂乱,不可卒读。于是又搜集《汉山阳公记》、《汉灵献起居注》、《汉名臣奏》,旁及诸郡耆旧先贤传等史籍,重加釐订,删繁就简,纠谬补缺,依荀悦《汉纪》之体例,断东汉一代为编年新史。在书稿初成之后,又见到张璠《后汉纪》,以为所言汉末之事颇有可取,就又及时补充进来,所以赢得"比诸家号为精密"(《郡斋读书志》)的评价。

三、《后汉书》的内容、特点与不足

《后汉书》的撰作起于光武帝刘秀起兵推翻王莽新朝,中兴汉室,止于汉献帝让位于曹丕，曹魏代汉而立，记述了东汉一百九十五年的完整发展过程，是一部杰出的私修断代正史。

全书共有九十篇。前九篇为诸帝纪，记录了光武、明、章、和、殇、安、顺、冲、质、桓、灵、献等十二帝的生平大事，是简要的东汉编年史。接续的是一篇《皇后纪》，它一改《汉书·外戚传》的体例，以纪的形式，集中反映了东汉历任后妃的主要事迹，特别反映了东汉最为突出的常是少帝在位、太后与外戚主政的历史现象，在现存《二十四史》中是惟一一例。诸列传凡八十篇，既记载了西汉末众多割据者的短暂称雄史，也肯定了东汉初云台二十八将为代表的功臣们的伟业；既记载了邓、窦、梁、马等贵戚的家族史，也反映了日渐崛起的经学世家的发展史；无论是党人、名士，还是独行、孝子，无论是术士、逸民，还是鲠臣、列女；诸如拓边宿将、循吏酷吏、佞臣宦者、耆旧大儒都得到关注和品评，大多文采飞扬，剖析入微，动人心魄，体味无穷。

《后汉书》具有许多突出的特点，令其成就可与《史》、《汉》比肩。

就体例而言，《后汉书》创立了《皇后纪》。虽然范晔是以华峤《汉后书》为蓝本，遵从华峤"皇后配天作合，前史作《外戚传》，以继末编，非其义也，故易为《皇后纪》，以次《帝纪》"(《晋书·华峤传》)的观点，但他的主旨却更存高远，正如他的《皇后纪》序中所强调的那样，要人们正视"东京皇统屡绝，权归女主，外立者四帝，临朝者六后，莫不定策帷帟，委事父兄，贪孩童以久其政，抑明贤以专其威。任重道悠，利深祸速"，而"湮灭连踵"，"沦亡神宝"，却不自知的历史教训，所以更具有警世的意义。

范晔从"东汉尚名节"的时代精神风貌出发，也从他身为名门士族惯于品评的处世态度出发，十分注重专传的设置，并从诸家《后汉书》中吸取精华，加以发挥。如范晔创设了《党锢》、《文苑》、《独行》、《逸民》、《方术》、《列女》六个专传。

东汉自和帝时起，宦官与外戚轮番把持朝政。桓、灵时期，宦官弄权，民不聊生，知识分子中的有识之士，互相标榜，结为党援，崇尚名节，评论朝政，锋芒直指宦者专权者。虽惨遭宦官势力的迫害与禁锢，党人仍不甘屈服，恪守气节。《党锢传》颇带感情地记述了这一党锢事件的始末，在历史长河中留下了独特的一页。

而《文苑传》首次为擅长诗赋文章的文士集中立传，从一个侧面反映了文学的勃兴。《独行传》则专门表彰“特立卓行”的奇士，鼓励不从偏霸，不事篡逆，忠于主吏，恪守信诺，重友轻利，刚毅不阿的品德。《逸民传》则网罗自命清高、隐世不仕的人物，但同时也是对当时假隐士、真沽名钓誉之徒的一种鞭笞。又《方术传》与《列女传》也应引起足够的重视。前者虽主要记述阴阳占卜之人，但对当时社会习俗的记载和从中透露的科技信息，让我们能剥去迷信的外壳，以触摸当时科学脉搏的跳动。而名医郭玉、华佗等人的事迹靠该传得以比较详细地存世，极具价值。后者虽宣扬了妇女从一而终的封建礼教，不过重点却在于彰显东汉杰出妇女的才德，如班昭、蔡文姬的博学高才，精于音律；又如赵娥的为父报仇，手刃仇人，是当时妇女积极参与社会活动的真实写照。

就史料而言，范晔以《东观汉记》为基本依据，以华峤《汉后书》为主要蓝本，广泛吸纳众家《后汉书》的优点，纠谬拾遗，删繁补缺，成就新史。刘知幾于《史通》中不无感慨地说：“范晔之删《后汉》也，简而且周，疏而不漏，盖云备矣。”尽管他成书较晚，却能后来居上，成为我们研究东汉史最重要的典籍。

此外，《后汉书》对诏令、奏疏及文论的记载颇有偏爱，尽力搜罗，不惜篇幅，不仅保存了一批重要的东汉文献，反映了当时政治家、思想家、文学家的有代表性的作品和见解，也一定程度表明了范晔本人的政治主张和史学观。其中如《崔寔传》所载的《政论》，《仲长统传》所载的《昌言》，原书均已散佚，幸赖范晔的引用，保存了富有史料价值的佚文。

就其史观而言，范晔以“正一代得失”为宗旨，在对人物评述上，以“贵德义，抑势力，进处士，黜奸雄”为原则，（王鸣盛《十七史商榷》卷六一）不把眼光只集中在将相百官的狭小圈子中，对博学兼通、崇尚名节的大儒、党人、逸民、独行尤为关注。所以他多采用合传或类传的方式，以明褒贬。如列王充、王符、仲长统为一传，表彰三位思想家以布衣身分针贬朝政的事迹；又列郭泰、符融、许劭为一传，以突出三位名士的识人之鉴；还并邓彪、张禹、徐防、张敏、胡广等五位庸碌圆滑的官僚为一传，以讥讽他们的因循苟合，明哲保身。在前所立新六传外，他还专设《宦者传》，这与《汉书·佞幸传》有联系，却又有变化，即不仅仅鞭挞宦者中的弄权者，也表扬宦者中的正直之士，如郑众的铲除外戚窦宪兄弟，蔡伦之发明造纸术；又如孙程之耿直不阿，吕强之清忠奉公，表现出史家应有的求实风范。

当然，范晔成就的取得，赖之于善于吸纳众家《后汉书》的优点，并在其"正一代得失"的宗旨指导下，加以改造完善。

如对华峤书，他沿用其《皇后纪》之例，并使之更适应时代特征。华峤行文"言辞简质，叙致温雅"，其论尤为精绝。范晔虽自诩其传论"皆有精意深旨"，"至于《循吏》以下及六夷诸序论，笔势放纵，实天下之奇作。其中合者，往往不减《过秦论》。当共比方班氏所作，非但不愧之而已"，(《狱中与诸甥侄书》)但对华峤之论，则心悦诚服，如今可考知者，就引用了华峤的《肃宗章帝纪论》、《马武传论》、《冯衍传论》、《刘赵淳于江刘周赵传序》、《班彪传论》、《袁安传论》、《王允传论》、《丁鸿传论》、《皇甫嵩传论》、《襄楷传论》等，为其《后汉书》增色不少。

又如对谢承《后汉书》的体例，也颇有所借鉴。据谢书佚文判断，范书《东夷列传》，毫无疑义本之于谢书。又据洪贻孙《史目表》所列谢承书传目，即有《风教》、《循吏》、《酷吏》、《独行》、《宦者》、《儒林》、《文苑》、《方术》、《逸民》、《列女》、《东夷》等，汪文台辑本中谢承书的传目也大体相同。虽均系从传文内容加以推断而成，却大体合理。所以范书的别创新传目，也是吸取他人成果的产物。因而范书的成功，也包含了众家《后汉书》作者的大量心血在内。于是"集美"是范书与《史记》的"直书"、班固的"记实"特点的区别所在。

然而范晔《后汉书》重文采，求简要，重门第，轻庶族，重政论，轻经济，也造成一些历史事件和典章制度的具体事实隐而未彰，尚需利用袁宏《后汉纪》和《东观汉记》、八家《后汉书》的佚文来订补。特别是东汉经济史料的缺乏，造成东汉经济研究的薄弱，在较长的时期内一直难有突破，不能不说是一大遗憾。

四、《后汉书》的注释

最早为《后汉书》作注的人，是南朝梁人刘昭。刘昭，字宣卿，平原高唐（今山东禹城西南）人。他的伯父刘肜曾集众家《晋书》注干宝《晋纪》凡四十卷。刘昭可以说是承继家学，以裴松之注为榜样，集众《后汉书》同异以注范晔书，所以增广见闻，加以证辨是主要的，训诂文字则在其次，有较高的参考价值。由于范书无志，刘昭第一次把司马彪的《续汉志》分为三十卷，并进《后汉书》去，并为之作了注，而流行于世。

唐高宗上元二年（675），李贤被立为皇太子。为巩固自己的地位，他召集张太安、刘纳言等人，在他的主持下注释《后汉书》。李注重训诂，《后汉书》注与《汉书》颜师古注相仿，水平也大体相当。所以书奏上后，曾得到高宗赏赐"段物数万"，以示奖励。可惜永隆元年（680），李贤被废为庶人，张太安等人或被降职，或被流徙。注释虽初成，但在不足六年时间里仓促成事，未及认真统一校订，所以错讹疏谬，在所难免，其中尤以《南匈奴传》注为甚，常令人无法读懂。尽管如此，由于刘昭与李贤的地位相差过于悬殊，特别是中宗复位后，李贤得以平反，所以李贤注深受推崇，而刘昭所注纪传部分几乎散亡殆尽。所幸李贤认为《续汉志》非范书之志，所以弃而不注，这样《续汉志》刘昭注才得以传世。

北宋初，范书李贤注与《续汉志》刘昭注分别单行。到了宋真宗乾兴元年（1022），孙奭始建议把刘昭所注《续汉志》并入范书合刻传世。该建议被采纳，《后汉书》才具有今本的样子。令人费解的是，孙奭竟误以为《续汉志》本身也是刘昭所补作。明监本以讹传讹，把《续汉志》刻于纪传之间，并改刘昭"注补"为"补并注"。清武英殿本在众多精英的校勘下，仍沿明监本之误。中华书局点校本的问世，才在版本上正式予以改正。

五、《续汉志》与刘昭注的价值

《续汉志》是《续汉书》惟一完整保留至今的重要部分。

司马彪撰史十分审慎，体例上恪守班氏旧规，极少创造精神。如《律历》、《天文》、《五行》三志，皆依班志而立；《祭祀》、《郡国》二志，名称虽与《汉书》之《郊祀志》、《地理志》有异，而内容则基本一致；《礼仪志》本之于《汉书·礼乐志》，但舍弃论乐部分而不叙；《百官志》则出自《汉书·百官公卿表》，其变表而为志，更切合事宜。不过这一创新，实际上是受谢承《后汉书》中的《百官志》影响而作；惟《舆服志》乃《汉书》所无，然而又是本之于《东观汉记》的《车服志》。究其原因，主要是司马彪"自以名惭汉儒，才劣班史"，所以"凡所辩论，务守常途"。(《史通·书志》)而这种保守态度，正是《续汉书》赢得"详实"之誉的思想基础。

司马彪著述取材广博，抉择亦精，可以说记事均有所本，言必有所据。其《律历志》则以光和中蔡邕、刘洪所撰《律历志》为本；《礼仪志》又以蔡邕根据胡广所定汉制而撰写的《礼志》以及谯周的改定稿为据，同时也参考了谢承的《礼仪志》；《祭祀志》乃以蔡邕《郊祀志》为蓝本；《天文志》必参考了蔡邕《天文志》；《郡国志》则本之于伏无忌、黄景所作的《地理志》；《百官志》以《东观汉记·百官表》为基本依据，并吸取了谢承《百官志》的成果；《舆服志》则糅合了蔡邕、董巴、谢承三家之作。正因为司马彪有实事求是之意，无哗众取宠之心，文笔质朴，撰述认真，当书则书，不知者则阙，"虽未能尽善，而大较多实"，(《史通·书志》)使八志成为我们研究东汉典章制度不可缺少的可靠资料。

彪志中以"职官、舆服之制，尤为详备"。(《玉海》卷四六)《汉书·百官公卿表》虽是研究秦汉官制的最原始的材料，但是所记"皆孝武奢广之事，又职分未悉"，(《续汉志·百官志》)所述亦较简略，难以满足需要。而司马彪的《百官志》恰恰弥补了这个缺陷。他以刘秀所定之制为准，以上公、将军、诸卿、郡国官属为序，上起中央各官员及部属，下及州郡、县乡、亭里、抚边将校、王国、列侯、四夷之属，并附百官受奉例。内容繁简得当，叙述极有条理，汉代官制于此一目了然。其价值不仅优于《汉书·百官公卿表》，也远胜其后的《晋书·职官表》，是不可多得的佳作。又秦代舆服之制，《史记》、《汉书》皆缺乏明确记载，后妃之服制多见于唐马缟《中华古今注》，但言无实据，不足凭信。汉初百废待举，改革舆服，一时难以纳入议事日程，故一仍秦制。终西汉之世，服制并无重大变化，而具体细节，《汉书》也记载甚少。进入东汉，明帝据周代冠服之制，参酌秦制，制定了完备的冕服、珮、绶和朝服等一系列制度。通过《续汉志·舆服志》，不仅可以全面明了东汉之制，还可以鸟瞰秦、西汉之制，填补了一些空白。同时也为其后正史志《舆服》，作出了榜样。

《续汉志》以叙述东汉之事为主，并不以追述前代之事炫奇耀博。如《天文志》不似《晋书·天文志》那样，在记述日之黄道、月之九行、三垣鼎立、四七棋布上大费笔墨，而是"起王莽居摄元年，迄孝献建安二十五年，二百一十五载。言其时星辰之变，表象之应，以置无戒，明王事焉"。(《续汉志·天文志》)撇开其以天文附会人事的迷信不言，此志不失为研究古代天文学的宝贵资料。又如《五行志》，并不重复《汉书·五行志》所说过的《五行传》说及其占应，而是合应劭、董巴、谯周所撰建武以来灾异而论之，以续前志，又为我们提供了了解古代天文、气象、地震及生物变异诸方面的可贵资料。司马彪的这一做法，正合刘知幾"国史所书，宜述当时之事"(《史通·书志》)的正确主张。但遇到班志偶有所遗，司马彪也能恰当补充。如在《律历志》中，由于郎中京房所言律详于刘歆所奏，而《汉志》文多不悉载，所以司马彪总其本要，以补续之。

当然，《续汉书》的撰作主要是想"载善恶以为沮劝，撮教世之要"，(《晋书·司马彪传》)以维护封建统治，《续汉志》自然也是为此目的而作。因此他大讲与君臣，序六亲，尊尊贵贵，不得相逾，就不足为怪了。

但是司马彪对于某些重大的封建祭典，并非一味盲目推崇。他认为还有比之更重要的东西，比如民心。所以对待封禅之仪，他说道："帝王之所以能大显于后者，实在其德加于民，不闻其在封矣。"(《续汉志·祭祀志》)可以说司马彪是一个比较有头脑的封建史家。

彪志优点虽多，缺憾也是明显的。其未撰《食货志》，使东汉一代有关土地制度、经济政策与法令、货币流通及商业发展等方面的史料零乱不整，缺乏系统的阐述。他未作《艺文志》，使东汉典籍未能俱陈于史册，以供后人索骥，都造成难以弥补的损失。自然，彪志详实的特点仍十分突出而宝贵，这就保证彪志成为范书不可分割的组成部分。从这个意义上讲，与其说是彪志依范书而得以传世，不如说是范书因彪志而近于完备。

六、《后汉书》的版本

《后汉书》自北宋以来，代有刻本。宋本虽存世不少，但多系残本，难窥全豹。淳化五年（994）初刻本和景德二年（1005）校定本，均不包括《续汉志》。据傅增湘《藏园群书经眼录》所载，明正统八年至十一年间（1443—1446）刻本，是"奉淳化五年七月二十五日敕重校刊正"，无疑是淳化本的"嫡子"，对宋初刻本的全貌可从中考见。

目前较为完整的版本是明汲古阁影宋写本，与景祐本《汉书》同装。写本有黄丕烈、顾广圻和倪瓒的跋。傅增湘考倪跋恐非真。该本历经汲古阁、季振宜、徐乾学、黄丕烈、汪大钟所藏，后归常熟瞿氏铁琴铜剑楼。此本的价值还应作进一步发掘。

今中华书局《二十四史》点校本中的《后汉书》，则以南宋绍兴江南东路转运司刻本（其中卷一二至卷一六原缺，商务印书馆影印时配以抄本）为底本，是学术界公认的比较好的版本。

然而南宋本中，尚有海源阁杨氏所藏王叔边本，曾列入杨氏"四经四史"之中，为闽本中的佼佼者，似一直未引起足够的重视，尚值得发掘。而黄善夫家塾本也是具有较好的校勘价值的。此外，建安刘元起家塾本、蔡琪一经堂本，校勘未精，难称善本。

元明清诸本中，当以元大德九年（1305）宁国路儒学刊本、明汲古阁本、清武英殿本尚可一用。

不过对一般读者来说，中华书局点校本就足够用了。

七、《后汉书》阅读与利用的方法

《后汉书》无疑是研究东汉史的最主要的参考书。该书体大思精，内容丰富，仔细阅读，东汉史的发展脉络可以基本把握。这就是所谓的"入门易"。但是若想深入研究问题，单凭《后汉书》就显得有些单薄，尚须扩大阅读范围来加以解决。

首先，在通读《后汉书》之前，可先读《资治通鉴》的东汉部分，或先读袁宏《后汉纪》,在看编年史的过程中,对东汉历史有一个简要的认识。然后再读范书全书时,就会在宏观认识的基础上把握其精髓,吸取有益的营养。

《后汉书》与《汉书》、《三国志》都有记事上的重叠与交叉,所以有关两汉之际的记述就应与《汉书·王莽传》等相关传目的内容加以比较,而汉末丧乱时期的史事,也应与《三国志》同一时期的记载相印证。而整体上更应与袁宏《后汉纪》作比勘,从异同中发掘线索,以求获得更加可靠的结论。

正由于《后汉书》具有"集美"的特点,所以不少人往往忽略对《东观汉记》和八家《后汉书》佚文的重视。殊不知范晔蒐罗虽称完备,但百密仍有一疏,确有不少方面有待这些佚文来补正。清人中最早辑佚诸家《后汉书》佚文的是姚之骃,他在《后汉书补佚》一书中说道:"(凡范书缺者)可以传一朝之文献,其同者且可以参其是非,校其优绌,于史学庶乎其小补也。"今以《续汉书》为例,以证姚氏所言之不虚。

《续汉书》是众家书中较早对安、顺以下史事进行补缺的东汉史籍,所以长期以来较受学者重视。如《三国志》裴松之注引用《续汉书》佚文最多,达二十二条。其中《蜀志·张翼传》注引彪书《张纲传》竟长达千字左右。范书《张纲传》的内容,大体未超出其范围。

又《太平御览》卷九一所引安、顺以前诸帝纪,以《东观汉记》为主;安、顺二帝纪则《东观汉记》与《续汉书》并重;而少帝、北乡侯事及卷九二灵、献二帝纪,均以彪书为主。彪书以后诸书包括范书东汉后期史事,均以《续汉书》为依据,其草创之功不可没。

又《东观汉记》关于后妃的记述,至安思阎后即告结束,其内容与范书《皇后纪》上卷一致。而真正毕其役的则是司马彪,所以《太平御览》卷一三七后妃部分,以《续汉书》所载为主,范书《皇后纪》下卷的史料未能超出《续汉书》的记述范围,司马彪的整理之功也不可没。

更值得注意的是,《续汉书》佚文中有不少史实可以订补范书的错误与不足。如范书载灵帝熹平二年(173)命唐珍为司空,熹平六年(177)命孟郁为太尉,光和元年(178)命张颢为太尉,皆如流水账,视与一般任命同。但《续汉书》却明确指出唐珍是中常侍唐衡之弟,孟郁是中常侍孟贲之弟,张颢则是中常侍张奉之弟。三名宦者亲属相继任三公，正是建宁二年（169）二次党锢以后，宦官得势，专横朝政的产物。这一东汉历史中仅见记载的现象，对了解汉末官僚、士大夫与宦官的斗争是有益的。如果没有司马彪《续汉书》，此重要史实几遭湮没。

其余如灼然作为一个选举名目，惟见《续汉书·陈寔传》。光武帝刘秀早年曾被关到"南鸣市狱，市吏以一笥饭与之"，（周天游《八家后汉书辑注》，上海古籍出版社1986年版）也不见于范书。又如《续汉书》说李固之子李基、李兹听到其父死讯，即弃官返回家乡汉中，随即被捕，死于狱中。证之以《华阳国志》和袁宏《后汉纪》，可知范书所言收于鄢城而死狱中是错误的。由于类似事例数量不少，所以李贤注《后汉书》时，引用了不少众家《后汉书》的不同记述。如引薛莹《后汉纪》二条，谢沈《后汉书》十一条，张璠《后汉纪》三十四条，袁山松《后汉书》四十三条，华峤《汉后书》四十三条，而引谢承《后汉书》有八十六条，《续汉书》竟高达一百四十九条。可见诸家《后汉书》仍有不可忽视的利用价值，特别是华峤、谢承、司马彪的著述应发挥其更大作用。

在对《后汉书》进行专题研究的同时，应注意吸收清人的考据成果，这主要分两部分，即清人的考订成果和清人的补志与补表，它们都能让我们少走弯路，更简捷地靠近问题的核心，起到事半功倍的效果（详见后）。

在整理研究《后汉书》的过程中，我们不能只是固守旧学的方法，应扩大视野，充分利用一切可以利用的其他文献资料和文物考古资料。尤其文物考古资料是我们取得重大突破的必由之路。

汉代存世文献屈指可数，除了史籍之外，经子集各部书还有一批可资利用的资料，可与《后汉书》相参证。如经济类的《四民月令》，是了解东汉庄园经济的重要史料；官制礼仪类的《汉官》、《汉官解诂》、《汉旧仪》、《汉官仪》、《汉官典职仪式选用》、《汉仪》等，都是研究汉代主要是东汉官制的最原始和系统的记述，可弥补《续汉志·百官志》的不足；而《独断》则是研究汉代礼制仪式不可或缺的重要参考书。此外，如《新论》、《论衡》、《白虎通义》、《风俗通义》、《潜夫论》、《政论》、《昌言》、《申鉴》和《古微书》，都可与《后汉书》相关思想家传略相印证，以增广见闻，深化认识。其余诸如《三辅决录》、《三辅黄图》等地理书,《太平经》、《牟子理惑论》等宗教典籍,《东汉会要》等会要书,《灵宪》、《浑天仪》、《九章算术》、《伤寒杂病论》等自然科学类图书,《文选》、《古谣谚》、《全后汉文》等集部书,《说文解字》、《释名》等字辞之书,都应包括在研究视野之内。

考古资料主要以简牍与碑刻、陶文与玺印为主。简牍中突出的是居延汉简和武威医简;碑刻中东汉碑占有相当大的比例,《隶释》、《隶续》、《金石萃编》、《八琼室金石补正》所录内容丰富,而且较为可靠。陶文中《关中秦汉陶录》、《续陶录》较为突出,而玺印、封泥当推《齐鲁封泥集存》、《十钟山房印举》、《汉印文字征》诸书,可资利用。

随着经济建设的发展,新的文物资料不断出土,随时注重考古发掘的信息,必将对《后汉书》研究起到积极推动作用。

八、《后汉书》代表研究著作简介

《后汉书》研究,清人与近今人在考据校勘上做了大量工作。

正如前述,李贤注疏于史实考辨,又成于众人之手,匆匆成书,错讹疏谬之处在所难免;刘昭注史料价值极高,惜乏精要之说。因而入清以后,惠栋作《后汉书补注》,以正李、刘二注之失,又引《后汉纪》和东观诸史以订补《后汉书》,颇有创见。王先谦在惠氏《补注》的基础上,综合清人数十家之成说,作《后汉书集解》,颇有益于学者。但王氏撰作此书已近晚年,精力不及,所以该书远不及《汉书补注》精当。何况大作未毕,王氏先亡,于是由门人黄山代为总校,延请柳从辰、马与龙、李祖楙等人以助其役,始成完书。黄山等别作《校补》,附于各卷之后,其说时有可取,然终不赅博,缺乏创见。因此除重点参考《集解》外,还应参考下列诸书:

[宋]刘攽《东汉书刊误》,《宸翰楼丛书》影宋本。

[清]沈钦韩《后汉书疏证》(以考订地理部分为主。浙江局本较为通行,但脱误较多。有条件可用上海图书馆所藏稿本)。

[清]李慈铭《后汉书札记》,北京图书馆(今中国国家图书馆)1929年铅印本。

[清]沈家本《后汉书琐言》、《续汉志琐言》,《沈寄簃先生遗书》本。

近人杨树达《读后汉书札记》,载中华书局1962年版《积微居读书记》中。

近人刘盼遂《后汉书校笺》,《国学论丛》第2卷第1期,1929年版。

近人张森楷《十七史校勘记》有关部分(稿藏南京图书馆)。

今人施之勉《后汉书集解补》(订补王先谦《集解》,颇有见地),台北中国文化大学出版部印行,共四册,1982年出版。

《后汉书》志、表都不全,清人及近今人有一批补作颇可取。如《艺文志》,清钱大昭《补续汉书艺文志》、侯康《补后汉书艺文志》、姚振宗《后汉艺文志》、顾攘三《补后汉艺文志》、曾朴《补后汉艺文志并考》,各有所长。又如《食货志》,今人苏诚鉴《后汉食货志长编》(商务印书馆1947年版)较为可用。补表中较为突出的有清万斯同《历代史表》中的《诸王世表》、《外戚侯表》、《云台功臣侯表》、《宦者侯表》、《将相大臣年表》等。又钱大昭《后汉书补表》也较全面精审。该批志、表主要分见《二十五史补编》第二册(开明书局1936至1937年出版)和《后汉书三国志补表三十种》(中华书局1984年出版)。

东汉散亡史籍佚文的辑佚之作,最早是清姚之骃的《后汉书补逸》,但质量较差,传本亦罕。此后孙志祖曾作《谢氏后汉书补佚》、王谟《谢承后汉书钞》和《汉唐地理书钞》,均对姚氏有不少订补。

章宗源在撰《隋书经籍志考证》时,曾以极大的精力从事汉晋遗书的辑佚工作,可惜书稿大半毁于火,所余寄交章学诚或存孙星衍处,或归之叶云素。清末民初黄奭曾作《汉学堂丛书》,后经改订成《黄氏逸书考》,其中就有东汉佚史。他的一部印数极罕的《知足斋丛书》,今藏中国国家图书馆,《中国丛书综录》未加登录,观其中所辑东汉佚史与《逸书考》不同,疑为章氏所作。

清人辑本中当以汪文台《七家后汉书》最精,最值得参考。

而今人吴树平《东观汉记校注》(中州古籍出版社1987年版)和周天游《八家后汉书辑注》(上海古籍出版社1986年版)是在前人基础上的总结之

作,利用起来更为可靠与方便,收罗佚文也最称完备。

有关《后汉书》的工具书,主要是哈佛燕京学社编印的《后汉书及注释综合引得》,以及中华书局出版的《后汉书人名索引》。

《三国志》说略

高敏 著　高凯 整理

一、《三国志》的作者及其生平

《三国志》的作者陈寿，字承祚，巴西安汉（今四川南充）人。生于蜀国后主刘禅建兴十一年（233），死于西晋惠帝元康七年（297），享年六十五岁。《晋书》卷八二及常璩《华阳国志》卷一一均有传。陈寿的父亲做过马谡的参军，马谡因于诸葛亮首次北伐时失守街亭被诛，寿父也因此受到惩处。陈寿本人少年时代就很好学，师从当时颇负盛名的史学家谯周，擅长文学和史学。由于他为人正派，不愿意在当时作威作福的宦官黄皓面前吹吹拍拍，以致长期遭人歧视，得不到重用。蜀国被曹魏灭亡后，仍然有人中伤他。直到西晋取代曹魏政权后，司空张华发现他的才学，地方官才举荐他为孝廉，朝廷任用他为佐著作郎。后又出补平阳侯相（《晋书》卷八二《陈寿传》作“出补阳平令”，但《三国志》卷三五《诸葛亮传》载陈寿于西晋武帝泰始十年《上诸葛亮集表》时作“平阳侯国相”）。在这段时期内，他并未因受到歧视、打击而自暴自弃，相反，他发愤读书和著作，撰写了《益部耆旧传》十篇，又编辑了《蜀相诸葛亮集》，上奏于西晋武帝后，他的史学才能获得承认。于是，官府正式任命他为专门修撰史书的著作郎，负责修撰魏、蜀、吴三国的史书《三国志》。后来，他虽然也担任过一些官职，但始终未能摆脱别人对他的嫉妒和陷害，官运不佳。但是，正因为如此，却成全了他的史学与文学业绩。正如他的老师谯周所说："卿必以才学成名，当被损折，亦非不幸也。宜深慎之。"(《晋书·陈寿传》)意即你陈寿只能靠自己的才学成名，在成长的道路上受到挫折，并不是坏事，你必慎重对待，切不可气馁。谯周可谓看透了官场的险恶和从事学术事业的艰难，同时也证明陈寿没有辜负他老师的期望！

二、陈寿撰写《三国志》的历史条件

在陈寿撰写《三国志》之前，已有司马迁的《史记》与班固的《汉书》广为流传。我们知道，《史记》是我国古代第一部纪传体通史，而《汉书》是第一部纪传体断代史。二者虽然一为通史，一为断代史，但作为纪传体的史著体裁却是共同的。这就是说，司马迁与班固，为陈寿撰写《三国志》提供了纪传体史著的范例，也决定了他的《三国志》将采用同样的史著体裁。但是，《史记》有《表》、有《书》，《汉书》也有《表》、有《志》，《表》讲事件的年代，《书》与《志》集中讲当时的典章制度，它们与《纪》、《传》配合，这种史体结构，能使史书的内容比较充实完备。《三国志》撰写于后，应当于纪、传之外，也写表、志，然而《三国志》却无表、志，以致索求三国时期的典章制度，需要上查《续汉书》诸志和下查《晋书》诸志及《宋书》诸志，故后世多以此为《三国志》的重大缺点之一。

当陈寿开始撰写《三国志》的时候，当时魏、吴等国史学家已经给他准备好了一定的条件。例如，写魏国史书的，就有王沈的《魏书》四十八卷和鱼豢的《魏略》八十九卷；写吴国史书的，有韦昭的《吴书》五十五卷。这三部史书，都为陈寿撰写《三国志》中的《魏书》与《吴书》提供了主要的依据。特别是鱼豢的《魏略》，记事详细，尤其是少数民族的史实较多，唐人刘知幾在其《史通·题目》篇中说此书"巨细毕载，芜累甚多"，但从史料学的角度看，这正是该书的长处。此外，还有蜀国人王崇写的《蜀书》。王崇其人，同陈寿一样先仕于蜀国，后入晋。据《华阳国志》卷一一《后贤志》所云，他的《蜀书》，同陈寿所写的《三国志》中的《蜀书》"颇不同"，陈寿显然没有参阅其书。王崇的《蜀书》，成书在陈寿《蜀书》之前还是在其后，史书无明确记载。从陈寿未曾参阅其书的情况看，有可能成书于后。还有晋人王隐的《蜀记》，成书于陈寿《蜀书》之后，陈寿无法参阅其书。因此，三国之中惟蜀国在陈寿修《三国志》之前没有史书。加上蜀国不像魏、吴二国一样设有史官，正如陈寿所云"国不置史，注记无官，是以行事多遗，灾异靡书。"(《三国志·蜀书·后主传》)故蜀国史料较少，以致《三国志》中惟《蜀书》的分量最少。有上述三书作为陈寿修撰《魏书》、《吴书》的依据，说明他有条件把此二书写得更加充实和丰满。但是，遗憾的是陈寿删削过多，以致《三国志》虽然叙事准确，却过于简约，后世又多以此病之。

陈寿之所以能写好《三国志》，应当说与他的老师谯周的影响有密切关系。谯周，字允南，巴西西充(今四川西充)人，《三国志》卷四二《蜀书》有传。他出身于经学世家，自幼酷好经史，著有《古史考》二十五卷，收集了大量古代传说，是个信古派的代表人物。他的书虽早已散佚，但其大部分内容已为马骕《绎史》所引用。谯周的爱史、信史作风，对陈寿的影响不小，所以，陈寿也曾著《古国志》五十篇，后来又能重视蜀国史料的收集，最终能在白手起家的情况下写成《蜀书》。

三、陈寿《三国志》的主要内容及其特征

陈寿的《三国志》，由《魏书》三十卷、《吴书》二十卷和《蜀书》十五卷三部分组成，共六十五卷。有时也以《魏志》、《吴志》和《蜀志》命名，但《志》在《汉书》中是讲典章制度的，为了避免误解，还是以《魏书》、《吴书》与《蜀书》定名为好。中华书局点校本就采用此名称。

《三国志》的三个部分，《魏书》讲汉末董卓之乱以后到曹魏建国和灭亡的历史，《蜀书》讲刘备建立蜀国和刘禅统治蜀国以至灭亡的历史，《吴书》讲江南孙氏父子建立吴国直至为西晋所灭亡的历史。从三书的卷数来说，显然《蜀书》最少；若从书的分量着眼，《魏书》约占全书的二分之一；《吴书》约占全书的三分之一；《蜀书》仅占全书的六分之一，是三书中分量最少和内容最贫乏者。例如以考察三国时期的兵制、田制和税制等来说，魏、吴二国多少可以寻绎其发展脉络，而蜀国则往往空缺不明。

由《魏书》、《吴书》与《蜀书》组成的《三国志》，最初曾是各自为书的，即并未将三书合于一体。故《三国志》最早的刻印本，即印于北宋咸平六年（1003）的国子监刻本，虽然已将三书合刻在一起，但还是保存了三书分别发刻的痕迹。因此，此刻本将《吴志》（即《吴书》）分上下两帙，书首刻有《吴志》的牒文，后来绍兴年间重刻此本时，也保留了一页咸平年间国子监刻《蜀志》（即《蜀书》）的牒文。这表明北宋咸平年间的刻印本，虽已合三书于一体刻印，但三书还是分别发刻的。（中华书局《三国志》点校本《出版说明》）自此以后的诸多刻本，都是合三书于一体的《三国志》。

陈寿《三国志》的最大特点，是引文精练，叙事简约，史实准确，取材严谨，不失为一部好史书。正因为有这样的特点，故此书刚刚问世，就引起了当时社会各界的颇大反响，纷纷予以肯定。《晋书·陈寿传》说："时人称其善叙事，有良史之才"。还说：当时有个叫夏侯湛的人，也写了一部《魏书》，当时看到陈寿《三国志》中的《魏书》以后，"便坏己书而罢"，即销毁自己的稿子，显然是觉得自愧不如陈寿的《魏书》。当时的高官张华，对陈寿的《三国志》也"深善之"，并且对他说："当以《晋书》相付耳。"意即要把撰写《晋书》的任务交给他。据《华阳国志·后贤志·陈寿传》所载，当时赞许陈寿《三国志》的大官，除张华之外，还有中书监荀勗，他们认为陈寿的《三国志》，司马迁的《史记》与班固的《汉书》"不能方也"，即无法与《三国志》相比。此话虽然有些过誉，但反映了当时的社会名流对此书的高度评价。这大约是后人把《三国志》与《史记》、《汉书》及成书于《三国志》之后的范晔《后汉书》并列而称之为"四史"，长期受到人们普遍赞誉的原因。

四、陈寿的不白之冤辨析

公允地说，陈寿的《三国志》也有其不足之处。质言之，主要有两点：一是缺少表、志，显得内容匮乏；二是对原来已经成书的史料，删削过多。最明显的例证如马钧、张仲景这样的伟大科技专家，他没有为之立传；许多见于鱼豢《魏略》的少数民族史料和曹魏统治少数民族的特殊制度——护军制，他都删之殆尽。这两个毛病，从史料学的角度着眼，几乎都是致命伤。但是,陈寿受到的讥评,远不止此。不过,这些讥评,有些是可以理解的,有些是不实之词和凿空之谈,以下分别依次略述。

所谓可以理解者,主要是指陈寿撰写《三国志》所体现出来的政治立场而言。通读《三国志》全书,不仅表明他重曹魏而轻吴、蜀的倾向性,而且反映在他称曹魏诸帝的记述为"纪",而称吴、蜀诸帝的记述为"传"的事实。这就是说,他只承认曹魏政权的正统帝王地位,而否认吴、蜀二国君主的帝王地位。为什么说这是可以理解的呢?因为陈寿于西晋时撰写《三国志》,必然要受到当时政治形势的影响。西晋政权是篡夺曹魏政权而来的,因此,承认曹魏政权的正统地位,就等于承认了直接继承曹魏政权而来的西晋政权的正统地位,这是陈寿不得不这样做的原因。他没有称吴、蜀二国政权为僭伪政权,已经是难能可贵了,故曰这是可以理解的。

所谓不实之辞,主要是指《晋书·陈寿传》对陈寿本人的为人和写史作风的讥评而言。《晋书·陈寿传》说陈寿在父死后的患病期间,"使婢丸药",从而遭到"贬议"。这实际上是从当时的封建礼教出发发出的指责,不足病陈寿。《晋书·陈寿传》还说了两件事,用以证明陈寿修史时的作风不正和挟私报复之心,这就需要加以辨析了。

《晋书·陈寿传》所说的两件事,一件为陈寿曾对魏国丁仪、丁廙兄弟的儿子说:"可觅千斛米见与,当为尊公立佳传。"意即只要你们给我一千斛米,我可以为你们的父辈写篇好传。结果是丁氏子侄没有给陈寿送米,陈寿也就不给丁仪、丁廙立传。另一件,是说陈寿的父亲因为受诸葛亮的惩处,诸葛亮的儿子诸葛瞻又曾看不起陈寿,于是陈寿为诸葛亮立传时,"谓亮将略非长,无应敌之才;言瞻惟工书,名过其实"。其实,这两件事,都是凿空之谈,是强加给陈寿的"莫须有"罪名。

以第一件事来说,当时有些浮名而未为立传者甚多,何止丁仪、丁廙二人?即使如此,陈寿还是在《魏书》卷二一《王粲传》中点到了"沛国丁仪、丁廙","亦有文采"。严格说,这就是入传的一种方式,而且还给予了肯定的评价,对当时司马氏集团的反对者能做到如此,已属难能可贵,何能说不为立传呢?至于史官公然索贿,语言如此露骨,岂能令人相信!故第一件事出于编造臆说，是很昭然的。

至于第二件事，更属歪曲事实。关于诸葛亮为政、用兵的不当之处，前人及今人多有言之者。陈寿说诸葛亮“将略非长，无应敌之才”，在《三国志·诸葛亮传》的评论中，作“应变将略，非其所长欤？”两相比较，《晋书·陈寿传》有明显夸张之处。实际上，陈寿在《诸葛亮传》的评论中所说，完全是事实，何况陈寿是在说了一大堆赞誉诸葛亮的话以后，以商榷、怀疑的口吻提出这一点的。说实话，我以为陈寿对诸葛亮的评价，实多溢美之辞，而指出其弱点不足，自然更不存在什么有意贬责，对此，我曾写有《诸葛亮文化现象之我见》一文，此不细说。关于陈寿说诸葛瞻的话，亦见于《三国志·蜀书·诸葛亮传》的附传。在附传中，陈寿借诸葛亮与其兄诸葛瑾的书信，称道诸葛瞻自幼便“聪慧可爱”，又说“瞻之书画，强识念”，都是赞扬；接着才说：“蜀人追思亮，咸爱其才敏。每朝廷有一善政佳事，虽非瞻所建倡，百姓皆相告曰：‘葛侯之所为也。’是以美声溢誉，有过其实。”拿这段同《晋书·陈寿传》所云比较，就不难发现《晋书》所云，既否定了这些事实的存在，又把本系指一切善政佳事都归之于诸葛瞻的做法“有过其实”，而《晋书》却断章取义，简化为“瞻惟工书，名过其实”，且加一个“惟”字，就把陈寿的原意完全改变了。因此，这一指责，不仅不实，而且有蓄意捏造之嫌！《晋书》的修纂者之所以要这么做，主要在于通过习凿齿与裴松之等人对诸葛亮的吹捧，使诸葛亮逐步神话，所以唐初的《晋书》修纂者，不许任何人说诸葛亮一个“不”字，以致陈寿说了一点点实话，就蒙上了不白之冤。

五、裴松之的《三国志注》及其重大史料价值

正因为陈寿《三国志》存在删节过多、过于简略的缺点，就引发了必须以某种方式扩大其史料面的迫切需求问题。在不改变陈寿《三国志》的体裁和框架的前提下，要扩大其史料的容量，最好的办法是以其他史料去补充《三国志》的相关原文。这个任务就历史地落到了刘宋人裴松之的头上。这个奇迹终于在陈寿死后一百三十二年出现了。

裴松之，字世期，河东闻喜（今山西闻喜）人。《宋书》卷六四和《南史》

卷三三均有传。他博览坟籍,学识渊深。他曾对晋代末期盛行立私碑而编造事实的状况十分恼火。刘宋初年,他被征为国子博士,潜心于他的《三国志注》的工作。据唐人刘知幾在《史通·古今正史》篇中所说:是"宋文帝以《国志》(即《三国志》)载事伤于简略,乃命中书郎裴松之兼采众书,补注其阙"。可见,裴松之作《三国志注》,乃是宋文帝交给他的任务。但是,此事在《宋书》及《南史》的《裴松之传》中,仅有"上使注陈寿《三国志》"之语,且其时裴松之为"中书侍郎"而非"中书郎",时间大约在元嘉三年(426)或其后不久。

松之接到这一命令后,就立即开始工作。他的做法是:"鸠集传记,增广异闻。"到宋文帝元嘉六年(429)七月二十四日,裴松之就完成了这一任务,并以之上报文帝,还写了一份《上三国志注表》。在《表》中,他既充分肯定了《三国志》的学术价值,又适当地指出其缺点,还说明他自己作注时的具体做法。《表》云:"寿书铨叙可观,事多审正。诚游览之苑囿,近世之嘉史。然失在于略,时有所脱漏。臣奉旨寻详,务在周悉。上搜旧闻,傍摭遗逸。按三国虽历年不远,而事关汉、晋。首尾所涉,出入百载。注记纷错,每多舛互。其寿所不载,事宜存录者,则罔不毕取以补其阙。或同说一事而辞有乖杂,或出事本异,疑不能判,并皆抄内以备异闻。若乃纰缪显然,言不附理,则随违矫正以惩其妄。其时事当否及寿之小失,颇以愚意有所论辩。"归纳为四大方面,已讲得很清楚。

后来,《四库全书总目》对裴氏注《三国志》的具体做法概括为六条原则:"一曰引诸家之论,以辨是非;一曰参诸书之说,以核伪异;一曰传所有之事,详其委曲;一曰传所无之事,补其阙佚;一曰传所有之人,详其生平;一曰传所无之人,附以同类。"这个概括是相当好的,它几乎包括裴注所有做法的要旨。《四库全书总目》对裴氏《三国志注》作了上述评价之后,又指出了裴注的两个缺点:一是"其中往往嗜其爱博,颇伤芜杂";二是缺乏训诂,体例不纯,认为裴氏之"初意似亦欲如应劭之注《汉书》,考究训诂,引证故实",然而,后来"欲为之而未竟,又惜所已成,不欲删弃,故或详或略,或有或无,亦颇为例不纯"。谓裴注"颇伤芜杂",也是前人王通、刘知幾等人的共同指责,并非《总目》所独创。不过,我以为这种说法,乃是按文学标准而言,而对于史学来说,史料是第一位的,史料愈多愈好,不存在什么芜杂不芜杂。从所谓“芜杂”的史料中,往往越能发现新问题。因而“颇伤芜杂”之说,不仅不是裴注的缺点,恰恰是其长处所在。至于说裴氏有意效法应劭注《汉书》的写法,纯系推断臆想之辞,从而所谓体例不纯之说,也根本不能成立。当《四库全书总目》撰写者说了《三国志注》的所谓缺点之后,最后也不得不肯定此书,说“网罗繁富,凡六朝旧籍今所不传者,尚一一见其崖略。又多首尾完具,不似郦道元《水经注》、李善《文选注》,皆剪裁割裂之文。故考证之家,取材不竭,转相引据者,反多于陈寿本书焉”。

如果这六条原则再简化一下,也可以说裴氏的《三国志注》具有三大特点:一是补阙(或曰补遗),凡陈寿所未能见到的史料和虽已见之而删削不当的史料,均以补入;二曰纠缪(或曰正讹),即通过增补史料,纠正陈寿《三国志》的错误之处,或进行必要的考证;三曰存异,即对同一件事或人物,几种史书有不同说法者,裴氏均录而并存之,给后人留下了思考与考证的余地。因此,裴松之注《三国志》的最大功绩,在于改变了传统的以音义训诂为主的史注体,创建了一种以补遗、纠缪和存异为主要目标的史注体;也在于通过这种史注体,保存了大量的有用史料,使之不至于散佚无闻。这正是裴氏《三国志注》的最大价值所在。

正因为裴氏的《三国志注》有如上所述的重大史料价值,以致此书问世,首先就得到宋文帝的称赞,谓“此为不朽矣”。(《宋书·裴松之传》)这个评价是公允的。至于某些人所说裴注“繁芜”、“芜杂”及叶适所说的“(裴)注之所载,皆寿书之弃余”(《文献通考》卷一九一)等等,都不过是不懂史学特色和不识史料可贵的无稽之谈。

经过裴松之注后的《三国志》,分量大增,只注文所引史料,就超出了《三国志》正文数倍,从而使裴注的价值还高出《三国志》本身。连无端贬议裴注的刘知幾,也不得不承认,从此以后,“言《三国志》者,以《裴注》为本焉”。

裴松之的《三国志注》到底引用了多少史书呢?主要的研究者至少有赵翼、钱大昕、沈家本与王祖彝四家。如依据清人赵翼在其《廿二史劄记》卷六《裴松之三国志注》一目中所作的统计,谓“松之所引书,凡百五十余种”。

钱大昕在其《廿二史考异·三国志》说裴注引书有一百四十余种。王祖彝在其《三国志人名录》说裴氏《三国志注》引书达一百六十种。(商务印书馆1956年第一版,安作璋主编之《中国古代史料学》即持此说)沈家本认为裴氏引书达二百余种。(中华书局《三国志》点校本《出版说明》。亦见沈家本《沈寄簃先生遗书·乙种·三国志注所引书目序》)说法之所以如此分歧,大约是对同一著作的不同篇名也统计在内,同书异名者也计算其中等原因造成的。考察赵、钱、沈、王四家差别的具体表现及其造成差异的原因,我认为由于裴注引书形式不一,相当繁杂,单以时代区分,则有先秦与汉魏两晋书籍之别;以用法分,则有补史、评论、解释词义之不同;以裴注引法分,则有直接引书与间接引书的区别。同时,其所引书籍多已亡佚,以致唐人修《隋书·经籍志》时便不见著录。根据我反复查找、核对与考订列表后,我以为裴注引书,共计274种,其中比较准确的有258种,存疑待考的16种。(“《三国志》裴松之注引书考”,《河南科技大学学报》2007年第3期)总之,裴注引书之富,确实是惊人的。更为重要的是,裴氏所引之书,在《隋书·经籍志》中已有四分之三不见著录了,到宋以后,就十不存一了。这就是说,如果没有裴松之用引他书为《三国志》作注的办法,就无法保存这些早已失传的史料。因此,裴注在保存史料方面的贡献是无法估量的,《三国志注》的史料价值,也就显得更加突出了。

正是通过裴氏引用大量史籍以补《三国志》,从而使得《三国志》的内容大为丰富。这些大量有价值的史料主要表现在政治、军事、经济、文化、外交、民族融合、民俗以及人口史等方面。例如关于曹操的家世以及青少年时期的情况,《三国志·武帝纪》中只有廖廖数语,而裴注引王沈《魏书》记载了曹氏的起源、地望情况,注引《曹瞒传》、司马彪《续汉书》、郭颁《世语》和张潘《汉纪》等史籍,后人得以了解曹操的小名、其父曹腾的为官经历以及曹操青少年时期的许多轶事,从而为研究曹操的政治才能和性格特征提供了丰富的史料。关于曹操从军、为政时期的性格特征和从政风格,《三国志·武帝纪》语焉不详,但裴注引《曹瞒传》记载:曹操“为人佻易无威重,好音乐,倡优在侧,常以日达夕……然持法峻刻,诸将有计划胜出己者,随以法诛之,及故人旧怨,亦皆无余。”又引《曹瞒传》记载曹操“马腾入麦中……援剑割发以置地”、棒杀幸姬及借主粮官之命以谢自己无力筹集军粮之罪等故事，为后世《三国演义》所本，成为千古流传的话题。此外，裴注还博引《傅子》及王沈《魏书》记载了曹操勤政、勤学、才学卓识和“雅性节俭”的生活作风，对后人全面把握其性格特征和公正地评价其历史功绩，提供了丰富的史料。

关于孟达其人其事，陈寿《三国志·明帝纪》中仅记载太和元年(227)“新城太守孟达反，诏骠骑将军司马宣王讨之”一句，又《魏书》卷十四《刘晔传》中记载：“延康元年(220)，蜀将孟达率众降。达有容止才观，文帝甚器爱之，使达为新城太守，加散骑常侍。晔以为‘达有苟得之心，而恃才好术，必不能感恩怀义。’”然查《诸葛亮传》及《魏延传》中皆未谈及孟达反魏投蜀以应诸葛亮北伐之事，而裴注博引《傅子》、《三辅决录》和《魏略》，不仅使后人得以了解孟达的家世以及其父子首鼠两端的做派，而且通过结合《蜀书·刘封传》中所涉及孟达反蜀投魏的经过，使后人对孟达反复无常、两面三刀的丑恶本性有新认识。

关于曹魏在官制方面实行“假辅”制度的问题，裴注在《明帝纪》下注引《魏名臣奏》载散骑常侍何曾的上表和引《毋丘俭志记》所云“时以俭为宣王副也”的说法，由此，使后人得以了解“假辅”制度实际上是曹魏时期在选官与任官过程中所实行的重要防范措施。

关于曹魏时期的“士家制度”和魏明帝的荒淫无度，《三国志·明帝纪》语焉不详，而裴松之引《魏略》中张茂上书言称：魏明帝为了扩充后宫，曾经“录夺士女前已嫁为吏民妻者，还以配士，既听以生口自赎，又简选其有姿色者内之掖庭”。既说明曹魏“士家制度”中，“士女”必须“配士”，以保障国家正常的兵源供应，也从侧面反映了当时社会存在男多女少的人口比例失调问题。

关于“送故制度”，《三国志》只字未提，而裴松之在《魏书·赵俨传》“正始四年，老疾求还，征为骠骑将军”条下注引《魏略》记载：其时“旧故四征有官厨财籍，迁转之际，无不因缘。而俨叉手上车，发到霸上，忘持其常所服药。雍州闻之，乃追送杂药材数箱”。而此当是曹魏时期出现“送故制度”之始。

关于曹魏时期的"门生故吏"制,《三国志》直接的史料很少,而裴注引《魏略》,在《常林传》、《赵俨传》、《田豫传》中补充了相关的史料多条,充分反映了进入曹魏时期后"门生故吏"制的变化轨迹。

关于蜀汉先主刘备与曹操"今天下英雄,唯使君与操耳"之对以及刘备依附刘表后所发生的事情,裴注引常璩《华阳国志》、胡冲《吴历》、《献帝起居注》、王沈《魏书》、《九州春秋》、《汉晋春秋》、《英雄记》、孔衍《汉魏春秋》等史籍,补充了大量的相关史料,不仅有助于后人研究刘备其人其事,而且许多故事为以后的干宝《搜神记》、刘义庆《世说新语》所本,为后世《三国演义》的创作提供了丰富的素材。

关于"诸葛氏"的姓氏来源,《三国志》只字未提,而裴注在《诸葛瑾传》中引《吴书》,记载了诸葛氏的来源、地望、迁徙过程以及诸葛瑾的治学情况,从而为研究姓氏起源和人口迁徙提供了佐证。另裴注引《吴书》记载:"初,瑾为大将军,而弟亮为蜀丞相,二子恪、融皆典戎马,督领将帅,族弟(诸葛)诞又显名于魏,一门三方为冠盖,天下荣之。瑾才略虽不及弟,而德行尤纯。妻死不改娶,有所爱妾,生子不举,其笃慎皆如此。"亦补充了诸葛氏"一门三方为冠盖"的史料。

关于"草船借箭"的故事,《三国志》只字未及,而裴注引鱼豢《魏略》补充记载,诸葛亮"草船借箭"的故事,实际上是孙权"乘大船来观军,(曹)公使弓弩乱发,箭著其船,船偏重将覆,(孙)权因迴船,复以一面受箭,箭均船平,乃还"故事的翻版。可见,《三国演义》为了塑造完美的诸葛亮形象,实有张冠李戴之嫌。

关于不韦县的由来,裴注引孙盛《蜀世谱》补充记载,"初,秦徙吕不韦宗族于蜀汉,汉武帝时,开西南夷,置郡县,徙吕氏以充之。因曰不韦县"的史料,亦可补充班固《汉书》之缺。

关于东汉末年至曹魏时期敦煌地区的农业发展问题,裴注引《魏略》记载:东汉熹平中"敦煌不甚晓田,常灌溉滀水,使极濡洽,然后乃耕。又不晓作耧犁,用水,及种,人牛功力既费,而收谷更少。(赵)隆到,教作耧犁,又教衍溉,岁终率计,其所省庸力过半,得谷加五"的史料,不仅补充《三国志》之缺憾，而且也为东汉末年及曹魏时期西北农业取得了一定发展提供了有力的佐证。

关于诸葛亮制造“木牛”、“流马”的情况，《三国志》只字未及，而裴注引《诸葛亮集》详细记载了“作木牛流马法”。

关于曹魏时期重要的名士孔融，《三国志》语焉不详，以致后人对孔融的生平、事迹和个人秉性难以了解。而裴松之通过在《崔琰传》、《邴原传》中注引《原别传》、司马彪《续汉书》、司马彪《九州春秋》、张璠《汉纪》以及《魏氏春秋》等书，详细记载了孔融的家族世系情况、为官经历、学问、品德以及得罪曹操后被诛杀的经历。

此外，裴注所引王沈《魏书》与《魏武故事》等，补充了曹魏屯田制的实行情况；通过裴氏所引王沈《魏书》，可知曹魏租调制的内容；曹操的《自明本志令》，通过裴注引《魏武故事》而明朗；献帝时的禅代实况，通过裴注引《献帝纪》而大白于世；马钧的事迹，通过裴氏在《魏书·明帝纪》中引《魏略》和在《杜夔传》中引述傅玄所述马钧事迹，才为人所知；《三国志·魏书·袁绍传》，藉裴氏注引《献帝纪》、《汉末名士录》、《英雄记》等，方知黑山军及袁绍谋士的情况；关于袁绍和公孙瓒的关系，正是藉裴注引《典略》、《英雄记》和《汉晋春秋》等而获得说明；关于徐州兵的性质与来源，正是通过《三国志·魏书·陶谦传》注引《吴书》才获得说明；关于青州兵长期保持其独立编制的番号的问题，也是通过《魏书·臧霸传》注引《魏略》才获得完整说明；鱼豢的《魏略·西戎传》，记录了不少西部少数民族的情况，陈寿几乎全部删去，裴氏完整地引述了《魏略·西戎传》，填补了《三国志》的空白部分；益州地区刘焉、刘璋父子收编的东州兵，若不是裴注引述《英雄记》，几乎不明东州兵之性质与来源。有关孙策的一些情况，如果不是裴注引《江表传》及《吴录》等书，也将十分模糊。诸如此类情况，几乎举不胜举。

这表明通过裴注引书，大大丰富了《三国志》的内容，有助于弄清《三国志》正文许多无法弄清的问题，从而使陈寿的《三国志》与裴松之的注，成了不可分割的整体。《三国志》得裴注而益明，裴注附《三国志》流传。二者合之则双美，离之则两伤。由此可知宋人叶适所说裴注所引书都是“寿书之弃余"的话，简直是无知妄说；至于他责难"后生诵读不详，轻立议论最害事"的说法(《文献通考》卷一九一)更不可信。实际上，应当说是他自己"诵读不详"，以致发出如此有害的议论。

六、清人校勘、增补《三国志》的贡献

自裴松之给《三国志》作注以后，历代都是根据裴注《三国志》刻印流传。最为通行的《三国志》版本，约有四种，中华书局《三国志》点校本的《出版说明》，已对此作概要说明，此不重复。

至于对裴氏《三国志注》的校勘与增补，主要集中于清代。清代朴学兴起，不少清代学者热衷于古代典籍的校勘、整理与研究，对裴注《三国志》也从三个方面进行了系统研究：一是校勘和辑佚增补；二是补表补志性研究；三是真正意义上的研究。这里先谈一、二两个方面的研究状况，第三方面留待下目再谈。

第一，关于校勘和辑佚增补方面的研究简况。自裴注问世之后，历代翻刻讹误颇多。清代学者自顾炎武、何焯以下二十多位学者，大抵都是在裴注引书之外更广泛地搜集一些遗文以补充裴注；同时又根据《三国志》的前后文互证，并参考他书，对宋、元以来的各种《三国志》版本相沿的错误做出改正，或以眉批的形式出现，或写成专门著作刊行，内容包括校勘、纠缪与补遗几个方面。后来，梁章钜的《三国志旁证》及近人卢弼的《三国志集解》二书，对长期以来清代学者所作的许多校勘、纠误及注释、补遗工作作了汇集。中华书局点校本《三国志》，正是在充分利用梁氏与卢氏汇集诸家校勘、订误、注解和补遗的基础上，作进一步校勘整理而成的，因此，中华书局点校本《三国志》，可以说是今天的《三国志》最佳版本。

第二，清代学者对《三国志》所作研究的第二个方面，就是以补表、补志等形式出现的研究成果，目的是为了改变《三国志》无表、无志的状况，补其缺。清代学者给《三国志》补表、补志者不少，大体来说，有万斯同的《三国大事年表》、《三国汉季方镇年表》、《三国诸王世表》、《魏国将相大臣年表》、《魏将相大臣年表》、《魏方镇年表》、《汉将相大臣年表》、《吴将相大臣年

表》，周嘉猷的《三国纪年表》，谢钟英的《三国大事表》、《三国疆域表》及《三国疆域志疑》，黄大华的《三国志三公宰辅年表》，周明泰的《三国志世系表》，陶元珍的《三国志世系表补遗附订讹》，洪饴孙的《三国职官表》，吴增僅与杨守敬的《三国郡县表附考证》，洪亮吉与谢钟英的《补三国疆域志补注》，侯康的《补三国艺文志》，姚振宗的《三国艺文志》等。这些零散的补表、补志，又是中华书局把它们收集在一起出版，名之曰《二十五史补编》，共五大册，上面所举分别见其第二册与第三册。这一工作，给人们提供了查阅的方便。后来，陶元珍于 1936 年在武汉大学毕业时，写有以《三国食货志》为题的论文，后被东北师大历史系编的《中国历代食货志补编》收入。

上述清人及今人所补《三国志》表、志，大都费了不少心血，在仔细搜集资料，归纳问题，并予以系统化方面，都有其贡献，有助于阅读《三国志》原文和了解三国历史全貌。但是，也应当看到各种表、志的撰写者，由于学术水平的不同和用功多少的差别，在质量上不可能完全一致。以万斯同的《三国大事年表》与周嘉猷的《三国纪年表》来说，前者就详于后者；二者所列大事，均为政治、军事事件，而缺少各项经济制度、军事制度等典章制度的变更方面的大事记载，这未尝不是缺点。至于谢钟英的《三国大事表》，就内容方面均详于前述二表。但在时间上，他把三国的起点上推到了东汉灵帝熹平元年，下迄西晋武帝太康元年吴国灭亡，共一百零九年，以此作为三国时期，未必合适。时间长了，内容自然多了，其所增内容仍无典章制度变异之记述，因此，基本上是重复之作，意义不大。

万斯同的《三国汉季方镇年表》，对于了解同一年代内有哪些军阀割据势力同时并存，以及这些割据势力之兴衰演变之迹有一定作用。他的《三国诸王世表》，便于了解魏蜀吴三国的封诸王的情况及其变化，可免翻检查阅之劳。他的《魏国将相大臣年表》，仅仅是指曹操封魏国公之后在封国内所设将相大臣的情况，与其《魏将相大臣年表》并不重复，因为后者是指魏文帝以后迄于魏国灭亡的将相大臣设置情况。他的《魏方镇年表》，同他的《三国汉季方镇年表》也不重复，因为前者是指魏文帝以后的魏国方镇，后者是指汉末灵帝中平六年以后到献帝建安年间的方镇。他的《汉将相大臣年表》，是指蜀国的将相大臣情况，由于他把蜀国视为汉的延续，故不曰蜀而称汉。

黄大华的《三国志三公宰辅年表》，不过是把万斯同分别作的魏、汉、吴三国将相大臣年表中的相应部分抽出来再综合于一体而成之表，了无新意。

周明泰的《三国志世系表》，是分别就三国时期主要历史人物的子孙繁衍及历官情况加以考证与表解，有助于了解各个家族从汉末、历三国到两晋时期的演变史，而且大量引用了宋本《世说名人谱》的材料，有相当的参考价值。例如你想了解曹操、诸葛亮、刘备、张飞、赵云、关羽等三国名人后代的情况，想知道陈郡袁氏、颍川荀氏、弘农杨氏、京兆杜氏、琅琊王氏、泰山羊氏等后世之高门世族是如何从汉末三国时期延续下来的情况，都可以从这里获得一定的启示。因此，周明泰的《三国世系表》是有较大学术和史料价值的，特别是对于研究魏晋南朝门阀世族的形成与演变的历史过程有重要作用。

洪饴孙的《三国职官表》，明虽为《表》，实为《职官志》，它同前列诸表不同，不是以年代为纲作表，而是以官名、品级为纲，逐级述之，每言一官，必三国情况并列，相互比照，明其异同，内容颇为详实，诚诸补表志中之上乘之作。

吴增僅撰、杨守敬补正的《三国郡县表附考证》，采用先依次排列三国各州所属郡县的表解，然后附以考证，表、考相间，条理井然，内容也颇为丰富，因《三国志》无《地理志》或《州郡县》，得此可以弥补其缺。

谢钟英的《三国疆域表》，最大特点是把三国时期的诸州郡县各相当于清代的何地讲得比较清楚，而且这正是上表所缺少的地方。后来，清人洪亮吉又作《补三国疆域志》，谢钟英见之，又为之补注。洪氏认为一个时代的史书，《地理志》是不可缺少的，元代人郝经曾据《晋书·地理志》以补三国地理志，他对此很不满意。他认为要补好《三国疆域表》，必须克服十大困难，经过他的长期研究，多有所获；由“证佐俱绝者，则阙疑以待焉”，可见其治学态度之严谨。他的体例是“仿《宋书·州郡志》之例，而于扼要之处、争斗之区可考者，附见诸郡县下”。因此，洪、谢二人的《补三国疆域志补注》，较前面所举之同类表、志有较大的补充与提高,在同类作品中不愧上乘之作。谢钟英的《三国疆域志疑》,仅仅是对几个问题进行了一些考证,内容很少,仅一二千字而已,价值不大。

侯康的《补三国艺文志》及姚振宗的《三国艺文志》,论内容,后者详于前者;论撰写方式,前者"以人类书",后者则"以书类人",(以上见《二十五史补编》第三册)各有优劣。

至于陶元珍的《三国志世系表补遗附订讹》,内容十分简单;他的《三国食货志》,材料也多有遗漏,仅以曹魏屯田制的史料而言,不仅把屯田民与自耕农混为一谈,而且二者均遗漏不少。但他对三国时期曹魏的兵制,明确地提出了"士家"制度的概念,未尝不是一得之见。

七、清人在研究《三国志》方面的贡献

前目所云,其本质也是对《三国志》的研究,只是表现形式不同而已。此目所谓对《三国志》的研究,主要是指以著作形式出现的考证与论述而言。这种形式的研究,在宋代有司马光的《资治通鉴》。他把《三国志》这部断代史改编成编年体通史的一个组成部分,把彼此分割的《魏书》、《蜀书》与《吴书》融为一体,自然是他研究的结果。特别是在撰写《资治通鉴》过程中写成的《考异》三十卷,涉及三国时期史料之正讹、取舍者不少,这自然更是对《三国志》与三国历史的研究著作。但是,对《三国志》与三国历史研究成果最为突出和集中者,还是以清人赵翼、王鸣盛和钱大昕为代表的学者,试分别简述如下。

赵翼的《廿二史劄记》,采用综合归纳的方法,通过史实的排比、校勘与考证,论述历代之治乱兴衰和带有时代性的特殊问题。正如梁启超所评论的,赵氏"不喜专论一人之贤否,一事之是非,惟捉住一时代之特殊问题,罗列其资料而比论之"。(梁启超《中国近三百年学术史》)其涉及《三国志》及三国历史者,就有十五篇之多,如《三国志多回护》、《三国志书事得实处》、《三国志立传繁简不同处》、《三国志误处》、《荀彧、郭嘉二传附会处》、《陈寿论诸葛亮》及《裴松之三国志注》等篇,大都有自己的见解。以《裴松之三国志注》一篇

来说，除了列举裴注引书目录之外，还分析裴松之当时为引用者必有其道理。如果后人“欲据偶然流传之一二本”以驳陈寿、裴松之等人之书，都是一种不自量的做法。他在《陈寿论诸葛亮》一文中，也正确地指出：有人说陈寿因其父受到诸葛亮惩处，而在作《诸葛亮传》时说其“将略非所长”，此“真无识之论”，然后他以陈寿校《诸葛亮集》时对诸葛亮的高度评价以及陈寿在《诸葛亮传》后的评论中所说的话，证明陈寿毫无贬低诸葛亮之意。此外，赵氏还列举陈寿在《杨洪传》、《廖立传》中一再称颂诸葛亮等事实，去证明《晋书·陈寿传》的上述说法是毫无根据的。应当说，赵氏的这些见解是实事求是的。

赵翼的《陔余丛考》卷六，有《三国志》一目。他在该文中称颂陈寿“善叙事，有良史才”之后，同时也指出陈寿叙事有不少错误之处。如《魏书·武帝纪》关于颍川黄巾刘辟的记载，《蜀书·后主传》关于杀害费祎之部循在其他人传中作部修或士仁，《魏书·武帝纪》关于解合肥之围的时间与《吴书·孙权传》所载相矛盾等，都有记载前后不一、自相矛盾的状况存在，均为陈寿《三国志》的叙事错误之处的例证，表明赵氏对《三国志》的叙事确有发隐、正讹之功。

另一个研究《三国志》及三国历史的名家，就是清人钱大昕。他认为撰写史书，并不是一家之书，而是千载不废之书，因而必须求其可信。因此，解决史书的疑难，指出史书的毛病，决不是为难古人，而是为了“开导后学”。(《十七史商榷序》，《丛书集成》本)正是本着这个宗旨，他写成了《廿二史考异》。书中涉及《三国志》者为第十五卷到第十七卷凡三卷。首先，他对裴注《三国志》的引书作了统计，认为凡一百四十余种，“其与史家无涉者，不在数内”，意即一百四十余部中不包括不属于史书的书目。接着，他又逐卷考证《三国志》的错误、歧异之处，共得二百三十九条，其中个别条目同赵翼在《廿二史劄记》中作出的考证结论大体相同而繁简不一，颇可参考。

还有一个以研究史书著名的大学者，就是清人王鸣盛。其《十七史商榷》一书，凡一百卷。所以名之曰“商榷”，用他自己的话来说，就是“商度而扬榷之也”。其具体做法是：“改讹文，补脱文，去衍文，又举其中典制事迹，诠解蒙滞，审覈踳驳，以成是书，故曰商榷也。”(《十七史商榷序》，《丛书集成》本)其中涉及《三国志》者，为第三十九卷到第四十二卷凡四卷，其中包括《陈寿史皆实录》、《裴松之注》、《武帝出生本末》等七十八篇考证性短文。如《州郡中正》篇，颇有可参考处；《弟子避役》篇和《魏民比汉一郡》篇，均有一定新意；《十二更下者八万》篇，由此而论及蜀国之户口数量；《亮诛马谡》篇，论及诸葛亮之用人非其所长；《汉寿亭侯》篇，旁征博引以辨寿亭侯印之非；《马谡逃亡》篇，论及马谡之被“下狱物故”，并非单以失街亭之罪；《张温党暨艳》篇，论及孙权之隐情和张温称美蜀政之语失传之状；《山越》篇，论及江南少数民族地区之开发；《三国疆域》篇，对万斯同所补表、志有所考证。诸如此类，颇有见地，可供研史者参考。

此外，清末黄岩人杨晨，曾仿照宋人徐天麟撰写《西汉会要》的体例，撰写了《三国会要》。其书分帝系、历法、天文、五行、方域、职官、礼、乐、学校、选举、兵、刑、食货、庶政、四夷凡十五目。其学校、庶政、四夷、食货、兵、刑、方域、职官等目，有助于三国典章制度之研究。诸目所引材料，除《三国志》正文及裴注引书外，《晋志》、《宋志》及《通典》亦均引及；后人之辨误、补注、考异及札记，“凡有旁涉，取资博闻”。自云：“征引诸史，故书雅记，极意旁搜，一事可稽，并为甄录；琐闻轶事，杂取附焉。”(《三国会要叙录》，中华书局1956年版)因此，此书多少有些汇集清代诸家考证、补注之功，而且设立了兵、刑、职官、食货等目，或多或少有补《三国志》无志之缺点，个别地方对《三国志》研究者有所启发。但是，它也存在明显的不足之处。其所引材料，仍多遗漏，例如关于曹魏屯田制之史料，就多所缺漏；关于东吴屯田制，就没有引及《宋志》与《水经注》中的史料；对清人所补《三国志》的表、志及赵翼、王鸣盛、钱大昕等人的研究成果，并未全部吸收；对侯康的《三国艺文志》，他就未能吸收而写“艺文”一目，反而认为“侯氏艺文，无关宏旨”，而排斥之。故杨晨之《三国会要》从整体来说，虽可供参考，但作用不大，不可对它存过大希望。

八、今人对《三国志》及三国历史研究的贡献

今人对《三国志》和三国历史的研究作出贡献者甚多，陈寅恪和吕思勉

等大师就是代表人物。在大师们的倡导与带领下，对这段历史的研究出现了崭新的局面。他们的研究不同于清人的地方，一是不再局限于对《三国志》的补表、补志和校勘、整理，而是进入对三国历史的内在规律性探讨；二是不再局限于就三国历史研究三国历史，而是把三国历史纳入整个秦汉魏晋隋唐这一历史链条中进行探讨和整体把握。陈、吕等大师的后继者，如唐长孺、周一良、何兹全、王仲荦等大师，能以唯物史观来观察历史，能以辩证态度对待乾嘉考据学，从而使得陈、吕等大师初步建立起来的魏晋隋唐史整体框架得以进一步深化。

20 世纪 50 年代，山东大学王仲荦教授写过《曹操》一书，随后就有郭沫若为曹操翻案的论文，还有周一良先生的《论诸葛亮》。自此以后，研究曹操与诸葛亮的文章像雨后春笋般地冒出土来。有关出版社，为了配合这一讨论高潮，出版了有关曹操问题的论文集，中华书局也配合这一高潮出版了《曹操集》与《诸葛亮集》。后来，有关诸葛亮的研究，更是高潮迭起，以致形成了许多专门研究诸葛亮的群众性学会，就我所知，在湖北襄樊、陕西汉中、河南南阳、山东临沂、四川成都等地都有诸葛亮研究会，各自出版了有关诸葛亮研究论文集。其他三国人物，如司马氏父子、关羽、鲁肃、郭嘉、荀彧、孙权父子、张温、暨艳等人也有人写过文章，形成了三国人物研究的高潮。

关于《三国志》研究的工具书，在清人补表、补志的基础上，又出现了有关《引得》与《索引》。前者有哈佛燕京学社的《三国志及裴注综合引得》，后者有中华书局出版的高秀芳与杨济安的《三国志人名索引》。二者都是研究《三国志》及裴注的工具书，有助于人们研究《三国志》与裴注时查找资料。目前，则有人将有关资料索引输入电脑，查找更为方便。这些都是对《三国志》及裴注研究在工具书方面的进步。

在对《三国志》和三国历史的专题性研究方面作出突出贡献的，要数武汉大学唐长孺教授。在他的论著中，有关于三国时期的租调制研究、东吴世袭领兵制度研究、山越人研究、曹魏的州郡领兵制度研究、东汉末期的大姓名士研究、客和部曲的研究以及曹魏士家制度的研究等等，不胜枚举。所有这些专题研究，大都能发前人所未能发，把三国历史的研究向前推进了一大步。这些成果,分别被收入《魏晋南北朝史论丛》、《魏晋南北朝史论丛续编》、《魏晋南北朝史论拾遗》和《山居存稿》之中,大都为中华书局出版。更为可喜的是,唐长孺先生培养的一些学生,也能在唐先生所开拓的专题研究的基础上继续向前推进,写出了不少有关三国历史的论文和专著,例如高敏所写的《曹魏士家制度的形成与演变》、《三国兵制杂考》、《东吴世袭领兵制度探讨》、《曹魏屯田制的历史渊源》、《关于曹魏屯田制的几个问题》、《曹魏租调制拾零》、《东吴屯田制考略》、《孙吴奉邑制考略》、《曹魏、孙吴"校事"官考略》、《汉末的几支特殊世兵——青州兵、徐州兵与东州兵》及《孙吴封建制度的创始年代略考》等文,有的已经收入《魏晋南北朝社会经济史探讨》一书(人民出版社1987年版);有的被收入《魏晋北朝兵制研究》一书(大象出版社1998年版);还有的收入《魏晋南北朝史发微》一书(中华书局2005年版)。唐长孺先生的学生,还有朱雷、黄惠贤、杨德炳、卢开万等人,也写了不少有关三国历史的论著,因限于篇幅,恕不在此一一列举。

在三国历史的专题研究方面作出突出贡献的另一位大师,就是周一良先生。他的《魏晋兵制史上的一个问题》一文,研究的就是曹魏的世兵制——士家制度问题,特别重点探究了兵士与家属分离的错役制问题,很有创见,其文被收入《魏晋南北朝史论集》中,最后又被收入《周一良学术论著自选集》。周一良先生对《三国志》研究的贡献,还表现在他所著《魏晋南北朝史札记》中的《三国志札记》中。《三国志札记》包括二十九个问题,如《兵书接(原书为"摘",误)要》、《曹操遗物》、《无任》、《曹丕曹植之争》、《曹氏司马氏之斗争》、《郡将州将》、《罗落》、《刘备托孤语》等。所有这些篇目,不仅考证与阐发了一系列有关《三国志》史料中的一些疑难和特殊习惯用语的词义,而且从这些史实出发论述了三国时期的一些颇为重大的问题,往往能做到小中见大,于无声处听到惊雷,所揭示问题的广度和深度,远非清人赵翼、钱大昕与王鸣盛等人的研究成果所能比拟,反映出一个掌握了唯物史观与辩证法的史学考据学家高出乾嘉考据学派的地方。

可与唐长孺和周一良二位大师媲美的,还有何兹全先生,他写的《汉魏之际社会经济的变化》、《论曹操》、《官渡之战》、《司马懿》和《魏晋的中军》

等论文,分别对三国时期的社会经济、历史人物和兵制,进行了深入研究。这些研究成果,被收入《读史集》(上海人民出版社1982年版)。

此外,还有上海社会科学院研究员方诗铭,写有《曹操起家与袁曹政治集团》等有关三国历史的论文;朱大渭研究员写有《诸葛亮躬耕地析疑》、《隆中对与夷陵之战》等研究三国历史的论文,收入其《六朝史论》(中华书局1998年版);张泽咸、胡守为、郑欣、张大可、童超、黎虎、陈琳国、蒋福亚等先生,也写过有关三国历史的论文,惜手头缺少其专门资料,无法在此一一条举。

总之,今人对《三国志》和三国历史的研究,已经超出了清人只重视补表、补志和对《三国志》及裴注的史实进行校勘、补遗、辨误的史料整理性阶段,进入到对三国历史进行全面探讨和对三国典章制度进行深入发掘的阶段,因而拓展了研究的范围,提出了许多值得重视的新问题,也为今后的三国历史研究准备了条件。最值得注意的是,1998年在连云港和南京召开的六朝文化国际学术研讨会上,长沙考古队的宋少华同志作了长沙走马楼所发现的吴简的报告,这批吴简中包含有不少社会经济史料,有助于自汉到三国时期的租佃关系、户等划分、租调算赋并存的税制、二十等爵的实行情况以及地方行政区划名称等方面的研究。其中,《长沙走马楼三国吴简—竹简》已于2013年12月由文物出版社出版。

九、阅读《三国志》及裴注的方法

阅读正史,各个人的经历不同,感受不一,体会也千差万别,因此,阅读的方法也必然各不相同,并没有什么一成不变的不易之方。随着阅读者各方面条件的不同,阅读的方法也必然是各不相同的。

我以为阅读《三国志》至少需要注意如下几个方面的问题:

第一,要把《三国志》同《资治通鉴》的三国部分结合起来阅读。

我们知道,历史是关于人类活动的记载。人类活动离不开时间与空间。因此,阅读正史,必须要了解人物、地点与时间三者及其相互关系。而《三国志》这种纪传体断代史,把人物活动划分为三大块,从而使得魏、蜀、吴三国的人物活动情况缺乏彼此之间的对应关系，人、地、时三者的联系颇不明白。而《资治通鉴》是编年体通史，它把三个不同国家中的人物在同一时间里的活动情况和相互间的关系组织在一起，既避免了相互隔绝，又纳入了一个统一的时间表，给人以人、地、时的完整概念，从而有助于了解事件与事件、人物与人物之间的各种联系。有些人物的活动，在《三国志》的列传中看不出准确的时间，而在《资治通鉴》中却可以看出其活动的时间轨迹，这是《资治通鉴》这种编年体史书的最大功绩所在，而且是经过该书的作者的认真考证、排比而作出系年、系月和系日的，一般是比较准确的，但是，《资治通鉴》对某些人物活动和事件发生的时间，也有误系年月的情况存在。因此，通过将《三国志》与《资治通鉴》结合阅读，既可以明白在《三国志》中无明显时间记载的一些人物活动与事件发生状况，又可以发现《资治通鉴》有无系年错误、有无增补史料和有无删节史料而造成记事错误的地方。近十年来，我经常给硕士研究生和博士研究生讲授《〈资治通鉴〉研究》一课，就是以上述三者为中心内容的。通过这种讲授与实践，使他们掌握如何发现《资治通鉴》存在上述三个方面问题的状况，既训练了他们把二者结合阅读的实践能力，又教会了他们如何查找史料和考证史料的方法，进而使他们明白哪些史料应当引用正史，哪些史料应引用《资治通鉴》。

第二，要把《三国志》的阅读，同查找清人的补表、补志及一些名家关于《三国志》和三国历史的研究成果结合起来。

首先，这一阅读方法是基于《三国志》本身无表、无志的状况所引发的；其次，这一阅读法是为了避免白费劳动的需要决定的。为什么通过这种阅读方法可以避免白费劳动呢？因为每个人在阅读《三国志》的过程中，都会遇到许多疑难和产生许多联想。如果能及时查阅清人的补表、补志，许多疑难也许可以迎刃而解；如果不去了解前人及今人的研究成果，就不会明白前人及今人已经发现了哪些问题和已经解决了哪些问题，势必发生单凭自己发现的问题去思考的情况，结果费了不少精力写出来的东西，却是前人早已发现了或解决了的问题，岂不是白费劳动吗？何况，从前人及今人的研究成果中，还可以获得不少新的启示，推动你去发现和探索更多的新问题。因此，这种结合阅读法是必不可少的，虽然阅读时多费点时间，但当你真正研究问题的时候，却可以节省许多时间，收事半功倍之效。

第三，要把《三国志》的阅读，同阅读《后汉书》后半部分结合起来。

需要这样做的原因在于：范晔的《后汉书》成书于陈寿《三国志》之后，陈寿写《三国志》时看不到的一些史书，范晔却都看到了。因此，范晔的《后汉书》同陈寿的《三国志》的重复部分，肯定要比《三国志》的史料丰富。根据把二书作比较的结果，发现陈寿的《三国志》同范晔的《后汉书》相重的有十六篇列传，范书超出陈书约一倍。尽管范书超出陈书的部分，在裴松之的《三国志注》中大多有反映，但因为裴氏与范氏几乎同时使用不为陈寿所见史书的方法有所不同，因而也会造成一些差异。因此，把陈寿《三国志》及裴注同范晔《后汉书》相重部分同时结合阅读，更可收相得益彰之效。

第四，要把《三国志》的阅读，同阅读《晋书》诸志及《宋书》结合起来。

需要这样结合的原因，仍然是《三国志》本身无志引起的。当沈约撰写《宋书》时，因鉴于《三国志》无志之病，他就在撰写《宋书》诸志时，往往把宋的诸志所载典章制度，上溯到三国时期，并同《续汉书》诸志连接起来。这样一来，在《宋书》诸志中就可以查到有关三国时期各项典章制度的一些情况。例如《宋书》的《州郡志》，就可查到曹魏屯田制的史料，尤其是东吴的屯田制，在《宋书·州郡志》中多有反映。其他如《宋书》的《百官志》、《符瑞志》、《五行志》、《礼志》等，莫不如此。到了唐代初期撰写《晋书》诸志的时候，也鉴于《三国志》无志，于是在《晋书》诸志中也补入三国时期的情况，因而三国时期的典章制度，也可以在《晋书》诸志中获得某些信息。由于《晋书》诸志与《宋书》诸志都有涉及三国时期典章制度的内容，于是又可以从二者异同中发现问题。在考察《晋书》诸志与《宋书》诸志的矛盾时，一般应以《宋书》诸志为可信，因为它成书于《晋书》诸志之前，所据比较原始，撰写时间更接近于三国时代。

第五，阅读《三国志》时，还应当充分注意地下出土资料，包括各种碑刻、墓志、简牍和遗址、实物。

《三国志》史料甚少，裴注虽然大大补充了《三国志》的史料，仍然感到有许多问题史料缺乏。例如东吴是否有户调制，从史籍中找不出强有力的证据。又《吴书·孙皓传》载天玺元年（276）“会稽太守车浚、湘东太守张泳不出算缗，就在所斩之，徇首诸郡。”东吴现无户调征收之明证，又有“算缗”的征收，我据此在所著《魏晋南北朝经济史》上册第464页中作出了东吴存在征纳算赋的制度的推测。在听了前述宋少华同志的吴简报告后，我喜出望外，因为吴简中明确讲到东吴的长沙郡有算赋的征收，岂不证明我的推测成了确论吗？因此，地下出土材料对于我们解决许多依靠文献记载无法解决的问题，具有决定性的作用。没有此研究实践的人，是体会不到这一点的。

此外，在阅读《三国志》时，还希望年轻人勤于动手，做些阅读卡片、笔记之类的东西。如果什么都不做，读过之后，可能什么收获都没有的。现在有了电脑，使用它可以省时省力。但我劝青年人不要过分依靠电脑，因为电脑毕竟不能代替人脑。用电脑储存材料，毕竟不如自己笔录来的材料准确、可靠和可以变成自己的知识。我一点也不反对使用新的科技成果去更新史学研究方法和从事史料整理工作，但是，这种使用，决不应当成为研究者偷懒和放宽要求自己的口实。

《晋书》说略

朱大渭

一、《晋书》编纂诸问题和版本

唐初四海升平，君臣励精图治。唐太宗为了唐王朝始建基业的长治久安，很重视总结历史经验教训以为借鉴。他即位不久，便在贞观三年（629）正式成立史馆性质的秘书内省，以修前代梁、陈、齐、周、隋五代史。至贞观十年（636），五代史修成。从贞观十五年（641）开始，补修了《五代史志》。到贞观二十年（646），唐太宗又下诏撰修《晋书》。关于《晋书》的参撰人员，有多种记载，说法不一。综合有关文献及近人研究所得，参撰人员及其分工大致清楚了。（参考冉昭德《关于晋史的撰述与唐修〈晋书〉撰人问题》，载《西北大学学报》1957年第4期；李培栋《〈晋书〉撰人续考》，载《魏晋南北朝史缘》，学林出版社1996年版）总监修三人：房玄龄、褚遂良、许敬宗；总编纂（制订条例及总其成）四人：令狐德棻、敬播、李安期、李怀俨；分工撰修者十四人：来济、陆元仕、刘子翼、卢承基、李淳风、李义府、薛元超、上官仪、崔行功、辛邱驭、杨仁卿、李延寿、张文恭、赵弘智。三类参撰人员共计二十一人，若把唐太宗计算在内，则为二十二人（《晋书》参撰人中的刘允之（又作刘引之、刘裔之），其人有争议，故暂不列入，待考）。《晋书》参撰人员的阵容，可以说是相当强大的。由于这二十二人主要来自当时关陇、山东、江南三大文化区，其中一部分人同南北朝文史名家有着家传或师承关系，因而其文化基础较为广博深厚。他们的学业专长，除经、史、文学外，还通晓礼仪、刑法、食货、天文、律历、佛道、谱牒等学。这些人在唐初文化界，确是一个颇具代表性的高水平的修史集团。因此，《晋书》于贞观二十年(646)闰三月开始撰修，至贞观二十二年(648)七月完稿，仅用了两年零五个月时间。

唐高祖武德五年(622)、唐太宗贞观三年(629)曾两次下诏修前代史，其中都未提及新修晋史，为什么到了贞观二十年(646)，即唐太宗晚年突然下诏，以原十八家晋书“虽存记注，而才非良史，事亏实录”为由，(《唐太宗贞观二十年修晋书诏》)要重修晋史，而且太宗还极不寻常地亲自参撰“史论”呢？这必须从唐初政治形势谈起。唐太宗后期矜于“文德武功”，骄奢渐滋，贞观十九年(645)东征的失败使他有所醒悟。特别是前此围绕皇位继承的严重斗争，皇子们“各树朋党，遂成衅隙”，(《旧唐书·恒山王承乾传》)使太宗对诸子和勋臣猜忌丛生。贞观十七年(643)春天，在平定齐王祐叛乱后，又审理太子承乾谋反案，结果太宗废二子，杀一子、一弟及一批勋戚贵臣。这一关系皇权能否巩固的惊人要案，对太宗晚年心灵的打击极为沉重。他在处理现实政治斗争以寻求身后皇权稳定的过程中，联想起西晋统一王朝的短期覆灭，正是肇始于皇位继承不当和权臣干政，因而他要借修《晋书》以“览古今之失，察安危之机”，既总结西晋灭亡的历史教训，又表明其维护唐皇朝政权稳定所采取各种措施的必要性。

太宗在《晋书·武帝纪》评论中首先指出，晋武帝的“骄泰之心”，使其“见土地之广，谓万叶而无虞；睹天下之安，谓千年而永治。不知处广以思狭，则广可长广；居治而忘危，则治无常治”，“加以建立非所，委寄失才”，故而“贾充凶竖”，“杨骏豺狼”，其“祸心”得逞。接着又揭示：“惠帝可废而不废，终使倾覆洪基。夫全一人者德之轻，拯天下者功之重，弃一子者忍之小，安社稷者孝之大。……所谓取轻德而舍重功，畏小忍而忘大孝。圣贤之道，岂若斯乎”！唐太宗进一步对西晋灭亡原因从理论高度总结说：“良由失慎于前，所以贻患于后。……是以君子防其始，圣人闲其端。”(以上见《晋书·武帝纪》)这些历史评论，显然蕴含着现实斗争的丰富内涵，可以说，既是历史经验教训的总结,又是太宗对现实政治斗争处理的自我表白,用以警戒皇子和大臣,以图稳固唐帝国的根基,使其千秋不坠。

同时,魏晋以来长期分裂割据,权臣篡位,战乱不已,政权更替频繁,这种"乱世"使儒家名教纲常受到严重冲击,尤其是忠君思想大为削弱。随着唐帝国大一统中央集权的建立,有必要全面地恢复封建统治理论基础,即两汉以来儒家总结的封建伦理纲常和君权神授思想。所以在太宗将儒家名教核心"忠"、"孝"定为撰写《晋书》的基调之后,参撰者皆以"君父居在三之极,忠孝为百行之先"(《晋书·忠义传》)为主题,并结合类传的设计,传主内容的取舍,以及史论的观点,全面宣扬儒家的伦理和天命学说,从思想理论上为巩固皇权大造舆论。虽说阐述封建伦理和天命观,本为封建史学的基本功能,但唐修《晋书》强调以此为指导思想,结合时代背景和现实斗争,更具有特殊意义。以往有的史家认为,唐修《晋书》在于"尊扬皇室,证明(李唐)先世之源"(陈寅恪《李唐氏族之推测》,载《金明馆丛稿二编》)为西凉李氏,以及所谓唐以前所修十九家晋史"未能尽善"等,显然均属于次要因素。

重修晋史的班底组成,撰写的指导思想明确后,还必须解决好广泛搜集资料和吸取前人研究成果问题。两晋南北朝史学较发达,各家撰写的晋史共约有三十一部,加上晋故事、晋旧事一类七部,晋史未撰成者六部,晋史注释三部等,各类晋史和资料总共约四十七部。这些晋史著述,至唐初虽然散失不少,但犹存十九家晋史。其中用纪传体撰写的有王隐《晋书》九十三卷(存八十三卷),虞预《晋书》四十四卷(存二十六卷),朱凤《晋书》十四卷(存十卷),何法盛《晋中兴书》七十八卷,谢灵运《晋书》三十六卷,臧荣绪《晋书》一百一十卷,萧子云《晋书》一百零二卷(存十一卷),萧子显《晋史草》三十卷,以上共八家。用编年体撰写的有陆机《晋纪》四卷,曹嘉之《晋纪》十卷,干宝《晋纪》二十三卷,习凿齿《汉晋春秋》四十七卷,邓粲《晋纪》十一卷,孙盛《晋阳秋》三十二卷,刘谦之《晋纪》二十三卷,王韶之《晋纪》十卷,徐广《晋纪》四十五卷,檀道鸾《续晋阳秋》二十卷,郭季产《续晋纪》五卷,以上共十一家。这十九家晋史共计七百一十七卷,唐初亡佚二百二十卷,尚存四百九十七卷,尚存部分占总卷数的近百分之七十。而且最重要的王隐、何法盛、臧荣绪三家晋史基本上全部保存，再补以其余十六家晋史和其他有关资料，应该说唐修《晋书》所依据的研究成果和资料是非常丰富的。

以西晋史而论，王隐《晋书》最为重要，其体例纪、传、志俱全。隐父铨“少好学，有著述之志，每私录晋事及功臣行状”。他搜集整理西晋史料，大约从咸宁元年（275）到元康五年（295），前后二十年。王隐“博学多闻，受父遗业，西都旧事多所谙究”。（以上见《晋书·王隐传》）他于东晋初任著作郎，奉命修晋史。从太兴元年（318）到咸康六年（340），他又继续扩充资料，并最后撰成《晋书》。王氏父子两代人，先后积四十余年之功力，记录和撰写了西晋和东晋初年的“华夷成败”史事。由于西晋末两京倾覆，晋廷所存资料荡然无存，因而王隐《晋书》为以后所有修西晋史者所宗。刘宋时何法盛修《晋中兴书》，集诸家东晋史，“勒成一家，首尾该备”。何氏修史时离东晋较近，既吸取了前人有关的著述成果，又必然增补东晋朝所遗留下来的完整资料。《晋中兴书》也是纪、说（志）、传俱全，可以说是较为详细完整的一部东晋史。

南齐臧荣绪《晋书》，将两晋历史合成一书，其体例纪、录（少数民族偏霸史）、志、传俱全，共一百一十卷。臧氏《晋书》在唐初十九家晋史中，运用资料最为丰富，史实也较为完备，而且是惟一一部包含两晋历史的《晋书》。其资料和观点不仅主要采自王隐《晋书》和何法盛《晋中兴书》，实际上乃是集萧齐以前众家晋史之大成。故王鸣盛《十七史商榷》称臧氏“勒成司马氏一代事迹，各体俱备，卷帙繁富，谅有可观，即以之传世，亦无不可”。（王鸣盛《十七史商榷》卷四三《晋书唐人改修诸家尽废》条）因此，唐修《晋书》以臧氏《晋书》为蓝本，旁摄诸家晋史之精华外，又大量引用《世说新语》、《语林》、《搜神记》、《幽明录》、《异苑》、《华阳国志》以及数十部文集中之有关内容。我们将唐修《晋书》与汤球所辑九家《晋书》相核对，发现唐修《晋书》原文除主要取材臧氏《晋书》外，其采撷王隐《晋书》、何法盛《晋中兴书》亦多，而对其他各家晋史则取材较少。至于评论两晋人物，则多取孙盛《晋阳秋》之说，并有所丰富和发展。至于《载记》部分，主要取材崔鸿《十六国春秋》，并参考臧氏《晋书·录》、魏收《魏书》列传卷九五、九九各少数民族偏霸政权的资料。总之，唐修《晋书》既有丰富的资料可采，又有修成的包括纪、志、传俱全的多部晋史可供利用。在此雄厚的晋史资料和成果的基础上,经过众多高水平参撰者的辛勤劳动,只用了近两年半时间,一部一百三十卷,约一百八十万字的史著《晋书》便告修成。

现在国内保存的《晋书》较早版本,应首推精装影印百衲本《晋书》,也即宋本《晋书》。另有元大德本、明南监本、北监本、清武英殿本。还有吴琯西爽堂本,毛晋汲古阁本,金陵书局本,台北影印四库全书本。解放后中华书局请国内一流史家,以金陵书局本《晋书》为工作本,用各种版本互校,并利用前人成果最后完成的点校本《晋书》,其中错误最少,因而成为当前《晋书》的普遍流行本。

二、《晋书》的主要内容和编撰特点

唐修《晋书》计帝纪十卷,志二十卷,列传七十卷,载记三十卷,叙例和目录各一卷,共计一百三十二卷。因目录置于书首,叙例佚失,故现存一百三十卷。其所记史事,凡西晋四帝五十四年,东晋十一帝,一百零二年,共计十五帝,首尾共一百五十六年(265—420)。关于匈奴、巴賨、羯、氐、羌、鲜卑等少数民族及汉人张氏、李氏所建(前凉、西凉)偏霸政权的史事,则编入二赵、三秦、五凉、四燕、成(汉)、夏等十六国的载记和列传之中。由于唐太宗亲作宣、武二纪和陆机、王羲之二传的"史论"四篇,故曾题名为"御撰"。

《晋书》的内容,主要记述了司马氏代魏平吴、户调式与田制、诸王分封与出镇、修定晋律、兴学校复礼仪、天文与历法、职官制度、老庄思想与玄学、清谈误国、八王之乱、各族人民大流徙和起义、十六国政权的兴衰、各少数民族与汉族的融合、东晋的建立与北伐、地方政权与侨州郡县、高门与豪族分割人户、皇室与高门骄奢淫逸、贬抑浮虚、佛教道教兴起、佛道与儒学的圆融、官吏的贪残腐败、皇室与高门争权、门阀政治、赋役繁殷、百姓凋弊、东晋末农民起义等历史事件,并从经济、政治、军事、民族、社会、文化思想、中外文化交流等诸多领域,以表述两晋和十六国历史的发展进程。

《晋书》在记述这些史实时,本纪采取编年体,将两晋的重大历史事件按年、月、日编排,以此为两晋历史发展的纲。而每一历史事件的详细内容,则分别编入有关列传或志中。如政治军事方面，晋武帝平吴，本纪中只略记各军将领进军路线及指挥隶属关系，以及吴国孙皓投降所献州、郡、县数、总人口数、兵数和吏数。关于平吴的最初谋略，则分别见于羊祜、杜预、王濬、张华等传；平吴水军准备工作，则见于王濬传；战略战术指挥原则见于贾充、杜预、王濬等传；战争过程则见于杜预、王濬、王浑、唐彬、周浚等传。又如晋律修定，乃晋文帝司马昭（追封）命贾充领衔，以郑冲等十四人参修。此事在《文帝纪》和《武帝纪》中，都只记寥寥数语。另在贾充、郑冲、荀𫖮、荀勖、杜预、裴楷等传中分别述及。而《刑法志》记此事最详，不仅记所有典修晋律的十四人人名，修律过程，而且指出晋律包括律令六十卷，二千九百二十六条，十二万六千余言，故事（指旧律案例）三十卷。晋武帝泰始三年（267）《晋律》修毕，四年（268）正式颁布施行。再如东晋元帝、明帝两朝皇室与高门王氏争权，及王敦起兵反叛，在元、明二纪中，只略记其梗概。东晋琅邪王氏势倾朝野，故时人称“王与马，共天下”。关于王氏扩展势力，翦除皇室亲信，见于王敦、刘隗、刁协、戴若思等传；王敦叛乱，以及明帝平定叛乱，则详见于王导、温峤、郗鉴、纪瞻、刁协、周𫖮等传。关于上述政治军事史实，在帝纪、列传、志中都有记载，一般帝纪较略，而传、志较详。就《晋书》整体内容而言，政治军事史实多于经济、文化和其他史实。

关于经济方面，西晋平吴后，实行“户调式”，规定占田课田数额，以及官僚依品级占有衣食客、佃客和荫户，这是我国中古时代一项重要的田制和赋役制度。但此事在《武帝纪》中不载，而专门放在《食货志》中详述。再如东晋成帝咸和五年（330）实行度田收租制，亩税米三升。哀帝隆和元年（362）减田租，亩收二升。孝武帝太元二年（377），又废度田收租制，王公以下每口收税米三斛（斛同石），免除现役之身。太元八年（383），又增税米，凡口五石。东晋这四次征收田赋的变化，在帝纪和《食货志》中都有记载，只是志比帝纪记载较详。又如农桑灾荒方面，有的列传在谈发展农业生产的重要性时略有提及，《五行志》也有记载，但在《食货志》中则记述最详，这又是贯彻典制传略志详的原则。

关于文化方面，我国古代封建统治者对礼乐极为重视，认为治国治身须舆不可离。故司马昭平蜀后,以荀顗删定礼仪。顗上奏请羊祜、任恺、庾峻、应贞、孔颢等人,共同撰定《晋礼》。此事上述诸人传中有记,但集中记述于《礼志》。《礼志》三卷中,既指出先秦和汉魏礼制发展概况,又集中阐明晋礼吉、凶、军、宾、嘉"五礼"的具体内容,以及施行的各种仪式。又如武帝咸宁五年(279)冬十月,汲郡人不准掘魏襄王冢,得竹简小篆古书,藏于秘府。此事又分别见于卫恒、荀勖、束皙三人传中。因束氏在秘府曾参加整理小篆古书,故该传记载最详。有竹简古书书名,如《竹书纪年》、《易经》、《国语》、《琐语》、《大历》、《穆天子传》及其他杂书等,共计七十五篇,约十万余言。

我国古典史学,立志以记朝章国典,与本纪、列传相表里。各类典章制度内容丰富,从另一个角度表现政治、经济、文化、社会风俗诸多方面。这些内容有的虽散见于纪、传史文,但必须分类各专立一篇,才能说明其首尾全貌。《晋书》共立《天文》、《地理》、《律历》、《礼》、《乐》、《职官》、《舆服》、《食货》、《五行》、《刑法》等十志,共二十卷。其中除讲述天人感应、星象变化、四时节令、度量衡制度外,还包括礼乐兴衰、职官品位、刑法轻重、经济盛兴、河渠通塞、地理沿革、车舆交通、服饰变化等等。《晋书》十志,从汉末写起,在一定程度上弥补了《三国志》有纪、传而无志的缺陷,而且对晋以前的典章制度加以概述,保存了不少前代有关各志的重要资料。如《地理志》的总述,记录了历代地理建置的沿革流变,也写出了历代封国、州郡等级以及户口增减情况,是一篇颇有价值的地理总论。《天文志》介绍了汉魏以来存在的三种天体说,并肯定了浑天说。《律历志》记载了《黄初历》、《景初历》、《春秋长历》等三种历法,是科学史的重要资料。《刑法志》记录了李悝《法经》片断,乃是刑法史的宝贵材料。

《晋书》载记体为正史中的创新体裁,它包括纪、传、志的各种内容。以《石勒载记》为例,从他出生讲起,叙及家庭生活及其被掠卖为奴、佣耕于野等青少年时代事迹。而重点则按年、月讲述石勒参加西晋末各族人民起义,东征西伐,南进北退,直到他称帝及病故的政治军事斗争史实。这显然是采取帝纪和列传相结合的体裁。同时,在《载记》中又记石勒建都襄国后,逐步建立中央和地方政权,整理户籍,征收户调,并置劝课大夫、典农使者,核定户籍,督课农桑,以及货币铸造与流通等这些属于《食货志》的内容。石勒称赵王后,记其境内二十四郡郡名及总户数二十九万,这些应属《州郡志》内容。石勒称帝后,记其备天子仪仗礼乐详情,这应属于《礼乐志》内容。《石勒载记》中还讲述后赵设法曹内史、律学祭酒等法官,先采集律令要文,暂时施行,当律法修成后,悉依法令治国。这些又属于《刑法志》内容。石勒还"清定五品","复续定九品",以张宾领选,"典定士族,副选举之任",这些应属于《职官志》内容。从《石勒载记》整体内容看,显然具有纪、志、传合一的特点。

两晋十六国和北朝,是我国民族大融合时期,而十六国为当时民族融合的第一阶段。十六国政权中除前凉、西凉为汉人张氏、李氏建立外,其余十四国是少数民族匈奴、巴賨、羯、氐、羌、鲜卑建立的。在十四国政权记述中,对各国在政治、经济、文化各方面逐步实行汉化措施,有明确详细的记载。各少数民族政权,大多重用汉族士人,不同程度地吸取汉族封建统治的各种制度,尤其重视"汉化"的指导思想儒学。如巴賨人李氏建立的成(汉)政权,汉族士人阎式仿汉制定朝仪百官,并实施各种封建统治制度。成(汉)主李雄"兴学校,置史官,听览之暇,手不释卷"。(《晋书·李雄载记》)后赵有比较完备的学校教育和官吏选举制度。石勒建都襄国后,置宣文、宣教、崇儒、崇训等十余小学于襄国四门,选将佐豪右子弟百余人受学。又仿汉族封建政权起明堂、辟雍于襄国城西,作为设教施政之所。石勒还令各郡国立学官,每郡设博士祭酒二人,弟子一百五十人,三考修成,晋升台府。于是擢拜太学生五人为佐著作郎,录述时事。石勒还建社稷,立宗庙,祭祀天地祖宗。并设置经学祭酒、律学祭酒、史学祭酒,以教习儒家和法家的治国理论,研讨礼教和法制的实施,使后赵政权逐步向汉化方向发展。

前燕鲜卑慕容氏各代君主,都注重儒学教育,慕容廆理政之暇,亲临太学,听儒生讲经,宣扬儒学。慕容皝"赐其大臣子弟为官学生者为高门生,立东庠于旧宫。……皝雅好文籍,勤于讲授,学徒甚盛,至千余人"。(《晋书·慕容皝载记》)他还亲临东庠考试学生,其优秀者,擢充近侍。后秦姚兴,崇尚儒学,"于是学者咸劝,儒风盛焉"。又"兴律学于长安。……其通明者还之郡县,论决刑狱”。(《晋书·姚兴载记》)北凉匈奴卢水胡沮渠氏,继前凉在河西保存了汉族文化传统,儒学和其他学术思想昌盛。北凉政权与南朝刘宋政权常有文化交往,并互相赠书。尤其是氐族苻氏建立的前秦政权,其汉化程度在十四国中最为典型。秦王苻坚重用汉人王猛,外修兵革,内崇儒学,劝课农桑,教以廉耻,实行法治,打击豪强,整饬吏治,无罪而不刑,无才而不任,于是兵强国富,天下升平。苻坚深知儒学为封建统治思想的核心,特别倡儒重教。他在中央设立太学,并亲自考核学生经义,一次便对成绩优异的八十三人加以优叙。苻坚还特令中外将士“皆合修学”,每二十人委派一名儒生负责教授。又在皇宫中设立“内司”机构,选宦官和宫女中聪慧有才识的人为博士,专门负责向宫妃传授汉族文化。(以上见《晋书·苻坚载记》上、下)前秦政权对儒学教化的这种普及措施,在当时少数民族政权中,是最难能可贵的。

总之,《晋书》以帝纪按年、月、日纪事为纲,列传分条记事为目,纲举目张,再补以各志所记典章制度,使两晋史事和典制完备。各《载记》则以纪、传、志合一的独特体裁,记述纪、传、志中未能包含的十六国史事。一部完整的《晋书》,记述了两晋十六国纵横交错的历史格局,从而展现了当时中国版图内汉族和各少数民族各自建立政权,以及相互关系等历史发展的全貌。

三、《晋书》的史学成就及其对后世的影响

关于《晋书》的史学成就,北宋修《册府元龟·国史部·采撰》中指出:《晋书》内容“莫不博考前文,旁求遗逸,芟夷芜蔓,举其精要。……以臧荣绪《晋书》为本,据摭诸家传记而附益之,爰及晋代文集,罔不毕记”。可以说,这是最早对唐修《晋书》史学价值较为全面肯定的评价,其中“举其精要”、“罔不毕记”,乃指《晋书》取材宏富,记述精审,显然是针对前人批评《晋书》“务多为美”(《史通·内篇》)、“不求笃实”(《旧唐书·房玄龄传》)的一种反批评。清代著名史家赵翼在《廿二史劄记》卷七《晋书》条认为:唐修《晋书》时,诸家晋书“时当俱存,必皆兼综互订,不专据荣绪一书也”。这里首先肯定《晋书》博采众家之长,所以能胜过诸家晋史。赵氏进一步指出:“当时史官,如令狐德棻等,皆老于文学,其纪传叙事,皆爽洁老劲,迥非《魏》、《宋》二书可

比;而诸僭伪载记,尤简而不漏,详而不芜,视《十六国春秋》,不可同日语也”。赵氏对唐修《晋书》整体评价很高,认为取材详而精,叙事简而要,行文明快苍劲,有很高的史学和文学成就,并认为魏收《魏书》、沈约《宋书》、崔鸿《十六国春秋》,都不能与其相比。赵氏更进一步肯定《晋书》多收时人表、疏、赋、颂等原始文献,最能反映当时官场腐败,文人清谈浮虚,以及选举之弊等实情,此点最具史学慧眼。赵氏所论,乃是对唐修《晋书》从局部到整体全面公允的评价,以后赞同其论者不乏其人。20 世纪 80 年代以来,由于历史科学空前繁荣,史学新秀崛起,史学史研究随之发展,大多对《晋书》的史学成就给予充分的肯定。总的说来,《晋书》的史学成就,可以归结为以下五个方面。

第一,两晋一百五十六年,乃是我国秦汉以降最为混乱的时期。西晋统一仅十一年便发生了长达十六年的“八王之乱”,紧接着又爆发了各族人民起义,随之由五胡贵族和汉族张氏、李氏建立起十六国割据政权,以后长期形成南北对峙、政权林立、分裂割据、战乱不已的局面。因而两晋十六国的历史,包容国别繁多,兴亡无常,各国的族别、地域、时间、人物和史事等,可谓千头万绪,纷繁复杂。唐初史家们经过深思熟虑后,在撰修《晋书》时,既以两晋历史为主线,又把其他各国摆在恰当的地位,并受前代史著的启示,创造出一种崭新的兼有纪、传、志特点的“载记”体,完整地记叙了各少数民族政权的兴亡。全书分纪、志、传、载记四种体例,对两晋和其他政权的各个方面,分门别类地加以缕述。因而它对两晋十六国错综复杂的历史格局,能够较为完整系统地表述出来,不仅史实头绪清楚,主次分明,而且比起其他诸家晋史来,更能反映两晋十六国时期中国全境历史的总体面貌,显示了唐初史家高超的撰史技巧和创造才能。

第二,唐修《晋书》最能表现史识的,乃是在七十卷列传中大量引用传主所作疏、表、书、论、箴、教、经、制、释、誓言、颂、诗、词、赋、书势、书状、图序等各类体裁的文献资料共约二百七十余篇。在这些原始材料中,较为集中地反映了两晋十六国历史发展的各类重大核心问题。其中最值得注意的,如《刘颂传》的《论分封疏》,《刘毅传》的《论九品八损书》,《李重传》的《论九品之弊疏》,《王沈传》的《释时论》,《皇甫谧传》的《释劝论》、《笃终论》,《傅玄传》的兴学校、重农务诸疏,《江统传》的《徙戎论》,《阮种传》的"戎蛮猾夏"《对策篇》,《温峤传》的《军国要务七条》,《裴頠传》的《崇有论》,《王坦之传》的《废庄论》,《刘寔传》的《崇让论》,《鲁褒传》的《钱神论》,《郭璞传》的《刑罚疏》,《范宁传》的清吏治、省赋役诸疏,《王羲之传》的三封《论东晋弊政书》等,上述各类原始文献,乃是两晋朝军政要人和文化界人士对一系列重大政治、军事、经济、文化问题的看法,既有切合时弊的概论,又包含着许多具体史实和统计数字,大多揭示了历史的真实,或指出两晋政权有关军国大政决策的得失,或反映了当时的一种时代风貌,对我们研究两晋十六国历史至关重要。

第三,我国古代儒家提出的大一统思想,经过秦汉统一封建专制主义政权的建立,已成为定型。自汉末至隋统一,近四百年间长期处于分裂割据和南北对峙的政治局面,加之两晋南北朝史家修史,或只重两晋而忽视十六国政权,或不从南北朝整体历史出发,只记本国历史而抹煞其他政权,这些因素必然使秦汉以来所形成的大一统思想受到削弱。唐王朝实现统一后,必然要恢复大一统思想,以适应政治形势的需要,唐修《晋书》在总体构思上正是根据大一统思想理论,重新设计、编纂、论述一个分裂时期中国历史的全貌。它既以两晋政权为正统,又以十四国为偏霸的"载记"体(前凉、西凉为列传)的创设,就是大一统思想在编撰史著方面的体现,从而解决了如何全面如实地反映割据政权林立、民族关系复杂局面的难题。这不仅做到了历史分裂而修史全面的矛盾统一,更重要的是维护了大一统思想理论,对我国古代国家的统一富强,以及以汉族为主的各民族的交往与融合都具有积极意义。

第四,我国自古以来就是一个多民族国家,其光辉灿烂的文化是以汉族为主的各民族人民共同创造的。但长期以来在处理民族关系上,大汉族主义思想较为突出。唐修《晋书》在"华夷一家"的进步民族理论指导下,对民族关系的处理较为公允。虽然记述少数民族政权的"载记"中有"僭伪"字样,但在史实叙述中,将东晋和十六国基本上放在同等地位对待。因此,在整体字数安排上,东晋(与十六国同时)纪、传共四十二卷,除去四夷、二凉三卷共三十九卷，约五十三万七千余字（减去《忠义传》至《列女传》等七卷中十六国人物所占字数）；十六国共三十二卷，约四十三万一千余字，十六国历史的字数，约为东晋的百分之八十，这个比例是相当大的。这就有条件对十六国政权记载较详，包括族源、习俗、建国前活动和建国始末等。而且"载记"在记录十四国政权历史时，较为公允地既揭露其落后的一面，又肯定其应有的历史地位，尤其对石勒、苻坚、姚兴、慕容儁等一批杰出的少数民族国君的历史作用，做了充分的肯定。《晋书》的各类传，如《儒林传》收入十六国人物五人，《隐逸传》收入十六国人物十三人，《艺术传》收入十人，《列女传》收入十四人，《忠义传》收入五人，共计四十七人，占五个类传总人数一百三十七人的百分之三十四。假如减去西晋时期的人物，比例还会更高。在《儒林》、《艺术》两类传十六国人物的十五人中，大多入仕各少数民族政权，不少人身居要职。如《忠义传》中的韦忠，先守义于西晋太守陈楚，后尽忠于前赵政权刘聪。刘敏元仕刘曜为中书侍郎，因瞻护同县孤老，被誉为忠义之士。《列女传》在于褒奖"贞烈之风"，前赵刘聪妻刘氏、苻坚妾张氏、苻登妻毛氏、慕容垂妻段氏、段丰妻慕容氏、吕纂妻杨氏等皆予以列入。上述各项内容均可证明，《晋书》所记汉族政权和少数民族政权各自字数的分配、内容的繁简、类传人物的选择，唐初史家都是在对东晋和十六国基本上同等对待的原则下，通过精心构思后设计和安排的。这种构思和安排，不仅全面地再现了十六国时期一百三十余年北中国的历史，而且也表明这段历史是汉族和少数民族人民共同创造的。唐修《晋书》对十六国历史如此重视，使人们能够进一步认识，经过十六国时期的民族斗争和融合，各族优秀文化的结合，促进了北朝历史发展的进程。隋唐大帝国统一政权的强大，中国封建制度的进一步完善，以及盛唐光辉灿烂文化的出现，正是在十六国北朝民族大融合的基础上产生的。

第五，《晋书》参撰者大多文学功底深厚，能娴熟地掌握和运用古代汉语。从整体看，叙事头绪清楚，主次分明，行文言简意赅，凝练遒重，通顺流畅，绝少繁冗浮滥文风。这就是赵翼所称道的"爽洁老劲"，"简而不漏，详而不芜"。此外，在《晋书》列传、载记叙事散文之中，有不少篇章清新隽永，形象生动,寓论述于叙事之中,饶有文学情趣。如《姚弋仲载记》叙述石季龙死前召弋仲前去平定梁犊,弋仲当面称季龙为“汝”,数其过失,自称“老羌”,“请效死前锋,使一举而了”。于是跨马于庭中,问:“汝看老羌堪破贼以不”?且“策马南驰,不辞而出,遂灭梁犊”。这段文字把一位羌族部落骑兵首领的粗鲁率直、真诚无欺的表情和神态,描述得栩栩如生。又如《刘伶传》记述竹林七贤之一的刘伶,一开头便讲述其容貌陋,言语寡,任情志,不妄交,惟与阮籍、嵇康“欣然神解,携手入林”,“以细宇宙齐万物为心”,接着又渲染他常乘鹿车携酒,使人荷锄相随,谓曰:“死便埋我。”随后描写他向妻求酒,从而演出一幕夫妻二人幽默诙谐的禁酒活剧。只用了二百余字,便将一位不慕荣利、任情放达、风流潇洒的名士活灵活现地展现在读者面前。《晋书》中这类叙史文笔,包含有故事情节、典型环境、人物形象和内心活动,具有很强的文学价值。鲁迅在《中国小说史略》第七篇《世说新语及其前后》中曾说:“记人间事者甚古。……若为赏心之作,则实萌芽于魏而盛大于晋,虽不免追随俗尚,或供揣摩,然要为远实用返文艺矣。”郑振铎则认为这种“近文艺”的“赏心之作”,实为“未成形的小说”。(郑振铎《插图本中国文学史》)鲁迅和郑氏所指,当以《世说新语》和《语林》为代表。《晋书》大量地摘录这类近文艺著作的素材,史家们在剪裁、编缀、修订中,又或多或少地做了文学加工,从而更加深化了这些赏心之作的文学趣味。《晋书》的文学价值,不仅继承了《史记》、《汉书》光辉的文学传统,而且带有魏晋时期文艺素材隽永、幽默、诙谐、风趣的时代特征。(参考李培栋《〈晋书〉的文学性》,载《魏晋南北朝史缘》,学林出版社 1996 年版)

关于《晋书》的史学成就,如体例结构合理,采集资料宏富,内容翔实,叙事言简意赅,行文生动形象,以及所含大一统思想及民族团结平等进步观等,所有这些既继承了某些古典史学的优良传统,又在新的历史条件下有所发展,可以说这些是一部好的正史必须坚持的编纂原则,因而隋以后的多数正史,都不同程度地受其影响,从而为后代修史起了借鉴和启迪作用。

四、阅读《晋书》应注意的问题和方法

唐修《晋书》的史学价值虽高,但也存在着某些缺陷,这是读者在阅读时

首先必须注意的。我们根据前人对《晋书》的批评,并结合本人的研究,对《晋书》不足之处,概括总结为三条。

第一,《晋书》出自二十余人之手,而无名家做总体性的统一加工修订,虽有敬播“叙例”,未能全面贯彻,因而有时体例不够规范,或前后内容重复。最突出的是纪、志、传、载记史实,有时互相牴牾。如《怀帝纪》记永嘉四年(310)十一月,加凉州刺史张轨安西将军(三品),本传谓永嘉中(307—312)拜代都督的镇西将军(二品)。《愍帝纪》记杜弢“道亡死”,本传中却说:“(弢)不知所终”。这是纪、传记述互异。《孙盛传》记其父恂为颍川太守,《孙楚传》却说其子恂“未仕而终”。《武帝纪》记咸宁五年(279)十月,“得竹简小篆古书十余万言”,《束皙传》作太康二年(281),《卫恒传》又作太康元年(280)。这是纪与传、传与传记载互异。《慕容儁载记》云拜儁为使持节、侍中、大都督、督河北诸军事、幽冀并平四州牧,《穆帝纪》只说假儁幽、平二州牧。这是纪、载记内容互异。《李重传》载“于时内官重,外官轻,兼阶级繁多,重议之,见《百官志》”。可是《晋书》有《职官志》,不称《百官志》,且不载李重之议。《司马彪传》记泰始初,武帝亲祠南郊,彪“上疏定议,语在《郊祀志》”。而《晋书》无《郊祀志》,惟有《礼志》,亦不载彪疏文。这是纪、志所记不相顾及。所有上述诸条,皆因纪、志、传、载记出自众人之手,无一大手笔总其成,彼此不相检照所致。此外,撰史者抄录袭用旧晋史文,不细考究,可能也是原因之一。

第二,我国古代史学名著,大多能广稽百家、兼容众说而推雅取正。这是最重要的考求信史精神,要求撰史者要有严谨的学风和明睿的识断。《晋书》在这方面也出现了不少错误。如《皇甫方回传》载王敦遣从弟廙代陶侃,“廙既至荆州,大失物情,百姓叛廙迎杜弢”。据陶侃、王廙、杜曾三传记载,荆州将吏拒王廙,乃在廙未到荆州之前,且所迎为杜曾,而非杜弢。《孝武帝纪》记太元十四年(389)六月,“荆州刺史桓石虔卒”。而《桓石虔传》说他监豫州、扬州五郡军事、豫州刺史,而不为荆州刺史。另据《桓石民传》载,石民为监荆州军事、荆州刺史。可见石虔当为石民之误。桓温北伐“金城泣柳”事,本在东晋太和四年(369)第三次北伐,由姑孰赴广陵,必经琅邪侨郡治所金城。《桓温传》误移于永和十二年(356)第二次北伐。此次北伐姚襄,由江陵赴洛阳,不得经金城。《王羲之传》记"王敦尝谓羲之曰:'汝是吾家佳子弟,当不减阮主簿'。(阮)裕亦目羲之与王承、王悦为王氏三少"。此事采自《世说新语·赏誉篇》"阮光禄云"条:"王家有三年少,右军、安期、长豫。"刘孝标注称:光禄为阮裕,右军乃羲之,长豫乃王悦(即王导长子),安期指王应(王导兄王含之子)。而王承也字安期,乃太原王湛之子,他卒于元帝渡江之初,不得入琅邪王氏"三少"。(参考余嘉锡《世说新语·笺疏》卷八《赏誉篇》,中华书局1983年版)上面两条均为采《世说新语》资料未加深究而致误。《王羲之传》称:羲之为会稽内史时,"遗尚书仆射谢安书"。按羲之为会稽内史时,谢安尚未出仕。永和九年(353)夏四月,谢尚为尚书仆射,此时王羲之正为会稽内史。故谢安当为谢尚之误。《天文志》下载:义熙七年(411)七月,朱龄石平蜀。按《安帝纪》称:龄石以义熙八年(412)十二月西征,九年(413)七月平蜀。显然前者为误。《天文》、《五行》二志,虽出自名家李淳风之手,仍存在着纰谬。如日蚀由于太阴之交,约一百七十三日一交,故未有不逾五月而再日蚀者。《天文志》中却载:武帝泰始二年(266)七月丙午,十月丙午;泰始九年(273)四月戊辰,七月丁酉;十年(274)正月乙未,三月癸亥;惠帝永康元年(300)正月己卯,四月辛卯等皆有日蚀,并不满一百五十天。以《宋书·五行志》相校,则泰始二年惟有七月丙午日蚀,九年惟四月戊辰日蚀,十年惟三月癸未日蚀,惠帝永康元年惟四月辛卯日蚀。沈约《宋书》所载日蚀,据两晋实录,又合日蚀常规,必可据信。显然《晋书·天文志》中所载其他四处日蚀当为误记。《地理志》缺漏尤多,如太康三年(282)以后至怀、愍两朝三十四年,郡县沿革多不记。东晋地理沿革全无,其中侨州郡县及十六国疆域志,与当时政治军事斗争关系密切,《地理志》却全部遗漏。这些都反映出,《晋书》作者群虽然文化层次较高,但其中多文咏之士,史学素养较差。他们对我国古典史学的优良传统,即考信求实精神,缺乏深刻认识,更谈不上潜心追求。可以说,这是《晋书》出现各类史实纰谬和缺漏的主要原因。

第三,封建史家的著述,对封建迷信大多难以完全避免,这是其史观和史学功能所决定的。但他们考信求实精神和学风严谨程度不同,其著作中封建迷信色彩浓淡也各异。应当承认,《晋书》中的封建迷信色彩是比较浓厚的。如《杜皇后传》记:"长又无齿,有来求婚者辄中止。及(成)帝纳采之日,一夜齿尽生。"《干宝传》载,其父宠侍婢,其母妒忌。宝"父亡,母乃生推婢于墓中。……后十余年母丧,开墓,而婢伏棺如生,既而嫁之,生子"。《苻丕载记》云:前秦右丞相徐义为慕容永所俘,"械埋其足,将杀之。义诵《观世音经》,至夜中,土开械脱,于重禁之中若有人导之者",遂南奔。《刘聪载记》说:刘聪死前,鬼哭于光极殿,其子约已死,"至是昼见"。《艺术·吴猛传》记,他有"神方",还豫章时"江波甚急,猛不假舟楫,以白羽扇划水而渡,观者异之"。《艺术·佛图澄传》称:他"能役使鬼神",石勒爱子斌暴死后,澄"取杨枝沾水,洒而咒之",斌又复生。《桓温传》载方士比丘尼有道术,于别室浴时,"倮身先以刀自破腹,决断两足",浴后身体完好如初等。应当指出,《晋书》中的鬼神荒诞不经之说较多,既因采自当时鬼神志怪之书的资料,又受王隐、何法盛晋史中《鬼神录》的影响。虽说此为败笔,但又反映了当时人普遍崇拜宗教鬼神的文化风尚,为我们提供了研究当时人文化心态的素材,未可一概否定。正如吕思勉所说:《晋书》"荒怪"之说,"亦当时风气使然","唐修《晋书》偶而存之,亦何足怪"。(吕思勉《读史札记》论《晋书》七)《史通·采撰》篇贬《晋书》说,"其事非圣,其言乱神";《四库提要》斥其"崇尚浮虚,宏奖风流",(《四库全书总目提要·正史·晋书》)均属偏激之谈,而非笃论。因为两晋之时,正是一个"非圣"、"乱神"、"奖浮华"、"尚风流"的时代,《晋书》如实记述当时文人学士风貌,以及文化学术思潮,同时也记录了一些反对浮华和无神论思想的言论,正好从正反两方面反映了两晋历史的真实,符合实录的原则。

尽管《晋书》存在着某些缺陷,但从全面考察,其资料十分丰富,体例较完备而有创新,史事叙述头绪清楚,处理东晋十六国的复杂关系较为合理,行文简洁遒劲而具有文学风采,且包含着某些古典史学的进步观点,它基本上反映了两晋十六国一百五十六年历史的全貌,而且是记述这段历史最为完整的惟一一部史著。因此,南宋史家叶适在全面论述《晋书》时指出,《晋书》的成就占七八成,其不足之处只占二三成,(叶适《习学记言序目》卷三〇《晋书二·

总论》)乃是较为公允的评价,因为它完全符合《晋书》内容的实际。以后学术界对《晋书》的评价,大都认同叶适的观点。如刘节《中国史学史稿》认为,“唐修《晋书》是一部好的正史”。尹达主编《中国史学发展史》,对《晋书》本纪、列传、载记的编排叙述,基本上作了全面肯定。台湾学者廖吉郎在《六十年来〈晋书〉之研究》中提出:唐修《晋书》“虽不及《史》、《汉》、《三国》诸书,然以视唐宋以下诸史,犹当较胜一筹,其蒐讨之博,包罗之富,诚汉以后一伟大著作也”。我们认为,读者在阅读《晋书》时,既要注意书中的缺陷,不为其所误导,又必须对《晋书》有客观公正的评价,充分认识其史学成就,而对古代史家不能苛求,这样才能对我国传统文化中的正史有一个全面正确的认识。

关于阅读《晋书》的方法,应当因人而异,灵活掌握。如果读者为了研究两晋十六国史,最好由老师指导,根据所研究的问题有选择地进行阅读。如读者为了学习历史而研读《晋书》,那么,可根据我们前面讲的《晋书》本纪、列传、志、载记内容各有偏重而又互相联系、互为表里的特点,假如要了解某个帝王或某个重要历史人物,则可阅读有关本纪、载记及有关人物列传,从本纪、列传中再挑选相关人物列传及有关事项,自可对该帝王或该人物有一个基本的认识。假如要弄清当时某一历史事件,则可依据本纪所示纲要,再查阅相关人物列传,因为事是人为的,事和人总是不可分的。假如对某种典制感兴趣,主要可考察各志中的相关内容,以及内容中所示相关人物列传,即可了解其梗概。如果发现时间、地点、事件、典制的疑难问题,只要弄清楚是哪一年,即可在司马光主编的编年体史著《资治通鉴》有关部分中查证。《晋书》关于历史事件,常常分散在本纪、列传、志中叙述,不易全面了解其始末和整个过程。对此,读者可查阅南宋袁枢所编辑《通鉴纪事本末》两晋十六国部分。袁枢根据《资治通鉴》的有关内容,将所有重大历史事件史实集中在一起,按时间先后叙述,对于历史事件始末、相关人物、事件过程等,都讲得十分清楚。读者还可配合阅读近人吕思勉所著《两晋南北朝史》,这是一部质量颇佳的断代史,它可以帮助你明了两晋十六国政治、经济、文化、典制的历史全貌。

五、关于《晋书》的研究成果和参阅著作

《晋书》修成后，唐宋时期的《通典》、《通志》、《通考》，以及《资治通鉴》两晋部分的《考异》和胡三省《音注》，对《晋书》的典章制度和史实内容，有所补缺正误。但真正在《晋书》的文字校勘、编纂内容和典章制度研究方面取得重大成就者，当推清代、民国、新中国三个时期。清代学者有近二十人对《晋书》作了校勘、补正、考异、商榷等工作，其中成绩显著者，有钱大昕《廿二史考异》、王鸣盛《十七史商榷》、赵翼《廿二史劄记》、卢文弨《群书拾补》、张熷《读史举正》、周家禄《晋书校勘记》、丁国钧《晋书校文》、劳格《晋书校勘记》、李慈铭《晋书札记》等。如果仅从校勘角度讲，以周、丁、劳三人成就最为突出。如就《晋书》校勘和全面研究而论，则钱、王、赵三人用功最勤。钱氏乃经史、音韵、训诂、典制、地理、金石之通才，其《晋书考异》共计约三百七十五条，而用力最多的是对《晋书》各志的正误补遗，其条数占总条数的百分之四十六。王氏博学有重名，其《晋书商榷》共约三百零九条，多有发微正谬。赵氏为史学名家，其对《晋书》的多处评论极具卓见。他们三人在校勘的基础上更进一层，对《晋书》所记年、月、日、地名、人名错误、掌故释疑、记事颠倒遗漏、礼、乐、天文、历律、郡县沿革、侨州郡县迁徙的考辨诠释，无不涉及，内容较为丰富。清末以来学人对《晋书》的评论，不少来自钱、王、赵之说。

我国古典史学，立志以记朝章国典。《晋书》虽有十志，但如《地理志》等存在问题较多，又无艺文志，因而清代学者首先重视对《晋书》的地理、艺文两志的校正和补缺。《二十五史补编》所收《晋书》校补志十一种中，清人便有九种，均属地理、艺文两类，可称开创之作，内容丰富，价值颇高。年表对于史著，提要省繁，年月史实相系，聚类汇总而便于寻检。清人万斯同等为《晋书》补《诸王世系表》、《将相大臣年表》等共十八种。这些年表对西晋诸王或两晋百官初步理出头绪，或关西晋乱起之由，或涉两晋、十六国职官制度，稽检方便，殊为重要。总之，清代是对《晋书》全面进行校勘、编纂研究以及补志补表的开创时期，为后代学者进一步研究《晋书》打下了基础。

民国时期用力于《晋书》者颇不乏人。其成绩斐然者，首推吴士鉴、刘承幹《晋书斠注》。该书分列“溯源”、“捃逸”、“辨例”、“正误”、“削繁”、“考异”、“表微”、“补缺”、“广征”、“存疑”十例。其内容旁搜博考，异者辨之，同者证之，谬者纠之，遗者补之，书法体例，声韵训诂，无不囊括。其资料搜求甚广，凡经史子集、释道诸部、敦煌遗书、流沙坠简、外国史乘、类书、地理、方志、金石、考古等，悉心网罗，务求穷尽。据初步统计，凡引书三百二十余部。(参考刘节《中国史学史稿》。台湾学者廖吉郎《六十年来〈晋书〉之研究》所列《晋书斠注》引书凡三百一十余种)吴氏力求吸取前人所有校勘注释成果，实为对他以前《晋书》校勘注释的一个阶段性总结。中华书局《晋书》校点本《校勘记》中，征引前贤校注最多者，即为《晋书斠注》，总共约二百余条，可见其对《晋书》研究之重要性。然而《晋书斠注》同任何鸿篇巨著一样，受个人和时代条件限制，如果详为审察，其内容既有可斟酌之点，亦有失误之处。不过，吴氏对《晋书》研究所作阶段性总结，其功绩是不可否认的。

民国时期，继清人为《晋书》作志者共有五家，全为补经籍艺文之类。其中最佳者要算黄逢之所作《补晋书艺文志》，深思博涉，用力最多。此补志同清人丁国钧《补晋书艺文志》互有详略补充，堪称补两晋艺文志之代表作。杨守敬以《晋书·地理志》问题较多，虽有清人补正，犹未尽善，故取材而绘为图。其所绘有西晋、东晋、十六国等共十八幅地理和疆域图。据称，此乃证前人补《晋书》地理志之不足。程旨云撰《中国历史地理·两晋篇》，其篇首分弁言、晋代行政区域之演变、户口农田水利、都市与交通、边疆民族、民族大迁徙、民族血缘与民族文化、结论，共八篇，附有七表。程氏认为，两晋地理重点有三：行政区划之演变、南北交通之要道、民族意识之反映等，其讲述甚详。显然，程氏两晋地理篇之旨趣，已超越地理而深化到与地理有关的史实之研究。

民国时期，继清人之后，又补《晋书》十四表。其中除补晋宗室王侯、异姓封爵、晋方镇等表外，沈维贤所补《晋五胡表》值得注意。此表从晋武帝泰始元年(265)开始，迄晋愍帝建兴四年(316)，每年之下，再分述有关西晋及各少数民族史实。有关“五胡”之始兴，寇乱之情由，详为注释，无论地域、种落、建国始末，旁征博引，条理分明。缪荃孙撰十六国中的四凉、夏、北燕六国百官表，乃补清人之所缺，共得六国职官三百八十四条。至此，两晋十六国之志、表大致补全，以后表、志之作告一段落。表、志中之重复者，或补其缺，或纠其不善，除少数水平较低外，绝大多数互见详略异同，各具短长，自可齐轸并驱，为学人所用。故民国时期，乃是对《晋书》研究的阶段性总结及补志、补表的最后完成时期，其成绩是显著的。

新中国建立至今五十年来，对《晋书》进行了全面研究，其主要成就可分为下列三个方面。

第一，校勘方面全面总结前人校勘成果的是中华书局《晋书》校点本及其《校勘记》。该书最早为吴则虞初点，并作了《校勘记》长编。杨伯峻和张忱石在吴氏基础上，正式进行全面校点，并按统一体例出《校勘记》。《载记》部分则是由唐长孺校点的。全书《校勘记》共计约为二千一百五十六条，减去重复的五十一条，共有二千一百零五条。杨、唐、张等自出《校勘记》一千三百八十五条，为校勘总数的百分之六十六，其余吸取二十六家校勘和研究成果共一千一百四十二条，为总数的百分之三十四。杨、唐、张等自校所出《校勘记》，约占三分之二，足见其用功之深。此《校勘记》按内容分类，对《晋书》原文衍、脱、错字、字句倒误的校勘共约六百一十一条，订正各种类型的人名错误的三百二十九条，史实错误约一百余条，记日干支错误约九十二条，年、月时间错误约一百一十七条，地名错误约一百零三条。杨、唐等校勘所用版本，除宋本、元本、明本、清殿本外，还采用敦煌石室《晋书》残本，以及各种类书、典制、金石、《通鉴》原文、考异、胡注等古文献，各类古籍和考古资料，基本上网罗殆尽。故所出之《校勘记》，绝大多数不只是用一二条证据，而是用三、四、五、六条或更多的证据。这比清人校勘常只用一二条证据，有的虽指出错误，但不知何据，更具有准确性和权威性。惟其搜集资料最为丰富，所以其《校勘记》才有可能比其他各家校勘总和多出一倍。而且杨、唐、张氏等在采用其他各家校勘成果时，常用多条材料加以补正，这类补正名家的校勘记，共有约二百七十九条，占所吸取前人校勘记的百分之三十八。因此，中华书局校点本《晋书》，不但是目前所有版本中最好的，而且其所出的

《校勘记》,对研究晋史和《晋书》,都具有十分重要的价值。另有《吕思勉读史札记》中论《晋书》七条,周一良《魏晋南北朝史札记》中关于《晋书》的有五十三条。由于上述两人对魏晋史造诣很深,其札记水平颇高,除多数是对《晋书》编纂的史实、制度、名物、词语的考订辨识外,有少数实际上是短篇论文,对两晋十六国史多有创见。

第二,建国后专门研究《晋书》的论文,大约有三十余篇。内容包括唐修《晋书》的原因、编撰指导思想、参撰人员、起止时间、取材来源、史实正误、"载记"与《十六国春秋》的关系、《晋书》的文学性、对《晋书》的总体评价等。其中大多数文章质量颇佳,所获主要有以下三点。首先,对唐修《晋书》的原因、起止时间、参撰人员、取材来源等问题,基本上予以解决。其次,对《晋书》的编纂方针和指导思想,也大体明确。再次,也是最重要的一点,是对《晋书》的史学价值给予一公正的评价。因为在千余年来对《晋书》贬多于褒的情况下,只有新中国的学者用唯物史观作指导,才能突破封建传统偏见,实事求是地对《晋书》的史学价值给予符合实际内容的充分肯定,同时也公允地指出其不足之处。可以说,这是对《晋书》在《二十五史》中地位的彻底翻案,也是对《晋书》史学价值总体认识的一个飞跃。(参考李培栋《魏晋南北朝史缘》,学林出版社1996年版。其中包括李氏对《晋书》编纂及史学成就的论文共五篇,其考辨论述,极具卓见)本文对上述正确见解作了必要的采纳,并进一步给予补充和阐述。

第三,建国后史学界对魏晋南北朝史的研究硕果累累。据不完全统计,迄今属于断代史的共有四部,论文集二十部,专著三十九部,中国通史或专史中有关两晋卷共约二十余部。古籍整理七部。论文数量之多,尤为可观。学者对晋史的研究与对《晋书》的研究之间,既有区别,又有联系。其区别在于,研究晋史主要在揭示两晋历史发展各个领域的客观规律,研究《晋书》主要弄清其编纂诸问题及所涵史学价值。联系在于,在揭示历史发展客观规律时,必然会涉及两晋历史资料、典章制度、史实真伪、人物评价、文化遗产等,而这些同《晋书》的编纂又息息相关。因此,历史学者对晋史的全面研究,为《晋书》的编纂研究打下了雄厚的基础。

如以官制为例,陈仲安等《汉唐职官制度研究》中,对两晋官制上承汉魏,下启南北朝隋唐,作了明晰深入的叙述。祝总斌在《两汉魏晋南北朝宰相制度研究》中,对两晋三省长官行政职权的分属作了深入分析后,得出尚书台(省)长官为真宰相的正确结论。黎虎在《汉唐外交制度史》中,对《晋书·职官志》完全缺漏的两晋中央和地方外交机构和官员职掌,首次提出并考辨甚详,这些无疑对《晋书·职官志》是重要的诠释和补充。又如两晋为中古门阀制度的兴盛期,但《晋书》无"氏族志",仅从有关列传中很难窥其底细,田余庆《东晋门阀政治》,对两晋门阀制度之精要探幽发微,读后对两晋政坛风云和门阀兴亡,均有启示。再如《晋书·地理志》错误较多,建国以来除发表有多篇专论对东晋侨州郡县设置考辨外,谭其骧主编的《中国历史地图集》第三册两晋共绘有十五幅地图,第四册东晋十六国共绘有七幅地图。除西晋、东晋、十六国疆域图外,特绘有州、郡管辖区域、治所和县治所,还含一部分县以下有关政治军事的重要地名。在东晋分州地图中,专附有侨州郡县表。郭沫若主编的《中国史稿地图集》中,绘有两晋疆域、北方少数民族分布与迁徙、西晋末各地流民起义、十六国各国疆域、淝水之战、东晋末农民起义等十七幅地图。经过作者精心考辨后的上述地图的绘制,对《晋书》错漏较多的《地理志》,无疑是较为全面的补充和正误。在关于两晋十六国历史的论文中,涉及《晋书》编纂的各类问题则不胜枚举。兹试举两例,以窥一斑。如周一良在《魏晋兵制上的一个问题》(周一良《魏晋南北朝史论集》)中,使人们对素来难解的魏晋"错役",有了明确的认识。唐长孺《西晋分封与宗王出镇》(唐长孺《魏晋南北朝史论拾遗》)一文揭示,西晋人论分封与宗王出镇问题,《晋书·职官志》不曾细察,综合前人议论时,删节失当,而把荀勖和杨珧两人之论凑合在一起,似乎其意见相合。经作者仔细爬梳剔抉后,发现荀勖在使诸王就国这一点上是同杨珧一致的,但在建立五等爵和诸王出镇上却持异议。其论既符合历史真实,又解决了《晋书》的志、传内容的矛盾。

总的说来,在新中国成立后史学大发展的氛围中,史家对《晋书》的校勘和研究,取得了空前的成就。这是一个对《晋书》校勘集大成的时期,同时也是一个对《晋书》的全面系统研究提高到新水平的时期。实际上,对晋史和《晋书》的研究乃是相辅相成的,后者为前者的基础,前者又促使后者的扩展和深化。所有这一切,为读者和专业研究者阅读《晋书》及研究两晋十六国历史指明了方向,提供了必要的条件,后学当在继承前人成就的基础上,不断奋进,有所创新,有所突破。

前面我们列举了不少校勘和研究《晋书》的重要论著,我们将其中最重要的十部列于文后,作为参阅书目。无论是专业工作者,或者是一般的读者,在阅读《晋书》时,都可根据自己的需要和兴趣,选择其中的一部分参阅。这样,读者通过阅读《晋书》和相关资料,即可对两晋十六国史有一个比较全面深入的认识。

(1)吕思勉《两晋南北朝史》(上、下册),上海古籍出版社 1983 年版。

(2)周一良《魏晋南北朝史札记》(《晋书》部分),中华书局 1985 年版。

(3)田余庆《东晋门阀政治》,北京大学出版社 1989 年版。

(4)陈仲安、王素《汉唐职官制度研究》,中华书局 1993 年版。

(5)李培栋《魏晋南北朝史缘》(研究《晋书》五篇),学林出版社 1996 年版。

(6)廖吉郎《六十年来〈晋书〉之研究》,台北中正书局 1974 年版。

(7)司马光等《资治通鉴》(两晋部分),中华书局校点本 1959 年版。

(8)钱大昕《廿二史考异》(《晋书》部分),商务印书馆 1937 年版。

(9)赵翼《廿二史劄记》(《晋书》部分),王树民校证,中华书局 1984 年版。

(10)吴士鉴、刘承幹《晋书斠注》,吴兴嘉业堂刻本。

《宋书》说略

蒋福亚　李琼英

一、时代简介

刘宋是继东晋之后在南方建立的又一封建政权。东晋后期，统治阶级内部矛盾和阶级矛盾异常尖锐，错综复杂。当时的北府兵中下级将领刘裕乘时而兴，利用兵权，经过十多年一系列对内对外征战，逐渐掌握东晋政权，并于东晋恭帝元熙二年(420)取晋而代之，建国号为“宋”，改元永初，仍然定都建康(今江苏南京)。为了与春秋时期的诸侯国宋国相区别，同时也为了与后来赵匡胤所建宋朝相区别，人们把它称为“刘宋”。刘宋建立之初，曾先后夺得青、兖二州，势力远至关中，其统治范围大致在黄河以南，是东晋南朝时期疆域最大的一个王朝。此时，混乱的中国北方逐渐由少数民族拓跋鲜卑统一，并建立北魏政权。宋、魏双方在黄河一线或互相攻战，或息兵通好，彼此都无力完成南北统一的大任，南北对峙局面形成。历史上把在南方建立的政权称为南朝，在北方建立的政权称为北朝，因此，刘裕所建立的王朝又被称为南朝刘宋王朝。它是南朝的第一个政权。

刘宋一朝共有八个皇帝，自开国皇帝宋武帝刘裕开始，先后有少帝刘义符、文帝刘义隆、孝武帝刘骏、前废帝刘子业、明帝刘彧、后废帝刘昱、顺帝刘准，历时五十九年(420—479)。在内忧外患中，特别是经历了极其残酷的宗室大屠杀之后，刘宋元气大伤，权臣萧道成趁机兴起，逐渐掌握刘氏政权，最后灭刘宋，建萧齐。《宋书》所反映的内容，就是自东晋后期刘裕兴起至刘宋灭亡这一时期的历史。

二、作者简介

《宋书》的作者是沈约。

沈约，字休文，吴兴武康（今浙江德清县西）人。生于宋文帝元嘉十八年（441），卒于梁武帝天监十二年（513），历仕宋、齐、梁三朝。他出身于南方世族豪强之家，所谓“江东之豪，莫强周、沈”，（《晋书·周处传附周札传》）累世高官。东晋南朝时期吴兴沈氏武臣辈出，不过由于世风影响，经过东晋宋初百余年的发展，沈氏已渐渐由武力强宗向文化世家演变。沈约祖父沈林子，博览众书，留心文义，曾是宋武帝刘裕手下名将。父亲沈璞，做过淮南太守，元嘉三十年（453），在刘宋皇室内讧中，以迎立武陵王刘骏（即位后为宋孝武帝）不及时，被杀。当时沈约年仅十三岁，以逃匿得免，遂与母亲相依为命。在母亲的悉心抚育下，沈约渐长成人。他聪明过人，笃志好学，昼夜不倦，母亲恐其劳累伤身，常减灭灯油，冀其早睡，沈约无奈，只好昼读夜诵，于是博览群书，诗文并佳，终成齐、梁文坛领袖。早在刘宋时他就因才名被郢州刺史陈留蔡兴宗赏识，引为安西记室参军，几经迁转，官至尚书度支郎。入萧齐后，沈约先后任著作郎、中书郎、尚书左丞、五兵尚书、国子祭酒等职，与齐武帝长子文惠太子交厚，出入东宫，极受太子亲遇，并参加过四部图书的校定。那时齐武帝次子竟陵王萧子良亦礼才好士，广招天下才学之人，沈约是府中嘉宾，与后来的梁武帝萧衍同为“竟陵八友”中人物。齐明帝驾崩，沈约受命撰写遗诏。萧齐后期，随着宗室内乱迭起，天下英豪多有所谋，萧衍乘时而起，勋业显著，沈约凭借昔日交情，力劝其称帝，并草拟诏书及诸选置。梁朝建立，沈约以功封建昌县侯，颇受梁武帝任遇，历官尚书左仆射、尚书令、太子少傅、中书令等职。后因与梁武帝稍生嫌隙，连病带吓而死。

《梁书》卷十三《沈约传》称其“好坟籍，聚书至二万卷，京师莫比”。又说他“历仕三代，该悉旧章，博物洽闻，当世取则。谢玄晖善为诗，任彦升工于文章,约兼而有之”。沈约在二十余岁时,便以晋代无全史为憾,开始撰写,耗时二十多年,撰成《晋书》一百一十卷。他一生著述甚丰,除《晋书》外,还有《宋书》一百卷,《齐纪》二十卷,《高祖纪》十四卷,《迩言》十卷,《谥例》十卷,《宋文章志》三十卷,《文集》一百卷。在这近四百卷的著述中,大部分是历史文献。除《宋书》一百卷和文集九卷外,其他都已亡佚。

三、《宋书》的修撰

关于刘宋“国史”的修撰,在刘宋一代先后有多人断断续续进行。宋文帝元嘉十六年(439),时任著作郎的著名科学家何承天草立宋武帝一代纪、传,并撰写《天文志》、《律历志》、《五行志》等志,以及宋武帝时期的部分功臣列传,奉朝请山谦之补其残缺。其后史学家裴松之续撰。孝武帝孝建初年,敕令南台侍御史苏宝生续写宋文帝一代史传,元嘉年间诸大臣传皆出自其手。后来苏宝生因事被诛,大明六年(462),孝武帝又命著作郎徐爰续成其作。徐爰参照何、孙、山、苏旧稿,完成孝武帝一代历史编写。其中,臧质、鲁爽、王僧达等“叛臣”传为孝武帝刘骏作。于是,上自东晋义熙元年(405)刘裕开始实际掌权,下迄大明年间的刘宋“国史”《宋书》已完成。但因徐爰不久被刘宋斥退,“国史”的修撰也就停了下来,宋末十余年的历史也就没有编写。《隋书·经籍志》著录徐爰《宋书》六十五卷,《太平御览》等类书也存其残篇零段。在徐爰撰写《宋书》的前后,其他人也在编纂“国史”。就在裴松之死后不久,史佐孙冲之请求另编《宋书》,自成一家之言。《隋书·经籍志》著录有孙严撰《宋书》六十五卷,可能就是此书。孙严《宋书》在唐宋以后亡佚,《初学记》、《地部》和《礼部》、《太平御览》、《兵部》和《人事部》、《宗亲部》均有引用。此外,还有宋大明年间佚名所作《宋书》六十一卷,梁时此书尚存,隋时已亡。

萧齐永明五年(487)春,齐武帝萧赜命太子家令兼著作郎沈约编撰《宋书》。沈约有过校定四部图书的经历,又雅好收藏图书,加之前人已编有数部《宋书》,奉敕修史,自然如鱼得水,十分顺利。他以何承天、徐爰等人的旧作为底本,删去与晋史重复部分。沈约认为,桓玄、谯纵、卢循等为“晋贼”,

与宋无关；吴隐、郗僧施、谢混等事迹在东晋，不宜入宋；刘毅、何无忌、诸葛长民、魏咏之、檀凭之等人志在匡晋，也不能称作宋臣，便悉数删除。其余内容则多因袭，并适当予以增补。前废帝以后十余年史事则由沈约独自编撰。先后用了一年左右时间，于永明六年（488）二月，完成起自东晋安帝义熙年间，讫于宋顺帝昇明三年（479）的刘宋一代历史，包括纪、传二部分七十卷，奏进于朝。这在纪传体正史中应是成书最快的。其后又陆续完成“八志”的修撰。从《宋书》“志”避梁武帝萧衍及其父之讳来看，全书的最后定稿，大约是在梁武帝天监年间。

四、《宋书》的整理、刊刻、流布

《宋书》在长期的流传过程中有不少散佚，到北宋时，已出现漏脱数页和全卷的现象。宋人晁说之在其《嵩山集》卷十二《读宋书》中云：“沈约《宋书》一百卷，嘉祐末诏馆阁校雠，始列学官。尚多残脱骈舛，或杂以李延寿《南史》。”可见，补阙刊漏在宋代就已开始。据《四库全书总目》，今本《宋书》一百卷是后人取李延寿的《南史》、高峻的《高氏小史》，补足其中一部分。其中如卷四六《赵伦之传》等，北宋的《崇文总目》已记有阙卷，现在的文字是后人以《南史》所补；同卷《到彦之传》，陈振孙《书录解题》已提到阙失，今本仍阙。卷七六《朱修之宗悫王玄谟传》，原卷也有阙失，由后人采《南史》等书补入。《后汉书·皇后纪》李贤注引沈约作《谢俨传》，《后汉书·班彪传赞》也注引沈约《宋书》叙谢俨事，但今本《宋书》无此传，则《宋书·谢俨传》已亡佚。

在先后补阙过程中，错误在所难免，如卷六二《张敷传》和卷五九《张畅传》，补阙者没有通检全书，把《南史·张邵传》后的《张敷传》、《张畅附传》也一起抄录进去，这样《宋书》就有两篇《张敷传》和两篇《张畅传》；卷四六《到彦之传》标注“阙”；又如在卷一〇〇《沈约自序》中叙沈亮事，于“联事惟忝，忧同职同”下，各本都注“阙”字，于叙其父沈璞事，“璞有子曰”下也注“阙”字。叙沈伯玉事，“先帝在蕃”下也注“阙”字。这些都是阙而未补。《律历志》三卷，本为一篇，分别题上、中、下，其中律为一卷，历为二卷，旧本以《律志》为一篇,《历志》别为一篇,分题上、下。此外,《宋书》对于各帝都称庙号,不称谥号,对于北魏则称“虏”或“索虏”,不称“魏军”,而卷四《少帝纪》、卷七六《朱修之传》等则错杂混用,也系后人补改致乱。书中类似的情况还有不少。

在活字印刷术产生以前,纪传体文献都是手抄本,因为年代久远,各种抄本大都先后亡佚,《宋书》也难例外。正史的印刷出版始于宋代。《宋书》的版本在宋代主要有北宋仁宗嘉祐年间至徽宗政和年间由国子监主持刊刻的“南北朝七史”,即《宋书》、《南齐书》、《梁书》、《陈书》、《魏书》、《北齐书》、《周书》,称为“监本”;南宋高宗绍兴年间,四川转运使井度(字宪孟)以嘉祐本拾缀补合,于眉山再行刊刻,称为“眉山本”。

元代将宋代的这些官刻书版集中到西湖书院修补刊印,明代又将这些书版集中在金陵,保存于国子监,补刻印行。是为宋、元、明三朝递修本。

《宋书》在明代有南、北“监本”。明代中叶以后,三朝本版片因历时久长,越来越漫漶,补版越来越多,万历二十二年(1654),南京国子监重刻了一个版本,做了一些补充,这个版本被称为“南监本”。北京国子监又依据南监本重刻,这就是“北监本”。除官刻本外,《宋书》还有私刻本,如晚明时期常熟毛晋的“汲古阁本”,质量相当高。

清康熙四十年(1701)根据万历南监本,有所补考增加,重修《二十一史》,简称北监本。

乾隆四年(1739)武英殿修书处以北监本为主,兼采南监本,刊刻《钦定二十四史》,这个版本简称殿本或殿版。

同治十二年(1873),金陵书局以汲古阁本为底本,刊刻《二十四史》,简称局本。

民国十九年到二十六年(1930—1937),上海商务印书馆以宋元旧刻本为底本,影印成书,称为百衲本《二十四史》,简称百衲本。

1935 年,上海开明书店拼页影印《二十五史》,附有参考书目,简称开明本。

1955—1956 年台北《二十五史》编印馆影印南京绍兴中江南重刊北宋

监本，简称仁寿本。

1972年，中华书局组织人员点校《宋书》，用中国国家图书馆所藏宋元明三朝递修本、明北监本、毛氏汲古阁本、清乾隆四年武英殿本、金陵书局本、商务印书馆百衲本互校，择善而从；纪传方面，通校《南史》、《建康实录》、《册府元龟》、《资治通鉴》、《资治通鉴考异》等书的有关部分；志的方面，参校《晋书》、《通典》等的有关部分，并吸收了前人的校勘成果，如《宋书校勘记》、《宋书州郡志校勘记》、《宋书札记》、《宋书考论》、《廿二史考异》等。通过这些工作，使中华书局点校本成为目前《宋书》的最佳版本。

1987年，上海古籍出版社、上海书店依据殿本（《清史稿》系关外二次本）出版《二十五史》影印本。

五、《宋书》的主要内容

《宋书》一百卷，有纪、志、传，分述如下。

本纪共十卷，包括《武帝纪》三卷、《少帝纪》一卷、《文帝纪》一卷、《孝武帝纪》一卷、《前废帝纪》一卷、《明帝纪》一卷、《后废帝纪》一卷、《顺帝纪》一卷。本纪通过对皇帝活动的记载，用系年方法记述了刘宋一朝自武帝刘裕到顺帝刘准共八帝在位时期的主要事件，如重要诏令、官吏任命迁转、对内政策、对外交往、天灾人祸、统治集团内部争权夺利、民众反叛等。值得注意的是，三卷《武帝纪》详细记载了宋武帝刘裕的创业史，保存了这一时期大量诏令奏议，有利于了解晋末宋初的历史状况。各卷末皆有“史臣曰”，用简短精练的话语对该帝王予以评价，抒发感叹。《武帝纪》、《少帝纪》、《前废帝纪》、《明帝纪》、《后废帝纪》还记载了该帝一些生平事迹，或节俭，或荒淫，或猜忌，或残忍，人物形象栩栩如生，增加读者对当时历史的感性认识。

志共三十卷，包括《律历志》三卷、《礼志》五卷、《乐志》四卷、《天文志》四卷、《符瑞志》三卷、《五行志》五卷、《州郡志》四卷、《百官志》二卷。与《汉书》“十志”相比，缺《刑法志》、《食货志》、《郊祀志》、《沟洫志》、《艺文志》；与《后汉书》“八志”相比，则少《舆服志》、《祭祀志》，新增《符瑞志》，改《地理志》为《州郡志》。“八志”之首是一篇《志序》，文字不多，概述“志”的源流、《宋书》“志”的缘起。沈约认为，司马彪《续汉书》中《礼乐志》、《郊祀志》、《祭祀志》、《礼仪志》、《舆服志》等所载之事，皆属“礼”的内容，遂一并归入《礼志》；《宋书》不设《刑法志》、《食货志》，是由于前人已详载，故只随流派别，附之纪传；因作者认为“天道茫昧，难以数推”，存在天人感应，故首创《符瑞志》，列举从远古到刘宋的诸多神怪荒诞之事。

《律历志》多采何承天旧志。上卷记载黄钟大吕的长短度数、五声八音的音律调和之制，反映了当时的乐器、乐理成就。中、下卷载秦汉以来的历法演进过程，详细地记载了曹魏历法家杨伟《景初历》、刘宋科学家何承天《元嘉历》的推合方法，以及祖冲之《大明历》的内容，展示了当时数学、历法研究与应用的最新成果。

《礼志》在各“志”中内容最多。制礼作乐本是教化民众、维护统治秩序的重要手段，历来都被统治者高度重视。它综合记载自曹魏至刘宋以来宗庙、祭祀、服饰、车舆等各种礼仪制度，如定正朔，改元，冠礼，迎立皇后及三夫人九嫔，皇太子纳妃，遣使拜皇后、三公、诸王，岁旦禳礼，聘享之礼，正旦元会，救日蚀，藉耕，蚕礼，释奠太学，兵礼，天子巡狩，太子监国，读时令，禊祠等礼；《礼志》最重丧礼及服丧、祭祀天地明堂及五岳四渎、舆服之制，占其一半多的篇幅。

《乐志》因古代《乐经》焚于秦火，班固《汉书》所载不全，司马彪《续汉书》亦不备续，以至八音众器，郊庙乐章，不见于书，沈约刻意搜求，使之“自郊庙以下，凡诸乐章，非淫哇之辞，并皆详载”。(《宋书·志序》)不仅记录了自西汉以来各朝各代宗庙雅乐舞曲的起源发展，而且记载了金、石、土、革、丝、木、匏、竹等乐器“八音”的形制，还记载了郊祀歌、民歌、鼓吹铙歌等大量歌辞。

《天文志》记载古代各种天体学说，如浑天说、盖天说等的发展源流，以及浑天仪的制作；还记载了各种天文星象，意在附会天人感应思想，供统治者治世借鉴，不过却因此较完整地保存了自曹魏以来日月星辰各种天体运行情况以及彗星、陨石等天文资料，有助于中国古代天文学的研究。

《符瑞志》为《宋书》首创，记载自远古以来祥瑞、怪异与人事之间的关系，如华胥履大人足迹而生伏羲，简狄吞玄鸟卵而生商契，汉高祖大泽斩龙蛇等荒诞迷信之事，至于帝王生而有瑞气，太平盛世出麒麟凤凰、青黄黑龙，以及神龟白象、白狐白鹿、白兔白燕、白鸟白雀、青雀白鸠、赤雀苍鸟九尾狐，降甘露、生嘉禾、木连理、一蒂二花等奇禽异兽、奇花异草，比比皆是。以此宣扬符命思想，自欺欺人，但是从中也可以了解到当时的一些人文及生态环境等方面情况。

《五行志》的卷数与《礼志》相当，内容与《符瑞志》有相似之处，皆与人事比附，只不过《符瑞志》所载皆为祥瑞，而《五行志》多为灾异。剔除其"天人感应"的糟粕，《志》中如"貌不恭"、"服妖"、"金不从革"、"言之不从"、"诗妖"等所载材料，反映了当时社会生活的诸多内容；而大量的水灾、天旱、蝗害、冰雹、雷电、狂风暴雨、地震、疫疾，以及日蚀、太阳黑子等日相变化的记载，则不失为研究气象史、灾害史的珍贵资料。

《州郡志》记述了自魏晋以来州郡沿革、户口数目。魏晋南北朝时期，由于政局动荡，战乱不已，人口辗转迁徙，正如《宋书·志序》所说："迁徙百计，一郡分为四五，一县割成两三，或昨属荆、豫，今隶司、兖，朝为零、桂之士，夕为庐、九之民，去来纷扰，无暂止息，版籍为之浑淆，职方所不能记。"特别是永嘉丧乱，晋室南渡，南方多设侨州郡县，版图更显混乱，《州郡志》篇首说："名号骤易，境土屡分，或一郡一县，割成四五，四五之中，亟有离合，千回百改，巧历不算，寻校推求，未易精悉。"写作难度很大。但沈约却将其写得极有特色。他参考王隐《地道》、晋《起居注》、《永初郡国》、何承天、徐爰《宋书·州郡志》，并以司马彪《续汉书·郡国志》校正《太康地志》，以宋孝武帝大明八年(464)为断(属王国的内史、侯、相，则以宋顺帝升明末年为准)，分州记载，州下系郡，郡下系县，叙述州郡县的源流分合、境内侨州郡县设置情况，其后的设置流变，随事而列，并开列州、郡户数与人数，不少州郡还载有与京都建康、郡与州的水陆距离。《宋书》以后，仅《南齐书》有《州郡志》，《梁书》、《陈书》皆无，当年郡国县邑之区域，百不存一，而户口消长，亦仅见于此。后来唐人修撰《晋书》，其《地理志》有关资料也多由此转录，于此可见《州郡志》史料价值之高。

《百官志》记载自周、汉以来中央及地方文武官制的置省源流、人数、属员，是研究政治制度的重要资料。篇后附有众官品秩，一目了然，查阅起来十分方便。

列传共六十卷，包括《后妃列传》一卷、《大臣列传》四十二卷、《宗室列传》一卷、诸王《列传》六卷、《孝义列传》一卷、《良吏列传》一卷、《隐逸列传》一卷、《恩幸列传》一卷、《索虏列传》一卷、《鲜卑吐谷浑列传》一卷、《蛮夷列传》一卷、《氐胡列传》一卷、《二凶列传》一卷、《自序》一卷。这些列传按类可分为三种：一是专传，即大臣列传；二是类传，如后妃、宗室、孝义、良吏、隐逸、恩幸、二凶等传；三是所谓的四裔传，包括索虏、鲜卑吐谷浑、蛮夷、氐胡等传。

《后妃传》记载后宫三夫人九嫔省置情况，以及仿朝廷百官而设置的宫中女官官名、人数、品秩，然后分述自宋武帝刘裕之母以来刘宋众位后妃生平事迹。传中记载了刘宋国婚、外戚的部分情况，对妇女生活也有一定程度的反映，如宋明帝指使江斅所作《让婚表》就记述了刘宋时期诸公主对丈夫的专横妒忌现象，有助于社会生活史的研究。

《宗室列传》、《诸王列传》、《二凶列传》可归为一类，记载了刘宋宗室诸王入参朝政、出藩方镇的职官迁转情况，以及诸王经济、文化生活状况。更为重要的是，它比较完整地记录了刘宋时期统治集团内部因争权夺利引发连续而空前惨烈的宗室屠杀，如彭城王义康的废杀，二凶（文帝长子及次子）弑逆，南郡王义宣起兵，文帝诸子如竟陵王诞、庐江王祎、海陵王休茂之反，晋安王子勋起兵，明帝大杀诸侄诸弟，造成宗室寡弱，以及权臣萧道成趁机以“谋反”之名大杀刘姓幼弱宗王等，是研究宗室制度、统治集团内部斗争的重要资料。

大臣列传主要记录当时重要文臣武将事迹，全面反映刘宋时期对内对外政策以及社会政治经济文化方面的制度、重大事件等，是研究刘宋历史不可或缺的史料。如《王弘传》所收录的疏表奏议，记载了在当时“士庶之际，实自天隔”的社会环境下，对士人犯法如何处置的议论，也有百姓服役年龄的议论；《孔琳之传》、《蔡廓传》则记载了是否恢复肉刑的议论；《徐羡之传》、《傅亮传》、《檀道济传》、《谢晦传》等记载了自宋武帝刘裕死后，辅政大臣废杀少帝、迎立文帝、文帝诛杀众辅政等系列事件；《王镇恶传》、《向靖传》、《王懿传》、《刘怀肃传》、《刘敬宣传》、《朱龄石传》、《毛修之传》、《蒯恩传》、《刘钟传》、《胡藩传》等一批开国功臣的传记，记载了刘裕创业过程中，讨孙恩与卢循、刘毅、司马休之，灭南燕、北伐后秦等大事；《刘道济传》记载元嘉年间益州镇将统治无方，贪婪刻薄，成都道教徒趁机反叛，规模很大，历时达八年之久，政府军屡扑不灭；《张畅传》、《臧质传》记载元嘉二十七年北魏主拓跋焘率兵南征，饮马长江，与宋军对垒，双方既展开军事攻战，又进行唇枪舌战，且在战隙时互赠有无；《孔季恭传》、《谢弘微传》、《谢灵运传》记载南方世族地主田庄的规模及经营发展状况；《谢灵运传》后的"史臣曰"还反映了魏晋以来文学的发展概况以及沈约对诗歌声律的见解；《羊希传》记载刘宋时期占山固泽的情形；《孔琳之传》、《范泰传》、《何尚之传》、《颜竣传》记载了当时关于是否废除钱币、改用谷帛进行交换或重新铸造钱币的议论，反映了当时商品交换、贸易的一些情况；《张敷传》记载了士庶之间不交往、不同坐的事例；《殷景仁传》、《刘湛传》记载了元嘉中期朝廷大臣朋党交结，彼此倾轧，争权夺利，反映了当时统治集团内部矛盾重重；《范晔传》则记载了元嘉年间，范晔与孔熙先等人与道教徒相串通，卷入刘宋宗室政治斗争，欲谋废立，事泄被诛，也反映了统治集团内部的矛盾；《柳元景传》、《沈庆之传》、《宗越传》记载了对刘宋境内所谓"蛮夷"的南方少数民族的征讨情况；《周朗传》所载疏议，记载了对当时学校、商贾、赀调、社会生活等诸多方面的议论；《沈怀文传》记载宋孝武帝"坏诸郡士族"、皇子立邸舍追逐什一之利的一些情况；《邓琬传》载明帝初年，天下战事纷起，国用不足，朝廷公开卖官，按输米的多少给予官职的事实；《鲁爽传》、《薛安都传》记载了宋魏互相招引对方人才，一些武力强宗凭借实力，依违于两国之间的事实。

在类传中，根据《周易》"立人之道，曰仁与义"的古则，沈约增设《孝义传》，将至情至性的孝义之人归类其中，标榜"孝行"与"孝廉"。其中有不少当时社会生活特别是经济生活状况的记载。

《良吏传》则记载了一些清廉、爱民、善政的官吏事迹，为统治者提供治理人民的经验。其中如《徐豁传》记载徐豁上表，陈述郡大田武吏课米过重，乃至产子不养，以及民役太苦等情况，是研究经济史的珍贵材料。

《隐逸传》所记录的是不应州府征辟、遁迹山野的隐士。他们大多看破官场黑暗，无意仕途。一般而言，这些人基本上饥寒无虞，追求淡泊寡欲的生活，多是一些纵情山水的文雅之士。

南朝时期，门阀世族走向衰落，大量寒士通过各种途径走上政治舞台。《恩幸传》所记载的就是这些操纵权柄、出纳王命、出身低微的寒人权臣。是研究南朝政治史的重要资料。

在四裔传中，《索虏传》记载了自西晋以来北魏拓跋鲜卑的发展源流，着重记录了宋、魏之间几次大规模战争，其间也穿插记录了双方的互通友好，是研究北魏前期历史不可或缺的历史资料。篇末附有沈约对宋、魏和战的长篇评论。《鲜卑吐谷浑传》记载了吐谷浑、鲜卑的发展源流，与北魏、刘宋的交往关系，以及其周围地理、风物特产等。《蛮夷列传》记载了刘宋与东南亚、南亚各国（如柬埔寨、印度、巴基斯坦、斯里兰卡等）之间的交往关系，以及与东夷诸国如倭国（今日本）、百济（今朝鲜）等的往来，还记载了刘宋对长江流域荆、雍、豫州诸蛮的征讨。《氐胡传》记载陇西清水氐杨氏仇池国的立国源流、与晋宋及周边少数民族政权的关系；同时还记载了张掖卢水胡大且渠蒙逊左右征战、称王河西的历程，及其与刘宋通好、与北魏及周边各族不断战争的复杂关系。是研究西北民族关系史的珍贵史料。

全书最后一篇《自序》讲述沈氏家族源流，特别是晋、宋之际在列传中不载的重要历史人物沈林子、沈田子的事迹，从中可以对沈氏这一南方大族的发展演变有比较详细的了解。篇中还记述了奉敕修史的经过。卷末附沈约《上宋书表》。

六、《宋书》的性质、特点及其对后世的影响

《宋书》虽属奉旨而修，却是沈约一人在前人基础上撰写而成，仍属私家史书。由于它体裁完备，兼有纪、传、志等部分，故被归入纪传体正史之列。是最初的《十七史》、后来的《二十一史》、《二十二史》、《二十四史》、《二十

五史》、《二十六史》之一。

关于《宋书》的特点及其对后世的影响，略述如下：

首先，重视典章制度的沿革流变。刘宋立国仅六十年，而《宋书》竟洋洋洒洒一百卷，正如《史通·书志》所云："宋氏年惟五纪，地止江淮，书满百篇，号为繁富。"其中，记载典章制度的"八志"就占了三十卷，且篇幅近全书的一半。这正是沈约具有卓越史识之所在。一般而言，纪传体史书的"志"都只记载本朝制度，不太涉及前代，但是，由于史、汉之后，三国、晋史无志，所以《宋书》"八志"所载，上起三国，直接与司马彪《续汉书》之"志"（即今《后汉书》"志"）相接，有的甚至追溯到三代、秦汉，"以补前史之缺"。（《宋书·志序》）沈约又博洽多闻，前史有《志》者，采其精华，无《志》者，补其未备，开创追溯、详载数代典制之先河。通过《宋书》"八志"，可以了解刘宋及其以前各代典章制度的全貌。这种方法，对后世修史影响很大，如唐人所修《隋书》"十志"就是直接继承《宋书》"八志"的撰写方法。由于南北朝"八书"、"二史"中，除《宋书》、《南齐书》、《魏书》有"志"以外，其他各书均无"志"，造成后人对南北朝后期政治、经济、文化等制度方面了解与研究的困难，因此，《隋书》"十志"仿《宋书》"八志"的写法，直接与《南齐书》"志"相连，按梁、陈、北齐、北周、隋的顺序，记载这一时期的重要制度；《宋书》、《南齐书》所缺的《食货志》，则继续上溯至东晋；《隋书·经籍志》则更与《汉书·艺文志》相接。如此一来，《隋书》之"志"占了全书一半以上篇幅。这正是受《宋书》影响的结果。

其次，《宋书》使用了不同于过去史书的带叙法。带叙法始于班固《汉书》，《后汉书》、《三国志》也采用了此法，主要是将附传者载于传主事迹之后，比如《三国志·王粲传》之后附载徐幹等数位文人生平，使人对以建安七子为代表的建安文学有大致了解。而《宋书》的带叙法则是在记叙传主事迹时，根据需要，插入相关人物的生平介绍，然后再接着记叙传主。如卷五一《宗室·临川王道规传》在记叙刘道规遣刘遵大破徐道覆时，插入刘遵生平，之后再接着记叙刘道规事迹；在同卷所附刘义庆传中，当写到刘义庆在江州与文人鲍照等交游，便记载鲍照生平，并全文引录其《河清颂》，述毕鲍照，再回来接着叙述刘义庆。再如，在卷六七《谢灵运传》中，讲到谢灵运东归，与族弟惠连、东海何长瑜、颍川荀雍、泰山羊璿之以文章赏会，共为山泽之游，时人谓之“四友”，便顺带记叙四人生平事迹。虽然有时可能把握不好主次关系，如前面所提到的《宗室・临川王义庆传》中带叙鲍照事迹，因篇幅较多，颇有喧宾夺主之感，但总的来说，这种方法，可以使传目不增加，却能有更多人入传，并且还丰富了传主的内容，为史书增色不少，故后世史家纷纷效仿，如萧子显《南齐书》就大量使用带叙法。

第三，史料丰富。《宋书》各传大量附载重要的诏令、奏章、疏议、书札、文赋等作品原文，使众多原始资料得以保存。比如，《武帝纪》三卷中载有诏令、策文、奏疏、符檄等三十余篇，绝大多数是未删节的全文，其中重要的有《侨人归土断疏》、《禁淫祠诏》、《兴学校诏》等文，是研究当时社会、政治的重要史料；《谢灵运传》载有全文的《撰征赋》一万余字、《山居赋》数万字、《劝伐河北疏》二千余字，是研究南朝文学、政治、世族大田庄不可或缺的珍贵资料。《王微传》于传主无甚事迹记载，但载有其四篇书信，不失为研究士大夫文人心态的资料。《宋书》列传中附载原文者比比皆是，形成一大特色。虽然后人颇认为繁简失当，引载原文不加取舍，过于芜杂繁冗，但它毕竟保留了不少重要资料。因此当李延寿编写南、北《史》，删去《宋书》中重要引文时，又遭到众多人的诟病。后来的史家在编撰史书时，仍然有所选择地转录传主所涉诏令、书札、文章等。

第四，采用家传、佳传的编写方式。过去史书列传所记人物，一般不附传主后人，少数子弟附传者也是因其确有可载之事迹。但在《宋书》中，子孙之传附于父祖传后者比比皆是，所传子孙，除少数有可传之事迹外，多是流水账式的记载历任官职。如《宋书》首传(《后妃传》除外)《刘穆之传》就附有如下的子孙传：长子虑之、中子式之及其四子敳、衍、瑀、瑀子卷、藏、少子贞之及其子裒、穆之女；《王弘传》附有子锡及锡子僧亮、弘弟虞及虞子深、虞弟抑、抑弟孺、弘从父弟练及练子钊，事迹较突出的弘少子僧达及弘弟昙首则另有专传。(《宋书》为琅邪王氏立传者十五六人，为陈郡谢氏立传者也有约十人)《宋书》中还有不少类似的例子。且这些传大多是佳传，即使名声不好，也要设法曲笔回护。如卷四六《张邵传》载其“在雍州营私蓄聚，赃货二百四十五万”，后又称其临终“遗命祭以菜果，苇席为轜车”，为其贪赃纳贿遮掩；卷五二《褚叔度传》，先写褚叔度“在任四年，广营贿货，家财丰积”，后又载其“在任每以清简致称”。一般门阀世族的传中也多是充满了溢美之词，诸如《张敷传》的“性整贵，风韵甚高。……少有盛名”、《谢景仁传》的“性矜严整洁”、《谢述传》“莅官清约，私无宅舍”、《蔡廓传》的“年位并轻，而为时流所推重”、《王昙首传》的“有识局智度”、《王敬弘传》的“少有清尚”、《袁淑传》的“少有风气”、《王僧绰传》的“幼有大成之度，弱年众以国器许之”等。这种家传、佳传的写作方法，对后世也产生了很大的影响。虽然佳传并不始于沈约，据说陈寿写《三国志》就有索求若干米而为家翁作佳传的谣传，而家传的编纂方法也不始于沈约，与沈约同时或稍前的史家也在用同样的方法撰写史书，如刘宋时何法盛写《晋中兴书》，就有《琅邪王录》、《陈郡谢录》、《太原王录》等若干篇，把众多高门世族依照地望，将人物集中立传；北齐魏收著《魏书》，也用了家传的方式。这是当时门阀制盛行、崇尚谱牒学在史学领域的反映。不过，因为沈约是奉敕修史，完成后又上奏通行，且南方素以“正统”自居，被视为“正朔”之所在，因此影响就更大。《宋书》之后，《南齐书》、《梁书》、《陈书》都采用了家传的编写方法；李延寿作《南史》、《北史》更是达到登峰造极的地步，他按某一姓氏的世系，将族中人物集中在一起，而不是按时代先后编撰列传，凡子孙都附于父祖传下。

七、阅读《宋书》的方法及应注意的问题

阅读《宋书》，应该首先从《本纪》开始，因为《本纪》以帝王在位的时间、纪年为纲，提供了当时重大政策、事件的时间及线索，对于重要诏令以及重要官职如中央级要职、地方各州刺史等的迁转调动也有较详细的记载。在阅读时，根据《本纪》所涉及的人物、制度、事件，再阅读相关的《志》和人物传记，就可以对某一制度或事件有较详细较感性的认识。比如，《武帝纪》篇幅浩繁，浓墨重彩，重现基业开创，其中的诏令、策命、书文，已反映了当时政治、经济、文化诸方面的众多内容，再结合相关人物，如刘穆之、王镇恶、赵伦

之、朱龄石、毛修之等开国功臣传记，可以得到更加丰富生动的印象；对其中的祭祀礼仪如“设坛南郊，柴燎告天”、历法如“改晋《泰始历》为《永初历》”等的记载，参见《礼志》、《律历志》的相关记载，得到的认识就相当清晰了。再如，读《文帝纪》元嘉三年春正月诛徐羡之、傅亮，讨伐谢晦，以及各主要官职的任命，可参阅它所提到的重点人物徐羡之、傅亮、到彦之、檀道济、谢晦、王弘等人的传记，并结合它所涉及的职官（如录尚书事、护军将军、扬州刺史、荆州刺史等），查阅《百官志》、《州郡志》，就可以对宋武帝刘裕去世到宋文帝即位之初这一段时间内发生的废立皇帝、诛杀辅政大臣事件有比较清楚的了解。

在阅读《宋书》时应注意如下问题：

首先，《宋书》曲笔回护现象十分突出。由于沈约所修《宋书》多采徐爰旧本，而徐氏修本朝“国史”自然为本朝避讳，故《宋书》在晋、宋革易之际每每为刘宋讳。如晋恭帝本为刘宋所废，但《宋书》卷二《武帝纪》却书恭帝“禅位于王”，诏书草成，“送呈天子使书之，天子即便操笔，谓左右曰：‘桓玄之时，天命已改，重为刘公所延，将二十载。今日之事，本所甘心’”。然后数番诏策，刘裕数番推让，不得已才即帝位，并封恭帝为零陵王。恭帝之死，实为刘宋所杀，但在《宋书》卷三《武帝纪下》“永初二年九月”，却书“零陵王薨。车驾三朝率百僚举哀于朝堂，一依魏明帝服山阳公故事。太尉持节监护，葬以晋礼”。一点也没有谋杀的痕迹。但在《南史·宋本纪》中则直书为“零陵王殂，宋志也”。即使在《宋书》卷五二《褚叔度传》中，凭其只鳞片爪，也能看出当时晋帝处境之凶险，不是欣然让位，而是迫不得已；也不是自然死亡，而是被逼杀。虽然传中只是为了表明褚氏对刘裕的一片忠心，但褚氏实际上是刘裕心腹，因而刘裕之心，昭然若揭。另外，由于臧质、鲁爽、王僧达等传由孝武帝所撰，沈约照录下来，因此，当时朝廷举措，也隐讳多多。

同时，由于沈约在萧齐奉敕修史，对于宋、齐之际的历史自然十分小心。据《南齐书·王智深传》，沈约曾写《袁粲传》以探齐武帝，齐武帝说“袁粲自是宋家忠臣”，但当沈约写宋孝武帝、明帝诸鄙渎事时，齐武帝派左右人对沈约说：“孝武事迹不容顿尔。我昔经事宋明帝，卿可思讳恶之义。”于是，宋孝武、明帝诸多鄙事被删。由于皇帝直接插手史书编纂，史臣诚惶诚恐，惟帝命是遵，故当事涉宋、齐革易之处时，《宋书》又为萧齐回护，书中对齐高帝萧道成颂扬备至，对讨伐萧道成者悉以"谋反"见称。如卷九〇《明四子传》中，宋明帝四个年仅八岁的孩子被萧氏所杀，却写成"谋反，赐死"。宗室、诸大臣凡为宋室尽忠而起兵者，一概称之为"反"、"有罪"、"伏诛"，如《顺帝纪》昇明元年十二月，有"车骑大将军、荆州刺史沈攸之举兵反"，"司徒袁粲据石头反"，"吴郡太守刘遐据郡反"，闰月"屯骑校尉王宜兴有罪伏诛"，沈攸之弟登之"作乱于吴兴"。二年二月，"左军将军彭文之有罪，下狱死"。夏四月，"南兖州刺史黄回有罪赐死"。五月，"辅国将军、行湘州事任侯伯有罪伏诛"。九月，"武陵内史张澹有罪，下狱死"。十一月，"临澧侯刘晃谋反，晃及党与皆伏诛"。三年三月，"临川王绰谋反，绰及党与皆伏诛"。对于顺帝之被杀，也只是书"殂于丹阳宫，时年十三"。隐讳不表，丝毫没有谋杀的痕迹。相反，凡是党附萧氏者，一概称作"义兵"，如沈攸之、袁粲起兵时，刘怀珍、张敬儿、陈显达等萧氏亲信被写成"并起义兵"。

因此，《宋书》既为刘宋讳，又为萧氏讳，曲笔回护现象十分严重，阅读时不可不慎察。

第二，《宋书》大量宣扬天命、符瑞等迷信思想，这也是在阅读时应该加以注意的。

《宋书》有长达五卷的《天文志》、五卷《五行志》，并增设三卷《符瑞志》，作者借一些天文、自然现象，极力宣扬天人感应、君权神授；甚至将一些远古神话、迷信故事等荒诞不经者也载入本是反映历史事实的史册。比如，《天文志一》有："青龙二年十月戊寅，月犯太白。占曰：'人君死，又为兵。'景初元年七月，公孙渊叛。二年正月，遣司马懿讨之。三年正月，明帝崩。"此类天人感应连篇累牍，比比皆是。又如，卷三〇《五行志一》"龟孽"条云："晋惠帝永熙初，卫瓘家人炊饭，堕地，尽化为螺，出足起行。螺，龟类，近龟孽也，干宝曰：'螺被甲，兵象也。于《周易》为《离》，《离》为戈兵。'明年，瓘诛。"如此荒诞不经者也充斥篇中。至于首创的三卷《符瑞志》更是搜集自伏羲以来的神话、迷信故事，加上望气观星诸种星相占卜之术，用以阐述篇首所说“受命之符,天人之应”的观点。在篇中,凡开国皇帝、有为之君,先前都有灵瑞之征。比如,刘裕“始生之夜,有神光照室,其夕,甘露降于墓树”。照作者的观点,刘裕代晋,孔子早就有预言,因为刘裕小名寄奴,“孔子《河洛谶》曰:‘二口建戈不能方,两金相刻发神锋,空穴无主奇入中,女子独立又为双。’二口建戈,‘刘’字也。晋氏金行,刘姓又有金,故曰两金相刻。空穴无主奇入中,为‘寄’字。女子独立又为双,‘奴’字。”而且,篇中的每一种奇异动植物的出现都含有其特殊的祥瑞之义,如,“麒麟者,明王动静有仪则见”。“灵龟者,神龟也。王者德泽湛清,渔猎山川从时则出”。“嘉禾,五谷之长,王者德盛,则二苗共秀”。作者一一列出历朝历代何时何地出现何物,以此宣扬符瑞思想。而且,大凡童谣都含隐喻,如,“吴亡后,蒋山上常有紫云,数术者亦云,江东犹有帝王气。又有童谣言:‘五马游度江,一马化为龙。’元帝与西阳、汝南、南顿、彭城五王过江,而元帝升天位”。诸如此类,阅读时应注意剔除其迷信糟粕,从中找出有用的史料价值。

八、《宋书》的研究

对《宋书》的研究,在两宋已经开始,其成果反映在当时的一些笔记作品中,例如,叶适《习学记言》、王应麟《困学纪闻》、洪迈《容斋随笔》等。到了清代,乾嘉考据学派用力甚多,取得的成就也很显著,代表人物有王鸣盛、赵翼、钱大昕等。此外,成孺《宋书州郡志校勘记》、李慈铭《越缦堂日记》及《越缦堂读书笔记·史类》等也反映了作者的研究成果。1949 年以前发表有数篇研究专文,如孙彪《宋书考论》,(《国立北平图书馆馆刊》9 卷 1—4 号)孙鼎宜《宋书考论序》,(《国光杂志》16 期)钱宝琮《百衲本宋书律志校勘记》,(《文澜学报》2 卷 1 期)柳定生《沈约与宋书》,(《史地杂志》1 卷 2 期)李菊田《宋书纂修始末考》,(《说文月刊》3 卷 8 期)罗振玉《补宋书宗室世系表》,(《亚洲学术杂志》2—3 期)姚薇元《宋书索虏传南齐书魏虏传北人姓名考证》,(《清华学报》8 卷 2 期)杨守敬补、谭其骧复校《宋州郡志校勘记校补》。(《禹贡》6 卷 7 期)1949 年以后的研究不太突出,除周一良《魏晋南北朝史札记》用力甚深、成果颇丰外,对《宋书》的研究仅散见于一些史学史著作中,专文很少。

以下择要介绍《宋书》研究的代表作。

《十七史商榷》，清人王鸣盛撰。本书对包括《宋书》在内的《十七史》，用考经的方法考证历史，校勘文字，补正讹漏，考证诠释典章制度，提出自己的见解。作者在书前《序》中自言，对所考的正史，以善本再三雠校，“又搜罗偏霸杂史、稗官野乘、山经地志、谱牒簿录，以暨诸子百家、小说笔记、诗文别集、释、老异教，旁及钟鼎尊彝之款识、山林冢墓祠庙碑碣断阙之文，尽取以供佐证”，取材相当广泛，考证亦甚见功力。它采用笔记体裁，逐条罗列所考内容，每条字数多少不等，多者数千，少者数字。本书共一百卷，卷五三至六四为《南史合宋齐梁陈书》，考证南朝五史。其中有关《宋书》的条目，如“沈约《宋书》”、“宋文帝君臣”、“后废帝杀孝武帝子”等，共二百条左右。

《廿二史劄记》，清人赵翼撰。本书是作者对包括《宋书》在内的二十二部正史的读书札记。它与王鸣盛《十七史商榷》一样，采用乾嘉考据学派的方法，基本上以正史证正史，通过比较和综合分析，评论人物、事件、现象，提炼出许多比较精到而简明扼要的专题，浅显易懂，读之可以明了历史梗概，便于入门；而初学者也可以从中学到从繁多史料中归纳问题的初步方法。全书三十六卷，其中卷九至一二为“宋齐梁陈书并南史”，涉及《宋书》的条目，如“《宋书》多徐爰旧本”、“《宋书》书晋宋革易之际”、“《宋书》书宋齐革易之际”、“《宋书》本纪书法”、“《宋》、《齐》书带叙法”、“《宋书》纪魏事多误”、“《宋书》、《南史》俱无沈田子沈林子传”、“宋世闺门无礼”、“宋子孙屠戮之惨”等，都是作者潜心读书的心得，每为后人所引用。

《廿二史考异》，清人钱大昕撰。作者阅读《史记》、《汉书》以来包括《宋书》在内的二十二部正史，深感“文字烦多，义例纷纠，舆地则今昔异名，侨置殊所，职官则沿革迭代，冗要逐时，欲其条理贯中，了如指掌，良非易事”。(参见本书《序》)遂将校勘研究所得，写成专条，编次整理成书。其中有两卷专论《宋书》：卷二三考证《宋书》的《本纪》、《志》，计九十余条；卷二四考证《宋书》的《列传》，计七十余条。作者博采众书，辨析原文或后人续补文字之误，考释当时制度、地理、官制、习语。中华书局标点本《宋书》采用了其不少成果。

《宋书考论》，孙彪撰，其子孙鼎宜整理编次，分四卷连续刊于1935年出版的《国立北平图书馆馆刊》第9卷第1—4号上。作者依据金陵书局重刊汲古阁本《宋书》，博采殿本、《晋书》、《南史》、《南齐书》、《梁书》、《陈书》、《魏书》、《建康实录》、《资治通鉴》、《太平御览》、《册府元龟》等书，并参考清代乾嘉考据派的众多成果，互相佐证，对《宋书》逐卷依次分条列立，考订脱漏衍讹，训释音义，尤精于地理、官制。总计一千六百余条，用力甚深。中华书局标点本《宋书》多采其说。

《廿五史论纲》，徐浩撰。本书写成于1945年，上海书店1989年据世界书局1947年版影印。全书分绪论、本论、结论三篇，论述《二十五史》概况。作者《自序》称，本书乃是“就廿五史，依其体例，排比整理，参校异同，本其书法，论其得失”。本书在评论史才优劣、辨析史法异同方面，与前面所介绍的王鸣盛、赵翼、钱大昕等史学著作有相似之处，不过在叙述方法、编写体例上又有不同。在《本论》第六章中，分三部分专论《宋书》。第一部分论述沈约以及《宋书》的成书经过；第二部分评述《宋书》本纪、志、列传三大内容的撰写方法，以及后人对本书如《志》、《表》的增补情况；第三部分根据后人论《宋书》叙事失检、芜词太多、繁简失当、编订草率等几方面进行评论，认为《宋书》虽难免有草率失检之处，但搜罗赅博，《志》括前代，是其长处。

《魏晋南北朝史札记》，周一良撰。这是一部关于魏晋南北朝十二正史读书札记，作者广征博引，考证、释疑，涉及正史中的史实、制度、名物、语言等方面，正如作者在《自序》中所说：“《宋书》以下，前人都没有笺注过，而今天为它们全面作注也缺乏足够的材料。这部札记的目的，是想就自己理解所及，对史料作点类似注解的工作，以供认真读这些史书的同志们参考。札记中考订较多，也有些议论。”其中的《宋书》札记有近七十条，篇幅约占全书的四分之一。有的条目，实际上就是专题研究，如“南北朝时口粮数”、“州郡志诸问题”、“百官志诸问题”、“刘义庆传之‘世路艰难’与‘不复跨马’”、“婚姻不计行辈”、“乐舞杂伎”、“晚度北人”、“刘宋统治阶级内部矛盾之变化”等。其他如名物、语言等方面的考订也十分精练独到。翻阅、研究《宋书》，该书不可不读。

《〈宋书·礼志〉札记》,周一良撰,北京大学出版社1997年版。该文以札记的形式,对《宋书·礼志》中所涉及的某些用语、仪制等,分列七条,即:"奈何奈何"、"太子冠礼"、"纳后六礼版文"、"皇太子纳妃叙宴"、"晋诸王来朝之制"、"庆冬使"、"戴邈表文"。作者征引不同材料,或考证文字讹漏,或诠释词语含义,或揭示所反映的历史本质。原文载于1991年出版的《邓之诚学术纪念文集》,后收入周一良《魏晋南北朝史论集》。

《南齐书》说略

蒋福亚　方高峰

宋顺帝昇明三年(479),权臣萧道成在禅代的名义下登基称帝,建国号"齐",是为齐高帝,都建康(今江苏南京),史称南齐或萧齐。南齐历五帝,在齐和帝萧宝融中兴二年(502)被梁武帝萧衍建立的梁朝取代,前后统治我国南方二十三个年头,是南朝中的第二个王朝,也是南朝中统治时间最短的王朝。南齐的疆域东起滨海,西达今四川,南及今越南横山,北至淮河、汉水一线。南齐晚年,失去淮南一些地方,疆界进一步南移。当时统治北方与南齐对峙的是北魏王朝。南北力量对比,北魏已强于南齐。《南齐书》便是记载南齐兴衰始末的一部封建正史,作者是萧子显。

一、《南齐书》的编纂与流布

1.作者事略

萧子显,字景阳,南兰陵郡南兰陵县(今江苏常州市西北)人,出身于萧齐皇室,齐高帝萧道成之孙,豫章王萧嶷之子,生于齐武帝永明七年(489),卒于梁武帝大同三年(537)。他历仕齐、梁二朝,深得梁武帝宠信,历官太子中书舍人、国子祭酒、侍中、吏部尚书等,终于仁威将军,吴兴太守任所。他"幼聪慧,好学,工属文",具有较高的文、史才华,被梁武帝称为"才子"。他执掌铨选重任时,自负才地,不屑与所谓"九流"文人交谈,往往举扇一挥而已。他一生著述颇丰，计有《后汉书》一百卷、《南齐书》六十卷、《普通北伐记》五卷、《贵俭传》三十卷、《文集》二十卷。流传至今的仅有《南齐书》，其余均已散佚。

2.《南齐书》的编纂

《南齐书》的主要依据系齐史官所修"国史"。萧齐一代对国史的修纂十分重视，萧道成代宋次年，即建元二年(480)便设置史官，命檀超与江淹掌修国史。围绕作史条例，齐廷展开了激烈讨论。檀超、江淹主张融汇班固《汉书》、司马彪《续汉书》、范晔《后汉书》等断代史的体例，齐史从建元元年开始，封爵各详本传，不再设年表，撰写《律历》、《礼乐》、《天文》、《五行》、《郊祀》、《刑法》、《艺文》、《朝会》、《舆服》、《州郡》等十志；建议增立《帝女传》，"以备甥舅之重"。左仆射王俭认为"金粟之重，八政所先，食货通则，国富民实"，主张立《食货志》，而《朝会志》系"曲碎小仪"，《帝女传》亦不合前轨，建议省去。最后齐高帝萧道成裁定，撤掉《帝女传》和《朝会志》，增立《食货志》。但史称檀超"史功未就，卒官。江淹撰成之，犹不备也"。(《南齐书·文学·檀超传》)可见檀超、江淹所修萧齐国史，并未最后完成。

檀超、江淹之外，齐、梁时期还有不少人撰写齐史，仅《隋书·经籍志二》著录的就有：沈约《齐纪》二十卷，刘陟《齐纪》十卷，王逸《齐典》五卷以及无名氏的《齐典》十卷等。其中有的齐史书萧子显或许也参考过。此外，直到隋朝，还保存了萧齐时代的大量起居注和职仪，如《齐永明起居注》三十四卷、《建元起居注》十二卷、《中兴起居注》四卷、长水校尉王珪之的《齐职仪》五十卷及无名氏的《齐职仪》五卷等。(《隋书·经籍志二》)这些起居注和职仪为萧子显提供了大量的原始材料。他正是在占有大量原始资料的基础上，以檀超、江淹所修"国史"为蓝本撰著《齐书》的。

《南齐书》的确切写作时间已不可考，我们只能依据有限的片断来推知其大概。刘知幾《史通·古今正史》说："子显撰《齐史》，始于梁天监中，书成，表奏之，诏付秘阁。"据此可知萧子显撰《齐书》开始于天监年间。天监为梁武帝萧衍的第一个年号，前后十八年(502—519)，而天监元年子显仅满13岁，且他在写《齐史》之前还曾撰《后汉书》，因此估计萧子显撰《齐史》大约在天监十年以后。《梁书·萧子显传》载,撰完《齐史》后,他又"启撰《高祖集》,并《普通北伐记》"。普通北伐是梁武帝在普通七年(526)乘北魏内乱而发动的,由此推测,萧子显的《南齐书》应在普通七年之前完成。

与萧子显撰著《南齐书》同时,吴均撰有《齐春秋》三十篇,因真实地记载了梁武帝代齐前的活动,被梁武帝斥为"不实",(《梁书·文学·吴均传》)下令焚毁。民间虽有私本流传,为时不久,也就湮没了。保留至今的只有萧子显的《南齐书》。

3.《南齐书》的流布

据《梁书》和《南史》萧子显本传及《隋书·经籍志》,《南齐书》原本六十卷,但刘知幾《史通·古今正史》著录时就只有五十九卷了,说明到唐朝时《南齐书》已佚失一卷,所佚之卷,后人一般认为即"序录"。北宋之前,《南齐书》没有固定的名称,时而称《齐史》,时而称《齐书》。北宋时,曾巩等人对《南齐书》进行了校勘整理,为了与李百药所著《北齐书》相区别,始加以"南"字,从此《南齐书》的名称得以固定下来。

现存《南齐书》的最早版本是宋代刊印的号称"眉山七史"的蜀刻大字本。明代有南监本、北监本、汲古阁本等。清代有武英殿本、金陵书局本、同文书局本、图书集成铅字排印本等。民国有商务印书馆影印本、商务印书馆《百衲本二十四史》影印蜀大字本、开明书店《二十五史》本等版本。其最佳版本是1972年出版的中华书局点校本。点校本以百衲本为底本,参校了明代的南、北监本、汲古阁本,清代的武英殿本、金陵书局本,另外还参校了《宋书》中的志以及《南史》、《通典》、《册府元龟》、《太平御览》、《资治通鉴》、《资治通鉴考异》等书的有关部分,同时还广泛汲取了前人的校勘成果,采用了周星治、张元济、张森楷的三种《南齐书校勘记》稿本和钱大昕的《廿二史考异》等书。点校本由著名史学家王仲荦点校,宋云彬编辑整理。

二、《南齐书》的主要内容

《南齐书》现存五十九卷,其中本纪八卷、志十一卷、列传四十卷。

本纪八卷:《高帝本纪》二卷、《武帝本纪》、《郁林王本纪》、《海陵王本纪》、《明帝本纪》、《东昏侯本纪》和《和帝本纪》各一卷。

志十一卷:《礼志》二卷、《乐志》一卷、《天文志》二卷、《州郡志》二卷、《百官志》、《舆服志》、《祥瑞志》、《五行志》各一卷。

列传四十卷:《皇后列传》一卷、《王子列传》五卷、《宗室王列传》一卷、《大臣列传》二十五卷、《文学列传》、《良政列传》、《高逸列传》、《孝义列传》、《倖臣列传》各一卷、《外国列传》二卷、《蛮、东南夷列传》一卷、《芮芮虏、河南、氐、羌列传》一卷。

本纪八卷,采取编年纪事体裁,记载萧齐一代兴亡始末。本纪有详有略,《高帝纪》最详,上卷记录萧道成建立萧齐的经过,下卷记载他统治萧齐四年内的重大事件。《武帝纪》也较详细,齐武帝萧赜在位十一年,是五帝中在位时间最长的,其时社会较为稳定,经济略有发展,出现所谓“永明之治”。其他皇帝在位日浅,帝纪内容也很简略。

志十一卷,其中《礼志》主要记载祭祀、婚丧礼仪及设立学校的一些规定;《乐志》主要记载祭祀上帝和宗庙时所奏的乐章;《天文志》主要记载日、月、星辰等天象变化,时间从建元元年(479)到隆昌元年(494)。明帝萧鸾继位后,“不欲使天变外传”,太史奏事并秘而不出,“自此阙焉”;《州郡志》主要记载州、郡、县(包括侨州、郡、县)的建置沿革,并在每州之下简略叙述风土人情,但无户口数;《百官志》主要记载从中央到地方各级官僚的设置情况;《舆服志》主要记载皇室及各级官吏车舆服饰及玺绶等具体规定;《祥瑞志》主要记载“祥符瑞命”;《五行志》记载各种灾异变化。诸志中以《礼》、《天文》、《州郡》三志最详,史学价值则以《州郡》、《百官》二志为大。

列传四十卷,是全书中篇幅最大的,约占全书的三分之二。《皇后列传》文辞简练,篇幅短小,主要记录后妃姓氏、祖籍、父祖官爵、卒年、封赐等,共计后妃九人,即宣帝陈皇后、高帝刘皇后、武帝裴皇后、文惠太子王皇后、郁林王何妃、海陵王王妃、明帝刘皇后、东昏侯褚皇后、和帝王皇后,宫人韩蔺英亦附载其中。《王子列传》、《宗室王列传》中文惠太子和豫章文献王两传叙事详尽,特别是后者铺张至七千八百余言,乃是萧子显为其父作佳传。其他王子和宗室王列传都很简略。《大臣列传》是《南齐书》内容最丰富的部分，各传皆先叙祖籍、先世官爵，后叙其生平事迹，大都较为详尽。最后是类传，《文学列传》系萧齐一代著名学者的类传，其中包括杰出科学家祖冲之的传记；《孝义传》记载了当时以孝义著称的十六人的简略事迹；《倖臣传》系仿袭《宋书·恩倖传》，为前史所无，记载了五个出身寒门而典掌机要者的事迹；《魏虏传》系记载北魏史实，但内有许多污蔑不实之辞；《蛮传》记载了萧齐境内各支蛮族的主要活动；《东南夷传》记载了东亚的高丽、百济、加罗（即新罗）、倭国和东南亚的林邑、扶南及交州等地的历史地理、风俗习惯及其与萧齐的交往情况；《芮芮虏、河南、氐、羌列传》分别记载了北方柔然、吐谷浑、仇池和宕昌四个少数民族政权的概况及其与南齐的交往。

三、《南齐书》的评价

《南齐书》自唐代即被列入正史，开始受到史家们的注意，褒贬不一。唐人刘知幾在《史通·序例》中说："夫史之有例，犹国之有法。……沈宋（沈约《宋书》）之志序，萧齐（萧子显《齐书》）之序录，虽皆以序为名，其实例也。……子显虽文伤蹇踬，而义甚优长，斯一二家皆序例之美者。"给予《南齐书》较高评价。宋人曾巩在《南齐书目录序》中说："子显之于斯文，喜自驰骋，其更改破析刻雕藻缋之变尤多，而其文益下，岂夫材固不可以强而有邪？"对《南齐书》予以全盘否定。与曾巩持相同观点的还有宋人王应麟和元人马端临。王应麟在《困学纪闻》卷一二《考史》中说："子显以齐宗室任于梁而作齐史，虚美隐恶，其能直笔乎？"马端临在《文献通考·经籍考》"南齐书"条引晁氏曰："初江淹已作十志，沈约又有纪，子显自表别修，然天文但纪灾祥，州郡不著户口，祥瑞多载图谶，表云：天文事秘，户口不知，不敢私载。"清《四库全书总目》对《南齐书》的评价可谓毁誉参半："齐高好用图谶，梁武崇尚释氏，故子显于《高帝纪》卷一引'太乙九宫占'，《祥瑞志》附会纬书，《高逸传》论推阐禅理，盖牵于时尚，未能釐正。又如《高帝纪》载王蕴之抚刀，袁粲之郊饮，连缀琐事，殊乖纪体，至列传尤为冗杂。然如纪建元创业诸事，载沈攸之书于《张敬儿传》；述颜灵宝语于《王敬则传》，直书无隐，尚不失是非之公。《高十二王传》引陈思之表、曹冏之论，感怀宗国，有史家言外之意焉,未尝无可节取也。”清人赵翼在《廿二史劄记》中的“《齐书》书法用意处”和“《齐书》类叙法最善”等条,对《南齐书》给予了很高评价。

我们认为,《南齐书》确实存在一些缺陷,但应基本肯定,它的主要成就有:

第一,详略适当。南朝诸史中,以《南齐书》详略最为恰当,它既没有《宋书》之繁芜,也没有《梁》、《陈》二书之简略。除《豫章文献王嶷传》过分铺张外,其他纪传都文字凝炼、简洁,因此,李延寿撰《南史》时,对于《宋书》删其十之三四,而《南齐书》则删减甚少,基本上保持原貌。

第二,史实比较可信。萧子显出身于萧齐皇室,萧齐一代许多史实他都耳濡目染,为他撰写《南齐书》准备了大量原始资料。除部分美化其父祖外,其他史实大都比较真实可信,因此,《南齐书》为后人研究南齐历史保留了不少原始材料。如《竟陵王子良传》载录了许多有关收租、征赋役、兴水利、开垦田地等表疏,较真实地反映了当时社会经济状况,是比较可靠的。

第三,南北朝诸史仅《宋书》、《魏书》与《南齐书》有志。《南齐书》八志虽不很完备,其价值却是不言而喻的。特别是《州郡志》和《百官志》,对于研究南齐乃至整个南朝的政治制度、地理沿革等具有不可替代的作用,《天文》、《五行》等志也保存了一些天象、灾异变化等有用资料。

第四,萧子显具有较高的史识。《文学列传》中为祖冲之立传,详细记载了他的生平及其在科学上的主要成就,特别是对他所创制的历法做了完整记录,并予以肯定,充分体现了作者对科技成就的重视。《倖臣列传》一方面将典掌机要的寒人目为“倖臣”,另一方面又对他们的事迹做了详细记载,反映出作者敏锐地意识到庶族已开始兴起,为我们研究南朝士族的衰落和寒门的兴起提供了宝贵史料。

第五,体例上有所创新。如叙事中的插叙法(或称带叙法),即在某人传记中把与传主有关的人或事插入叙述,这在其他史书中不大多见。现举两例:《文惠太子传》叙到文惠太子诱执梁州刺史范柏年时,插叙范柏年事迹和襄阳盗发古墓,得大批竹简事;《张敬儿传》叙到沈攸之反时,插叙沈攸之与萧道成绝交书和萧道成答书。插叙法更能体现相关人物的关系,其史料价值也不可低估。

当然,《南齐书》也存在不少缺点,主要表现在:

第一,曲笔较多。萧子显出身于萧齐皇室,也是萧梁宗室,且深得梁武帝恩宠,因此萧子显作《南齐书》必然会存在不少为齐、梁统治者回护的曲笔。如《武帝纪》说武帝“务存节俭”,“不喜游宴雕绮之事”。实际上,据《南史·豫章文献王嶷传》披露,“武帝奢侈,后宫万余人,宫内不容,太乐、景第、暴室皆满,犹以为未足”。《南齐书》完全掩盖了武帝奢侈淫逸的本来面目。至于齐之代宋,梁之代齐,他都认为系天命所为,并在《高帝纪》中引用谶书《太乙九宫占》,借助谶纬之学,寻求理论依据。还继承《宋书·符瑞志》,创《祥瑞志》,专载“天符瑞命”,多有图谶。

第二,志有不足。《南齐书》八志仍存在较大不足,缺少《食货》、《艺文》、《刑法》等要志,《州郡志》又不著户口,这给后人研究萧齐的典章制度、经济状况等留下了极大的不便。

总之,《南齐书》虽存在一些缺陷,但它较全面地反映了萧齐一代的历史面貌,是我们今天研究萧齐历史的主要依据,总体上是值得肯定的。

四、《南齐书》的研究与阅读

1.《南齐书》的研究

《南齐书》虽早在唐代就被列为正史,但清代之前研究成果较少。清代用力于《南齐书》的学者不少,他们进行了校勘、考异、补正等工作,突出的有钱大昕的《廿二史考异》、赵翼的《廿二史劄记》、王鸣盛的《十七史商榷》等。钱氏《考异》侧重于文字校勘和名物训诂,有关《南齐书》的计七十六条,解决了许多疑难问题,成为中华书局《南齐书》点校本校勘的重要来源。赵氏《劄记》比《考异》涉及面更广,它既评述史书体例、书法得失、详略异同等,也注意对重大史事排比归纳,理顺因果,总结规律。如卷九“《齐书》书法用意处”、“《齐书》类叙法最善”等条系评价《南齐书》的编纂得失,卷十二“齐制典签之权太重”条第一次比较全面地阐析了典签制度。王氏《商榷》既有史考,也有史论。史考方面,不仅校勘原文错误,考订史实,而且注重舆地、职官等典章制度的考释。此外，万斯同为《南齐书》做了补表，有《齐诸王世表》、《齐将相大臣年表》、《齐方镇年表》等，均收录在《二十五史补编》中。这些聚类汇总的表对学者可起便于查检之效。

中华人民共和国建立后，《南齐书》的研究提升到了更高水准，这一时期，成果颇丰，主要表现在：

第一，中华书局《南齐书》点校本的出版。点校者王仲荦在全面吸取前人校勘成就的基础上，网罗各种古籍资料，做出了目前为止最全面、最权威的《校勘记》，总计达一千七百五十七条。其中大约百分之四十为吸收前人成果，而百分之六十左右为点校者个人所校出，可见校勘者功力之厚和用功之勤。《校勘记》涉及原文的衍、脱、错字以及人名、地名、干支、年月错误等各个方面。

第二，有关《南齐书》的研究专著主要有朱季海的《南齐书校议》（中华书局 1984 年版）、吕思勉的《吕思勉读史札记》（上海古籍出版社 1983 年版）、周一良的《魏晋南北朝史札记》（中华书局 1985 年版）等。这些专著都有不少高见，如周氏《札记》中有关《南齐书》的达三十六条，其中有短篇论文，大部分则是对制度、名物、史实、词语等的考订辨识，如"素族"条对素族一词做了精当考辨。他指出，"素"字在南朝文献中有两种涵义，其一，"素族素姓如与皇室王族对待而言，指异姓高门，素者言其为平民家族，与皇室有别也"；其二，"素族如对高门甲族而言，又可用以指门第较低之士族，甚至庶族寒门"。

第三，研究《南齐书》的论文数量虽不多，但不乏佳作，如熊清元的《〈南齐书〉研读札记》（载《黄冈师专学报》1997 年第 3 期）、许福谦的《〈南齐书〉纪传疑年录》（载《首都师范大学学报》1998 年第 1 期）、丁福林的《〈南齐书〉考疑》（载《江海学刊》1998 年第 5 期）、陈延嘉的《〈南齐书〉点校补正》（载《古籍整理学刊》1993 年第 2 期）等对《南齐书》都有所补正。

第四，历史地理的研究也取得重要成果，其中以谭其骧主编的《中国历史地图集》（地图出版社 1982 年版）第四册最为杰出。涉及南齐的有《齐、魏时期全图》和八幅州郡区域图，区域图中绘有州郡管辖区域、治所及县治所，还包含一部分县以下的重要地名,并在图后附有五幅《侨州郡县附表》。经过作者精心考辨后所绘制的历史地图,无疑是对南齐时期历史地理研究的重要成果。

2.《南齐书》的阅读

首先,要注意纵横联系。从横的方面看,南齐与北魏对峙,双方或战或和,关系密切。因此,阅读《南齐书》时就需参阅《魏书》,如《蛮传》记载了蛮族的南北迁徙,是研究南齐时期少数民族必不可少的资料。从纵的方面看,南齐上承刘宋,下启萧梁,三者是不可分割的整体,典章制度、地理沿革、经济发展、政治演变等都存在千丝万缕的联系,因此,阅读《南齐书》时就不得不参读《宋书》和《梁书》,如士族衰落、寒门上升是南朝的共性,只有彼此参阅相关材料才会有完整认识。

其次,要参阅《南史》和《资治通鉴》相关部分。《南史》中的相关部分主要是在《南齐书》的基础上删节而成的,但不是简单地抄撮,而是有自己的创见,主要表现在:一是少回护曲笔,比较真实。《南齐书》是萧齐皇室萧子显在梁代受诏撰著的,自然少不了美化齐、梁统治者,特别在朝代更替之际,更竭尽其隐讳之能事,而李延寿把南朝当作一个整体叙述,加之是后人作史,所以纠正了《南齐书》中的不少回护之辞,比较真实地反映了历史原貌;二是《南史》中增添了不少新的史料,如《王俭传》增加了王俭与萧道成密谋篡位事,《王敬则传》增添了出身琅玡王氏的王俭对与出身低微的王敬则同拜开府仪同三司的不满而又无可奈何事等。《资治通鉴・齐纪》共十卷,除《南齐书》外,还征引了大量其他史籍,其史料可作《南齐书》之补。如《齐纪一》"建元元年"条就增补了高帝萧道成杀害上表指责其过失的裴颉,和儒士刘瓛建议萧道成吸取刘宋宗室自相残杀导致灭亡的教训等重要史料。同时,《资治通鉴》的史料都经过司马光等人的精审考辨,更为准确可靠。由此可见,阅读《南齐书》时,参阅《南史》和《资治通鉴》相关部分是十分必要的。

《梁书》、《陈书》说略

蒋福亚　方高峰

《梁书》和《陈书》分别记载了梁、陈两个封建王朝的兴衰史，都由姚察、姚思廉父子编撰。

梁、陈是南北朝时期继宋、齐之后，先后在南方建立的两个封建割据王朝。梁自公元502年萧衍建立，到公元557年为陈所取代，历四帝，首尾五十六年，其中萧衍在位长达四十八年；陈自公元557年陈霸先建立，到公元589年陈叔宝时为隋所灭亡，传五主，前后三十三年。梁、陈均定都建康（今江苏南京）。梁前期，同北魏对峙，后期与东魏、西魏鼎足三分。侯景之乱前，梁朝大体上仍能据守汉水、淮河一线。侯景之乱后，长江上游及中游以北地区为西魏、北周所占，下游以北地区则为东魏、北齐所有；陈朝虽仍和北周、北齐保持三分的形势，但江土日蹙，仅控制江陵以东、长江以南的狭小地区。

一、《梁书》、《陈书》之编撰与流布

1.著者事略

姚察，字伯审，吴兴武康（今浙江德清县西）人，生于梁中大通五年（533），卒于隋大业二年（606）。姚察从小励精学业，学识渊博，为“儒者所宗”。他历仕梁、陈、隋三朝，陈时深得陈后主赏识，曾官至吏部尚书。陈亡入隋，也深得隋文帝青睐，说“闻姚察学行当今无比，我平陈惟得此一人”。

姚察在隋亦积极参与朝政,"及改易衣冠,删定朝式,切问近对"。他还以清正闻名于当世,在陈时,"自居显要","一不交通"。曾经有个门客想给姚察送点什么,但又不敢送得太多,最终选送了棉布四匹和有花纹的麻布一匹。姚察说:"吾所衣著,止是麻布蒲练,此物于吾无用。"(《陈书·姚察传》)坚决拒绝,并声明彼此交往用不着送礼。此人坚持请求他收下,姚察声色俱厉地将其赶走,从此再也没有人敢送东西了。

姚察专志著述,白首不倦,一生著作计有《汉书训纂》三十卷、《说林》十卷、《西聘》、《玉玺》、《建康三钟》等各一卷、《文集》二十卷、《梁书帝纪》七卷等。

姚思廉,字简之,生于陈永定元年(557),卒于唐贞观十一年(637)。陈亡时与父姚察一同从江南迁到关中,因此《旧唐书·姚思廉传》称他为雍州万年(今陕西西安)人。他幼承家学,"少受汉史于其父,能尽传家业,勤学寡欲,未尝言及家人产业"。历仕陈、隋、唐三朝,陈为扬州主簿,入隋为汉王府参军,后又任河间郡司法书佐、代王杨侑侍读等职。李渊大军攻克长安时,代王"府僚奔骇,惟思廉侍王",由此获得很高声誉,时人称颂他为"忠烈之士","仁者有勇"。唐初,授秦王文学,太宗夺位后,他以"藩邸之旧,深被礼遇",迁著作郎、弘文馆学士,"写其形像列于《十八学士图》",文学褚亮力赞其"志苦精勤,纪言实录。临危殉义,余风励俗"。(《旧唐书·姚思廉传》)贞观九年,拜散骑常侍,赐爵丰成县男。

2.《梁书》、《陈书》的编纂

《梁书》、《陈书》的编纂历经梁、陈、隋、唐四朝,在姚察、姚思廉父子七十余年的辛勤劳作下方告完成。

《陈书·姚察传》载,梁元帝萧绎在江陵即位后,授姚察原乡令,不久,受中书侍郎领著作杜之伟的推荐,"表用佐著作,仍撰史"。萧绎在江陵称帝首尾四年(552—555),可见早在6世纪50年代姚察就已着手梁史的撰写。陈时,姚察虽历任各种要职,但一直任"知撰梁史事",以撰梁史为要事。陈亡入隋,任秘书丞,"敕成梁、陈二代史"。隋文帝曾遣内史舍人虞世基索本,"且进上",到唐代仍藏在内殿。尽管直到卒时仍未撰完梁、陈二史,但其开创之功是不容抹杀的。今本《梁书》共五十六卷，卷后题“陈吏部尚书姚察”者就达二十六卷。临终之际，他仍念念不忘遗令其子思廉继承其未竟之业。

姚思廉不忘父嘱，隋炀帝时“上表陈父遗言，有诏许其续成梁、陈史”。唐贞观三年(629)，“又受诏与秘书监魏徵同撰梁、陈二史”。(《旧唐书·姚思廉传》)据《唐会要·修前代史》载，“贞观十年(636)正月二十日，尚书左仆射房玄龄、侍中魏徵、散骑常侍姚思廉、太子右庶子李百药、孔颖达、礼部侍郎令狐德棻、中书侍郎岑文本、中书舍人许敬宗等撰成周、隋、梁、陈、齐五史上之，进阶颁赐有差”。说明备经艰辛的《梁书》和《陈书》终于在贞观十年完成了。

但有功于《梁》、《陈》二书者决不止姚氏父子二人。刘知幾《史通·古今正史》“梁史”条说，梁武帝时，沈约、周兴嗣、鲍行卿、谢昊等人相承撰录梁史，已有百卷，惜在梁末已有散佚。陈时，何之元和刘璠合撰《梁典》三十卷，但不完备，姚察“有志撰勒”，“加功于前人所未完者”；“陈史”条说，陈时，撰史学士顾野王、傅縡开始撰著陈史，完成了武帝、文帝本纪，以后中书郎陆琼续写，但过于烦杂，姚察“就加删改，粗有条实”。可见上述著作是姚氏《梁》、《陈》二书的基础。

据《隋书·经籍志二》记载，直到隋代，梁史仍保留不少，正史类(纪传体)有：梁中书郎谢吴(疑为“昊”字误)的《梁书》四十九卷、陈领军、大著作许亨的《梁史》五十三卷(《北史·许善心传》作五十八卷)、姚察的《梁书帝纪》七卷；古史类(编年体)有陈始兴王谘议何之元的《梁史》三十卷、刘璠的《梁典》三十卷、姚勖的《梁后略》十卷、梁长沙藩王萧韶的《梁太清纪》十卷、萧世怡的《淮海乱离志》四卷；杂史类有周兴嗣撰记梁武帝事的《梁皇帝实录》三卷，谢昊撰记元帝事的《梁皇帝实录》五卷，刘仲威的《梁承圣中兴略》十卷，以及无名氏的《梁帝纪》七卷、《梁太清录》八卷、《梁末代纪》一卷；旧史类有内史侍郎萧大圆的《梁旧事》三十卷。陈史较少，只有陈吏部尚书陆琼的《陈书》四十二卷和中书郎赵齐旦的《陈王业历》一卷。上述史著无疑会为姚氏父子修史提供一定的参考借鉴。此外，直到隋代，梁、陈二代的起居注也保存不少，主要有《梁大同起居注》十卷、《陈太建起居注》五十六卷、《陈至德起居注》四卷等。这些起居注保存了大批第一手资料。姚氏父子正是在前人研究的基础上，广泛占有史料，经过七十余年努力才得以完成《梁》、《陈》二书的，个中艰辛，可想而知。

虽然有功于《梁》、《陈》二书之史家众多，但功劳最大者莫过于姚思廉，《旧唐书·姚思廉传》说"编次笔削，皆思廉之功也"。他是二书的集成者，最终写定者。

3.《梁书》、《陈书》之流布

北宋曾巩在《陈书目录序》中说，《梁书》、《陈书》编定后，"世亦传之者少"，"其书亦以罕传，则自秘府所藏，往往脱误"。嘉祐年间，曾巩等予以校订，始得以雕版印行。

现存《梁书》、《陈书》之最早版本是南宋四川"眉山七史"的蜀刻大字本。明代出现南监本、北监本，明末清初有汲古阁本，清代出现武英殿本、同文书局影印本、图书集成排印本、金陵书局本，民国有上海商务印书馆影印的宋蜀刻大字本（即百衲本）。目前的最佳版本为 20 世纪 70 年代初出版的中华书局点校本。点校本《梁书》用百衲本及明南监本、北监本、汲古阁本、清武英殿本、金陵书局本互校，择善而从。《陈书》以百衲本为底本，并取校上述本子。两书都参考了《南史》、《册府元龟》、《资治通鉴》和《资治通鉴考异》的有关部分，并广泛汲取了前人的校勘成果，包括张元济、张森楷《校勘记》稿本及钱大昕《廿二史考异》等书。《梁书》由卢振华点校，《陈书》由张维华点校，二书都由赵守俨编辑整理。

二、《梁书》、《陈书》的主要内容

1.《梁书》的主要内容

《梁书》共五十六卷，其中本纪六卷、列传五十卷。

本纪六卷：《武帝纪》三卷、《简文帝纪》、《元帝纪》、《敬帝纪》各一卷。

列传五十卷：《皇后传》一卷、《太子传》一卷、《诸臣传》三十四卷、《宗室王传》五卷、类传八卷、《侯景传》一卷。

本纪采取编年纪事体裁，记载了萧梁一代兴亡。萧梁“自萧衍得之，亦自萧衍失之”，萧衍在位长达四十八年，事迹颇多，《武帝本纪》也就最详细，共有三卷，且每卷篇幅都较长。《武帝纪》可谓《梁书》之核心，大凡萧梁一朝大事，几可见于此。而简文帝、元帝、敬帝在位都很短，加起来不过八年，所以他们的本纪也很简略。

列传是《梁书》主体，《太子列传》记载了梁武帝昭明太子、简文帝哀太子、元帝愍怀太子三人，其中昭明太子较详细，其余两人很简略；《皇后列传》载录了七个后妃，包括太祖张皇后、武帝郗皇后、简文帝王皇后、武帝丁贵嫔及阮修容、元帝徐妃。另外，张皇后父穆之、王皇后父骞也附载于此，篇幅都很简短；诸臣列传是《梁书》中内容最丰富的部分，每传皆先叙其籍贯、父祖官爵，后载其事迹，传末附饰终之诏；宗室诸王传中《太祖五王传》记载了梁武帝的五个兄弟，《长沙嗣王业等传》载录了武帝的四个侄子，《高祖三王传》记载了武帝的三个儿子，《太宗十一王与世祖二子合传》载录了简文帝十一个儿子和元帝的两个儿子，《豫章王综传》记载了曾投降北魏的武帝子萧综、投靠侯景的武帝侄萧正德、梁末与元帝争夺帝位的武帝子武陵王纪和昭明太子子河东王誉，姚思廉视他们为叛逆，列于《梁书》倒数第二卷；类传中《孝行传》记载了一批所谓孝行之士，《儒林传》载录了梁代十六个著名儒家学者，唯物主义思想家范缜名列其中，《文学传》记载了二十六个著名文学家的简略事迹及其代表作，《处士传》载录了十四个所谓“隐士”，著名学者陶弘景位列其中，《止足传》记载了三个“知进退存亡而不失其正者”，即能在名利上做到适可而止，此为《梁书》所首创，《良吏传》载录了七个政绩较为显著的地方长吏；《诸夷传》记载了与梁朝交往的海南诸国、东夷诸邦及西北诸戎的风俗、物产等；《侯景传》是《梁书》最末一卷，也是《梁书》中篇幅最长的，详细记载了侯景之乱及其危害。

2.《陈书》的主要内容

《陈书》三十六卷，其中本纪六卷、列传三十卷，是《二十五史》中篇幅最短的一部。

本纪六卷:《高帝纪》二卷、《世祖纪》、《废帝纪》、《宣帝纪》、《后主纪》各一卷。

列传三十卷:《皇后传》一卷、诸臣传二十二卷、诸王传三卷、宗室传一卷、类传三卷。

本纪采取编年体记载了陈朝的兴衰。《陈书》整体上十分简略,但本纪较翔实,除废帝因在位不足一年而较短外,其他篇幅都较长,内容也较充实,本纪约占全书篇幅的四分之一。因此,本纪是《陈书》的核心,大凡国家大事、与邻国往来以及经济政策等都可以从本纪中查找。

《陈书》列传名目较少,内容也较简略。《皇后列传》载有后妃六人,包括武帝章皇后、文帝沈皇后、废帝王皇后、宣帝柳皇后、后主沈皇后及张贵妃。另外,沈皇后兄钦、柳皇后弟盼与从弟庄也附载于此;诸臣列传二十二卷,其叙事格式同《梁书》,但内容则要简单得多;诸王列传囊括了所有王子,但大都简短,有的仅十余字;类传中《孝行传》记载了五个所谓孝行者,《儒林传》载录了十三位儒者及其著述,是研究陈朝经学的重要材料,《文学传》记载了十四个文史学者及其主要著作,是研究陈朝文学和史学的重要资料。

三、《梁书》、《陈书》之述评

《梁书》、《陈书》是姚察、姚思廉父子花费七十年心血方得以完成的,虽仍存在诸多不足,但也有不少值得肯定的地方:

第一,作者具有较高的史识。梁、陈二代,南方佛教盛极一时,佛学思想泛滥,各种荒诞怪异之说充斥于文史著作之中。但姚氏父子基本上突破了这种氛围。《梁》、《陈》二书很少采取琐言碎事、奇闻异事,不仅没有为僧人立传,而且在《范缜传》中详细记载了他的《神灭论》,并将他面对竟陵王萧子良集僧难之而不能屈的精神大加赞赏,这在当时确是难能可贵的。

第二,史料价值较高。姚察曾为梁、陈史官,亲自参修国史,国史成为《梁》、《陈》二书的主要史料来源,所以书中保存了大量的诏敕、表疏,如陈霸先在位仅三年,而《陈书·高祖本纪下》所收诏敕却达十余篇。有些诏策、表疏无疑是研究该时期历史的最原始资料,如《梁书·贺琛传》所载“陈事四条”就比较真实地反映了梁武一代的情况。第一条说，当今最大的问题是户口减落，其主要原因是“郡不堪州之控总，县不堪郡之哀削”，百姓“惟以应赴征敛为事”；第二条说，现在吏治腐败，侈靡成风，“天下宰守皆尚贪残，罕有廉白者”，“为吏牧民者，竞为剥削”；第四条说，从普通（520—527）以来的二十余年里，“刑役荐起，民力彫流”，深刻揭示了梁武帝后期歌舞升平背后所隐藏的严重社会危机。

《梁》、《陈》二书还比较重视经济史料的记载，如《梁书·武帝纪》载普通四年（523）“始铸铁钱”，《王僧孺传》记载南海郡（治今广州市）海外贸易，“郡常有高凉生口及海舶每岁数至，外国贾人以通货易”；《陈书·世祖纪》录天嘉二年（561）诏，“立煮海盐赋及榷酤之科”，《宣帝纪》记太建二年（570）诏，“有能垦起荒田，不问顷亩少多，依旧蠲税”，记太建十一年“初用大货六铢钱”等。这些史料无疑是我们研究梁、陈乃至整个南朝经济的宝贵资料。

《梁》、《陈》二书注重为学者立传，仅《儒林》、《文学》两传就分别为四十二位和三十一位著名学者立传，不仅介绍了传主的生平事略，更重要的在于记录其学术成就，如《梁书·儒林·钟嵘传》收录其《诗品序》，《刘勰传》收其《文心雕龙序》，这些都是文艺理论方面难得的精品。

第三，语言凝炼，浅显易懂。盛行于魏晋南朝的骈文，至唐初仍旧不衰，行文著史，仍多沿用。如贞观年间修成的《晋书》，其论赞就多用骈文。但《梁》、《陈》二书一洗以骈文作史的风气，代之以古朴散文。对此，后世学者大加赞赏。赵翼在《廿二史劄记》卷九“古文自姚察始”条说，“《梁书》虽全据国史，而行文则自出炉锤，直欲远追班、马。盖六朝争尚骈俪，即序事之文，亦多用四字为句，罕有用散文单行者，《梁书》则多以古文行之”。如《韦叡传》叙合肥之役，《昌义之传》叙钟离之战，《康绚传》叙淮堰之作，“皆劲气锐笔，曲折明畅，一洗六朝芜冗之习，《南史》虽称简净，然不能增损一字也”。“至诸传论，亦皆以散文行之。魏郑公（魏徵）《梁书·总论》犹用骈偶，此独卓然杰出于骈四俪六之上，则姚察父子为不可及也。世但知六朝之后古文自唐韩昌黎始，而岂知姚察父子已振于陈末唐初也哉”。

姚察父子深受《汉书》影响，姚察是研究《汉书》的专家，著有《汉书训纂》三十卷、《汉书集解》一卷、《定汉书疑》二卷，姚思廉也“少受汉史于其父”。因此姚氏父子撰著《梁》、《陈》二书时，继承了《汉书》的古朴文风，以至语言生动准确，浅显易懂，并开唐代古文运动之先河，这不能不说是《梁》、《陈》二书取得的重大成就。

当然，《梁书》和《陈书》也存在诸多不足，主要表现在：

第一，曲笔隐讳较多。姚察曾仕梁、陈，且深得陈后主宠信，思廉也曾仕陈，因此他们对梁、陈心存感情，并且姚氏父子作史时，与梁、陈二代相去不远，其与现实政治、现实人物具有不可斩断的联系。所以《梁》、《陈》二书曲笔隐讳较多，突出表现在为尊者讳和作人情佳传这两点上。

为尊者讳是封建正史的一般特征，但《梁》、《陈》二书似乎更为突出，正如赵翼在《廿二史劄记》卷九“《梁书》悉据国史立传”条中所说，“有美必书，有恶必讳”。如《昭明太子传》对萧统赞誉备至：“宽和容众”、“孝谨天至”、“仁德素著”，对他在生母墓侧埋蜡鹅等物厌祷之事却只字不提。事实上，萧统所以“其嗣不立”，(《南史·昭明太子统传》)原因就在这一事件，《梁书》却因有损太子形象而删去了。至于梁、陈宗室诸王，多誉之为“宽和笃厚”、“仁人博学”，未见半点瑕疵，实际情况远非如此。如《南史·梁宗室传》记萧宏“以介弟之贵，无它能量，恣意聚敛”，“现钱三亿余万，余屋贮布绢丝绵漆蜜纻蜡朱砂黄屑杂货，但见满库，不知多少”。天监四年(505)，他率军北伐，“所领皆器械精新，军容甚盛，北人以为百数十年所未之有”。他却畏敌如虎，只身逃归，导致几乎全军覆灭。关于这些有损萧宏形象的事，《梁书》不见一字，更为严重的是，为了顾全萧宏，不惜歪曲事实，对于洛口大败却说“会征役久，有诏班师”，丝毫未见败迹。《陈书》也是如此，如武帝陈霸先杀害梁敬帝和文帝陈蒨暗害武帝太子昌两事，《陈书》均竭力掩护，不见踪迹。

作人情佳传，封建正史都不同程度地存在，《梁书》和《陈书》在这方面也很突出。姚思廉在《陈书》中不仅为其父察作洋洋三千余字的大传，而且还为其同僚密友虞世基父虞荔及其叔父虞寄作佳传，溢美之辞充斥其中。对此，赵翼在《廿二史劄记》卷九“《陈书》多避讳”条分析道，“盖姚察父子本与刘师知及寄兄荔同官于陈，入隋，又与荔之子世基、世南同仕，遂多所瞻徇而为之立佳传也”。

第二，轻视科技。轻视科学技术是一般封建士大夫的共性，但姚氏父子似更为严重。在封建正史中，科技人物一般入《方伎传》，而《梁书》和《陈书》都没有立此传。更为严重的是，涉及历史人物的科技成就时，要么隐讳不提，要么简略而过。如姚察父僧垣“精医术，知名梁代，二宫所得供赐，皆回给察兄弟，为游学之资”。(《南史·姚察传》)姚氏父子认为这是很不光彩的事，《陈书·姚察传》对姚僧垣以精医术而得宠于梁帝之事讳莫如深，只言“知名梁武代，二宫礼遇优厚”。陶弘景在科技方面也取得不少成就，可《梁书·陶弘景传》仅简略提到“尤明阴阳五行、风角星算、山川地理、方图产物、医术本草”，对其重要的医学著作《本草经集注》、《肘后百一方》等只字未提。由于姚氏父子轻视科技，以致《梁》、《陈》二书保留的科技史料很少，这不能不说是一大遗憾。

第三，过于简略。《梁书》、《陈书》不仅没有表和志，没有《方伎》等专传，而且许多重要人物也没有立传。如萧詧是昭明太子萧统长子，为了与元帝争夺帝位，竟然引西魏军入江陵害元帝，并将江陵“男女数万口，分为奴婢，驱入长安，小弱者皆杀之”。(《梁书·元帝纪》)此后，萧詧被西魏立为梁王，成为西魏、周、隋附庸。其政权历三世，达三十三年之久，史称后梁。如此重要人物《梁书》竟然无传，后世史家大为不满。赵翼在《陔余丛考》卷七“《梁书》编次失当”条说，“《梁书》专纪萧氏，则萧氏子孙建国称帝者，安得竟从删削。此究是《梁书》之缺处”。另外，活跃于梁末陈初的著名将领王琳、张彪等在《梁》、《陈》二书中也未见其传，这不能不说是一大缺陷。

第四，诏策、表疏过多。《梁书》、《陈书》所收诏策、表疏过多，许多没有任何价值的也统统收入，徒增烦冗。特别在叙述梁代齐、陈代梁时，在帝纪中长篇累牍地照录加九锡文、禅位诏策、玺书、劝进表等虚文，徒废笔墨，且造成局部臃肿。同时在人物列传之末照例加上饰终之诏，造成千篇一律之感。

总之，《梁书》和《陈书》虽存在种种不足，但比较全面地反映了梁、陈二代全貌,保存了大量原始资料,是我们今天研究梁、陈二代历史的主要史料来源。

四、《梁书》、《陈书》之研究与阅读

1.《梁书》、《陈书》之研究

《梁书》、《陈书》的真正研究直到清代才开始。该时期研究二书的学者不乏其人,他们进行了系统的校勘、考异、补正等工作,著名的有钱大昕的《廿二史考异》、赵翼的《廿二史劄记》、王鸣盛的《十七史商榷》、罗振玉的《梁书斠注》、《陈书斠注》、李慈铭的《梁书札记》等。其中成就最大的当首推钱大昕的《廿二史考异》和赵翼的《廿二史劄记》。钱氏《考异》侧重于文字校勘和名物训诂,其中《梁书》考异一百一十六条,《陈书》考异九十六条,合计二百一十二条,可见钱氏对《梁》、《陈》二书钻研之深。这些考异大都已成定论,成为中华书局点校本校勘的重要来源。赵氏《劄记》涉及面更广,既评述编纂得失,又注意归纳史实,总结规律。如卷九"《梁书》编纂失检处"、"《梁书》有《止足》无《方伎传》"、"古文自姚察始"、"《陈书》多避讳"等条就比较中肯地评价了《梁》、《陈》二书;卷十二"江左世族无功臣"、"齐梁台使之害"、"陈武帝多用敌将"等条都是规律性的总结。此外,《梁书》、《陈书》都无表、志,清代学人也试图为之作补,收录在《二十五史补编》的补表有万斯同的《梁诸王世表》、《梁将相大臣年表》、《陈方镇年表》,补志有洪齮孙的《补梁疆域志》四卷、臧厉禾的《补陈疆域志》四卷。这些补表、补志无疑也是《梁》、《陈》二书的重要研究成果。

新中国成立后,《梁书》、《陈书》的研究提高到一个新的水平,其主要成就有:

第一,中华书局《梁书》、《陈书》点校本的出版。分别由卢振华、张维华点校。他们在吸收前人校勘成果的基础上,搜罗各种古籍资料,做出了目前为止最全面、最权威的《校勘记》。其中《梁书校勘记》七百六十二条,《陈书校勘记》五百三十四条。《校勘记》无疑是《梁》、《陈》二书的重要研究成果。

第二,涉及《梁书》、《陈书》的研究专著主要有岑仲勉的《陈书求是》(商

务印书馆 1958 年版）、吕思勉的《吕思勉读史札记》（上海古籍出版社 1983 年版）、周一良的《魏晋南北朝史札记》（中华书局 1985 年版）等，这些专著都有不少精辟见解。如周氏《札记》中“萧衍以及南北朝人小字”、“土断后所居之地即称本州”、“陈霸先早年经历”、“部曲私兵”等条都是难得的精品。

第三，研究《梁书》、《陈书》的论文大约二十余篇，涉及作者的史学思想、史著的编纂得失、史实的辨订等，其中不乏上乘之作。如赵俊的《〈梁书〉、〈陈书〉编纂得失》（载《中国社会科学院研究生院学报》1994 年第 3 期）就比较全面、中肯地评价了二书得失；许福谦《〈梁书〉纪传疑年录》（载《首都师范大学史学研究》第 1 辑）依据古籍及有关碑刻等资料考定了《梁书》中二十二人的生卒年；熊清元的《〈梁书·刘显传〉点校匡补》（载《中国史研究》1998 年第 2 期）对该传中涉及的梁代官职“史部都”、“建康平”等进行了考辨，从而纠正了错误。

2.《梁书》、《陈书》之阅读

首先，要注意纵横联系。横的方面，梁、陈分别与北方的北魏、东魏、西魏、北齐、北周并存，彼此联系密切，因此，阅读《梁书》、《陈书》时就需参阅《魏书》、《北齐书》和《周书》。如后梁主萧詧，《梁书》无传，而《周书》为他作了洋洋万余言的长传，因此，要了解萧詧及后梁史事就非看《周书》不可。纵的方面，梁、陈上接宋、齐，四朝合称南朝，典章制度、地理沿革等一脉相承，阅读《梁书》、《陈书》时就有必要上溯到《宋书》和《南齐书》。同时，陈亡于隋，并且《梁书》、《陈书》都无志，而《隋书》的志本名《五代史志》，是唐太宗组织专人补修的，包括梁、陈、齐、周、隋五代的总志，因此，阅读《梁书》、《陈书》时需参读《隋书》，特别是其中的志。

其次，要重视《南史》。《梁书》、《陈书》过分简略，《南史》增补二书甚多。如卷六四为梁末陈初的王琳、张彪立了专传，《萧宏传》增“洛口溃败”和贪赃事，《郭祖琛传》增梁武帝佞佛事，《萧正德传》增梁宗室子弟纵横不法数事等。同时，《南史》对二书的曲笔回护之辞也多有更正，因此，阅读《梁书》、《陈书》时需参读《南史》。

再次，要参考《资治通鉴》。《资治通鉴》中《梁纪》二十二卷、《陈纪》十卷,合计三十二卷,超过了总卷数的十分之一。其史料多有出自《梁书》、《陈书》之外,并且都经过司马光等人严格而审慎的考求和辨证,相当准确可靠。同时,南北朝的分裂导致南北各朝史书叙述本国历史详尽,而别国历史简略,且多不实。即使李延寿也把南北朝分为《南史》、《北史》,各自叙述,以至人们很难整体把握这段历史。《资治通鉴》克服了以上弊端,它采用编年纪事体,将南北割据双方视作一个整体加以叙述,不仅使人们更易了解南北的密切联系,而且容易形成整体认识。因此,阅读《梁书》、《陈书》时不可不参考《资治通鉴》。

《魏书》说略

高敏 著　高凯 整理

一、《魏书》的作者及其生平

《魏书》的作者魏收，字伯起，小字佛助，钜鹿郡下曲阳（今河北平乡一带）人。生于北魏世宗宣武帝元恪正始二年（505），或说出生于正始三年（506），死于北齐后主高纬武平三年（572）。《北齐书》卷三七及《北史》卷五六均有传；《魏书》卷一〇四还有魏收自己写的《自序》。但是，诸本《魏书》目录均缺《自序》，故今本《魏书·自序》系删节《北史》卷五六《魏收传》而成，仅有个别字句溢出《北史》；《北齐书》卷三七《魏收传》原缺，除卷首几句与《北史》卷五六《魏收传》不同外，其余大都与《北史》一致。故《北齐书》的校点者武汉大学唐长孺教授认为，《北齐书·魏收传》传首叙魏收世系的几句，可能是《北齐书·魏收传》的残存部分，其余部分均系后人以《北史·魏收传》所补。如此说来，关于魏收的记载，实际上就只剩下《北史》卷五六《魏收传》了。

魏收的曾祖父叫魏缉，祖父叫魏悦，《北齐书·魏收传》误作魏韶，《北史·魏收传》早已订正之，唐长孺教授对此又作了考证，详见《北齐书·魏收传》校勘记。他的曾祖曾为北魏济阳郡太守。魏收之父叫魏子建，字敬忠，北魏宣武帝时曾任东益州刺史，专门对付氐族人民。由于他镇压南秦州与北秦州的“城人”（亦作“城民”）暴动有功于北魏政权，于是，梁州、巴州、益州、东益州和南、北二秦州之事，都由他“节度”。后来，由东益州刺史还居洛阳，又曾为常侍、卫慰卿。永熙二年（533）卒于洛阳，年六十三岁，北魏政府赠以仪同三司、定州刺史。由此可见，魏收实出身于历代为官的官宦家庭，且与太尉李虞及泾州刺史卢道裕、尚书卢义僖等有姻亲关系，往来密切，属于统治阶级中的上层人物。

魏收本人，幼年好学，年十五便善于写作。后随父到边关地区，因而也受其影响而好习骑马射箭，颇想在武艺方面有所成就。因为受到荥阳郑伯的戏弄，魏收才感到惭愧，转而发愤读书，虽盛夏酷暑，他也把木板床置于树荫下诵读不息。经过一些年的努力，文字才能大有提高。进入政治舞台之初，因其父的功勋得以一跃而为太子博士。接着，吏部尚书李神俊奏请朝廷任他为司徒记室参军。永安三年（530），就作了北主客郎中。不久，迁散骑常侍，随即敕典起居注，并修国史，兼中书侍郎，时年仅二十六岁，可谓一帆风顺，官运亨通。

魏收既少年得志，又自恃文才及父祖余荫，颇自骄矜。他看不起权重一时的黄门侍郎崔悛，又对北魏孝武帝之大肆狩猎嵩山之南不满，且处于高欢同孝武帝重重矛盾之间，遂使自己遭到了一系列打击与挫折。后来，虽然他出使南朝，使他获得了在南朝大显文才的机会，而他在南朝又大肆采买当地女子为婢妾，连对他手下人买的婢女也个个逼欢，遍行奸污；同时在南朝大收财物，贪赃枉法。因此，“人称其才，而鄙其行”，（《北史·魏收传》）述其俨然一个公子哥儿的可耻形象，以致后来在东魏时期一直得不到重用。最后，不得不自己请求修国史之职。高澄乃用之为秘书监，兼著作郎，修国史。这便是他得以修撰《魏书》的由来。以这样一个多文才而无人品的人修《魏书》，就不能不给《魏书》带来一些骂名。

二、魏收撰写《魏书》的历史背景与历史条件

早在北魏太祖道武帝拓跋圭建立代国政权时，就任命安定人邓渊（字彦海）为著作郎，负责撰写《国记》。由于当时国号为“代”，故邓渊的《国记》又

名《代记》。邓渊的《国记》只有十余卷,只记年次月份和皇帝起居情况,实际上只是一个编年体的大事记,还不具备纪传体史书的形式与内涵。到了太宗明元帝时期就“废而不述”了。(《魏书·崔浩传》)

北魏世祖太武帝拓跋焘神䴥年间(428—431),才“命史职注集前功,以成一代之典”。然而,由于连年用兵,仍然是“史阙其职,篇籍不著”。(《魏书·崔浩传》)所以,到拓跋焘平凉以后,才正式命崔浩“综理史务”,并责令他“述成此书,务从实录”。于是,崔浩从此“监秘书事”,还有“中书侍郎高允、散骑侍郎张伟参著作,续成前纪”,而由崔浩负总责。(《魏书·崔浩传》)这里的所谓“前纪”,即邓渊的《国记》。由此可见,崔浩等人所撰,也是编年体史书。后来,崔浩被诛。其被诛原因,前人及今人多有所论述。或谓由于他主张“齐整人伦,分明族姓”,(《魏书·卢玄传》)或谓其被诛,在于图谋反叛;或谓其被诛,在于崇信道教,与崇佛的拓跋晃有严重矛盾;或谓其国史修成后,“请立石,铭载国书,以彰其笔”,且“书国事备而不典”,详见《北史·崔浩传》,著名学者周一良先生即力主此说。(周一良《魏晋南北朝史札记》)我们暂不去追究崔浩的死因到底是什么,他撰写《国书》三十卷却是事实。此书于拓跋焘太平真君十一年(450)刻成石碑,公之衢路,让人人都能看到。由于崔浩的被诛,这部由他撰写的国史自然被废了。

到了高祖孝文帝拓跋宏太和十一年(487),认为崔浩、高允等人著述的《国书》,虽然记述了“自成帝以来至于太和”的历史,但系“编年序录,为《春秋》之体,遗漏时事,三无一存”,再一次以遗漏史实的罪名否定了崔浩等人的《国书》。于是,孝文帝又以李彪“为秘书丞,参著作事”,“与秘书令高祐”再度撰修国史。李、高等人“始奏从迁、固之体,创为纪传表志之目焉。”(《魏书·李彪传》)这就是说,他们把自成帝至于太和年间的历史改写成了纪传体史书。

此后,又有邢峦与崔鸿等人,先后编写了高祖(孝文帝元宏)、世宗(宣武帝元恪)和肃宗(孝明帝元诩)三朝的起居注。到了孝庄帝建义初(528),以温子昇为南主客郎中,“修起居注”。同年九月,改元永安,温子昇“又撰《永安记》三卷”。(《北史·文苑·温子昇传》)此外,还有元晖业撰写的《辨宗室录》四十卷。这样一来，除北魏末期没有现成的史书之外，自北魏建国前至北魏后孝庄帝时期的历史，都有了现成的史料。可见北齐文宣帝高洋天保二年(551)正式任命魏收以中书令兼著作郎撰修《魏书》的时候，前人已经给他做好了绝大部分的史料准备。又据周一良先生考证，魏收《魏书》之卷九五到卷九九，大抵是据崔鸿的《十六国春秋》写成。(《周一良学术论著自选集》)按崔鸿之书，成于北魏后期，魏收于北齐时撰修《魏书》，完全有条件利用此书来撰写《魏书》的少数民族历史。故《魏书》关于少数民族历史之所以特详，或即得力于此。如此，则周氏考证之功是不可没的。

三、魏收《魏书》的主要内容与特征

魏收的《魏书》继承了《史记》、《汉书》及北魏太和时期李彪等人所修《国书》的纪传体体例。全书分本纪十二篇，凡十四卷；列传九十二篇，凡九十八卷；志十篇，凡二十卷。这是因为本纪、列传与志有些有子卷的缘故。因此，如果不计子卷，全书只有一百一十四卷，计子卷则为一百三十卷。

魏收撰写《魏书》，应当说始于东魏兴和年间(539—542)，即高澄掌握实权的时期。高澄死后，高洋正式建立北齐政权，于天保二年(551)再次任命魏收撰写《魏书》，是其继续时期。到天保五年三月，魏收就完成了《魏书》的纪、传并奏上之；同年十一月，又奏上十志。如果没有天保之前的修史工作，他决不可能在天保年间的短短数年中修好《魏书》的。

《魏书》的最大特点主要有三个：一是内容相当丰富，是我们今天了解北魏历史的主要依据；二是在史书的体例方面，开创了史书撰写专门的宗教志——《释老志》的先例，也创立了把鲜卑氏族的状况和发展变化与北魏的职官制度合于一体的《官氏志》新体例；三是开了把同宗族成员合于一传的家谱式列传体体例的先河。现分别依次述之。

关于《魏书》内容丰富这一特征，可以从下面的情况获得说明：第一，当唐初人李延寿改写北朝历史为《北史》的时候，其史料来源主要就是魏收的《魏书》，可以说《北史》超出《魏书》的史料是少而又少的。这表明自北齐天保年间到唐太宗时期的近一个世纪中，并没有发现多少超出《魏书》的新史

料。如果不是魏收的《魏书》搜罗史料详实和丰富,是不会出现上述情况的。第二,《魏书》记载了鲜卑拓跋部早期的活动情况,反映出拓跋部的社会面貌和由氏族到部落族盟再到国家产生的发展全过程,对游牧民族史的研究有着示范作用。当时同拓跋部同时存在的许多少数民族的情况,《魏书》也有比较详细的记载,这是其他史书所不能比拟的。第三,在今本《魏书》中,虽有残缺部分,仍然可以从一些保存完好的本纪、列传中看到魏收引用的许多有价值的诏令、奏章和建议,这是关于北魏政权的难得的原始材料。李延寿在撰写《北史》时,往往把这些内容删削,不仅没有降低《魏书》的价值,反而突出了魏收《魏书》在保存史料方面的功能与作用。第四,有关北魏一代的许多重要制度,如均田制、屯田制、计口受田制、国有牧场制、私有牧场制、种族奴隶制、牧子制、杂户制、隶户制、僧祇户与佛图户制,北魏官制方面的内外朝制、府户制、城人制、军镇制,封爵制中的虚封制与实封制,统治形式方面的护军制、州郡与镇戍并存制、部落与编户同在制以及宗主都护制、租调力役制等,都可以从《魏书》中获得相当的记载,尽管十分分散,有的不够系统,但总比根本缺而不载要好得多。第五,《魏书》的《食货志》记载了相当丰富的北魏社会经济史料,它还是南北朝时期的八书中除《隋书》以外惟一有《食货志》的一部史书。要了解北魏时期社会经济史,这是惟一的史料依据。如上所云,《魏书》的史料价值和丰富程度是不可低估的。

关于魏收《魏书》对纪传体史书体例的创新与发展,主要表现在其《释老志》与《官氏志》的增添。《释老志》中的"释"是指佛教而言,"老"是指道教而言,所以,《释老志》的本质就是当时的宗教志。这是《史记》、《汉书》所没有的篇目,其为创新是很明显的。魏收之所以能有此创新,说到底,是由当时的时代特征决定的。因为佛教在北魏十分盛行,佛教徒的政治势力也颇为强大;道教在北魏取得了国教的地位,而且与佛教斗争很激烈,这种斗争经常带有浓厚的政治色彩。总之,由于佛、道二教的传播,不仅对当时的思想意识、文化艺术和风俗习惯产生了重大影响,而且使当时的阶级关系也增添了新的内涵,甚至对当时的社会经济也带来了巨大影响。如这一时期以寺院形式出现的土地所有制,成了当时地主土地私有制形式的一个重要表现形式。在这样的情况下，魏收在其《魏书》中撰写《释老志》，实属势所必然。正是通过他所撰写的《释老志》，对当时佛、道二教的传播、发展与演变做出了系统的集中的叙述，从而为我国古代宗教史的研究留下了最早的完整史料，功不可没。至于魏收在《魏书》中写的《官氏志》，也与《史记》、《汉书》的相应篇目不同，其特点是增加了关于氏族的内容，并把氏族与当时的职官制结合起来记述，无疑也是一种创新。他之所以能这样做，同样是当时历史条件决定的。因为北魏前期的官制同氏族有不可分离的关系。当北魏统治者进入中原之初，为统治汉人的需要，便把他们原来的氏族组织形式改变成统治汉人的职官制度，以致产生了以氏族制为核心的内朝官制。后来，又由于政治形势的变化，不得不吸收大量汉人为官，以适应胡汉地主政治联盟的需要，于是又逐步形成了以汉族官吏为核心的外朝官制。北魏的这种内外朝官制，同汉代的内外朝制度是不同的。对于北魏政权来说，内朝官制与外朝官制的长期并存、相互渗透、相互制约和变化发展，构成了北魏官制的最大特征。正是魏收《魏书》为此创立的《官氏志》，初步揭示了这一特征和秘密，其中还有不少问题有待于深入探讨和阐发。因此，魏收《魏书》中《官氏志》的撰写同样功不可没。

至于魏收《魏书》开家谱式列传体史书的先河问题，也确是《魏书》的一大特色。魏收的《魏书》给一些重要历史人物立传时，往往把这些人的祖先与子孙和同族旁支成员也附带在主传中列出，不论这些附传人物本身有无官职，照样要记述一笔，以致一传往往附传数人或数十人不等。因此，清人赵翼在其《陔余丛考》卷七的《魏书芜杂处》一篇中说，这种情况有点像给一代人或几代人作家谱。其实，这种情况的出现，并不是魏收个人的过失，也同样是当时的客观历史条件决定的。因为当时北魏的拓跋贵族进入中原以后，需要长期保持其特权地位不变，因而特别需要突出家族的荣宠地位；通过孝文帝的汉化政策以后，又比附着中原地区原有世家大族的特权地位，把拓跋贵族的特权地位固定化和汉化，于是形成了胡汉贵族相结合的特殊的门阀制度。在这种门阀制度下，按照家谱式的形式去写历史，既符合北魏孝文帝所提倡的汉化政策，又符合高门世族的利益，同时也是社会实况在史书体例上的反映。于是,魏收《魏书》的家谱式立传方式就应运而生了。始于魏收《魏书》的这种家谱式体例,至李延寿撰写《南史》、《北史》时,又被推进到了一个新的发展阶段,李氏把附传的同族人物扩大到整个南朝时期和北朝时期,甚至还上溯到魏、晋时期。不过,他删去了不少魏收《魏书》中所列的附传,按照在隋、唐时有官、无官的原则,重新筛选了《魏书》中附传者的名单,也增加了一些在隋、唐有官阶品位者的祖先传记。实际上,李延寿的做法,是出于同一政治需要,也是对《魏书》家传式体例的继承和发展。

应当指出,《魏书》也有其缺陷,例如《地形志》有详所不当详而略所不当略的地方;《食货志》不载当时的徭役制度;《官氏志》不记当时官府的部门和官吏职掌;《天象志》与《灵征志》宣扬了灾变、祥瑞等迷信思想。不过,有些问题必须一分为二地看待。如《天象志》与《灵征志》,在宣扬灾变与迷信的同时,却同时留下了北魏建国以来的一百五十年间的地震资料。因此,从整体来看,《魏书》诸志虽有其缺点,却不能损害与掩盖其优点和作用。总的来说,魏收的《魏书》是一部有价值的史书,决不可因为当时人或后世人对其有许多非议而忽视之。

四、对魏收《魏书》的不公正评价应当破除

魏收《魏书》问世之后,社会反响极大,主要是北齐政权的高门子弟与权贵大臣对此书极尽诬蔑之能事,甚至涉及对魏收个人的人身攻击。《北史》卷五六《魏收传》对此有详细记载。综合起来,约有几个方面的内容:

第一,说魏收以修史为手段威胁他人:史书记载他经常对人说:"何物小子,敢共魏收作色! 举之则使上天,按之当使入地。"按照这种说法,表明这不仅是个人作风问题,而且反映他修史的不公正、不客观,是以修史为手段威胁他人,作威作福的丑恶形象暴露无遗。

第二,为亲朋好友作佳传:史书说魏收早在高欢时"为太常少卿,修国史,得阳休之助,因谢休之曰:"无以谢德,当为卿作佳传"。后来,阳休之的父亲阳固,"魏世为北平太守,以贪虐为中尉李平所弹获罪",其事载于《魏起居注》。到魏收写《魏书》记载阳固的事迹时则云:"固为北平,甚有惠政,坐

公事免官。”又云李平对阳固“深相敬重”。这样一来,阳休之父亲的贪暴罪行以及其为中尉李平所弹劾的事实就全部被掩盖起来了。史书对此还举了一个例证,这便是关于为尔朱荣作传之事。史书云:“尔朱荣于魏为贼,收以高氏出自尔朱,且纳荣子金,故减其罪行而增其善,论云‘若修德义之风,则韦、彭、伊、霍,夫何足数。’”意即对尔朱荣这样的魏之大贼臣,魏收因为考虑到北齐高氏政权的先世与尔朱氏的关系,加上他自己又接受尔朱荣之子的金钱,故写《尔朱荣传》时,少说他的罪过而增加关于他的好事,还在传末的评论中有意抬高他。通过上述二例,不仅说明魏收修史时有伪造史实之事,而且为官也有贪污受贿之嫌。

第三,是对魏收个人进行人身攻击:一是说他看不起他的堂叔父魏季晨,当着人骂其叔父“愚癡”;二是说他狂妄自大,自谓撰修国史之事,非他莫属;三是说他身居京洛时期,“轻薄尤甚,人号云:‘魏收惊蛱蝶。’”意谓其人品不端。

上述这些对魏收个人及其所修史书的指责,既无法肯定其为子虚乌有,也不能说毫无夸大渲染之处。但是,有两点却是可以肯定的:一是攻击魏收及其所修史书最厉害的人,大都是北齐时期权贵子弟,他们这样做的原因,基本上是各自为私利所驱使;二是《魏书》所存在的一些问题,如记述失实等情况,不能由魏收一人负责,主要是应由其他参加者负责。下面的一些实况,就足以说明这两点。

由于对魏收《魏书》有上面的一些指责,即所谓“时论既言收著不平”,就迫使北齐文宣帝“诏收于尚书省与诸家子弟共加论讨”。在论讨过程中,“前后投诉,百有余人”。他们投诉了些什么呢?他们“云遗其家世职位;或云其家不见记录;或云妄有非毁”。具体地说:范阳卢斐、卢同被附于族祖卢玄传下;顿丘李庶的家传,称其本是梁国蒙人。这些鸡毛蒜皮的小事,但是在门阀世族看来,都是有辱家门之事。如卢斐之父已有附传,而他却大为不满,说什么“臣父仕魏,位至仪同,功业显著,名闻天下,与收无亲,遂不立传”,显然诬蔑之词。因此,这些投诉者百余人,大都是高门世族。他们之所以投诉,在于为其家世争荣光、争地位。史书本已为之附传,他们以与魏收无亲为由，诬其不为立传，甚至大骂整个"史书不真"。难道魏收接受卢斐这样的自我吹嘘而写入史书就算"直笔"了吗？因此，这些投诉，多有不实之词，无怪乎魏收在论讨中"皆随状答之"，有时还"性急，不胜其愤"。正是基于当时门阀世族的私利和他们之间彼此的矛盾，才使魏收《魏书》蒙受了"秽史"之冤。唐人刘知幾作《史通》时，未能从当时的具体情况出发，也没有去考察这些攻击之辞是基于什么原因和出于什么人之口，就认为魏收《魏书》为"秽史"，未免失之公允。

实际上，当时人亦有称赞魏收《魏书》者。如尚书陆操与左仆射杨愔就是如此。《北史·魏收传》云："尚书陆操尝谓（杨）愔曰：'魏收《魏书》可谓博物宏才，有大功于魏室。'愔尝谓收曰：'此谓不刊之书，传之万古。'"如果说杨愔与魏收有亲戚关系，杨愔才为魏收《魏书》说好话，那么陆操其人却未见其与魏收有什么亲旧关系，何以也赞扬《魏书》呢？可见，北齐时期一些高门权贵子孙对《魏书》的谤词未可尽信。

退一步说，魏收《魏书》即使有些不实之处和美化个别人物的地方，也不能全由魏收一人负责。因为参加撰写《魏书》的，还有房延祐、辛元植、眭仲让等人。这些人"虽夙涉朝位，并非史才"；还有刁柔、裴昂之等人也参加《魏书》的修撰，他们"以儒业见知，全不堪编辑"；更有高孝幹其人，"以左道求进"，参与修史。所有这些"修史诸人"的"宗祖姻戚，多被书录"，而且被"饰以美言"。对这些情况，"收颇急，不甚能平"，（《北史·魏收传》）表明魏收对这些人的做法是不赞同的。特别是刁柔其人，"性颇专固，自是所闻，收常所慊惮"，他还"志存偏党"，"《魏书》中与其内外通亲者，并虚美过实，深为时论所讥焉"。（《北齐书·儒林·刁柔传》）更可见《魏书》的一些不实之处，多为这些人所为，不能由魏收一人负责。因此，魏收长期蒙受的不白之冤，应当予以昭雪。

正因为如此，周一良先生曾写专文为魏收平冤。周先生在其《魏收之史学》（《周一良学术论著自选集》）一文中从多方面为魏收作了辩解。首先，周先生也认为："《魏书》发凡起例，虽在伯起（即魏收），而列传之修撰亦经众手。诸人多非史才，芜冗之处固不应收一人独其咎。"其次，北齐杨愔十分赏识魏收的文才出众和学识博雅，而《北齐书》卷三四《杨愔传》说杨愔其人“典选二十余年，奖掖人伦，以为己任。……门绝私交，轻货财，重仁义”，周先生据此推论说：“如果（魏收是）轻薄之徒，愔将能荐之乎？”其三，《北史》虽然说到魏收有贪污之事，周先生据《北齐书》诸列传考证，认为北齐时贪污之风极盛，魏收之贪货财远不及他人，故“魏收视诸人，固远为高矣”。其四，周先生认为：“世皆言《魏书》芜冗，以今考之，殆不尽然。”接着就以若干实例说明《魏书》并非芜冗。其五，《北史·魏收传》所载卢斐讼魏收不为其父卢同立传一事，周先生根据《魏书·卢玄传附卢同传》所载，认为不为卢同立传之说为诬辞；又卢同“克附之乂，多所诛戮，为时论所非”，魏收在多处言及卢同时，措词都“隐约见意”，未直言其非，而卢斐自谓卢同“功业显著，名闻天下”，简直是不知羞耻。其六，关于李庶讼魏收《魏书》谓其家世梁国蒙人一事，全系诬辞。周先生据《魏书》卷六五《李平传》，称为“顿丘人也”，未尝言陈留人，其不实昭然。其七，关于《北史》所载王松年谤《魏书》事，也同样不实。《北齐书·李构传》云：“魏收书王慧龙自云太原人，又言王琼不善事。”王松年所论，大致据此而言。然而《魏书》卷三八《王慧龙传》，“颇著其功绩，殊无轻之之意”。故王松年所讼实为乌有。总而言之，周先生几乎逐条驳斥了《北史·魏收传》所载诸条攻击魏收的言论，指出其攻击之辞均为无稽之谈。

那么，为什么有这么多人同时投诉于文宣帝呢？周先生接着分析了造成这种状况的原因。他说“惟其（指魏收）出乎侪类也，故恃才傲物，不矜细行。加之性褊，不轻下人，好为诙诡奇谲之论，为世所指摘，而原其本心，实亦无它。”其实，这是《北史·魏收传》及《北齐书》卷二三《崔㥄传》所记述的原因。另外，周先生又指出：正因为魏收为人有上述诸多毛病，“盖诸子孙习闻收之为人，以为其修史也必颠倒是非，任情褒贬，齐主既令共加研讨，遂纷然杂至，竞相徼幸，其家世不载于《魏书》者，欲求载之；已载录者，更欲褒美；是皆狃于文宣之命，而逞一己之私见者也”。最后，周先生还概括性地指出：“一良尝粗检史籍，与《魏书》比观，深觉孝贤责难于收之人与书者，使收地下有知，或不受也。”并谓《北史》对魏收及其《魏书》的诟病，正如《晋书》之诬陈寿。同时，事实也证明，《北史·魏收传》所载的许多贬责魏收之辞，有《魏书》之原文可以驳正其说；高似孙《史略》卷二“魏收《后魏书》”条下引《三国典略》的记载，亦足以证成此说。《三国典略》云：“齐主以魏收之卒，命中书监阳休之裁正其所撰《魏书》。休之以叙其家事稍美，且寡才学，淹延岁时，竟不措手，惟削去嫡庶一百余字。”由此可见，受人攻击的《魏书》，在魏收死后，连受命裁正者也无所“措手”，其污秽不实，又在何处？因此，我完全同意周先生的见解，应当为魏收及其《魏书》洗雪罪名。

五、魏收《魏书》在流传中的残缺

正因为魏收及其《魏书》刚刚问世，就遭到巨大打击，以致严重地影响了此书的流传和后人的认识。例如隋文帝杨坚，早在灭陈统一全国之前，就认为魏收《魏书》“褒贬失实”，于是先以“平绘为《中兴书》”，以其“事不伦序”，又“诏（魏）澹别成《魏史》”。魏澹其人本仕于北齐，周灭北齐后入周为官，隋文帝“迁为著作郎”以撰《魏史》。魏澹的《魏史》（也称《魏书》），上起北魏道武帝时期，下迄西魏恭帝时期，有本纪十二卷，列传七十八卷，还有史论及例一卷，加上目录一卷，合计九十二卷。（《隋书·魏澹传》）隋文帝之所以命魏澹别撰《魏书》，目的之一，在于以之取代“褒贬失实”的魏收《魏书》。他的这一看法，显然是受当时诬蔑魏收《魏书》舆论的影响。他的另一个目的，在于撰修一部以北周为正统的《魏书》，一改魏收《魏书》重视北齐的做法。所以，当魏澹《魏书》完成后，隋文帝杨坚“览而善之”，以其能为隋承北周正统的政治目的服务。不过，魏澹的《魏书》，有其明显的缺陷，这就是“甚简要，大矫收、绘之失”，（《隋书·魏澹传》）并不能取代魏收《魏书》。因此，到了隋炀帝即位后，又以博士潘徽与著作郎陆从典、太常博士褚亮、欧阳询帮助越国公杨素撰写《魏书》，（《北史·潘徽传》）又想以此取代魏收《魏书》和魏澹《魏书》。但是，这一计划由于越国公杨素的去世而终止了。

到了唐太宗时期，又是由李延寿其人，合北朝四史而撰《北史》，当时人多以其简约和改变了魏收《魏书》为北朝门阀世族立传的具体人物名单而受到赞扬，致使魏收《魏书》进一步受到冲击。再加上唐人刘知幾在其《史通》

中，多次重复北齐时人对魏收《魏书》的攻击诬蔑之辞，还变本加厉地说："（魏）收谄齐氏，于魏室多不平。既党北朝，又厚诬江左。性憎胜己，喜念旧恶；甲门盛德，与之有怨者，莫不被以丑言，没其善事；迁怒所至，毁及高曾。书成始奏，诏收于尚书省，与诸家论讨，前后列诉者，百有余人。时尚书令杨遵彦，一代贵臣，势倾朝野，收撰其家传甚美，是以深被党援，诸讼史者皆获重罚，或有毙于狱中，群怨谤声不息。孝昭世敕收更加研审，然后宣布于外。武成尝访诸群臣，犹云不实，又令治改，其所变易甚多。由是世薄其书，号为秽史。"（《史通·古今正史》）刘氏的这席话，不仅收罗了北齐时人对魏收及其《魏书》的一切攻击之词，而且还加入了他自己的发挥，可谓集诬蔑之词的大成，对后世影响很大。自此以后，几乎代代有人重复这些不尽真实的说法，以致魏收及其《魏书》长期蒙受不白之冤，同时也给《魏书》带来了厄运，严重影响了它的流传，甚至造成了《魏书》的严重残缺。

关于《魏书》散佚的情况，北宋人刘攽、刘恕和范祖禹等人帮助司马光修撰《资治通鉴》时，曾于英宗治平四年（1067）到神宗熙宁三年（1070）间，利用《修文殿御览》、《北史》和唐人的各种史钞、史目，对当时流行的《魏书》进行了细致的校勘，发现了《魏书》全缺者二十六卷和不全者三卷，合计残缺二十九卷，连同补缺各卷来源，各疏于逐卷之末，并在《魏书》目录中也分别注明了哪些卷"阙"和哪些卷"不全"，还写了校记，这便是今中华书局点校本《魏书》所注何卷"阙"和何卷"不全"以及宋人校语的由来。从北宋时期就发现《魏书》残缺二十九卷的情况看，表明此书之残缺，确发生于李延寿《北史》问世之后的唐代中后期、五代及北宋前期。经过刘恕等人校勘的《魏书》，根据晁公武《郡斋读书志》所载，大约初刻于北宋神宗熙宁三年以后和徽宗政和年间（1111—1118）之前。这个初刻本流传不广。到南宋高宗绍兴十四年（1144），曾在四川翻刻这个经过刘恕校勘的《魏书》。不过，这两个本子没有传下来。后来，实际传下来的《魏书》刻本，也是南宋时翻刻的，并于元、明二代补刻，所以这个本子叫三朝本。今中华书局点校本《魏书》，以同祖于三朝本的商务印书馆影印百衲本、明万历二十五年（1597）刻南京国子监本、明万历年间北京国子监本、明末汲古阁本、清乾隆四年（1739）武英殿本、清同治十一年(1872)金陵书局本为底本,并经过互校、参校,择善而从,可以说是目前《魏书》的最佳版本。

既然《魏书》在北宋中期以前就已散佚,那么,明白究竟散佚了哪些卷是十分必要的。关于这一点,唐长孺先生校点的《魏书》,既在目录部分对阙和不全者都标明了"补"字,又在所补各卷的校勘记中分别注明了《魏书》百衲本、南监本等卷后所附宋人校语,指明该卷系用何书所补;同时还加上自己的考证,以补宋人校语,或纠正宋人说法,甚见功力。兹录其所补篇目如下,以醒目焉:

卷一二	孝静帝纪	补
卷一三	皇后列传	补
卷一四	神元平文诸帝子孙列传	补
卷一五	昭成子孙列传	补
卷一七	明元六王列传	补
卷一八	太武五王列传	补
卷一九上	景穆十二王列传上	补
卷二〇	文成五王列传	补
卷二二	孝文五王列传	补
卷二五	长孙嵩列传	补
卷三三	宋隐等人列传	补
卷三四	王洛儿等人列传	补
卷八一	綦俊等人列传	补
卷八二	李琰之等人列传	补
卷八三上	外戚列传上	补
卷八三下	外戚列传下	补
卷八四	儒林列传	不全
卷八五	文苑列传	补
卷八六	孝感列传	补
卷八七	节义列传	补

卷八九	酷吏列传	补
卷九一	艺术列传	不全
卷九二	列女列传	不全
卷一〇一	氐传等	补
卷一〇二	西域传	补
卷一〇三	蠕蠕、高丰等列传	补
卷一〇四	自序	补
卷一〇五之三	天象志三	补
卷一〇五之四	天象志四	补

合计凡缺而补者二十六卷,不全者三卷,此皆经过宋人考证和唐长孺先生点校《魏书》时所核实之残、缺篇目。但据周一良先生考证,《魏书》残缺篇目尚不止此。他说:"宋初其书已亡佚不完,纪缺二卷,传缺二十二卷,不全者三卷,志缺二卷,后人取诸书补之。此外,残缺不完,而未经补缀者,犹有二十九卷,综计全缺及不完者凡五十八卷,其目详见殿本《廿四史考证》及《魏书源流考》。"(《周一良学术论著自选集》)以此言之,今本《魏书》所列缺、不全之二十九卷,仅为已经补缀者,其残缺而未经补缀者,还有二十九卷。则魏收《魏书》残缺之严重,于此可见其梗概。

上述《魏书》缺与不全之二十九卷,早在北宋刘恕等人校勘《魏书》之前,就已有人用《北史》及《高氏小史》补之。有的则杂抄其他史书补之,不过,这样的情况不多。所谓《高氏小史》,据《直斋书录题解》卷四《别史类》所载,系唐人高峻所撰,凡一百三十卷(《唐书·艺文志》和《文献通考》均谓《高氏小史》为一百二十卷,与此异),是高峻"抄节历代史"而成书,"司马温公尝称其书,使学者观之",可见这部"抄节历代史"而成书的《高氏小史》,司马光颇为重视,有其价值。又宋人王应麟《困学纪闻》卷一三《考史》篇,也言及《高氏小史》,得其书"自天地未分至唐文宗为一百二十卷";晁公武《郡斋读书志》卷六也说《高氏小史》,"以司马迁史,至陈、隋书,附以《唐实录》,纂其要,分为六十卷,后其子迥推而倍之。今虽存而传者鲜"。由此可见,《高氏小史》的卷数,言人人殊,其书宋时尚存,明时已亡,今日更无法见到。此书既系抄节历代史而成，其中自然包括抄节《魏书》，故可用之以补《魏书》之缺残。至于以《北史》补之者，以今本《北史》核之，其迹历历可见。除以此二书补《魏书》之外，据周一良先生考证，还有以魏澹《魏书》补之者，如《中兴书目》云："(《魏书》)所缺《太宗纪》以澹书补之。"《文献通考·经籍考·正史门》亦主此说。则今本《魏书》中，保存了魏澹《魏书》一卷。也有以张太素《魏书》补之者，《文献通考》卷一九二《经籍考·正史门》、《后魏书·天文志》二卷条，引《崇文总目》云："唐张太素撰《魏书》凡百篇，今悉散亡，惟此二篇存焉。"章俊卿《群书考索》卷一四引《中兴书目》及陈振孙《直斋书录题解》卷四引《中兴书目》亦有此说法。由于《魏书》有严重散佚状况存在，故引用今本《魏书》时，凡以他书所补之卷，以不引用《魏书》而引用《北史》为宜。

六、清人对魏收《魏书》校勘、补表、疏证及研究的贡献

如前所述，对《魏书》和北朝历史深有研究的，要数协助司马光撰写《资治通鉴》的刘恕，因为他负责《资治通鉴》魏晋南北朝部分长编的编写，故格外精通这段历史。例如考明《魏书》在北宋时的残缺情况以及各用何书所补等，就主要是他的功劳。当然，司马光所写之《通鉴考异》中的北魏历史部分，也是对这段历史的很好的研究成果。宋人洪迈的《容斋随笔》一书，涉及《魏书》和北魏历史者，极为少见；宋人王应麟的《困学纪闻》，涉及这段历史者也不甚多。真正对《魏书》和北魏历史有深入系统研究的，还是朴学兴起以后的清代学者。

首先，清代学者对《魏书》有关部分进行了增补。其较著者有万斯同的《魏诸帝统系图》、《魏诸王世系表》、《魏异姓诸王世表》、《魏外戚诸王世表》、《魏将相大臣年表》、《西魏将相大臣年表》及《东魏将相大臣年表》，吴廷燮的《元魏方镇年表》，温日鉴的《魏书地形志校录》，卢文弨的《魏书礼志校补》，陈毅的《魏书官氏志疏证》等。这些图、表、校补、校录和疏证，对《魏书》缺图、表的情况来说，当然有一定作用，但是，其质量颇不平衡。如万斯同的《魏诸帝统系图》，内容简略，无多大价值。他的《魏诸王世系表》，有始

封之地区、时间、世系、废除时间和废除原因等的记述，便于查找，可省阅读者翻检之劳。他的《魏异姓诸王世表》，与上表同。他的《魏将相大臣年表》，只是依据《魏书》按年代顺序表列诸将相大臣的官职而已，既未将内朝、外朝官加以区分，也看不出孝文帝改制在官制方面的变化，实无多大作用。不过，他将东魏与西魏的将相大臣同北魏分开列表，多少有助于三者之间的比较，从而有利于考察其变异之处。诸表中，惟吴廷爕之《元魏方镇年表》，颇可一观。吴氏自称克服了研究北魏疆域与州镇设置方面的四大困难，为补万斯同不作方镇年表之缺而作此表。观此表内容，不仅依次表列诸州名称，而且详列该州之设置年代、历任州刺史之姓名与事迹，颇有参考价值。温日鉴的《魏书地形志校录》，其体例是按照《魏书・地形志》的顺序，将《地形志》中所列州郡县之治所的有关史料，分别汇集于同条之下，故曰《校录》，颇有集中史料之功能，但并无多少作者之新见。陈毅的《魏书官氏志疏证》，实际上只疏证了《官氏志》的姓氏部分，其疏证之法，是以姓氏部分的原文为纲，依次逐句征引有关古籍加以解释，其优点是汇集了有关史料，有利于后人了解古代姓氏的变化情况。

其次，清人对《魏书》和北魏历史的研究作出过贡献者，应以赵翼、王鸣盛与钱大昕为代表。赵氏的《陔余丛考》四十三卷，其中涉及《魏书》及北魏史者，有该书卷七的《魏书》、《魏收书有后人所补者》、《魏书书法》及《魏书芜杂处》诸篇。其中的《魏书》一篇，叙述了《魏书》所据史料和北齐文宣帝、孝昭帝及武成帝命魏收修改其《魏书》的经过。文虽简约，却可参考。《魏收书有后人所补者》一篇，列举了《孝静帝纪》书高澄事帝无状之事及《孝静后传》书帝被酖后再嫁杨遵彦为妻事等，用以证明“《魏书・孝静帝纪》一卷及《皇后纪》一卷，必非（魏）收原本，乃后人反抄《北史》以补之者也”。因为这些事，均为魏收所不敢书，所云无疑有理。但是，他所列后人以《北史》补《魏书》之事，还远不及北宋人校勘《魏书》时所举，因此，此篇并无多少新鲜内容。至于其《魏书书法》和《魏书芜杂处》二文，虽是赵氏个人见解，但所云未必尽得。赵氏除《陔余丛考》外，还有《廿二史劄记》，其卷一三有《魏书多曲笔》、《魏书纪传互异处》、《尔朱荣传》及《西魏书》等篇，我以为只有《魏书纪传互异处》一篇有学术价值，其余的《魏书多曲笔》及《尔朱荣传》二篇，都是把北齐时人攻击和诬蔑魏收及其《魏书》的话加以证实，并无可取之处；《西魏书》一篇，讲的是与赵翼同时的谢蕴山所撰之书，谢氏本欲以之代替魏澹之《魏书》和续魏收之《魏书》，而赵氏批评此书叙八柱国少李弼、独孤信、赵贵与侯莫、陈崇；叙十二大将军少侯莫陈顺、宇文遵、达奚武、李远、豆卢宁、宇文贵、杨忠、王雄，甚不得体。可见，此书没有什么价值。

王鸣盛的《十七史商榷》，虽没有关于《魏书》的专卷，但在其《北史合魏齐周隋书》目的卷六五至六八四卷中，均涉及对《魏书》的探讨。如卷六五的《魏收魏书》、卷六六的《追尊二十八帝》、《慕容垂遣使朝贡》、《北都》、《冯宏遣使求和》、《沮渠牧犍降》、《宋使齐使》、《孝文帝孝事文明太后》、卷六七的《魏书地形志据武定》、《官氏志》及卷六八的《崔浩传误》、《尔朱荣传魏书、北史互有得失》、《都督总管书法》等篇，既讲了《北史》，又考了《魏书》，或揭示二书之体例不同，或指出二书之同异，或发挥个人见解，颇有可参考之处。如《魏收魏书》一篇，多少有为魏收鸣不平之意。他说："愚谓魏收手笔虽不高，亦未必出诸史之下，而被谤独甚，乃其后修改者甚多，而总不能废收之书，他家亡尽，收书岿然独存，则又不可解。"细察王氏之言，显然存有为魏收《魏书》抱不平之意。

另一个清人钱大昕，他的《廿二史考异》卷二八、二九、三〇卷，是专讲《魏书》的。此书的特点，不是采用专题论述的方式，而是对《魏书》史料之可疑处逐条作出考证，或纠正其错误，或解释其涵义，如《魏书·太祖纪》"登国三年，渡弱落水"句，钱氏认为："弱落即饶乐声之转。"此即属于解释类；又如《魏书·出帝纪》"永熙元年，夏州徙民郭迁据宥州反"句，钱氏认为："宥，非州名，《通鉴》作青州，当从之。"此即属于纠缪类。钱氏之考异，内容大抵如此，对于纠正《魏书》记载错误之处，有所帮助。

此外，还有洪颐煊著有《诸史考异》十八卷，其中也包括对《魏书》的考证。也有李慈铭著有《越缦堂读史札记》，其中涉及魏晋南北朝史书者不少，当然也包括《魏书》在内。洪、李二人的许多考证，并不在赵、王、钱等大家之下，故颇可参考。

七、今人对《魏书》及北魏历史的研究简况

今人对《魏书》及北魏历史的研究，亦可分为两大类：一为对《魏书》的史料进行系统考证者，或曰以史料考证为主者；二为对北魏历史进行系统研究者。以前者来说，可以张森楷、张元济、谷霁光、唐长孺和周一良等先生为代表；以后者来说，除陈寅恪、吕思勉等大师外，更应以唐长孺、周一良、王仲荦、何兹全等先生为代表；同时这些大师的学生群，也有对《魏书》及北魏历史研究作出某些贡献者。现试依次略述其简单的情况。

先说以史料考证、校勘为主者。

张森楷先生，著有《魏书校勘记》，对《魏书》的文字多有校勘。今中华书局点校本《魏书》，由唐长孺教授校点后写成的《校勘记》，其中就有许多条引自张森楷的《魏书校勘记》。张元济的《魏书校勘记》，也同样被唐长孺教授校点《魏书》时多所引用。

谷霁光先生撰写了《补魏书兵志》，被收入中华书局出版的《二十五史补编》第四册。《魏书》无兵志，有关兵制的史料十分分散而且稀少，查检诸多不便，清人又无补《魏书》兵志者，故谷氏之补志实有补缺的作用。他提纲挈领提出自己见解并以之为纲，然后以有关史料列于其下以证明之的办法撰写《补魏书兵志》，实际上是一种考证性的史学论文的写法，同清人所补诸志的写法不同，这无疑是一种进步。他在此补志中提出了许多可贵的观点，不仅论述了北魏中军的始设机构的变化过程，而且论述了北魏中军的性质、组织系统，尤其对北魏的军镇制度有比较详细的考述，提出了“府户”即兵户的观点，还考证了北魏兵户身份的下降过程以及北魏后期兵制的变化等。其不足之处，在于其史料的引述方面，并未超出魏收《魏书》，而且还有遗漏之处；他认为军镇制度创立于北魏时期，否定了十六国时期有此制的存在及其逐步形成过程；个别史料还有错误之处，如谓“晋太元十四年氐王分诸氐羌为二十部都护”事，实误“护军”为“都护”，时间也不准确。尽管如此，治北魏历史者，此志不可不读。

唐长孺先生在点校《魏书》的过程中，不仅以现有能看到的各种不同版

本进行了精心细致的校勘，还用《太平御览》、《册府元龟》、《资治通鉴》、《金石萃编》、《八琼室金石补正》、《修文殿御览》、《魏晋南北朝墓志集释》、《太平寰宇记》、赵明诚《金石录》、杜佑《通典》、《九域志》、李慈铭《越缦堂文集》、李肇《经史释题》、杨九龄《经史目录》、宗谏《史目》、段藏用《十三代史目》、《文馆词林》、《元和郡县志》、《通志》、《华阳国志》、《十六国春秋》辑本、《洛阳伽蓝记》、《通鉴考异》、《通鉴胡注》、《古今姓氏书辨证》、《元和姓纂》、张熷《读史举正》、洪颐煊《诸史考异》、《水经注》、姚薇元《北朝胡姓考》、《高僧传》、《广弘明集》、《法苑珠林》、沈涛《随笔》及清人赵翼、王鸣盛、钱大昕等人的著作，对《魏书》史料或进行校勘，或予以补充，或给以考证，然后在《魏书》每卷之后写出《校勘记》。其引书之富、校勘之细、考证之精和标点之准，在整个《二十四史》点校本中是首屈一指的。如果把散见于《魏书》各卷之末的《校勘记》集中起来，无疑是一部篇幅巨大和可以传世的唐著《魏书校勘记》。研究《魏书》和北魏历史者，不可不细读唐长孺先生的《校勘记》。实际上，这是一部合史料校勘与精心研究成果于一体的力作。

周一良先生《魏晋南北朝史札记》一书涉及《魏书》及北魏历史者，就有《且待终举贼矣》、《乌丸三百家》、《中山鄚信都三城》、《榆山丁零与西山丁零》、《宣武帝元恪》、《崔浩国史之狱》、《北朝之中正》、《尔朱世隆传中所见官制》、《魏收袭用南朝史书》、《六部尉与四中郎将》、《班禄与商人》等共计六十九篇之多。所有这些篇目，有的是对一些罕见词语和当时有特殊含义的习惯用语的解释，有的是涉及北魏时期各种制度的精心考证。全书虽名曰《札记》，看目录也多为一些小题目，实际上，在小题目的后面，往往隐藏着重大的政治、经济制度和颇值得重视的各种问题，而且都是研究《魏书》与北魏历史所必须解决的问题。因此，这些以《札记》之名出现的短文，都是一些见微可以知巨、小中可以见大的合考证和论述于一体的精心力作，也是研究《魏书》和北魏历史者必须阅读的著作。

姚薇元先生《北朝胡姓考》一书，也是研究者的必读著作。

此外，还有朱祖延《北魏佚书考》一书，中州古籍出版社 1985 年版。此书所考均为成书于北魏时期的佚书，其中与《魏书》有关者不多，大部分属于十六国时期的史书,故附之于此。

以上所述,属于对《魏书》的史料进行过校勘、疏证、补志和研究工作的一些学者。至于侧重于对北魏历史进行研究者,也同样应以唐长孺、周一良等大师为代表。

以唐长孺先生来说,他所著《魏晋南北朝史论丛》、《魏晋南北朝史论续编》、《魏晋南北朝史论拾遗》、《山居存稿》及《魏晋南北朝史三论》等书,虽然涉及整个魏晋南北朝历史,其中涉及北魏历史者不少,尤其对北魏的建国过程、汉化问题、均田制度、兵制、孝文帝定姓族问题、北魏的青齐土民问题、北魏的佛教及道教的有关问题、三长制的建立年代问题等,均有极为深刻和创造性的见解,在陈寅恪和吕思勉等大师研究魏晋南北朝历史的基础上,大大推进了对该段历史特别是对北魏历史的研究。

周一良先生,著有《魏晋南北朝史论集》、《魏晋南北朝史论集续编》及《周一良学术论著自选集》等书,其中同样不乏研究《魏书》及北魏历史的专篇。如对北魏的三长制的作用、领民酋长制度、北魏的史学、崔浩死因问题等,都有独到的见解。特别是《魏收之史学》一文,对魏收在史学上的贡献及其特点,作了深刻的论述与史实考证,可谓发前人所未能发。

王仲荦先生的《魏晋南北朝史》以及何兹全先生的《魏晋南北朝史略》,是新中国建立后率先以唯物史观为指导研究这段历史的著作。其中也涉及对北魏历史的研究。二位先生对这段历史的社会性质问题尤多新见,为史学界所瞩目。

在上述诸位大师的培育之下,涌现了一批魏晋南北朝史的研究者。这里只对北魏历史的研究者略述一二。周伟洲对北魏的民族问题作了不少研究;李凭对北魏的离散部落的作用与意义等问题,作了令人耳目一新的论述;高敏也曾作《北魏的社会性质》、《北魏的兵户制及其演变》、《均田法令校释——兼论北魏均田制性质》、《北魏屯田之制考略》、《北魏孝文帝太和年间北地(原书遗漏“北地”二字)支酉起义考略》及《杂户考》等文,对北魏历史和《魏书》的均田法令作了一些探讨和校勘,有的已收入《魏晋南北朝社会经济史探讨》一书,有的收入《魏晋南北朝兵制研究》一书。还有一些北魏史研究者,由于手头无其资料,恕未述及。

此外,还有肖黎著《魏孝文帝评传》、杜士铎主编的《北魏史》和山西大同市主办的《北朝研究》杂志等,都是以北魏历史为研究对象的。

八、阅读《魏书》的方法述略

阅读某一部史书,由于每一部史书各有其特点,故各有与之相应的阅读方法。

首先,应当把《魏书》的阅读同阅读《资治通鉴》结合起来。这个道理,已在如何阅读《三国志》时说过,这里就不再重复。不过,需要补充一点的是,《资治通鉴》的十六国、北朝历史部分,有不少地方超出《晋书·载记》、《魏书》和《北史》,这可能是由于其引用了十六国诸史、《十六国春秋》和成书于北魏时期的一些史书所带来的可喜现象。因此,要充分注意《资治通鉴》有关十六国、北朝时期的史料之超出《晋书·载记》、《魏书》、《北史》者,以扩大史料面。这一点,同《资治通鉴》超出《三国志》及裴注者甚少的情况是不同的。

其次,阅读《魏书》,一定要与阅读《北史》结合起来。原因在于《北史》是在删削北朝诸史如《魏书》、《周书》、《北齐书》和《隋书》的基础上成书的(当然也有增补,这个问题留待《〈南史〉、〈北史〉说略》篇再细说),如果阅读《魏书》不结合《北史》阅读,就不会明白《北史》删削了《魏书》的哪些地方,李延寿为什么要删削这些地方,他删削得是否妥当,自然也不会明白《北史》在哪些地方增补《魏书》了。因此,那种不将二者结合阅读的办法,等于是半盲人读史,知《魏书》而不知《北史》,不仅无以知二书对同一事件或人物记载的异同,而且无以知《北史》增添了不见于《魏书》的新史料。

其三,阅读《魏书》,必须仔细阅读唐长孺先生的《校勘记》以及清人与今人写的补表、补志、疏证和各种考述。这是因为,唐长孺先生的《魏书校勘记》,不仅有文字上的校勘,而且有不少精湛的考证;清人及今人的补表、补志,可以为你提供阅读的方便;至于清人及今人的研究成果,更可以使你了解《魏书》的特征和史料价值所在,使你知道前人及今人已经提出了哪些问题和已经解决了哪些问题，既可以避免重复劳动，又可以获得新的启示，从而促使自己进一步去思考一些问题。

其四，阅读《魏书》，要同时参阅《北齐书》、《周书》，因为历史是有连贯性的，一些人物往往又介于两个朝代之间，一些事件也与前后两个朝代有千丝万缕的联系，不可截然划分。因此，要了解北魏的历史，不可不同时注意北齐和北周的历史。

其五，阅读《魏书》，不可忽视南朝诸史。当时虽然南北对峙，而且战争频繁，但是，除战争之外，也存在和平相处的时期。南北双方不仅有人员的交往，而且有南北双方的互市，至于南北双方的文化交流更是无时不有的。这些都是正常的政治、经济与文化交流。此外，还有不正常的被迫交流。所谓不正常的被迫的交流，是指南北双方对边境的人口掠夺与迁徙，也包括由于政治、军事原因，南北双方的军事将领和政界要人各自向对方投诚。于是这些人的事迹，往往前半生在南方，而后半生在北方，反之亦然。因而记载这些人的事迹的史书，往往双方都有传记。要了解这些人的全部情况，必须同时了解对方的史书。还有一些情况，北方的史书记载了南方政权之事；南方的史书也记载有北方政权之事。这样的记载，虽然不免有相互攻击之词，也存在得之于传闻而不实的情况，但是，从另一个角度着眼，南方史书记北方之事和北方史书记南方之事，都不需要为最高统治者避讳，都可以秉笔直书，往往可以反映出一些历史的真实。这样的例子是很多的，我曾写过《〈南齐书·魏虏传〉书后》一文，列举了十个例子，可以用《南齐书》所记北魏事纠正或补充《魏书》所载本朝历史。

其六，阅读《魏书》的有关少数民族的篇目，应当与《晋书·载记》、《周书》的《异域传》、《隋书》的《东夷传》、《南蛮传》、《西域传》及《北狄传》结合起来阅读，甚至还应当看看《后汉书》及《三国志》的相关部分。只有这样，才能了解周边及国内一些少数民族的来龙去脉和发展变化情况，又可以了解哪些少数民族正在不断涌现和不断迁徙与融合。否则，是不可能做到融会贯通的。

其七，阅读《魏书》和研究北魏历史，也与阅读其他正史和研究其他朝代的历史一样,需要不断注意地下出土的资料。具体到北魏历史来说,主要是指北魏时期的墓葬出土物、出土墓志和各种遗址而言。这些都是原始性很强的史料,可以补充《魏书》史料之不足。

其八,阅读《魏书》,还需要端正对魏收《魏书》的看法。如果你抱着北齐时高门世族子弟对魏收及其《魏书》的攻击与诬蔑之辞去看魏收及其《魏书》,势必会影响你阅读《魏书》的效果。

《北齐书》说略

何德章

《北齐书》五十卷，其中本纪八卷，列传四十二卷，唐李百药撰。《北齐书》本名《齐书》，北宋时才加一“北”字，以与萧子显《齐书》相别。它虽以记载北齐历史为主，但实际上反映了东魏、北齐这两个政治上延续的政权建立至衰亡的全过程。

一、《北齐书》所反映的东魏北齐历史

公元493年，北魏孝文帝从平城（今山西大同）迁都洛阳，实施全面的汉化改革，使十六国以来内迁黄河流域的各少数民族汉化程度达到前所未有的高度。同时北魏迁都洛阳后实施的政策也与前期大相径庭，引发了一系列矛盾，不仅加速了北魏的灭亡，也强烈影响了继之而起的东魏北齐政权的政治。

北魏前期，利用鲜卑族及其他少数民族成员组成的军队，以武力征服并统治黄河流域，汉族士大夫在政治上处于配角的地位。迁都洛阳后，实施文治，划分社会政治等级，迁居洛阳的少数民族上层迅速贵族化、文人化，与汉族世家大族通婚，共同把持了北魏政权，武人在政治上受到政策性的排挤，引起他们的强烈不满。

上述矛盾在平城及其以北的北镇地区，表现得尤其错综复杂。北魏前

期，平城周围及以北地区，存在不少保持固有氏族、部落组织而以畜牧为主要经济生活的少数民族人群，其首领被北魏政权授以“领民酋长”的名号，他们是北魏前期征服并统治黄河流域政治上重要的依靠力量，因而也享有较高的政治待遇。迁都洛阳后，这些“领民酋长”与北魏政权的政治联系弱化，并对洛阳上层社会产生不满。北魏都平城时，为了防御漠北草原上柔然汗国的南侵，从今山西北部至宁夏境，设置起众多镇戍，统称“北外镇”。镇戍兵既有鲜卑族人，也有其他少数民族及从内地迁往的汉族人，他们在镇戍将领的统领下，且耕且守，免除其他负担，而且在北魏前期以武治国的大背景下，他们被视为“国之肺腑”，可以通过军功步入仕途。迁都洛阳后，北镇地区政治上的重要性降低，文治政策也使北镇武人仕进路绝。北镇地区鲜卑习俗浓厚，并影响其他各民族甚至迁居汉人的情况下，北镇武人对洛阳统治上层的仇视因而也具有文化冲突的意义，体现为他们对汉文化的抵触以及对汉人的仇视。

北魏末年，贵族奢侈腐败，中央政局动荡，而北镇地区连年干旱少雨，镇戍兵生活困难，社会矛盾激化。公元524年，沃野镇（治今内蒙古乌特拉前旗西南）人破韩拔陵率先起事，暴动迅速席卷御夷、怀荒、柔玄、武川、怀朔等镇。北魏统治者不得不借兵于北镇防范的柔然，才将上述六镇镇戍兵的暴动镇压下去，并将二十余万暴动者迁至河北安置。次年八月，他们在河北再次暴动，公元528年初，暴动者集中于葛荣建立的“齐”政权旗下，基本控制了河北地区。

风雨飘摇中的北魏政权内部斗争更趋激烈。公元528年正月，皇帝元诩暴死，天下人都认为是实际掌握政权的胡太后所为。四月，秀容（今山西朔县北）契胡酋长尔朱荣率八千本部落武士起兵南下，于黄河南岸纵兵诛杀朝廷官员两千余人，拥立孝庄帝元子攸，控制了政权。又于同年九月击败葛荣，将二十余万六镇余众置于自己的指挥下，坐镇晋阳（今山西太原），遥控朝政。公元531年九月，孝庄帝趁尔朱荣到洛阳入宫觐见之机，将其刺杀，尔朱荣子侄辈尔朱兆攻杀孝庄帝，而河北汉族世家大族则在为孝庄帝报仇的名义下，联合起兵，与尔朱氏对抗。高欢奉尔朱兆之命率部分六镇人前往镇压,并因此走上政治前台,开始其创立东魏政权的活动。

据《北齐书》卷一、卷二《高祖纪》,高欢原本河北汉族名门渤海高氏,但当代史家对此多持怀疑态度,鲜卑人本有改从汉姓高氏者,而北朝姓高者不少来自高丽。可以确知的是,他原本为怀朔镇(治今内蒙古固阳东南)的一个镇兵,"既累世北边,故习其俗,遂同鲜卑"。后来成为怀朔与洛阳间转交公文的函使。因与当地部落首领窦氏的女儿结婚,获得经济支持,而对洛阳中央政府腐败无能的直接了解,使他产生趁乱谋取政治利益的企图,遂广交"奔走之友",在怀朔获得了一定的名声。六镇暴动后,高欢辗转成为尔朱荣的麾下,由于政治上的成熟,深得尔朱荣的赏识,委以大任,逐渐升至晋州刺史。

当高欢率部将越太行山山谷进入河北之际,业已据有河北大部的汉族大族渤海高氏、封氏、赵郡李氏等纷纷前往接触,要求高欢"举义",背弃尔朱氏,拥戴北魏朝廷。高欢审时度势,决心与汉族大族合作,并整顿军纪,以葛荣失败的教训来治六镇的部下:"不得欺汉儿,不得犯军令。"推北魏宗室人物元朗为皇帝,自为大丞相。次年四月,击败尔朱氏,进入洛阳,改立与孝文帝血缘更近的元修为皇帝,自设大丞相府于晋阳,与尔朱荣相似,遥控朝政。年轻气盛的元修不甘心做傀儡,培植亲信,组建军队。公元534年七月,高欢从晋阳率兵接近洛阳,元修逃奔宇文泰于长安。十月,高欢改立元善见为皇帝,迁都自己易于就近控制的洛阳,北魏正式分裂为东、西两个政权。上述东魏创建的历史过程,除以高欢为中心的《高祖纪》外,在《北齐书》卷二一及卷二二《李元忠传》、卷二三《魏兰根传》等传记中,也有较多的反映。

高欢借河北大族武装的支持创立政权,而建立政权后,更多地利用六镇特别是怀朔镇人作为军队核心,力图削弱汉族武力豪宗在政治上的影响,对其首要人物巧加诛除,将大族武装调防边地。这种情况在上述《高乾传》、《封隆之传》及《高乾传》所附高乾弟高昂、高季式等人的传记中,有所反映。

东魏创立之初,据有当时经济最为发达的黄河中下游地区,国力远较西魏及南方的梁、陈政权强盛,但东魏北齐政治上频繁动荡。公元547年,高欢病死,其子高澄(北齐追尊文襄帝)继掌东魏大政。公元550年,高澄遇害，其弟高洋执掌政权，随即以“禅让”的形式夺取帝位，改国号为“齐”，史称北齐。高洋统治之初，政治上还能有所作为，后期则“留连耽湎，肆行淫暴”。公元559年，高洋病死。次年，高洋的两个弟弟高演（即北齐孝昭帝）、高湛（即北齐武成帝），联合“诸勋贵”发动政变，废掉高洋之子、喜爱汉文化的柔弱的高殷，二人相继为皇帝。公元565年，高湛自称太上皇，将帝位传给儿子高纬，即北齐后主。这便是《北齐书》卷三至八各篇“帝纪”所反映的史实。唐魏徵针对东魏北齐由强而弱的历史过程，在《后主纪》末作的长篇议论，可以代表唐初人的一般看法。

高欢出身北镇下层，虽借权术升至高位，但东魏北齐时无论是作为执政家族还是作为皇族，高氏子弟文化水平有限，不顾法纪、胡作非为者居多，加上北齐后期频繁的政争，皇室内部残杀现象亦令人触目惊心。这些情况可主要见于《北齐书》卷十至卷一四所记北齐宗室人物的传记。

高欢执政，政治上依赖六镇酋豪及北魏时长居六镇而文化上“颇同鲜卑”的汉人，即东魏北齐时代的“诸勋贵”，他们与高氏联姻，掌握军队，高居政治要津，贪婪暴虐，鄙视汉族文人。《北齐书》卷一五至一九窦泰、尉景、娄昭、厍狄干、韩轨、潘乐、段荣、斛律金、孙腾、高隆之、司马子如等人的传记，以及卷五《废帝纪》、卷九《文宣李后传》、卷二四《杜弼传》对此有较多的反映。

尽管六镇酋豪在政治上排挤汉人，一反北魏后期所为，东魏以及后来的北齐政权仍照搬北魏后期的政治经济制度，高氏在东魏执政时期，为实现从执政者到皇权的转变，亦曾试图利用汉族人士，用强化监察制度的形式压制鲜卑勋贵过度的豪横不法，最终却因鲜卑勋贵的群体反抗而失败。除上述诸勋贵的传记外，在卷三《文襄纪》、卷三〇高德政、崔暹、崔昂传以及卷四七宋游道传有较集中的叙述。废帝高殷时，执政的杨愔、燕子献、郑子默、宋钦道等试图整顿纪纲，排抑勋贵，结果被集体诛杀，详见于卷三四有关各人的传记。北齐末，后主高纬及其母亲胡氏通过重用身边小人即所谓“恩倖”以消除鲜卑勋贵对朝政的干预，处死为敌国所惧的军事领导人斛律光，汉族文士祖珽积极配合，试图借机“增损政务，沙汰人物”，结果西域胡商后裔和士开专权,来自西域的"胡小儿"操弄权柄,后妃干政,北齐政权甚至失去了原本依赖的鲜卑贵族的支持。这些情况可参看卷八《后主纪》,卷九胡后、穆后传,卷一二琅邪王高俨传、卷一七斛律金传斛律光附传、卷三九祖珽传及卷五〇恩倖诸人传。

《北齐书》卷四四至五〇为类传,分别是儒林、文苑、循吏、酷吏、外戚、方伎、恩倖,其中《文苑·樊逊传》详载其被举秀才策试第一的五篇策文(亦即答卷),而颜之推传则全录其《观我生赋》,《儒林传》的长篇序言对北朝后期黄河中下游地区儒学盛况及学术旨趣有全面的分析,相关传记对私学流行、儒生死读经书而对世事一窍不通的情形,亦有充分的反映。这两个类传对于了解北朝后期学术文化状况及儒学与文学此消彼长的原因相当重要。《方伎传》所记有术士、相面先生、算命先生、医者,也有当时大数学家信都芳的传记,而綦毋怀文传中所记"宿铁刀"的制作流程,反映了当时钢铁冶炼所达到的高度,是科技史上难得的记录。

二、史源及作者

出于种种原因,东魏北齐统治上层对"国史"即当代史的修撰极为重视。除秘书省所领著作省中著作郎二人、佐著作郎八人专掌史职外,还经常任命有史学才能的人以更高级别的散骑常侍、中书侍郎等身份掌修国史。东魏北齐对国史还实行"监修"制度,即以宰相或更高级别的官员如尚书、卿等监督修史,主要还是担心史书中会留下对当局不利的说法。《北齐书》卷三七《魏收传》记高欢曾对史官魏收说:"卿勿见(陈)元康等在目下趋走,谓吾以为勤劳,我后世身名在卿手,勿谓我不知。"即可见其心态。而这种"监修"的制度影响后代,使历史越来越不是史学家个人的直观记录。

据《隋书》卷三三《经籍志·史部》,唐初关于"后齐"即北齐历史的编年史著作有崔子发《齐纪》三十卷、王劭《齐志》十卷,史料汇编性质的有《北齐律》十二卷、《北齐令》五十卷、《北齐权令》二卷,这些史书与史料都应是《北齐书》的基础或史料来源。崔子发出博陵崔氏,《北齐书·儒林传序》称其乃"胄子以通经仕者",《隋书·牛弘传》称他在隋代奉炀帝命与诸儒"论新礼降杀轻重”，则其本人以儒学见长，他在唐初还曾为李世民秦王府记室，有文集传世，则文学修养亦有可观。而王劭对北齐史的撰述贡献更大。

王劭在《隋书》卷三四有传，他出自北朝至唐代的北方名族太原王氏，北齐时官至中书舍人，以“博物”知名。隋初任著作佐郎，在家私撰《齐书》，因当时禁止私人撰史，被人告发，但隋文帝“收其书，览而悦”，反而给他升官。一方面可以说明他《齐书》写得好，一方面也表明其内容与观点符合鄙视北齐的隋初统治集团的要求。王劭在隋代“专典国史”近二十年，本传称其所修史书有编年体《齐志》二十卷、纪传体《齐书》一百卷，还撰有未定本《隋书》八十卷。《隋书》作者对王劭所修史书进行了严厉批评：“好诡怪之说，尚委巷之谈，文词鄙秽，体统繁杂。直愧南、董，才无迁、固，徒烦翰墨，不足观采。”据刘知幾《史通·补注篇》，王劭《齐志》“志存该博，而才阙伦叙”，未对众多史料排比取舍，成一家之言，而是在正文外自加注释，是其“体统繁杂”的表现。但刘知幾对王劭将鄙俚语句写入历史的做法大加肯定。《史通·言语篇》说：“（王劭）抗词正笔，务存直道，方言世语，由此毕彰。而今之学者，皆尤……以言多滓秽，语伤浅俗。夫本质如此，而推过史臣，犹鉴者见嫫姆多媸，而归罪于明镜也。”《史通》各篇对王劭所撰北齐史书，均称颂有加。

唐太宗时修前代史，李百药奉命撰《北齐书》，底本用的却是李百药之父李德林的纪传体《齐史》。李德林，《隋书》卷四二有传，北齐博陵安平（今河北安平）人，早以文才博学知名，后举秀才，策试甲等，官至中书侍郎，北齐灭亡后入北周及隋，亦受重用，但颇受北周旧臣排抑。北齐时，李德林曾与史臣魏收、阳休之“论《齐书》起元事”，即北齐历史从何时算起，李德林坚持将高欢创业作为北齐历史的开始：“若欲高祖事事谦冲，即须号令皆推魏氏。便是编魏年，纪魏事，此即魏末功臣之传，岂复皇朝帝纪者也。……唯可二代相涉，两史并书，必不得以后朝创业之迹断入前史。若然，则世宗、高祖皆天保以前，唯入魏氏列传，不作齐朝帝纪，可乎？”这与今本《北齐书》的断限相同，本传称“敕撰《齐史》未成”，应是指隋朝时事。

李百药（565—648），字重规，《旧唐书》卷七二、《新唐书》卷一〇二有传。他七岁即能作文。隋时任太子舍人、礼部员外郎等职，唐贞观年间，官至宗正卿。他于贞观三年奉命撰《齐书》，贞观十年完成。《史通·古今正史》述其原委说："（李德林）少仕邺中，多识故事。……在齐预修国史，创纪传书二十七卷。至开皇初，奉诏续撰，增多《齐史》三十八篇，以上送官，藏之秘府。皇家贞观中初，敕其子中书舍人百药，仍其旧录，杂采它书，演为五十卷。"从《北齐书》颇多时人鄙语的事实可以推断，王劭《齐志》亦在李百药"杂采"之列。

与对王劭《齐志》大加称颂相反，刘知幾在《史通》中对李百药撰成的《齐书》颇多微词。《浮词篇》批评李百药所作"题目不定，首尾相违"。《杂说中》说："皇家修五代史，馆中坠稿仍存，皆因彼旧事，定为新史。观其朱墨所图，铅黄所拂者，或以实为虚，以非为是。其北齐国史，皆称诸帝庙号，及李氏撰《齐书》，其庙号有犯时讳者，即称谥号焉。如变'世宗'为'文襄'，改'世祖'为'武成'，苟除此'世'字，而不悟襄、成有别，诸如此谬，不可胜纪。又列传之叙事也，或以武定臣佐，降在成朝，或以河清事迹，擢居襄代，故时日不接而隔越相偶，使读者瞀乱而不测，惊骇而多疑。嗟乎！因斯而言，则自古著书未能精说，书成绝笔，而遽捐旧章，遂令玉石同烬，真伪难寻者，不其痛哉！"《杂说下》又称："其有事可书而不书者，不应书而书者。……李齐（案即李百药《齐书》）于《后主纪》则书幸于侍中穆提婆第，于《孝昭纪》则不言亲戎以伐奚，于边疆小寇无不毕纪，如司马消难拥数州之地以叛曾不挂言。略大举小，其流非一。"在我看来，李百药《北齐书》作为唐代官方关于东魏北齐历史最权威的史书，最大的缺陷还在于有意识地通过记录这一政权各种乱事，特别是记录统治者的荒谬行为，塑造一个失败政府的典型，不免会夸大错失而忽略正常史实。

尽管李百药《齐书》有上述缺陷，但由于被列为正史，得以流传，而王劭的《齐志》则无遗存，唐代以后，人们要了解与研究东魏北齐历史，还只得主要依赖《北齐书》。

三、残缺情况及版本

《北齐书》在唐代即受到刘知幾的批评，加上以《北齐书》为主要史料来源的李延寿《北史》的出现，再加上唐人本身视东魏北齐为“霸朝”，即非正统政权，遂使研读者少，以至于北宋初年即残缺不全。《北齐书》原来体例，每卷之末有“论”有“赞”，书中对于北齐诸帝有固定的提法，后人据之考察何者为李百药原本，何者为后人补缀。据清人钱大昕《廿二史考异》卷三一，今本五十卷《北齐书》，只有十八卷系李百药原著，分别是卷四、卷一三、卷一六至二五、卷四一至四五及卷五〇。而据中华书局点校本校勘者考订，卷五〇亦非李百药原文，则《北齐书》保存李百药原貌的只有十七卷，约占全书三分之一。

中华书局点校本《北齐书》，系在魏晋南北朝隋唐史研究方面作出过卓越成就的唐长孺先生主持下完成的，唐先生本人对该书的点校工作所获得的成就相当珍视，特嘱将其《点校后记》收于他身后出版的《唐长孺社会文化史论丛》。据唐先生考察，北宋初年编《太平御览》，所采用的《北齐书》便基本上与今本相同，而宋景德二年（1005）编《册府元龟》所引《北齐书》，“除个别条文外全同今本”。也就是说，《北齐书》在北宋前即已残缺不堪，并经人补缀，而北宋时已无完整的李百药原本留传。从补缀各卷的内容看，又非一人同时据一定的史料系统地作成，而是不同人不同时期据不同的材料补成。总的来说，所补史料以李延寿《北史》为主，但又时加删节，故不尽同于《北史》；有的则系缀合《北史》与其他史料而成。正因如此，所补各卷前后文内容不连贯的情况时有发生，甚至有张冠李戴的情况。

宋初即远非原貌的《北齐书》，据晁公武《郡斋读书志》卷二上，在宋政和年间（1111—1118）即已雕版印行，这是所知最早的刻本。南宋时重新刻版，而这两种较早的原始刻本今已不传。南宋雕版经元朝一直沿用到明代，其间因雕版损失或字迹不清，亦曾经补刻抽换，这一直接沿于北宋的刻本被称为“三朝本”。明代毛氏汲古阁印行《十七史》、清同治十三年（1874）金陵书局印行诸史以及 1937 年上海商务印书馆影印《二十四史》，均以之为底本，分别被称为“汲古阁本”、“局本”、“百衲本”。明万历十七年（1589），南京国子监印行《二十一史》，因宋版《北齐书》漫漶过甚，全部重刻，同时完全据《北史》对其内容进行补改，称“南监本”，北京国子监在其基础上再次对内容进行补改印行，称“北监本”，清乾隆四年(1739)武英殿《二十四史》，即所谓“殿本”，以“北监本”为底本，同时又参考“南监本”补改。南、北监本及殿本遂成为与“三朝本”内容上有相当大出入的另一系统的刻本。由于《北齐书》原本残缺，系他人补缀而成，很难说这两个系统的刻本何者更有价值。

中华书局点校本以三朝本、南监本、殿本互校，参考其他各本，而以三朝本为主，所校改的文字均出校勘记说明取舍理由，研读者可以据之辨别是非，应该说是《北齐书》迄今最好的一种版本。《北齐书》虽然早已不是原本，但历经古今学者补缀整理，流传至今，亦为幸事，如《四库全书总目提要》所说：“一代兴亡，当有专史，典章之沿革，政事之得失，人才之优劣，于是乎有徵焉，未始非后来之鉴也。”

四、阅读应注意的问题

要通过阅读《北齐书》考察相关历史问题，应注意以下几方面的问题：

其一，今本《北齐书》大部分系用《北史》补缀而成，尽管《北史》相关部分主要也是删削《北齐书》而成，但也采用了其他一些史料，因而并非《北齐书》原本，在阅读相关各卷时，应与《北史》对读，如内容全同《北史》，引用时最好亦用《北史》。

其二，《北齐书》断限起于东魏政权创立，但魏收《魏书》叙事，却视东魏与北魏为延续的一个政权，止于东魏末，因而要全面了解东魏时期的历史，必须参读《魏书》相关部分。

其三，《北齐书》唐初与《隋书》、《周书》、《梁书》、《陈书》等五史在统一规划下完成，只有纪、传，无表、志，有关北齐的政治经济等制度方面的内容，一并撰成《五代史志》另行，后并入《隋书》，因而《隋书》各篇“志”都有北齐相关的内容，亦应研读。清人万斯同撰有《北齐诸王世表》、《北齐异姓诸王世表》、《东魏将相大臣年表》、《北齐将相大臣年表》，并收于《二十五史补编》，可以参考。

《周书》说略

何德章

一、《周书》与西魏北周历史

《周书》五十卷，其中《本纪》八卷，列传四十二卷，断代纪传体史书，因没有专门的志、表，体例上并不完备。唐令狐德棻撰。参加编写的还有庾俭、崔仁师、岑文本。

在北魏末年发生的政治大动荡中，出身于北魏北方六镇中武川镇的宇文泰，率领一支以武川镇人为主要将领的鲜卑族军队，联合关陇地区的各族武装，建立起独立的政权，以北魏政权的合法继承者自居，与据有黄河中下游地区，同样自视为北魏自然延续的高氏政权抗衡，历史上称之为西魏，称高氏政权为东魏。公元557年，宇文泰的第三子宇文觉代魏建周，史称北周或后周。西魏、北周这两个政治上前后相续的政权，从最初据有的今陕、甘、宁三省区，由弱变强，控制了今四川大部、山西西南部、湖北及河南西南部，与东魏北齐及江南的梁、陈政权成鼎足之势。公元577年，北周吞并北齐，统一中国北方。公元581年，杨坚代周，建立隋朝。《周书》虽以“周”题名，但实际上记述了从宇文泰创业、东西魏分裂至隋朝建立为止近半个世纪的西魏、北周政权的历史。

西魏北周政权在南北朝分裂至隋唐统一国家形成的历史过程中，具有极为重要的意义。创建西魏政权的政治核心不过是北魏末年入关平叛的一支不足千人的小部队,宇文泰只是其中一位年龄不到二十岁的下级军官,正如《周书·文帝纪下》"史臣语"所说:"田无一成,众无一旅,驱驰戎马之际,蹑足行伍之间。"而这支小部队竟能日益强大,控制关陇地区,建立起西魏政权。西晋以来,关陇地区便是民族成分最为复杂的地区,匈奴、氐、羌、鲜卑以及汉各民族杂处,民族关系复杂,号称难治。西魏政权建立之初,高欢控制的东魏政权力图加以消灭,连续三次攻入关中,所谓"高氏藉甲兵之盛,戎马之强,屡入近畿,志图吞噬",但西魏最终却稳定下来,并由弱至强,消灭了北齐。北周虽最终为隋所取代,却为隋统一全国打下了坚实的基础,西魏北周形成的统治集团,也是隋甚至唐前期高层政治的领导核心,著名史学家陈寅恪先生称之为"关陇统治集团"或"关陇集团"。阅读《周书》,我们可以探寻这一"集团"形成的过程,或者说西魏北周历史关涉隋唐统一的内在原因。

二、修撰缘起及作者

令狐德棻(583—666),唐宜州华原(今陕西耀县)人,《旧唐书》卷七三、《新唐书》卷一〇二有传。令狐氏原出敦煌,是汉魏以来当地有名的大姓,魏晋南北朝时期,代有名人。令狐德棻祖父令狐整,对北周政权在河西走廊实施稳定的统治有过重要贡献,位至大将军,深受西魏北周政权重视,《周书》卷三六有传。其父令狐熙在隋代官至鸿胪卿。令狐德棻本人博通文史,唐高祖李渊起兵入长安,设大丞相府,他出任记录大丞相言行的起居舍人一职,随即迁任秘书丞。

隋末大乱,图书散佚严重。唐初,掌管全国图书的秘书省藏书亦残缺不全。针对这种情况,令狐德棻请求李渊下令用重金收购民间保存的书籍,设置专门官吏加以整理抄录。数年后,秘书省图书基本上齐备。令狐德棻复向李渊进言,认为"近代无正史",而北周、隋代历史遗漏尤甚,应趁有史书可以参证且年代未久,一些当事人还能加以验证的时机,加以编撰,时代更晚,将无法弄清楚;更重要的是,唐为周、隋政权政治上的延续,李渊祖上在北周时即有大功,如果对其历史不加编撰,则恐后世不明李氏先代功业。于是李渊下令组织人员编撰北魏、北齐、隋及南朝梁、陈政权的历史，并责成令狐德棻与太史令庾俭编撰北周史。这次修史，后因多年无成而作罢。

唐太宗贞观三年(622)，再次命令修撰前代历史，因北魏史有魏收及魏澹分别编写的两种《魏书》，取消其编写计划，令狐德棻与秘书郎岑文本、殿中侍御史崔仁师合撰周史。贞观十年(629)，各史分别修成。令狐德棻因建议及修史之功，受到重赏，并升任礼部侍郎。

此后，令狐德棻历任太子右庶子、秘书少监、太常卿、国子监祭酒，爵至彭城县公，并在唐高宗时先后为弘文馆学士、崇文馆学士，进言屡以行“王政”为宗旨。他长期担任唐帝国的文化领导工作，唐太宗贞观二十年(639)开始组织人员编写《晋书》，因他在实际修撰人中属于前辈，修撰体例也多由他裁定。他还长期主持唐代当代史的编写工作，但成就并不多。

三、史料来源与史学价值

从三国魏开始，即设置著作郎、佐著作郎，专职编修“国史”，相当于我们今天所说的当代史，同时记录皇帝言行及国家重要活动，称作“起居注”，有时修“起居注”的工作又由中书省官员掌管。两晋南朝及北朝沿用这一制度。北魏置有著作郎、著作佐郎。西魏时沿用北魏制度，曾任著作郎者有吕思礼、李昶。《周书》卷三八《李昶传》称他任宇文泰丞相府记室参军、著作郎，“修国史”，即可为证。

同上卷《柳虬传》称，西魏初，沿袭汉魏以来惯例，“史官密书善恶”，柳虬认为编撰历史不只是为了记录事实，还在于其“彰善瘅恶，以树风声”所起的“鉴诫”作用。他上书朝廷，指出史官“密为记注，徒闻后世，无益当时”，不足以惩恶扬善，而且这样记录的历史，即便作史的人能够据事直书，也难免事后引起纠纷，受到攻击。他请求遵循春秋时南史、董狐“直笔于朝”的优秀传统，“诸史官记事者，请皆当朝显言其状，然后付之史阁。庶令是非明著，得失无隐。使闻善者日修，有过者知惧”。这一建议得到施行。《周书》卷二《文帝纪下》记：西魏恭帝元年(555)四月，“帝大飨群臣。魏史柳虬执简书于朝”云云，知当时统治上层对历史事实的准确及历史的现实作用，持相当认真的态度。同传又称柳虬于大统十四年(549)任秘书丞,“秘书虽领著作,不参史事,自虬为丞,始令监掌焉。十六年,迁中书侍郎,修起居注,仍领丞事”。这一做法,类似于东魏北齐开创的以大臣监修国史的制度,如果不是对后者的借鉴,则应视为该制度的共同渊源。这一史实还说明,西魏时除了“国史”修撰外,也有以帝王活动为中心的“起居注”的编撰。据《周书》,西魏时,除柳虬外,薛寘、申徽分别曾以中书侍郎、中书舍人之职修“起居注”,而卢柔、李彦、张轨则分别以著作郎、著作佐郎的身份修“起居注”。

北周仿《周礼》建立中央各机构,设置官员。《史通·史官建置》称:“周建六官,改著作正郎为上士,佐郎为中士,名谥虽易,而班秩不殊。”《册府元龟》卷五五〇“国史部·总序”说:“后周六官之建,春官府之外史,掌书王言及动作之事。又有著作上士、中士四人,郎、佐郎之任,掌缀国录。起居、著作之任,自此分也。”北周以“外史”命名的一系列官职,由中书侍郎、中书舍人等改称,所谓“起居、著作之任,自此分”,实际上是说修撰国史的著作上士、中士不再如先前的著作郎、佐郎承担修“起居注”的任务。《周书·艺术·姚僧垣传子姚最附传》说,姚最在北周时曾任齐王宇文宪府官,受到特别礼遇,后宇文宪无罪被杀,及杨坚任丞相,“最乃录宪功绩为传,送上史局”。我们据此不仅知道当时著作上士、中士的工作地点被称为“史局”,而且可知当时修国史收罗材料的一种方法。北周也以高级官员监督国史的修撰,见于史书者如柳敏以小宗伯的身份“监修国史”,郑译以内史中大夫的身份“监国史”。

上述国史及起居注不间断的编写工作,成效究竟如何,史无明文,但无疑多少为后代撰写西魏北周的历史保存了一些原始性的材料。《隋书》卷三三《经籍志·史志》录有牛弘撰《周史》十八卷,并称“未成”。据《隋书》卷四九《牛弘传》,知牛弘在北周时任纳言上士,“专掌文翰”,后加员外散骑侍郎,“修起居注”,不记其作《周史》事。《史通·外篇·历代正史》说:“宇文周史,大统年有秘书丞柳虬兼领著作,直辞正色,事有可称。至隋开皇中,秘书监牛弘追撰《周纪》十有八篇,略叙纪纲,仍皆抵忤。”知柳虬等撰写的西魏北周国史,是牛弘《周史》史料来源或基础。《史通·内篇·浮词》又称牛弘撰《周史》,“心挟爱憎,词多出没”,则牛弘不仅没有完成《周史》的写作,而且其写作态度也颇成问题。

唐代史学家刘知幾《史通》认为,令狐德棻主持编定的《周书》,基本上是在牛弘《周史》的基础上完成的,没有增加多少内容,同时还加深了《周史》原有的缺点。《史通·外篇·杂说中》说:“今俗所行周史,是令狐德棻等所撰。其书文而不实,雅而无检,真迹甚寡,客气尤烦。寻宇文初习华风,事由苏绰,至于军国词令,皆准《尚书》,太祖敕朝廷他文,悉准于此。盖史臣所记,皆禀其规,柳虬之徒,从风而靡。……若记言若是,则其谬逾多。爰及牛弘,弥尚儒雅,即其旧事,因而勒成,务累清言,罕逢嘉句。而令狐不能别求他述,用广异闻,惟凭本书,重加润色。遂使周氏一代之史,多非实录焉。”《浮词篇》批评《周书》语言不精练,“题目不定,首尾相违”;《言语篇》批评《周书》不采用西魏北周鲜卑族统治者实际使用的“鄙俗”的语言,“必讳彼夷音,变成华语”,以至于“华而失实”。《外篇·杂说下》再次举例批评《周书》“记宇文之言,而动遵经典,多依《史》、《汉》”,有违“实录”的精神。

刘知幾对《周书》的评价,影响后世甚大。但刘知幾称《周书》有违史书“实录”精神所持的主要证据是《周书》过分强调文句的典雅,未能照录当时人的语言。刘知幾在《史通》中特别强调各代史书应反映当时人的口语,同时坚持认为西魏北周统治者文化落后,言语粗俗,因而对《周书》的批评不遗余力。清朝《四库全书总目》卷四六《史部·正史类·周书》条即加以反驳,认为刘知幾所说“非笃论”,称:“文质因时,纪载从实,周代既文章尔雅,仿古制言,载笔者势不能易彼妍辞,改从俚语。至于敌国诋谤,里巷谣谚,削而不书,史之正体。”四库史臣之言较为中肯。

不过,西魏北周时柳虬等史官修撰的国史,确也不可能完全“实录”当时各种政治事件;隋代牛弘据以撰成《周史》,而当时北周时代大臣多任职于新朝,亦不可能无所顾忌;令狐德棻撰《周书》,目的之一便是彰显李唐皇室在西魏北周时的功业,“国家二祖功业,并在周时。如文史不存,何以贻鉴今古?”不可避免要人为地有所抑扬。而这些在历代史书特别是官修史书中在所难免,亦不必因此过分求全于《周书》。

长期列于"正史"的《周书》,作为现存惟一系统地保存西魏北周历史资料的史书,是我们研究这一时期历史的最重要的第一手材料。

四、版本、整理及散佚情况

《周书》撰成后,以抄本流传,北宋初撰成的《旧唐书·经籍志》未加著录,《新唐书·艺文志二》始见其名。在传抄的过程中,有些篇章出现了散佚情况。宋景德二年(1005)编辑大型类书《册府元龟》时引用的《周书》,已非令狐德棻《周书》原貌,而是后人据《北史》等书补全的本子。

宋仁宗嘉祐六年(1061)开始,收集四种抄本"下馆阁"加以合校,"是正其文字",完成后,又"镂版以传学官",从熙宁初参与并完成这项工作的王安国死于熙宁七年(1074)可以推断,《周书》最早的刻本亦应出现在这几年间,不过这一"馆阁本"早已不存。现存最早的刻本为南宋临安翻刻且经宋、明两代补版递修的"三朝本",1934 年上海商务印书馆加以影印时,复据明清其他刻本改订了一些有出入的字,已非"三朝本"之原貌,称为"百衲本"。此外,比较有影响的版本还有明万历年间南京国子监刻本、北京国子监刻本、明末毛氏汲古阁刻本、清乾隆四年(1739)武英殿本、清同治十三年(1874)以汲古阁本为底本刻印的金陵书局本。这些刻本由于刻印时不可避免的疏误,加上刻印时往往校改文字,相互间在文字上时有出入。

20 世纪 60 年代,中华书局延请唐长孺、陈仲安对《周书》进行校勘,各篇据内容划分段落,并加以标点。他们以上述版本中的武英殿本为底本,以其他各本互校,并参校了《北史》与《周书》内容相关部分及《册府元龟》引用《周书》的文字,据以改订或存疑的地方,都在附于各卷之后的《校勘记》中有详细的说明,有利于读者判断取舍。这是《周书》迄今最便阅读使用的本子。

清代一些学者如陆心源、胡玉缙认为《周书》在流传过程中没有残佚,基本上是令狐德棻所著原貌,事实上这种说法并不能成立。《史通·内篇·浮词》举证史书中的粉饰之词时说:"又周史称元行恭因齐灭得回,庾信赠其诗曰:'虢亡垂棘返,齐平宝鼎归。'陈周弘正来聘,在馆赠诗曰:'德星犹未动,真车讵肯来。'其为信、弘正所重如此。夫以文害义,自古而然,拟非其伦,由来尚矣。必以庾、周所作皆为实录,则其所褒贬非止一人,咸宜取其旨归,何止采其四句而已?"刘知幾自注说:"周史,令狐德棻所撰也。"知幾这里批评的"周史"实为流传至今的《周书》,而不是清人浦起龙《史通通释》所说的牛弘的十八卷《周史》。今检《周书》,卷三一《韦孝宽传韦夐附传》有后两句诗,据中华书局本此卷《校勘记》第二十五条的详细说明,韦夐传实际上是散佚后从《北史》回抄的,而前两句诗及元行恭的名字均不见于今本《周书》。这说明我们今天看到的《周书》与唐代刘知幾所见《周书》并不相同,《周书》在流传过程中确有散佚。

《四库全书总目》对《周书》宋代以后的散佚情况有比较全面的说明:"今考其书,则残阙殊甚,多取《北史》以补亡,又多有所窜乱,而皆不标其所移掇者何卷,所削改者何篇,遂与德棻原书混淆莫辨。今案其文义,粗寻梗概,则二十五卷、二十六卷、三十一卷、三十二卷、三十三卷,俱卷后无论,其文多同《北史》,惟更易《北史》之称'周文'者为'太祖',《韦孝宽传》连书'周文'、'周孝闵帝',则更易尚有未尽。……是皆率意刊削,遂成疏漏。至于遗文脱简,前后迭出,又不能悉为补缀。盖名为德棻之书,实不尽出德棻,且名为移掇李延寿之书,又不尽出延寿,特大体未改而已。"而中华书局本参以清钱大昕考证结论,加之以全面检查,指出《周书》全缺而以《北史》等史书补齐的有卷一八、二四、二六、三一、三二共五卷;卷三六可能半缺,亦可能全缺;还有不少卷成段文字亦是在散佚后以《北史》相关文字补足的。总的来说,中华书局本对《周书》散佚情况的说明较为可靠。

需要说明的是,尽管《周书》有上述散佚情况,但《北史》有关西魏北周部分的内容原本抄自《周书》,用以补足《周书》,除了一些字句增省及提法改变外,应与令狐德棻原本相去并不太远。我们阅读时自当加以留意,而不应因此否定《周书》本身的史料价值的系统性。

五、本纪内容简述及阅读时应注意的问题

本纪八卷,以西魏北周六代帝王为中心,按时间顺序记录西魏北周政权

的政治过程，涉及有关重大政治、军事活动以及重要官员的任免升迁等情况。卷一、卷二分别为《文帝纪上》、《文帝纪下》，文帝即西魏北周创始人宇文泰，他本人终西魏官至太师、大冢宰，封安定公，卒谥“文公”，从未当过皇帝。北周建立之初，尊之为“文王”，庙号太祖，周明帝武成元年（559），追尊为“文皇帝”，《周书》列为帝纪，与《三国志》首列以曹操为中心的《武帝纪》类似。这两卷实际上可作为西魏史纲要来读。

卷一首先追述宇文氏族源及宇文泰种种帝王之象，与其他朝代正史第一个帝王首段差不多，值得注意的是，本卷首称代郡武川宇文氏“其先出自炎帝神农氏”，据周一良先生《宇文周之种族》一文的考证，宇文氏实为匈奴后裔。这反映了十六国北朝内迁各少数民族汉化过程中认同于华夏的心理。该卷主要叙述宇文泰从一个青年数年间成长为一个高级将领，并最后获得武川军团的领导权，与高欢决裂，立足关陇创立西魏政权的史实。卷中称高欢击败尔朱氏掌握洛阳政权时，当时武川军团的领导人、关西大行台贺拔岳不知所从，大行台左丞宇文泰劝贺拔岳“因地势，总英雄”以“匡社稷”，应借机兼并当时关陇其他处于半独立的武装，“今若移军近陇，扼其要害，示之以威，服之以德，即可收其士马，以实吾军。西辑氐羌，北抚沙塞，还军长安，匡辅魏室，此桓、文之举也”。这与诸葛亮的《隆中对》一样属于纵观全局的战略构想，虽不如前者有名，但却获得了真正的成功。

卷二主要反映了西魏政权稳定、壮大及一系列大政方针的确立过程。西魏初年与东魏间的战争胜负，是西魏存亡的关键，本卷对起于大统三年（537）正月东魏三路进攻、终于十月西魏大胜的沙苑之役，举凡战争形势、军队调遣及具体的战斗过程，都有详细交待。大统元年三月，“命所司斟酌今古，参考变通，可以益国利民便时适治者，为二十四条新制。奏魏帝行之”；大统七年，“太祖奏行十二条制，恐百官不勉于职事，又下令申明之”；大统七年七月，“魏帝以太祖前后所上二十四条及十二条新制，方为‘中兴永式’，乃命尚书苏绰更损益之，总为五卷，班于天下。于是搜简贤才，以为牧守令长，皆依新制而遣焉。数年之间，百姓便之”。这是各级政府部门行政法规即所谓“式”的确立过程，这些“新制”的具体内容已难知晓，但这些不断成熟的制度对于革除北魏后期的弊端,建立一个清廉的有效率的政府,无疑起了重要的作用。西魏废帝三年(554),“始作九命之典,以叙内外官爵。以第一品为九命,第九品为一命。改流外品为九秩,亦以九为上。又改置州郡及县”;西魏恭帝三年(557)正月,“初行《周礼》,建六官”,则属于为北周政权奠基的重大政治制度改革。

本书卷一、卷二与《北史》卷五《西魏文帝纪》参读,更能全面了解西魏时期主要的政治举措。

卷三至卷八,分别是北周孝闵帝宇文觉、明帝宇文毓、武帝宇文邕、宣帝宇文赟、静帝宇文阐等五个皇帝的“本纪”,其中卷五、卷六《武帝纪上、下》特别值得重视。武帝即位之初,宇文泰以后长期执掌朝政的宇文护仍牢牢地控制着政权,武帝“未亲万机,虑远谋深,以蒙养正”(卷六末“史臣语”),对学问表现出异常的热情。天和元年(566)五月,“御正武殿,集群臣亲讲《礼记》”;三年八月,“御大德殿,集百僚及沙门、道士等新讲《礼记》”;四年二月,“御大德殿,集百僚、道士、沙门等讨论释、老义”;五月,“帝制《象经》成,集百僚讲说”;建德元年(572)正月,“帝幸玄都观,亲御法座讲说,公卿道俗论难,事毕还宫”,这年三月,即诛除宇文护及其同党,亲掌政权,“修富民之政,务强兵之政”,于建德六年二月进灭北齐,其富民强兵的具体策略,《纪》中有所反映。武帝对学问探讨的结果是对佛教大规模的打击行动。建德二年十二月,“集群臣及沙门、道士等,帝升高座,辨释三教先后,以儒教为先,道教为次,佛教为后”。次年五月,下令废除佛、道二教,“经像悉毁,罢沙门、道士,悉令还民”;次月,复立通道观,“圣哲微言,先贤典训,金科玉篆,秘籍玄文,所以济养黎元,扶成教义者,并宜弘阐,一以贯之”。这使大量的出家僧尼成为平民,增加了国家兵员与税收,而儒教独尊,各种文化并存,继承了宇文泰“中兴永式”中的基本精神,确立了隋唐帝国基本的文化面貌。

与各正史的本纪部分一样,《周书》数卷本纪除《文帝纪上》以外,几乎可以说是按时间顺序进行的新闻报道。《资治通鉴》有关西魏北周的史料主要采自《周书》,阅读本纪部分如能逐年参读《通鉴》,对于了解西魏北周历史发展的过程及全貌将大有裨益。

六、列传内容简述及阅读时应注意的问题

《周书》“列传”,一卷只传一人的独传很少,数人一卷的合传及记同一类人物的类传较多。由于“事不一人”,重大历史事件,从一个人物甚至事件中的关键人物的传记不易看得很清楚,纪传体史书对于了解历史事件全貌有其体例上的缺陷。阅读时应就一些重点人物的传记多下功夫,进而全面阅读,有助于在把握重点的基础上对该书作全面的了解。下面就一些重要人物传记及其涉及的西魏北周历史上的重要问题作一些分析。

卷九《皇后传》中,武帝阿史那皇后及宣帝杨皇后较重要。前者为当时北方草原霸主突厥木杆可汗之女,宇文泰即曾争取与突厥“和亲”以抗衡与柔然“和亲”的东魏,周武帝又“前后累遣使要结”,才得以成功,这是北周遏制北齐在外交上的重大胜利。中原政权的统治人物娶北方游牧民族统治者的女儿为皇后或后妃以“和亲”,改变两汉中原皇室女性出嫁的惯例,则是应当留意的时代特点。宣帝杨皇后名丽华,为隋文帝杨坚的长女,宣帝时册封为“天元大皇后”,杨坚正因为她的关系,才得以在宣帝死后辅政并代周建隋,传中称杨氏初“以嗣主幼冲,恐权在他族,不利于己”,对杨坚执掌朝政,“心甚悦之”,后来对杨坚代周建隋的活动“意颇不平,形于颜色。及行禅代,愤惋逾甚”,从中可以看出北朝及于隋唐时代女性的风貌。

卷一〇至卷一三为宇文宗室人物的传记,卷一〇《宇文护传》相当重要。宇文护是宇文泰的侄子,宇文泰死时,“嗣子冲弱,强寇在近,人情不安”,宇文护稳定了局势,并将宇文泰之子宇文觉推上帝位,建立北周政权,诛杀宇文泰的同僚赵贵、独孤信等宇文泰时代的元勋重臣,加强了对军队的集中指挥,强化了皇室对政权的控制,受封晋国公。他执政的十五年间,北周的势力仍不断上升,他先废除宇文觉,后又毒杀明帝宇文毓,立武帝宇文邕,“暗于大体,自恃建立之功,久当权轴”,最终导致武帝亲自在宫中将其刺杀。该传对武帝诛杀宇文护的过程有详细交待。另外,该传收录了宇文护与其沦落在北齐境内的母亲之间的来往家信,信中历数家常,感情真挚,今日读来,仍能感受到母亲的舐犊深情。其母信中所记细事亦有助于查考一些重要的

历史问题。如信中称北魏末宇文护随家人从六镇迁入河北，在葛荣军中活动，十二三岁的宇文护与姑表兄弟贺兰祥等四人“同学”，跟一位严厉的姓成的“博士”读书识字，这可与卷二〇《贺兰祥传》参证。《贺兰祥传》称贺兰祥十一岁成为孤儿，“长于舅氏，特为太祖所爱。虽在戎旅，常博延儒者，教以书传”。这些史料可以否定北魏末六镇地区出现一个反汉化的鲜卑化集团，并因之形成东魏北齐、西魏北周的鲜卑化趋势的认识，还可以为宇文泰后来执掌政权时敦崇儒学教育找到思想根源。从这三卷有关传记我们还可以看到，宇文宗氏的第二、三代不少人物有追求文化知识的热情，而且命名取字讲求行辈，汉化趋势明显。卷一二《宇文宪传》亦值得重视，宇文宪是宇文泰第五子，是北周时期重要的政治军事人物，最后被宣帝宇文赟处死，其传记反映了北周皇权既希望通过宗室人物加以拱卫，又担心宗室子弟觊觎皇权的尴尬局面。

卷一四至卷一六为贺拔胜、贺拔岳、念贤、寇洛、李弼、于谨、赵贵、独孤信、侯莫、陈崇等人的传记，他们在北魏末西魏初因不同的原因聚于关陇，都是西魏创业时代的元勋武将，且行辈都高于宇文泰。卷一六末一段史料，叙西魏末八柱国大将军及十二大将军姓名官职，并称八位柱国大将军中，除“位总百官，督中外军”的宇文泰及“从容禁闼”的西魏皇室元欣外，其余六位柱国大将军，“保督二大将军，分掌禁旅，当爪牙御侮之寄”；十二位大将军“又各统开府二人。每一开府领一军兵，是为二十四军”。唐高祖李渊的祖父李虎居柱国大将军之首，隋文帝杨坚的父亲杨忠为十二位大将军之一。这一段史料成为研究西魏府兵制度最基本的史料，研究者进行了各种阐释。令狐德棻请修《周书》的理由之一是惧李唐皇室先代功业不彰，李虎在《周书》中却都没有专传，也是值得注意的现象。

卷二一为尉迟迥、王谦、司马消难三人的合传。北周末，杨坚执政，并显露出代周的迹象。这时尉迟迥为相州总管，掌握河北地区的军政权；王谦为益州总管，主管今四川地区的军政事务，分别发起诛除杨坚的活动，司马消难则在今湖北起兵响应尉迟迥。他们的反抗活动均被镇压下去，而杨坚代周之易，以及没有来自宇文宗室在地方上的武装反抗，隋文帝及隋初上层认为北周抑制宗王是其速亡的一个原因，杨坚以诸子如杨广等分掌各地军政大权以拱卫京师，即因于此。

卷二四《卢辩传》主要反映了西魏末及北周时行《周礼》的情况。西魏初年，“朝章礼度，湮坠咸尽”，在逐渐恢复北魏后期制度的同时，酝酿制度改革，最终成果便是“依《周礼》建六官，置公、卿、大夫、士，并撰次朝仪，车服器用多依古礼，革汉、魏之法”。精通周代礼制的卢辩是这一制度改革的重要参与者，本传关于他本人的事迹不多，却用大量篇幅记录了北周“九命”之官的序列，可作为北周《百官志》来读。应当注意的是，北周行《周礼》，却并非一切返古，彻底抛弃汉魏以来的制度。本传称：“于时虽行《周礼》，其内外众职，又兼用秦汉等官。”所谓“内外”即中央与地方，北周在地方仍沿用魏晋以来州、郡、县三级行政制度不变，其长官仍为刺史、太守、令，属员名号亦沿用不改，并没有实行周代的分封制；基层仍用北魏孝文帝以后实行的均田制和三长制，没有推行现在学术界也还说不清楚的井田制；周天子称王，无年号，北周君主却称皇帝，行年号。也就是说，秦汉以来实行的专制主义中央集权制度并没有因《周礼》的行用而减弱。

卷三一《韦孝宽传》主要反映了西魏北周与东魏北齐之间边境冲突与势力消长。韦孝宽为关中本地人，在宇文泰创业时即归附，他曾对周武帝称自己“输力先朝，以定关右”，关陇本地大族是西魏北周一股重要的政治力量，西魏北周不断壮大，与他们的支持密不可分，从武川等地进入关陇的各种政治人物融入当地社会，相互间没有大的冲突，是西魏北周与东魏北齐政治上的明显差异，也是后者走向衰亡的原因之一。《周书》有大量关陇当地人物的传记，可与《韦孝宽传》参照阅读。本传以较大的篇幅叙述了西魏大统十二年(546)东西魏间的玉壁之战。东魏执政者高欢“倾山东之众，志图西入”，却受阻于韦孝宽固守的玉壁城(今山西临猗县境内)，高欢指挥军队围攻两月有余，部下死伤殆半，智穷力竭，无功而返。玉壁之战是东魏北齐、西魏北周关系的转折点，从此，东魏北齐无力再向后者发起大规模的军事行动，双方以今山西西南部为中心，展开互有胜负的边境防御与争夺战，这在本传中也多有反映。玉壁之战后，长期处于下风的西魏不再担心东方的进攻，转而利用南方梁朝内乱之机，夺得四川与湖北，逐渐在三方对峙中取得主动权。本传还记韦孝宽因周武帝“志在平齐”，上平齐三策，“尔后遂大举，再驾而定山东，卒如孝宽之策”，亦可诵读分析。

北周为隋所取代，与宣帝宇文赟胡作非为而不能继承周武帝开创的事业有很大的关系。他身为太子时即暴露出缺点，继承人的好坏往往关涉一个政权的盛衰。卷四〇尉迟运、王轨、宇文神举、宇文孝伯、颜之仪、乐运等人的合传集中反映了这一主题。《乐运传》记其当宣帝“德政不修”、“昏暴滋甚”时，“舆榇至朝堂，陈帝八失”，所述宣帝朝政治上八个方面的混乱情况，较为全面。

卷四一为王褒、庾信的合传，其内容足以与其他史实相印证，探讨南北朝后期至隋唐时南北社会文化变迁的历史潮流。王褒出琅邪王氏，王氏为东晋南朝门阀士族一流的高门，东晋时王羲之、王献之开创的飘逸的行书艺术，成为东晋南朝社会上层模仿的对象。东晋南朝，相对安定，士族高居政治与社会上层，创造出一种与其社会身份相当的精英文化，文学上诗歌、骈文都讲求对仗、合韵、用典，追求形式美、音乐美及知识性，内容上则因脱离实际生活而日益空洞，梁代甚至于流行以描述女性与性爱为主的宫体诗，庾信之父庾肩吾是梁朝有名的宫体诗人。王褒与庾信都是西魏攻占梁元帝定以为都的江陵城后被俘入关中的，和他们一起被迁入长安的南方士人还有王克、宗懔等数十人，他们被俘入关意味着东晋以来在南方居于社会上层的士族集团主体的消失，也意味着从北魏孝文帝开始即影响北方的南方精英文化更大规模地向北传播。

王褒在周武帝时，“颇参朝议，凡大诏册，皆令褒草具”，“乘舆行幸，褒常侍从”。王褒在政治上受信任，且因他“笃好文学”，能写漂亮的文章，故“大诏册”由他起草，而其书法的影响则更为深远。本书卷四七《艺术·赵文深传》说：“及平江陵，王褒入关，贵游等翕然并学褒书，文深之书，遂被遐弃。文深惭恨，形于颜色。后知好尚难改反，亦攻习褒书，然竟无所成，转被讥议，谓之学步邯郸焉。”所谓“褒书”，实际为王褒家传的王羲之、王献之的书法艺术，这一书法艺术在隋唐甚至成为全社会普遍学习的正宗。

庾信在文风上对北周时代的上流社会的影响更是无与伦比。西魏时，宇文泰用苏绰等人创立制度，同时强调官方重要文件应模仿古朴的《尚书》文体，但北周明帝、武帝都喜欢南朝的文体，庾信因此"特蒙恩宠"，"至于赵、滕诸王（赵王宇文招、滕王宇文逌，均为宇文泰子，属明帝、武帝之弟，其传记并见卷一三），周旋款至，有若布衣之交。群公碑志，多相请托"。南方文体因而在北方大行其道。《庾信传》末"史臣语"以较长的篇幅综论先秦以来文体变化，历数十六国北朝有名的文人，却不得不承认，"其体以淫放为本，其词以轻险为宗"，因而更能吸引人的南方文体，在庾信入关中后成为文学的主流："朝廷之人，闾阎之士，莫不忘味于遗韵，眩精于末光。犹丘陵之仰嵩、岱，川流之宗溟、渤也。"我们从这些史实无疑可以探知唐代进士考试重诗赋、士子普遍研读《昭明文选》的一些原因。另外，《庾信传》载其颠沛流离之后充满家国乡关之思的《哀江南赋》，是可以用于查考历史的文学名篇。

《周书》在类传之间于卷四八插入《萧詧传》，刘知幾在《史通》中曾指责其体例不纯，并指出《萧詧传》更像是《史记》的"世家"这一体例，而不是列传。萧詧为南朝梁武帝之孙，梁末坐镇襄阳。梁末内乱，与其叔父荆州刺史萧绎冲突，转而降附西魏。西魏封之为梁王，其在境内仍称皇帝、建年号。西魏攻灭梁元帝萧绎的政权后，襄阳及其附近地区收归西魏直接管辖，将萧詧逐至江陵，并驻军防范。这个半独立的傀儡政权经西魏北周，一直到隋初才被取消。《萧詧传》以萧詧、萧岿、萧琮祖孙三代为中心，叙述其全过程，并有这一傀儡政权内二十余位人物的简单传记。南北朝时各方政权为了影响敌对政权内部的政局，或者为了将统治势力渗透到一个还不能直接控制的地区，往往采用树立傀儡政权的办法，《萧詧传》有助于了解这一特殊的政治现象。

《周书》有《儒林》、《孝义》、《艺术》、《异域》四个类传，《异域》又分为上、下两卷，类例上并无创新之处。

《儒林传》记录了六位儒学经师的事迹及治学情况，如传序所表明的，突出的主题却是表彰西魏北周统治者特别是周武帝宇文邕尊儒重道，所以其中熊安生实为东魏北齐境内的儒学大师，只因在其八十余岁时，周武帝灭北齐至邺城曾登门造访,亦列于《周书》。传论提出了有关当时学术风尚的大问题,却值得探讨:"前世通六艺之士,莫不兼达政术,故云拾青紫如地芥。近代守一经之儒,多暗于时务,故有贫且贱之耻。虽通塞有命,而大抵皆然。"也就是说,"近代"即北朝儒者不通政务,很少有人如以前或者说汉代的儒者那样,官高位显。传论进而认为此种现象出现的原因,是因为汉代"重经术而轻律令",以当时儒者治经所体现出的聪明,学点律令并不难,所以能"大则必至公卿,小则不失守令";而"近代之政,先法令而后经术",那些热心于儒经者,不可能将主要精力用于研习法令以求显达,只得专力考据经典,"以先王之道,饰腐儒之姿,达则不可侍讲训胄,穷则终于弊衣箪食"。事实上,汉承秦制,法律到后来极为烦琐,亦极受重视,而以儒家理念进行国家制度法令建设,西晋以后远比两汉彻底,史论所言并不准确。本人认为,南北朝乃至以后时代专门的儒学经师未能在政治上有所作为,除了他们本身迂腐不通世务外,主要原因是文化主流在南北朝以后转向文学所致,所以唐代最重要的进士科,考试内容主要是诗赋而不是经书,而以经书为主要考试内容的明经一科,则不甚受重视。也就是说,只读经书而不通文学,不能作诗赋,便不能作高官,与法令方面的修养无关,即使所有法令烂熟于胸,不能吟诗作赋,也不可能仕途通达。

《异域传》的内容既有北周境内及周边少数民族部落与政权,也有高丽、波斯等偶与西魏北周有过外交往来的外国的史实,统称为"异域",有些不伦不类。不过,本传首次记叙了今山西至陕北一带稽胡、草原上新兴的突厥、今四川及其附近地区的獠等民族情况,为研究民族史的重要史料。

七、《苏绰传》与《六条诏书》

卷二三《苏绰传》是了解西魏北周历史相当重要的一篇传记。苏绰为武功(今陕西武功)人,博学多通。西魏初年,执政的宇文泰急于寻求统治关陇的方略,"方欲革易时政,务弘强国富民之道"。苏绰因机进言,"指陈帝王之道,兼述申、韩之要",深得宇文泰信重,并制定了西魏政治纲领性的文件《六条诏书》,因最后以西魏皇帝的名义颁布而得名。其内容是先治心、敦教化、尽地利、擢贤良、恤狱讼、均赋役,而推行儒教伦理为其核心。诏书指出,所有官员自身首先要思想纯洁、行为端正,使自己不会产生任何“邪僻之虑”,而“凡所思念,无不皆得至公之理”,同时还要孜孜不倦地亲自实践仁义、孝悌、忠信、礼让、廉平、俭约等美德,官员如能做到这些要求,人民就会敬畏他,愿意听从其管理。诏书将魏晋以来特别是北魏末以来的社会动乱归咎为民风浮薄,将推行“教化”、移风易俗作为建设太平社会的关键,而教化的内容仍旧是孝悌、仁顺、礼义等儒家倡导的各种美德。

《六条诏书》要求地方官员尽可能地调动百姓生产的积极性,对耕地、播种、田间管理、收获的每一个环节,以及蔬菜瓜果种植、牲畜饲养等,都要悉心指导,严加督促,对懒惰之人加以惩罚。针对当时财政紧张、战事频繁因而不可能减轻税收劳役的情况,诏书要求各地官员根据当地民户财产状况,在保证国家税收与力役征调的前提下,“斟酌贫富,差次先后”,“不舍豪强而征贫弱,不纵奸巧而困愚拙”,做到相对“平均”。同时,还应在征税之前预先提醒百姓,让他们有所准备,避免临时收缴,甚至于暴力催征。

关于擢贤良即人才选拔,《六条诏书》坚决反对按门第选举人才。西晋以后直至整个南朝,官僚选举重门第,在社会上享有极高政治地位的士族实际上也是世代做官的“仕族”,士族子弟据“门资”做好官、做高官成为惯例,而非士族出身者即便才能超群,也难以得到提拔,只能作刀笔小吏。推行士族门阀制度是北魏孝文帝改革的一项重要内容,国家以法令的形式规定少数民族贵族及汉族大家族门第的高低,据以选拔人才,并规定某些“清官”即地位重要、易被提拔的官职特别是文职,只能由高等级士族子弟担任,这种政策曾引起武官的强烈不满,成为北魏末政治动乱的一大根源。《六条诏书》指出:尧之子丹朱、舜之子商均因无才能,“虽帝王之胤,不能守百里之封,况于公卿之胄乎!”“夫门资者,乃先世之爵禄,无妨子孙之愚瞽”,“今之选举者,当不限资荫,惟在得人”。

与曹操强调才干而不重视人品的“求才三令”不同,《六条诏书》强调,真正的人才应是道德品质好而又有才能的人,而首先应重视品行:“凡所求材艺者,为其可以治民。若有材艺而以正直为本者,必以其材而为治也;若有材艺而以奸伪为本者,将由其官而为乱也,何治之可得乎。是故将求材艺,必先择志行。其志行善者,则举之;其志行不善者,则去之。"所谓择志行,自然是选择第一条"先治心"所强调的那种"心如清水,行如白玉",能够亲自实践儒教伦理,为百姓做出表率的人。诏书还强调,地方基层行政组织"党族闾里正长之职",也必须慎重地选举,正长虽只管十户民户,却是"治民之基","基不倾者,上必安"。

一些地方官员习惯按门第选择自己的附属官员,按新的政策选人不知如何措手,遂称"邦国无贤,莫知所举"。针对这种情况,《六条诏书》指出,一个时代有一个时代的人才,人才选拔的关键是在实践中发现人才:"彼贤士之未用也,混于凡品,竟何以异?要任之以事业,责之以成务,方与彼庸流较然不同。""士必从微而至著,功必积小以至大,岂有未任而已成,不用而先达也。若识此理,则贤可求,士可择。"同时还指出,选贤才为官,还应"省官",即减少官员数量,"官省,则善人易充,善人易充,则事无不理;官烦,则必杂不善之人,杂不善之人,则政必有得失"。政治是否清明,"在于官之烦省"。

《六条诏书》不是具体的行政条例,却是为政特别是地方官为政的原则。执政者宇文泰特别重视,将其作为座右铭,命令官员学习背诵,"其牧守令长,非通六条及计账者,不得居官"。纵观西魏北周政治,尽管内部政治斗争并不少见,但官员总的来说较为清廉,这与《六条诏书》的指导有很大关系。卷四五《儒林·乐逊传》记乐逊在北周时上书言政事,在"崇治方"一条中说:"惟今之在官者,多求清身克济,不至惠民爱物。""先王朝宪备行,民咸识法,但可宣风正俗,纳民轨训而已。""先王"即宇文泰,其"朝宪"自然包括《六条诏书》。官员们虽恩惠百姓不够,却大都能"清身克济",任官清白,力争将国家的事情办好,这与北魏末期官员们普遍的腐败相比,与东魏北齐听任官吏盘剥百姓相比,无疑是巨大的成功,也是西魏北周能够由弱而强,奠定全国统一基础的原因。

八、主要参考书

与前四史相比,从史学史角度研究《周书》的著作不多,当代史家王仲荦所著《北周六典》及《北周地理志》是最重要的参考书。

《北周六典》分上、下册，中华书局 1979 年 12 月出版。北周仿《周礼》改革国家机器，特别是中央机构及官名、官员等级，均仿《周礼》制定，但纪传体《周书》没有专门记载文物典章制度的“志”。《隋书》中的“志”，号称《五代史志》，有西魏北周的内容，但相当简略，不成系统。隋朝建立后，全部抛弃了北周采用《周礼》所制定的制度，致使北周行《周礼》的具体情况不甚清楚。《北周六典》分十卷三十类，以机构为纲，官名为目，全面检索《周书》中的史料及相关史书、文集、碑铭、墓志材料，全面考查了北周官志的具体状况及其行《周礼》又兼采魏晋制度的特征，既可视为补《周书》的“百官志”，亦可视为“周书会要”。全书有按机构官名编制的详细目录，书后又有简明的事类索引，极便翻检。本书是阅读《周书》及研究西魏北周历史必不可少的参考书。

《北周地理志》亦分上、下两卷，中华书局 1980 年出版。以《周书》为主，遍引相关史料，按北周时期的行政区划，详细论述了西魏北周时期地方行政建置及其方位，并及北周时代侨州郡问题，对研究南北朝各政权历史都具有参考价值。

清人夏启昆采《周书》、《北史》及相关史料，作纪传体《西魏书》，可以作为了解西魏历史的参考。清人万斯同著有《西魏将相大臣年表》、《周诸王世表》、《周公卿年表》各一卷，清人练恕作有《北周公卿表》一卷，并收于《二十五史补编》中，亦可作为参考。

《隋书》说略

黄永年

一、《隋书》在《二十四史》中的次序

隋结束了南北朝的分裂局面，隋亡又继之以唐。因而有人点数《二十四史》时，是先数《南史》、《北史》，再接着数《隋书》、《旧唐书》、《新唐书》。这是错误的。因为李延寿的《南史》固是根据南朝的《宋书》、《南齐书》、《梁书》、《陈书》改写的，《北史》则是根据北朝的《魏书》、《北齐书》、《周书》再加上《隋书》改写的，《北史》不完全等于北朝的历史。正确的应是先数南朝的《宋书》、《南齐书》、《梁书》、《陈书》，再数北朝的《魏书》、《北齐书》、《周书》，再是《隋书》，再是《南史》、《北史》、《旧唐书》、《新唐书》。

二、《隋书》纪传的撰修

《隋书》有八十五卷，包括本纪五卷、志三十卷、列传五十卷。但其中的志本是《五代史志》，修成后加入《隋书》的。

先说《隋书》本纪、外传的撰修。这是和撰修《梁书》、《陈书》、《北齐书》、《周书》一起进行的，当时把这五个朝代的史合称为“五代史”。它的撰修缘起和第一次撰修人员的名单保存在《旧唐书》卷七三《令狐德棻传》里，说“德棻尝从容言于高祖曰：‘窃见近代已来，多无正史。梁、陈及齐，犹有文

籍。至周、隋遭大业离乱，多有遗阙。当今耳目犹接，尚有可凭，如更十数年后，恐事迹湮没。陛下既受禅于隋，复承周氏历数，国家二祖功业，并在周时。如文史不存，何以贻鉴今古？如臣愚见，并请修之。'高祖然其奏，下诏'……中书令萧瑀、给事中王敬业、著作郎殷闻礼可修魏史，侍中陈叔达、秘书丞令狐德棻、太史令庾俭可修周史，兼中书令封德彝、中书舍人颜师古可修隋史，大理卿崔善为、中书舍人孔绍安、太子洗马萧德言可修梁史，太子詹事裴矩、兼吏部郎中祖孝孙、前秘书丞魏徵可修齐史，秘书监窦琎、给事中欧阳询、秦王文学姚思廉可修陈史，务加详覈，博采旧闻，义在不刊，书法无隐。'瑀等受诏，历数年，竟不能就而罢。"按之《唐会要》卷六三《修前代史》，令狐德棻建议在唐高祖武德四年(621)十一月，下诏撰修是武德五年十二月二十六日(623年1月)。

第二次撰修是在唐太宗贞观三年(629)。《唐会要·修前代史》说"贞观三年于中书省置秘书内省，以修'五代史'"，但未列撰修姓名。姓名见于《旧唐书·令狐德棻传》和卷七一《魏徵传》。《令狐传》说："令德棻与秘书郎岑文本修周史，中书舍人李百药修齐史，著作郎姚思廉修梁、陈史，秘书监魏徵修隋史，与尚书左仆射房玄龄总监诸代史，众议以魏史既有魏收、魏澹二家，已为详备，遂不复修。德棻又奏引殿中侍御史崔仁师佐修周史，德棻仍总知类会梁、陈、齐、隋诸史。"《魏徵传》则说："有诏遣令狐德棻、岑文本撰周史，孔颖达、许敬宗撰隋史，姚思廉撰梁、陈史，李百药撰齐史。徵受诏总加撰定，多所损益，务存简正。隋史序论，皆徵所作，梁、陈、齐各为总论，时称良史。"可知这第二次撰修《隋书》的是魏徵和孔颖达、许敬宗，而《魏徵传》既说"隋史序论，皆徵所作"，则纪传叙事当多出孔、许之手。此外，刘知幾《史通》的《古今正史》里讲"皇家贞观初敕中书侍郎颜师古、给事中孔颖达共撰成《隋书》五十五卷"，当是包括了第一次武德时撰修人员而言，第二次修成的《隋书》里不会没有第一次颜师古及封德彝修成的篇卷。又《旧唐书》卷一八九上《儒林·敬播传》说"有诏诣秘书内省佐颜师古、孔颖达修隋史"，可知敬播也是一位撰修《隋书》的参与者。

这包括《隋书》纪传在内的"五代史"，是在贞观十年(636)正式成书的，在《唐会要·修前代史》、《旧唐书》卷三《太宗纪》和《令狐德棻传》里都这么记载。《史通·古今正史》说"至十八年方就",或是衍一"八"字。《修前代史》详记其事作:"贞观十年正月二十日,尚书左仆射房玄龄、侍中魏徵、散骑常侍姚思廉、太子右庶子李百药、孔颖达、礼部侍郎令狐德棻、中书侍郎岑文本、中书舍人许敬宗等撰成周、隋、梁、陈、齐五代史上之,进阶颁赐有差。"《太宗纪》则只提位尊的房玄龄、魏徵二人姓名,其实房玄龄只是"总监诸代史",不像魏徵"总监"外还参与具体撰修工作。

三、《五代史志》的撰修

贞观十年修成进上的《梁书》、《陈书》、《北齐书》、《周书》和《隋书》这"五代史"都没有志。《五代史志》是把这五个朝代统在一起另行撰修的。《史通·古今正史》记载其事,说是"诏左仆射于志宁、太史令李淳风、著作郎韦安仁、符玺郎李延寿同撰,其先撰人惟令狐德棻重预其事。太宗崩后,刊勒始成"。据今《隋书》所附北宋天圣二年官刻跋语,诏于志宁等修《五代史志》是在贞观十五年。又据《旧唐书·令狐德棻传》,唐高宗永徽元年(650)令狐还曾"监修国史及'五代史志'"。天圣官刻跋语的小注则说"《无忌传》又云永徽三年始受诏监修"。但试检《旧唐书》卷六五《长孙无忌传》只说"永徽二年监修国史",没有提到永徽三年监修"五代史志",则跋语小注似有差错。

《五代史志》的成书是在高宗显庆元年(656)。《旧唐书》卷四《高宗纪》说这年"五月己卯,太尉长孙无忌进史官所撰梁、陈、周、齐、隋五代史志"。《唐会要·修前代史》也只说史官修而"太尉无忌进之"。可见长孙无忌只是以官高而领衔进上,未必参与实际撰修工作。实际撰修者则除《史通》所说于志宁等人外,据《旧唐书》卷七三《李延寿传》所说"受诏与著作佐郎敬播同修'五代史志'",知参与《隋书》纪传撰修的敬播也在其列。又据《北史》卷一〇〇《序传》讲到贞观"十七年尚书右仆射褚遂良时以谏议大夫奉敕修《隋书》十志",则褚遂良也曾参与了此项工作。

四、《五代史志》编入《隋书》和《隋书》所题撰人

《史通·古今正史》说《五代史志》的“篇第虽编入《隋书》,其实别行,俗呼为‘五代史志’”。可见这《五代史志》在修成后就编进了《隋书》的。《北史·序传》径作“《隋书》十志”也是证据。中华书局点校本《隋书》的《出版说明》注意到这些志“记述隋朝部分较详,对梁、陈、齐、周等都列举朝代名,于隋则往往仅称帝号或年号”,认为“编写时就以隋朝为主”,也不无道理。不过,写《说明》者看到五代后晋时撰修的“《旧唐书》著录《隋书》八十五卷,卷数与今本相合,而没有另列《五代史志》或《隋书十志》”,便说“后晋时《隋书》已包括十志在内”,则又讲得太迟,忘掉《史通》已有“篇第虽编入《隋书》”的话了。至于《史通》所说“其实别行”,怕只是本来别为一书的意思。它在撰修和进上时都说是“五代史志”,所以“俗呼为‘五代史志’”亦即以基本名来称呼。

这《隋书》包括已编入的《五代史志》都是官修的史书。在官修史书不出一手之时,一般只以其中主要一人或监修者、或进上者为撰修人。所以《旧唐书·经籍志》著录包括《五代史志》在内的《隋书》八十五卷时,只说“魏徵等撰”,北宋以来的刻本则纪传部分题魏徵撰,志题长孙无忌撰,而不再备列参与撰修者姓名。

五、史料来源

撰修《隋书》纪传以及《五代史志》时,已修成可作为凭借的有关史书并不多。《史通·古今正史》就说:“隋史当开皇、仁寿时,王劭为书八十卷,以类相从,定其篇目,至于编年、纪传,并阙其体。炀帝世,惟有王胄等所修《大业起居注》。及江都之祸,仍多散逸。”这江都之祸是指大业十五年(619)三月炀帝在江都为宇文化及等所杀,皇室的图书随之散佚。所以令狐德棻在建议撰修时要说“近代已来,多无正史,梁、陈及齐,犹有文籍。至周、隋遭大业离乱,多有遗阙”等话。好在隋朝从文帝称帝(581)到炀帝被杀(619)先后只有三十八年,到唐初修史时许多旧人还健在。撰修者也都在隋代成长,

有的还出任过官职，参与过政治活动。所以史料的一大来源是采访，令狐德棻建议时所说“当今耳目犹接，尚有可凭”，便是这个意思。

从已修成的《隋书》纪传和《五代史志》来看，还是颇为详实可以信据的。当然也仍有阙略不足之处。如卷二六《百官志序》就说炀帝“南征不复，朝廷播迁，图籍注记，多从散逸，今之存录者不能详备焉”。柴德赓《史籍举要》也发现“卷五十三《刘方传》后，卷六十四《王辩传》后，卷七十八《许智藏传》后，均有附传云‘史失其事’”，说“足见《隋书》史料亦有缺憾”。

尽管如此，这部《隋书》仍是记载隋代史事的惟一重要且完善的文献。北宋时司马光撰写《资治通鉴》，《隋纪》部分就几乎全以它为依据。它的志即《五代史志》，记述隋和梁、陈、北齐、北周的典章制度等最有系统，最有条理，研究者还可从纪传中搜辑有关资料加以充实。当然《隋书》以外，还有保存到今天的隋人诗文和碑刻墓志，唐释道宣的《续高僧传》里也有一些隋代的佛教史料，但毕竟是零散的，其价值远不能和《隋书》比拟。

这里，再对《隋书》的本纪、列传和志分别作讲说，着重讲它的史料价值，讲应该怎样阅读。

六、本纪

隋代只有两个皇帝——开国的隋文帝和亡国的隋炀帝，所以《隋书》的本纪自卷一至卷五仅有五卷。其中文帝的《高祖纪》和《炀帝纪》各占两卷，最后一卷是给唐高祖李渊扶立的傀儡隋恭帝写的纪，文字少，还不够一个整卷的四分之一。

纪传体史书里的本纪，实际上是编年史，按每个皇帝在位的年月日来记述。《隋书》本纪是记述得比较好的，有些历史上重大的问题，可以从这几卷本纪里找到正确的答案。

例如府兵制，通行历史书上说是“兵农合一”，即和均田制相结合，在均田制基础上所建立，均田制被破坏，府兵制也就败坏。如看《隋书》的本纪就知道并非如此。《隋书》卷二《高祖纪》说：“开皇十年（590）……五月乙未，诏曰：‘魏末丧乱，宇县瓜分，役车岁动，未遑休息。兵士军人，权置坊府，南征北伐，居处无定。家无完堵，地罕包桑，恒为流寓之人，竟无乡里之号。朕甚愍之。凡是军人，可悉属州县，垦田籍账，一与民同。军府统领，宜依旧式。'"可见从这时开始的所谓"兵农合一"，并非真的全民皆兵，而只是分给府兵一些田地，让他们耕种自给而省却国家养兵的费用。但到要远征打大仗时，这些府兵就顾恋家园不肯出力了。这就是卷三《炀帝纪》大业七年(611)下诏征讨高丽后十二月所记："辽东战士及馈运者填咽于道，昼夜不绝，苦役者始为群盗。甲子，敕都尉、鹰扬与郡县相知追捕，随获斩决之。"稍后，卷四《炀帝纪》大业八年(612)三月甲寅还下诏："诸行从一品以下，佽飞募人以上家口，郡县宜数存问。若有粮食乏少，皆宜赈给；或虽有田畴，贫弱不能自耕种，可于多丁富室劝课相助。使失居者有敛积之丰，行役无顾后之虑。"这都没有用，于是在第一次远征失败的次年大业九年(613)，如卷四《炀帝纪》所说春正月丁丑"募民为骁果"。这骁果是招募轻侠恶少年之流来充当，他们本来不事农作，这时重新由国家养着专业征战，来替代已不可复用的府兵。

隋末农民起义蜂起，但专为立传的很少，多数也见于《炀帝纪》。

但本纪记事近乎流水账，一上来就读它不易理清头绪，抓住要领。因此，不妨先读列传，以加深感性知识，然后回头来看本纪，就容易发现重要的史料，容易用来解决问题。

七、列传

《隋书》卷三六至八五是五十卷列传。有几种类型：(1)卷三七至四二，卷四六至五八，卷六〇至七〇，是将相大臣和其他重要人物的传，共三十卷，占了列传的大多数，也可说是构成了列传的主体。(2)卷七一《诚节传》，卷七二《孝义传》，卷七三《循吏传》，卷七四《酷吏传》，卷七五《儒林传》，卷七六《文学传》，卷七七《隐逸传》，卷七八《艺术传》，卷七九《外戚传》，卷八〇《列女传》，都是分类编撰，每类中撰写若干人，所以通称为"类传"。(3)卷三六《后妃传》，卷四五《文四子传》，卷五九《炀三子传》，还有卷四三至四四杨氏亲王传，也是另一种性质的"类传"。(4)卷八五是宇文化及、王充(王世充)等人的传,宇文化及等杀炀帝,王世充杀继炀帝嗣立的越王侗,旧时都算弑逆,所以贬在全书末尾。(5)卷八一《东夷传》,卷八二《南蛮传》,卷八三《西域传》,卷八四《北狄传》,却是记述边陲兄弟民族和外国,并非给个人立传,过去统称为“四裔传”。

读将相大臣重要人物的传,不能一个人一个人孤立起来读,光注意其人的贤愚优劣,而应该注意其相互关系,是否形成各个集团,是否互为对立面,其间存在什么政治或地域以至民族等因素,存在什么利害关系,从而把这么多人的活动理出个头绪,找出其中有点什么规律性的东西。这方面,过去陈寅恪先生做得最有成绩,但空白未涉及之处尚多,亦有陈先生已做了而仍有失误之处需要补救。如陈先生在《唐代政治史述论稿》里认为宇文泰执行“关中本位政策”鸠合“关陇集团”,此集团成员首先必是“关陇胡汉民族之有武力才智者”,且“入则为相,出则为将,自无文武分途”,即具备人系关陇且文武合一两条件。这些是完全讲对了的。但说此集团延续到唐代,经武曌的破坏才分崩堕落最终消失,则尚可商榷。《隋书》卷四三《观德王雄传》说隋文帝时杨雄与高颎、虞庆则、苏威称为“四贵”,卷四一《苏威传》说炀帝时苏威与宇文述、裴矩、裴蕴、虞世基称为“五贵”,卷四《炀帝纪》说炀帝去江都时安排在东都洛阳“总留台事”的是其孙越王侗和段达、元文都、韦津、皇甫无逸、卢楚。这都是彼时政权的领导核心,在《隋书》里都有传(多数有专传,越王侗入《炀三子传》,元文都入《诚节传》,韦津附见《韦寿传》)。试一查对,这“四贵”中符合人系关陇且文武合一两条件者是杨雄、高颎、虞庆则三人,“五贵”中符合两条件仅宇文述一人,“总留台事”六人中符合两条件者仅越王侗、段达、皇甫无逸三人。说明最迟在隋炀帝时关陇集团已开始在解体。

类传中,《诚节传》多数记述因抗拒农民军、抗拒其他反隋武装而被杀的人物,也有死于江都之变和为王世充杀害的人物。《孝义传》所记述的人物事迹则反映了当时的社会风尚。《循吏传》、《酷吏传》的记述提供了其时州县地方官吏的政事实况。《儒林传》记述了经学的传授及著述,传序所说:“南北所治,章句好尚,互有不同。江左《周易》则王辅嗣,《尚书》则孔安国,

《左传》则杜元凯。河、洛《左传》则服子慎,《尚书》、《周易》则郑康成。《诗》则并主于毛公,《礼》则同遵于郑氏。大抵南人约简,得其英华,北学深芜,穷其枝叶。"尤能得其要领,为讲经学史、学术史者所承用。《文学传》中几乎都是江左、山东的人物,以见关陇地区文化落后,关陇集团在宇内混一后之不能持久实势所必然。《隐逸传》提供文士的另一生活面。《艺术传》除有许多阴阳、符兆、占卜、看相等迷信举动外,也有历法、音乐等资料。《外戚传》因彼时外戚并未掌权,与《列女传》都比较不重要,但《列女传》中的谯国洗夫人则是兄弟民族中一位女杰,其传是研究岭南史事的重要文献。

《文四子传》、《炀三子传》以及《后妃传》提供了皇室内部矛盾的史料。《炀三子传》和全书最后的《宇文化及传》等比较集中地提供了江都之变与越王侗政权覆灭的史料。

《东夷传》、《南蛮传》、《西域传》、《北狄传》是研究边陲兄弟民族和一些外国的重要文献,而且由于这些兄弟民族自己很少有详实的历史记载,有些外国也是如此,我国纪传体史书中的这种"四裔传"就更显得重要,为海内外研究者所珍视。

八、《五代史志》

编入《隋书》的《五代史志》,有《礼仪志》七卷,《音乐志》三卷,《律历志》三卷,《天文志》三卷,《五行志》二卷,《食货志》一卷,《刑法志》一卷,《百官志》三卷,《地理志》三卷,《经籍志》四卷,从卷六至卷三五共十个志三十卷。这些志一般都按梁、陈、北齐、北周、隋的次序来讲述,具体条目的记述也按这个次序。

《礼仪志》的分量特别多。柴德赓《史籍举要》指出"这因牛弘等曾撰《朝仪记》,各朝仪礼文字本来多的缘故"。其中提供了详尽的冠服制度和车辂制度,可与考古资料相印证。最后讲到炀帝"北巡出塞,行宫设六合城"和"征辽又造钩陈",又是关于古代军事设施的好资料。

《音乐志》提供了极为丰富的音乐、舞蹈史料,还详细记录了皇家祭献时所用的歌辞和各种乐器的形制。最后讲了炀帝所定清乐、西凉、龟兹、天竺、康国、疏勒、安国、高丽、礼毕等九部乐，逐一记述其由来和乐曲、乐器。其中除清乐、高丽及最后的礼毕外，多来源于西域，如："龟兹者，起自吕光灭龟兹，因得其声。吕氏亡，其乐分散，后魏平中原，复获之。其声后多变易。至隋有西国龟兹、齐朝龟兹、土龟兹等，凡三部，开皇中，其器大盛于闾闬。时有曹妙达、王长通、李士衡、郭金乐、安进贵等，皆妙绝弦管，新声奇变，朝改暮易，持其音技，估衒公王之间，举世争相慕尚。……其乐器有竖箜篌、琵琶、五弦、笙、笛、箫、筚篥、毛员鼓、都昙鼓、答腊鼓、腰鼓、羯鼓、鸡娄鼓、铜拔、贝等十五种。"都是中原地区接受西域文化的佳证。此外所说："齐武平中，有鱼龙烂漫、俳优、朱儒、山车、巨象、拔井、种瓜、杀马、剥驴等，奇怪异端，百有余物，名为百戏。"则是记述我国古代杂技表演的文献。

《律历》、《天文》、《五行》三志，都是太史丞李淳风所作，见《旧唐书》卷七九《李传》。《律历志》的内容广，记述了数学、音律的研究成果，以及历代度量衡制度、历代的历法和各种推算方法。当时在世界上居领先地位的祖冲之算出的圆周率，即详见于这《律历志》。《天文志》详载其时所知的星座及天象，当然还免不了"天人感应"和看云气辨吉凶等迷信成分。但同时还记述了我国古代的种种天文理论及浑天仪、浑天象等天文仪器的制作，为研究科技史者所珍视。《五行志》则自《汉书·五行志》以来都是把种种天灾人祸比附于五行，但如剔除其迷信成分，仍是研究这些灾异的好资料。

《食货志》是讲述财政经济的，当然十分重要。加之前此的《宋书》、《南齐书》、《魏书》里都没有《食货志》，这《隋书》里的《食货志》就更为人们所珍视。北齐、北周和隋代的均田法令都仅见于此志。南朝在京都内外设置的仓储，隋代的仓储和"漕关东及汾、晋之粟以给京师"的措施，以及梁、陈、北齐、北周和隋代铸造施行钱币的情况和品种，在志里也都有详细的记载。

《刑法志》也很重要。它记述了梁、陈、北齐、北周和隋的刑律，并详载其篇目和死刑、流刑、徒刑、杖刑、笞刑等轻重类别。今存的《唐律》和《律疏》以前，历朝刑律的原本都久已失传。要比较研究，全凭在前此各史《刑法志》里保存的这点资料。

《百官志》的重要，对读史者来说应更超过《食货》和《刑法》。因为史书所记述的各种人的活动,绝大多数是以文武官员的身份出场的,不懂得当时的官制,要弄清这些活动会遇到困难。而且各个朝代的官制又常随政治需要有所变更,有时在一个朝代里还会作大规模变革。这些主要得凭史书的《职官志》、《百官志》来作提纲挈领的讲述。《隋书》的这个《百官志》是写得较好的,对梁、陈、北齐、北周的文武职官及其职掌,以及封爵、品班等都讲述清楚,对隋代更就文帝时的制度和炀帝大业三年(607)定令后的新制度分别讲述,连最后设置掌领骁果的武职人员也一一讲到。

《地理志》首先总说梁、陈、北齐、北周的州郡县数字和隋的州县即郡县数字,以及这几朝的户数,隋还有口数及垦田顷数。然后按隋的郡县逐一叙述,并在郡县下记注北魏或梁以来的沿革。同时,又把这些郡县按雍、梁、豫、兖、冀、青、徐、扬、荆九个州来区分,仿照《史记·货殖列传》和《汉书·地理志》的办法,对各个州以至该州各个地区的民族、物产、文化素质、风俗习惯,作了详尽且具体的讲述。这不仅对历史地理的研究极有参考价值,某些重大历史现象有时也可由此获得合理的解释。

最后的《经籍志》,是《汉书·艺文志》以后我国纪传体史书上出现的第二个图书目录。它首先总说先秦以至唐初图书的集散,分类编目的沿革。其中西汉刘歆的《七略》,曹魏荀勖的《新簿》四部,刘宋王俭的《七志》,梁阮孝绪的《七录》等,还都开列类目,为今讲述目录学所依据。著录的图书则按经史子集四部分类开列书名、卷数和作者,其时已失传的加注“亡”字。它对了解魏晋南北朝的学术演变很有用处。因为即使当时存在的图书后来也多数失传了,不依靠这个《经籍志》,很多图书就连名目也无从知晓。

九、版本

(1)南宋刻小字残本六十五卷,中字残本五卷,均藏中国国家图书馆。(2)元大德时饶州路刻十行本,至顺时端州路刻九行本,传世印本均不止一部。(3)明万历时刻南京国子监《二十一史》本《隋书》。(4)明万历时北京国子监刻《二十一史》本。(5)明崇祯时毛晋汲古阁刻《十七史》本,清中叶席氏扫叶山房覆刻本,赵氏书业堂覆刻本,同治时五局合刻《二十四史》中

《隋书》淮南书局覆刻本。(6)清乾隆时武英殿刻《二十四史》附考证本,咸丰时广州陈氏覆刻本,光绪时宝庆三味书坊覆刻本,成都书局覆刻本,同文书局影印本,五洲同文书局影印本,图书集成局扁铅字排印本,竹简斋剪贴影印本,民国时商务印书馆剪贴影印本,中华书局《四部备要》排印本,开明书店《二十五史》拼页影印附参考书目本,今上海古籍出版社、上海书店《二十五史》影印本。(7)民国时商务印书馆《百衲本二十四史》中《隋书》影印元大德本,台湾仁寿本《二十六史》又影印百衲本。(8)今中华书局《二十四史》点校本,用南宋刻小字本与元大德本、至顺本互校,并参校其他刻本和《通典》、《太平御览》、《册府元龟》、《通鉴》、《通志》。惜校勘记中只记《隋书》与《通典》等书在文字上的异同,不记《隋书》本身版本上的异同,是一个缺点。书中避唐讳字一般不回改,却独把讳“丙”为“景”的“景”字回改,亦殊可不必。

《南史》、《北史》说略

高敏 著　高凯 整理

一、《南史》、《北史》的作者及其生平

《南北史》是《南史》与《北史》的合称。因为二书的作者都是唐初人李延寿,故往往合而称之。

李延寿,字遐龄。本为陇西著姓,但因世居相州,故为相州(今河南安阳)人。生于隋文帝开皇年间(581—600),死于唐高宗仪凤年间(676—679),享年八十余岁。《旧唐书》卷七三《令狐德棻传》有其附传,《新唐书》卷一百二《令狐德棻传》也有附传。但二者均过简略。惟有《北史》卷一百有其《序传》,自叙家世及撰写《南北史》之经过甚详。

根据新、旧《唐书》附传及《序传》,李延寿在隋代没有参与政治活动。唐太宗贞观五年(631)以前,曾在中书侍郎颜师古和给事中孔颖达手下做些古籍的"删削"工作。当时,颜、孔二人正奉唐太宗之命撰写《五经正义》。李延寿既能于贞观初年就参加古籍的"删削"工作,自然从这时起,他就有条件看到皇家图书馆的馆藏书籍。到了贞观五年,李延寿以"内忧"去职。服丧期满后,就留在蜀中编次他自己所得史料。直到贞观十五年(641),李延寿才担任东宫典膳丞、崇贤殿学士。据他自己说,还担任过右庶子。此时,令狐德棻推荐他参加《晋书》的撰修,这大约就是史书所说他"兼

直国史”之事。后来,因为参加《晋书》修撰有功,被转为御史台主簿。在此期间,他撰写了《太宗政典》三十卷。奏上之后,又被迁为符玺郎,“兼修国史”。这里的“兼修国史”,大约是指贞观十七年以后尚书仆射褚遂良推荐他参加《隋书》十志的编写工作而言。综观李延寿的一生,都是在协助他人做些研经、修史的材料收集和撰写工作。与此同时,他也在暗地里为他自己撰写《南北史》准备材料。他政治上的不得意,却为他带来了学术上的巨大成就。

二、李延寿父子修撰《南史》、《北史》的目的、条件和经过简况

李延寿的《南北史》实际上是同他的父亲李大师共同完成的,也是在他充分利用了当时国家图书馆的优越藏书条件的情况下完成的。如果没有他父亲李大师的立意和准备,如果他没有机会参加国史的修撰工作,他要撰成《南北史》一定会面临许多困难,甚至可以说是不可能的。

修撰《南北史》的设想和大体框架,都是李延寿的父亲李大师提出来的,而且为此做了相当的准备工作。据李延寿《序传》所云,其祖父李超,北齐时曾为修武县令和晋州别驾。在北周政权进攻北齐时,行台左丞侯子钦想投降北周,李超坚决反对。及北齐为北周所灭亡,李超被当作俘虏迁入关中,得不到重用。及隋取代北周,曾降职使用李超。他不愿赴任,老死于洛阳永康里。其父李大师,因其父曾反对投降北周一事,也一直得不到重用。到隋炀帝大业初年,才做了个信都司户书佐,致使家庭生活十分困难。直到大业十年(614),才当上渤海郡主簿。这时,恰遇窦建德起义。窦氏用他为尚书礼部侍郎,并命他做同李唐政权“求和好”的使者。后来,窦建德撕毁和约,又助王世充抗唐兵于虎牢,于是引起唐高祖李渊大怒。及王世充、窦建德失败,李唐政权便把李大师流放到西会州。李大师从此“忽忽不乐”,寓居于杨恭仁家。后来,于贞观二年五月死于郑州荥阳县野舍,其一生潦倒之状可知。但是,政治上的失意,反而促进了他的“著述之志”。在他看来,宋、齐、梁、陈、魏、齐、周、隋诸政权,“南北分隔,南书谓北为‘索虏’,北书指南为‘岛夷’。又各以其本国周悉,书别国并不能备,亦往往失实。常欲改正,将

拟《吴越春秋》,编年以备南北”。这就是他最初想撰编年体《南史》、《北史》的原因和由来。他不仅有此构想,而且尽力予以实现。加上他被流放到西会州以后,“至于无事”,而寓居的杨恭仁家又“富于书籍,得恣意披览。宋、齐、梁、魏四代有书,自余竟无所得”。这就是说,李大师死前,不仅定好了撰写《南北史》的计划,而且已经开始收集宋、齐、梁、魏四代的史料,为李延寿撰写《南北史》奠定了一定的基础。

当李大师临死时,“以其所撰未毕,以为没齿之恨”。李延寿目睹此状,能不为此寒心!“既家有旧本,思故追终先志”,因而下定决心,继承父志,继续撰写《南北史》,完成其父的未竟之业。这个“旧本”,显然就是李大师撰写的编年体《南北史》。李大师死于贞观二年五月,则李延寿继承父志继续撰写《南北史》之事应始于此后不久。

当李大师撰写编年体《南北史》时,还只有魏收的《魏书》、南朝沈约的《宋书》和萧子显《南齐书》存在。故李大师在杨恭仁家只能披览“宋、齐、梁、魏四代”之书,除梁之外,其余都是指已经流布的正史。李大师之所以“自余竟无所得”,因为《周书》、《北齐书》、《梁书》、《陈书》及《隋书》都没有人修撰。可见是客观条件限制了李大师。成书于隋代的魏澹《魏书》和王劭的《齐志》,二书未曾于唐初广泛流布,故李大师于贞观二年死前,也未必能看到。

然而,李大师时所不具备的条件,到其子李延寿继续撰修《南北史》时都已具备了。以魏澹的《魏书》和王劭的《齐志》来说,尽管唐初还成书不久,但在国家图书馆中无疑可以看到。恰恰在贞观初年,李延寿被孔颖达推荐参加《五经正义》的“删削”工作,因而有条件进入国家图书馆。据李延寿《序传》所云,果然他在孔颖达等人手下工作期间,“其齐、梁、陈五代旧事所未见,因于编辑之暇,昼夜抄采之”。《北史·校勘记》指出此处“齐、梁、陈”之后“当脱周、隋二字”,否则与下文“五代旧事”不合。由此可见,李延寿继续撰写《南北史》的第一步,是补齐其父无法见到的此五代之史料。“因于编辑之暇,昼夜抄采之”十一字,道出了他利用公余时间干私活的原委。这种情况持续到了贞观五年,才“以内忧去职”。随后又“从官蜀中”。正是在蜀中的这段时间,他又把前几年抄录的五代史料加以编排,这就是《序传》所说的:“以所得编次之。”在编排史料的过程中,他发现史料“尚多所缺”,因而“未得及终”。在这样的情况下,李延寿几乎处于绝望的境地。正在这个关键时刻,又一次新的机遇降临了。李延寿于贞观十五年获得了“东宫典膳承”的职位,旋即有令狐德棻的推荐,得以参加修撰《晋书》。这一绝处逢生的机遇,又给他提供再入国家图书馆饱览群书的条件。李延寿“因兹复得勘究宋、齐、魏三代之事所未得者”。这是补充他父亲李大师生前所编写的宋、齐、魏三代的史料,可以说是李延寿撰写《南北史》的第二步。

到了贞观十七年,又一个机遇降临了,这便是当时的尚书仆射褚遂良推荐他参加《隋书》十志的修撰工作。我们知道,早在唐高祖武德之初,令狐德棻就认为南朝的梁、陈与北朝的北齐、北周和隋共五代的正史无人撰写,应当趁“犹有文藉”和“耳目犹接”(《旧唐书·令狐德棻传》)的良好条件及时修撰,唐高祖同意了他的建议。然而,数年之间,竟无成就。到了唐太宗贞观三年(629),再次命令令狐德棻修《周史》、李百药修《齐史》、姚思廉修梁、陈二《书》、魏徵和姚思廉等人修《隋史》。到贞观十七年之前,《周书》、《北齐书》、《梁书》、《陈书》与《隋书》相继修成,当时合称《五代史》。但是,还有五代史之《志》没有写好,因此,才有贞观十七年(643)命褚遂良修《隋书》十志之举。这时的五代史虽已修好,因为无志,故未公布,外人是无法看到的。李延寿既能参加《隋书》十志的撰写工作,自然有条件看到别人无法看到的《五代史》。这一机遇,使李延寿喜出望外,他在《序传》中写道:“因此遍得披寻。时五代史既未出,延寿不敢使人抄录,家素贫罄,又不办雇人书写。至于魏、齐、周、隋、宋、齐、梁、陈正史,并手自写。”从而为他的《南北史》的撰写完成了第三步工作。他在抄录未公布的《五代史》的过程中的小心谨慎之状,从其自白中得到反映。既不敢使人抄录,又无力雇人书写,关键是怕泄露他抄录未公布史书以为私用的秘密,大有不敢为而又不得不为的心态。

经过了这三个步骤,南朝、北朝凡八代的史料都准备齐全了。于是他开始了最后的整理工作。这时,他改变其父所为的编年体写法,改写成司马迁《史记》一样的纪传体。以史料来说,“又从此八代正史外,更勘杂史于正史所无者一千余卷,皆以编入。其烦冗者,既削去之”。前后经过十六年的功夫,终于修成了《南北史》。因此,李延寿的《南北史》,是以其父李大师的设计及宋齐魏三代的材料整理为基础,以已经流传的《魏书》、《宋书》、《南齐书》和已经撰就的魏澹《魏书》、王劭《齐志》为蓝本,最后以抄录未曾公布的梁、陈、周、齐、隋五代史为内涵,并据一千余卷正史所无的杂史予以勘补而完成的。故从修撰过程看,应视为与其父合著;其体例已由编年体变成纪传体;其性质实属于私家史书;其材料来源主要是八书,其次是杂史。其抄录八书的情况,随着五代史的公布,李延寿抄录《魏书》、《宋书》、《南齐书》及五代史的实况,通过核对可以看得一清二楚;但其抄录魏澹《魏书》及王劭《齐志》的情况,却因此二书的散佚而无法明白了。

三、《南史》、《北史》的体例与缺陷

如前所述,知李大师最初设计的《南史》、《北史》是编年体史书。但是,李延寿所完成的《南史》、《北史》却是纪传体史书。可见他在获得了大量的史料以后,改变了他父亲的最初构想,这便是他在《序传》所说的“本纪依司马迁体,以次连缀之”。即按北魏、东魏、西魏、北齐、北周与隋的时代顺序,把北朝诸史的所有本纪都合于一体而成《北史》本纪。《北史》如此,《南史》亦如之。《序传》云:“又于此八代正史外,更勘杂史于正史所无者一千余卷,皆以编入。”这是说他编写《南北史》的史料来源。“其烦冗者,即删去之”,是讲他对待原有八书史料的原则,即删繁就简。“始宋,后八代,为《北史》、《南史》二书,合一百八十卷”。这是说《南北史》的书写时间起迄和总的卷数。如果分言之,则为《南史》八十卷,《北史》一百卷。李延寿先完成《南史》的写作,并以之呈请国子祭酒令狐德棻指教,德棻从头到尾读过,为他改正了一些乖失之处,并答应奏闻朝廷。当《北史》完成以后,也同样经过了这一程序。最后,李延寿正式上表唐高宗。高宗于显庆四年(659)正式批准此书公布于世。从此以后,就形成了《南北史》同南朝诸史及北朝诸史并存的格局,充分反映出唐代史学繁荣的景象。

李延寿在给唐高宗的《表》文中,进一步陈述了他撰写《南北史》的意

义、内容总貌及具体做法。《表》云："北朝自魏以还，南朝从宋以降，运行迭变，时俗污隆，代有载笔，人多好事，考之篇目，史牒不少，互陈闻见，同异甚多。而小说短书，易为湮落，脱或残灭，求勘无所。一则王道得丧，朝市贸迁，日失其真，晦明安取。二则至人高迹，达士弘规，因此无闻，可为伤叹。三则败俗巨蠹，滔天桀恶，书法不记，孰为劝奖。"这段表文，是讲他撰写《南北史》的意义。简而言之，即南北朝诸正史、谱牒，彼此之间"同异甚多"，需要求其真相；当时存的"小说短书"，容易残灭，如不及时利用，将会"求勘无所"。言外之意，他修撰《南北史》是为了求真相、存史料。另外，有三个作用：一是可以明"王道得丧，朝市贸迁"之状，二是可以传"至人"、"达士"之迹，三可以惩"巨蠹"、"桀恶"之罪。总而言之，这是在讲述他撰写《南北史》的意义与作用，实际上也是在论述历史学的功能。

表文接着讲述他撰写《南北史》的具体情况："臣轻生多幸，运奉千龄，从贞观以来，屡叨史局，不揆愚固，私为修撰。"这几句概述了有幸得以私修史书的经过与条件。然后讲《南北史》的具体内容："起魏登国元年，尽隋义宁二年，凡三代二百四十四年（"凡三代二百四十四年"句，误，应为二百三十三年，《北史·序传·校勘记》已正之），兼自东魏天平元年，尽齐隆化二年，又四十四年行事，总编为本纪十二卷、列传八十八卷，谓之《北史》；又起宋永初元年，尽陈祯明三年，四代一百七十年，为本纪十卷、列传七十卷，谓之《南史》。凡八代，合为二书，一百八十卷，以拟司马迁《史记》。"这里所述为《南史》、《北史》之时间起迄、各自本纪、列传卷数和二书合计卷数以及体例。

表文的最后部分，则进一步讲述了他修撰《南北史》的简单经过、具体做法和他需要请示批准的心情："就此八代（"就此八代"，是指宋、齐、梁、陈、北魏〈含北魏、东西魏〉和隋而言），而梁、陈、齐、周、隋五书，是贞观中敕撰，以十志未奏，本犹未出。然其书及志，始末是臣所修。臣既夙怀慕尚，又备得寻闻，私为抄录，一十六年，凡所猎略，千有余卷。"这是申述他私抄梁、陈、齐、周、隋五书的理由，以避免朝廷指责他。接着又说："连缀改定，止资一手，故淹时序，迄今方就。唯鸠聚遗逸，以广异闻，编次别代，共为部秩，除其冗长，捃其菁华。若文之所安，则因而不改，不敢苟以下愚，自申管见。虽则疏野，远惭先哲，于披求所得，窃谓详尽。其《南史》刊勒已定，《北史》勘校粗了。既撰自私门，不敢寝默，又未经闻奏，亦不敢流传。轻用陈闻，伏深战越。”这段话，主要讲述了他一人包揽一切以致拖延时日的情况，以及他于正史之外“鸠聚遗逸”、编次部秩和“除冗长”、“捃菁华”等具体做法。“披求所得，窃谓详尽”，是他自己对《南北史》史料丰富的自我评价；至于原有八书“若文之所安，则因而不改”的说法，则与实况颇有出入，因为事实证明他改易八书原文之处不少，而且有些地方改易未必合适。此不赘述。

今据《南北史》述其具体编写方式如下：

以《北史》来说，他把北朝（包括魏、北齐、北周和隋）诸帝的本纪合于一体，再在本纪中区分为《魏本纪》、《齐本纪》、《周本纪》与《隋本纪》，按时间先后顺序排列。《南史》对南朝诸帝本纪的处理也是一样。除本纪之外，《北史》、《南史》还把皇后、儒林、隐逸、文苑、孝行、列女、恩倖、艺术与外戚，也按整个北朝与南朝分别合于一体。其他列传，也以整个北朝与南朝为断限，打破北朝与南朝诸朝代的时间界线，再按传主的姓氏、身份特征和等级差别等因素的不同而分别立合传。总之，李延寿以这种编写方式，把《北史》和《南史》分别变成了北朝通史和南朝通史，分别取代了北朝诸断代史与南朝诸断代史。因此，从《北史》与《南史》作为断代通史的特征来说，可以说是李延寿在史学体例上的一种创造。

他在为何人立传和何人不立传的原则方面，则采用凡在隋唐时期有人为官者，除了保留其祖宗在北朝及南朝诸断代史中的传略外，还增添这些人的祖宗入传；凡在隋唐时期无人为官者，虽在北朝诸史和南朝诸史中有附传者，亦多删去，因这种情况而被删去者在《魏书》中表现特多。他这样做的目的，显然是为了突出门阀士族的地位和为隋唐新贵追溯其祖宗功德。

《北史》、《南史》采取了上述北朝、南朝分别贯通和分别合本纪、合传记的措施以后，不仅使得原有八书中的人物传纪顺序在《南北史》中完全被打乱，而且使人欲知何传被《南北史》所删和何传为《南北史》所增也相当困难。

《南北史》除了上述这个毛病之外，其最大的缺陷是缺少志书。原来北朝与南朝的诸断代史中，《魏书》、《宋书》、《南齐书》和《隋书》均有志，只有

《北齐书》、《周书》、《梁书》与《陈书》无志。当《北史》与《南史》分别统揽八书以后,由于无志,致使原来有志者也成了无志者。而志书对于古代史书来说,是十分重要的部分。一代的典章制度,也赖志书反映出来。特别是像北朝、南朝这样政权较多、更替频繁、彼此年代各异、疆域变动极大、各项制度也变异较多较快的时期,尤其需要有志有表,而《南北史》恰恰缺此。在这一点上,《南北史》较之有志的四部断代史,是一个退步。

四、《南史》、《北史》的内容特征

在李延寿撰写《南史》、《北史》的过程中,既然早已有魏收《魏书》、魏澹《魏书》、《宋书》、《南齐书》存在,又有新撰的《梁书》、《隋书》、《北齐书》与《周书》等只待公布,他何以还要撰写《南史》、《北史》呢?究其根源在于他想以通史取代断代史,以改变原有断代史相互攻击和详略不均的问题;同时,李大师、李延寿父子修撰《南北史》的动因,在于以修史为手段,一则改变家庭困境,二则可迎合隋唐统治者的政治需要;其三,为了维护李唐的门阀世族利益,通过以突出南北朝门阀世族利益的手法来撰写《南北史》,既可为南北朝门阀世族唱挽歌,也可以为李唐新贵争取门第;其四,李延寿撰写《南北史》,还可以站在北朝的立场上,彰显北朝特别是北周、隋和李唐一脉相承的正统地位。(参见高敏《南北史考索·自序》,天津古籍出版社2010年4月第一版)正因为如此,李延寿撰写的《南北史》在内容方面,有三个显要的特征:一是其引文简约,删去了原有八书的所有繁文以突出主题;二是在其简约的文字中,却增加不少超出原有八书的新内容,包括新增了不少门阀世族个人的传略;三是其全部内容就是为了进一步突出南北朝时期门阀世族的特权地位。现分别依次述之。

首先,关于《南北史》行文简约和删削原有八书的繁文问题。关于这一点,只需要我们以《南北史》同原有八书作一简单比较,就可以得到说明。我们知道,原有的南朝四部断代史——《宋书》为一百卷,《南齐书》为五十九卷,《梁书》为五十六卷,《陈书》为三十六卷,合计为二百五十一卷,而合四书于一体的《南史》仅八十卷,只有四书卷数的三分之一弱。再以北朝诸断代史来说,《魏书》一百三十卷,《北齐书》五十卷,《周书》五十卷和《隋书》八十五卷,合计三百一十五卷,而合北朝四书于一体的《北史》,只有一百卷,同样只有北朝原有四书卷数的三分之一弱。如果以字数来比较,《南史》与《北史》的分量,分别比南朝诸史和北朝诸史的总分量少得多,正如中华书局《二十四史》点校本《北史》部分的《出版说明》所说:"经过《南北史》的删节,篇幅仅及原书总和的二分之一。"这就是说,无论从卷数与字数来说,《南北史》较原来的八书,都要简约得多。因此,内容简约,行文精练,是《南北史》的最大特征之一。关于这一点,也是历代学者对《南北史》赞不绝口的原因。李延寿之所以能做到这一点,主要是通过他对八书删繁就简去实现的。几乎可以这样说:举凡八书中的册文、诏令,列传中的奏议、文章、赋、所引敕文和战争过程等,绝大部分不是被删削,就是被李延寿用自己的语言加以概括,因而大大节省了篇幅,删去了八书的烦冗之处。把这部分删去,不仅不会减少史料的内涵,而且可使阅读者节省精力和时间,有时因为《南北史》的删削反而使上下文意更加明确和便于理解。因此,这种删削,是李延寿的一大功绩。不过,《南北史》的删削,也存在不尽如人意的地方,即也有不当删而删的地方,甚至有因删致误与因删致疑的地方。这方面的情况,将于下目中举例说明之,此不赘述。

其次,关于《南北史》新增内容的问题。这是一个十分重要的问题,它对认识《南北史》的史料价值颇有作用。人们对《南北史》的看法,往往只知其有删去烦冗之功,而忽视其删削烦冗的同时有增补史料之用,即在简化的过程中有丰富。而史料之是否丰富,对于一部分史书来说,是十分关键的。如果一部史书只讲简约,简约到连应当具有的内容都受到损伤,则这样的简约是不可取的。《南北史》之所以具有重要价值,恰恰在于它于删削烦冗的同时有所增补。正因为有所增补,即使有些地方存在不当删而删和因删致误、因删致疑等情况,也因此使其删削不当的缺陷得到了弥补。谈到《南北史》的增补,大体可分为两大类:一是入传人物的增补,二是对原有八书的本纪、列传在内容上的增补。这里只略论第一类增补的简况,至于第二类增补,将于第七目中述及。

以《南史》为例，入传人物的增补不少。例如《南史》列传中的王琳、甄法崇、甄彬、鲍行卿、鲍客卿、张彪、吉士瞻、罗研、李膺等人，均为增补者；在其《文学传》、《孝义传》及《隐逸传》中，尤多增补者。据不完全统计，《南史》较南朝四书新增入传者不下一百余人。再以《北史》为例，《北史》虽然删削了《魏书》中的许多附传者，但同时也增补了一些入传者。尽人皆知的有《北史》据魏澹《魏书》增补的西魏三帝纪以及《后妃传》中增补的西魏诸帝后，列传中增补了梁览、雷绍、毛遐、乙弗朗、魏思贤等人传；据我的不完全统计，至少还有北齐的《彭城太妃尔朱氏传》、《上党太妃韩氏传》、《冯翊太妃郑氏传》、《琅邪公主传》、《殷昭仪传》与《冯淑妃传》为《后妃传》之新增者；诸列传中新增附传者有元文都、元炬、元褒、元景山、楼伏连、楼宝、崔彧、王皓、许文经、谷杨、陆沓、李幼廉、张通、卢佰涂、李叔仁、裴泽、裴谋之、皇甫亮、杨异、李蔚、雷显和等不下数十人。所有这些都属于整传、整篇之超出八书之史料；至于《南北史》对八书原有列传的内容增补，更是指不胜屈，有的增补的分量超出原传数倍，如《南史・恩幸传》就是如此。其所增补的内容，固然有不少出于"小说短书"之迷信荒诞之事，但也能反映出当时的社会生活与风俗习惯，何况有些增补确为很有价值的史料。因此，对《南北史》的增补史料的特点决不可忽视。

其三，关于《南北史》突出南北朝门阀世族的特权地位问题。对于《南北史》在内容上的这一特征，历代学者或以为病、或以为功，我以为二者同时有之，但以后者为主。所谓《南北史》突出南北朝门阀世族的特权地位，主要是其在为诸多人物立传时，不论南朝和北朝人物，都采用家传的形式，按同一家族的世系编次立传。其具体的做法是：把同一姓族的诸多人物，按其血统与世系，都集中于同一传主之下，凡传主的直系子孙或旁系亲族，打破王朝的分割列于一传，以至于某一人物的传记，附传者不下数十人，几乎成了这一姓族的家谱。这些传主与附传者，都是世代为官的高门世族。于是这种立传方式，简直就成了特权贵族的标志物和护身符，是以人多病之。其实，李延寿的这种做法，并非他所首创。刘宋时何法盛的《晋中兴书》，《陈郡谢录》和《琅邪王录》等名目，明显以家族史立名；魏收的《魏书》，也曾把出身高门世族的传主同其子孙后代及同姓友房同列一传,实开正史以家族为单位立传之先河。由此可见,李延寿写《南北史》时的做法,只是对历史传统的因袭而非独创。

李延寿之所以因袭这一做法,简单说来,是当时南北朝都盛行门阀制度的现实决定的。因为不如此,就不能反映和维护当权的门阀世族的利益,是根本不切实际的空想,而且会遭到他们的强烈反对。何况对于李延寿来说,除了上述历史传统与南北朝门阀世族的势力兴盛而不得不如此等因素外,他还要面对李唐政权的政治需要。他如果不突出南北朝特别是北朝的门阀世族的地位,对于那些高门世族的子孙在隋、唐时期为官者来说,简直是无法忍受的耻辱和不能接受的做法。特别是在隋末农民起义之后,许多高门世族的政治、经济与文化特权,都受到了极大的冲击,残存的门阀世族及其后裔,格外需要史书为他们的家世渊源和显赫的历史功绩造舆论、做宣传。于是凡隋唐时期的"朝廷贵臣,必父祖有传"的原则就被提出来了。李延寿的《南北史》特别是《北史》,正是贯彻了这一原则而把当时的朝廷新贵同南北朝的旧日高门贵族联结起来了。因此,李延寿《南北史》突出门阀世族特权地位的特征,是南北朝历史实况和隋唐时期的政治需要而决定的。正因为李延寿的《南北史》做到了这一点,所以当其《南北史》刚刚完成,就获得了门阀世族出身的令狐德棻的赏识,既给予修改,又同意向朝廷推荐。当唐高宗看到以后,不仅予以批准公布,而且还为其书写序文。

李延寿的《南北史》突出门阀世族特权地位的特征,除了有其必然性外,也有其作用与意义。正因为南朝与北朝的门阀世族享有特权地位,从而在政治上有其独特的影响,在文化上也有其不可忽视的地位。研究南北朝的历史,如果不弄清若干高门世族的形成与演变的历史,不研究门阀制度的形成、兴盛、衰落的历史过程以及对当时社会各方面的影响,对南北朝历史的许多重大问题将会无法理解。《南北史》对南北朝门阀世族的集中记述和同一族姓的合传形式,就为我们研究门阀世族的许多相关问题创造了一定的条件,至少提供了查找其家族世系的方便。因此,对李延寿《南北史》这一特征,并不可全非,更不可厚非。

五、历代学者对《南史》、《北史》的评论

自《南史》、《北史》问世后，历代学者评论者不少。总体来说，可以区分为两大类别：一是全盘否定者，二是全盘肯定者，而且以后者为主。略述其梗概如下。

全盘否定《南北史》者，可以清人王鸣盛为代表。在王氏之前，虽然也曾有人认为《南北史》删削南北朝诸正史不当和指出其增补内容未必重要，但大都是在肯定的基调下轻描淡写地道及。惟有清人王鸣盛，几乎全盘否定此二书。

王氏在他的《十七史商榷》卷五三《新唐书过誉南北史》篇中大讲了他否定此二书的道理。首先，他指责《新唐书·李延寿传》过誉《南北史》。他认为《新唐书·李延寿传》对《南北史》的评价不若《旧唐书·李延寿传》的评价准确。《新唐书·李延寿传》说李延寿的《南北史》"颇有条理，删落醸辞，过本书远甚"，意即大大超过原有的八书。还说"时人见（李延寿）年少位下，不甚称其书"，颇有几分惋惜之意。接着，王氏还指出，《新唐书·李延寿传》述及延寿"叙述颇详，且多褒誉"，不若《旧唐书·李延寿传》开头即云"李延寿者，叙事粗略，无所称美"，增添一个"者"字，"意颇轻之"。其次，他指出《南北史》只是"承乏"之作。王氏认为李延寿的《南北史》，"只是落想佳"，即只是想法好；又说"因南北八代，各有'鸠聚钞录'之功，而延寿适承其乏"，意即他利用了南北朝八代史书分散割裂之弊，应当有"鸠聚钞录"史料的功能，李延寿不过是在无人这么做的情况下这么做了而已；还说"人情乐简，故得传世"，意即李延寿的《南北史》不过是适应了当时人们喜爱文字简约史书的心态，因此才得以传世。其三，他逐条驳斥了《新唐书·李延寿传》的说法。王氏结论是："其书（指《南北史》）疵病百出，不可胜言。"并反驳《新唐书》关于李延寿的记载："《新书》云'颇有条理'，愚则谓其甚少条理；又云'删落醸辞'，愚则谓其删落处不当而欠妥者十之七八。若云'过本书远甚'，则大谬不然。耳食之徒，踵此瞽说，几疑本书（指南北朝原有八书而言）可废，遂令魏、齐两史残阙甚多，致后人反用《北史》补之，岂非为《新

书》所误乎?”其四,王氏为了进一步否定《南北史》,他又在其同一文中否定《南北史》有增补史料和删削烦冗之功。他说:“《南北史》增改无多。而其所以自表异者,则有两法:一曰删削,二曰迁移。夫合八史以成二史,不患其不备,惟患其太繁,故延寿一意删削,每立一传,不论其事之有无关系、应存应去,总之极力刊除,使所存无几,以见其功。然使删削虽多,仍其位置,则面目犹未换也。于是,大加迁移,分合颠倒,割裁搭配,使之尽易其故处,观者耳目一新,以此显其更革之验,试一一核实而考之,删削、迁移者皆不当,功安在乎?其书聊可附八书为引,幸得无废足矣,不料耳食者反以为胜本书也。”如上所述,王鸣盛彻底否定了李延寿《南北史》有删削八书烦冗和增补八书史料之功。

平心而论,王鸣盛的说法,颇有几分牵强之处。首先,他称赞《旧唐书》把《李延寿传》附于《令狐德棻传》,且记述粗略,开首即云“李延寿者”等,是有意贬低李延寿及其《南北史》。实际上,《新唐书》也一样把《李延寿传》附于《令狐德棻传》,开首亦有“李延寿者,世居相州”语。故《旧唐书》并无有意贬低李延寿之意。其次,《新唐书》说李延寿《南北史》“颇有条理,删落釀辞”,确是事实,因为《南北史》确有删八书烦冗之功,只是“过本书远甚”一句有点辞意不明。如果是单就删烦冗而言,此句话还说得通;如果是就全书质量而言,不能说《南北史》过八书远甚。就为了这么一点而骂欧阳修与宋祁这些修撰《新唐书》的人为“耳食之徒”的“瞽说”,未免有些过分。其三,王氏否定李延寿《南北史》的删削之功,谓其“一意删削”,不管其“应存应去”,总之“极力刊除”,以致“删落处不当而欠妥者十之七八”。这一说法,也有过分夸大之处。李延寿的删削,虽然存在不当和欠妥之处,但删削得当之处决不止十之二三。其四,否定《南北史》有增补史料之功,说什么“《南北史》增改无多”,此语与事实不符。容后文再作论证。其五,把《南北史》调整八书入传人物名单和顺序等应当肯定的做法,谓之“迁移”,污之为“分合颠倒,割裁搭配”,目的是为了“尽易其故处”而使人“耳目一新”,这是不顾改断代史为断代通史,以及合八书为二书的客观需要而妄发议论。因此,王氏的种种说法,虽然指出了《南北史》的一些不足之处,但总的说来,颇有些偏激不实之处,作为一个知名学者,应当持论公允。

至于肯定《南北史》者,自唐代中后期以来,大有人在。唐人刘知幾在其《史通》的《浮词篇》与《烦省篇》中,就力主史书的修撰者要去浮词、贵简要。它虽然未以《南北史》证成其说,但从其立论精神去推测,他对《南北史》之删繁就简的做法无疑是持肯定态度的。反之,刘知幾指斥南朝诸史烦冗,就是对《南史》的删削的肯定。到了北宋时期,欧阳修、宋祁等人对《南北史》的肯定,已见上引《新唐书·李延寿传》。不过,他们说《南北史》"过本书(指八书而言)远甚"的话,容易使人产生误解,以为可以用《南北史》去取代原来的八书。欧阳修和宋祁之后,又有晁公武在其《郡斋读书志》中,也肯定《南北史》的"删繁补阙,过本书(指八书)远甚",并认为:"今之后者,止观其书,沈约、魏收等的撰著不行。"这种全盘肯定的说法,也同王鸣盛的全盘否定的说法一样,都是不符合实际的说法。

后世学者,也大都肯定《南北史》,清代学者可以赵翼为代表。他在其《陔余丛考》卷八的《南北史原委》篇中,认为《南北史》"删去(八书)芜词,专叙事实,大概较原书事多而文省,洵称良史"。除此之外,他还在其《廿二史劄记》卷十《南北史删宋书最多》篇中,列举了《南史》删除《宋书》烦冗之处的若干例证,并得出结论说:"《南史》于此等处一概删削,有关系者则概括数语存之,可谓简净,得史裁之正矣。宜乎宋子京(即宋祁)谓其刊落釀词,过于旧书远甚也。"这又是一个全盘肯定《南北史》者。观此,无怪乎王鸣盛要走到另一个极端而大放厥词了。接着,《四库全书总目》也说《南北史》有删削南北朝八书繁冗之功;20 世纪 50 年代唐长孺教授为我等讲述魏晋南北朝诸史的特征与价值时,也同样强调了《南北史》的删削八书之功,不过,他同时也指出了南北朝八书之不可废。他当时印发一个油印本讲义,可惜今已难以找到了。最近,张泽咸君在其《中国古代史料学》的《魏晋南北朝史料学》部分中,在重复了上引清人赵翼对《南北史》的看法之后,也肯定《南北史》有删削原有八书之功,但对《南北史》删削八书不当之处,却未曾充分注意。因此,自《南北史》问世之后,对其评价显然存在全盘否定与全盘肯定这样两种分歧看法,而且以后者为主要倾向。

我以为应当在肯定其删削八书繁冗之功的同时，指出其删削不当、因删致误和因删致疑之处。另外，还应当强调《南北史》的增补史料之功。为此，我撰写了《〈南史〉掇琐》与《〈北史〉掇琐》二书稿，力争以大量的具体事实去论证上述观点，对《南北史》作出客观、公正和全面的评价。此二书稿的部分内容，将在六、七两目中略有涉及。

六、《南史》、《北史》删削八书的不当之处举例

前目已说明历代学者对《南史》、《北史》原有八书的删削之功的肯定看法，我个人也很同意。但是，事物是复杂的，看待李延寿的删削八书问题，首先要划清何者当删与何者不当删的界线。要划清这一界线，关键在于以有无史料价值和史料价值大小为尺度去决定删与不删。而对有无史料价值和史料价值大小的判断，又是十分复杂的问题，往往智者见智，仁者见仁。因此，除一些明显可以作出判断者外，难免有判断甚难从而产生判断不准之处，因而就会产生当删与不当删的差别。这是因为对史料价值的认识水平有差别而引起的问题。除此之外，还存在一个删削的技巧问题和是否精心的问题。如果不善于删削和疏忽大意，也会造成删削失当、失误和其他差错，以致产生因删致疑等状况，这是属于删削不当。如果我们按照这样的思路去检查《南北史》所有删削八书的地方，就会发现不当删而删之和因删致误、因删致疑的例证，而且数量不少。如能略举数例，就能说明原有八书仍有其存在的充分理由，也能说明李延寿的删削八书之处并非完全妥当，从而提醒《南北史》阅读者充分注意这方面的问题，以免盲目相信《南北史》而发生差错。

在不当删而删之方面，尤以带规律性的删削最值得人们注意。以《北史》为例，凡关于北魏孝文帝太和十六年以后的封爵记载，《魏书》均有“开国”二字置于封爵名称之后和封爵等级之前，如××开国公或××开国男等；又在其封爵之后，往往缀以食邑若干户。有关北齐与北周的封爵记载，在《北齐书》与《周书》也大抵如此。但是，在《北史》里，李延寿几乎将“开国”二字及食邑数一律删去。在《魏书》、《北齐书》与《周书》中的“开国”二字及食邑

户数,是用以表示实封之制的,无“开国”二字或无食邑户数者,则为虚封。李延寿不问青红皂白,将“开国”二字及食邑户数一律删去,这就使人们无法区分是虚封还是实封,从而造成一种带有普遍性的错觉。《魏书·官氏志》明确记载实封为“开国公侯伯子男”五等爵,虚封为“散公侯伯子男”五等爵,且封爵后无食邑户数。《周书·卢辩传》也说:“周制:封郡县五等爵者,皆加开国。……以此为常。”《隋书·百官志》同样记:“后齐制官,多循后魏。”其封爵也分“开国”五等与“散”五等,前者为实封,后者为虚封。因此,李廷寿对《魏书》、《周书》与《北齐书》中有关封爵制记载的上述删削,显然是一种误删。这方面的详细说明,请参阅拙作《西魏、北周与东魏、北齐的封爵制探讨》一文。(《北朝研究》)1991 年总第 4 期)

另一个带有普遍性删削的失误处,就是《北史》关于西魏、北周和东魏、北齐封爵制记载中的“别封”制度、“迴授”制度、“寄食”和“别食”制度的删削。在《魏书》、《周书》、《北齐书》中,屡见这些制度的名称,它们都是属于封爵制度体系中的内涵,在当时都有其特殊的含义。但是,在《北史》中,这些名称往往被删去,其具体情况详见拙文《从〈北史〉关于西魏、北周和东魏、北齐封爵制的记载看〈北史〉的简略失当》一文。(《北朝研究》1992 年总第 8 期)

第三个带有普遍性删削失误的例证,就是《北史》关于北齐食干制度的删削。我们知道,东魏、北齐时期有一种比较特殊的关于官吏、将领“食州干”、“食郡干”和“食县干”的制度。“食干”者可以从“食干”的事实中获得“私润”,而且“食干”之事入官衔。宋人欧阳修对此制已不甚了解,故他在其《集古录跋尾》卷四《北齐常山七级碑》的跋中说“食干入官衔”,此“盖当时之制,亦不可详也”。其实,此制是东魏、北齐时期的重要制度,李延寿对此可能也不太了解,故当他撰写《北史》时,将《北齐书》诸列传中的“食干”记载几乎一律删去,只剩下寥寥几则,以致严重影响了人们对“食干”制度的了解。若不是还有《北齐书》及先后出土的北齐墓志记载了不少人“食干”的事实,单凭《北史》中寥寥几则关于“食干”的记载,是无法了解此制的。因此,这也是《北史》带有一定普遍性的误删。其详情见拙作《东魏、北齐的食干制度研究》上、下二文。(《社会科学战线》)杂志1984年第2、3期,后收入《魏晋南北朝社会经济史探讨》一书,人民出版社1987年10月版)

第四个带有普遍性误删的例证,就是《北史》对《魏书》所载对其他部落发动战争时掳掠人口、牲畜以及战后以之班赏将士的许多事实,在《北史》中几乎一律予以删削。这样删削,使人们从《北史》中无法了解北魏前期掠夺哪些部落多少人口以及"生口",也无法明白哪些将领获得了多少战俘奴隶,还无法看清北魏前期畜牧经济在整个国民经济中的比重,从而掩盖了北魏前期的社会性质。因此,《北史》的这种删削,显然也是带普遍性的删削不当。

《北史》中如上述带有普遍性的删削不当或失误的例证,还可以举出不少。因篇幅所限,不再列举。下面再举几个非普遍性删削不当或失误的例证。《魏书》卷四《世祖纪》在"恭宗监国"条下,载有恭宗监国时所下"令"的内容。此"令"对于了解北魏前期京畿地区的"计口授田"制以及对这些土地的经营方式有很重要的意义,而《北史》全删此"令"内容。《魏书》卷五《高宗纪》的太安元年六月癸酉诏、和平二年正月乙酉诏、和平四年三月乙巳诏和同年七月壬午诏等,都有比较详细的记载,通过这些诏令,可以了解当时的社会状况以及北魏政权逐步实行封建化的某些信息,颇为重要。但是,《北史》也把这些诏令的内容当作冗文予以删削或删节。《魏书》卷九《肃宗纪》正光五年六月及同年十月、十二月和孝昌三年正月、九月的几则关于"城人"的记载,《北史》均删削之,而"城人"(也叫"城民")问题,是北朝兵制史上的一个重要问题,删之实为不妥。所有这些,都是在《北史》的本纪与列传中不带规律性、非普遍性删削的例证。这样的例证几乎俯拾即是,不胜枚举。

至于《北史》因删致误或因删致疑的例证,也同样有之。例如《北史》卷九《周本纪》谓葛荣杀鲜于修礼之后,随尔朱荣迁晋阳,葛荣"忌帝(指宇文泰)兄弟雄杰,遂托以他罪诛帝第三兄洛生。帝以家冤自理,辞旨慷慨,荣感而免之,益加敬待"。据此,葛荣并未诛及宇文泰,何"感而免之"之有?甚不可解。但一查《周书·文帝纪》,便会疑团冰释。《周书·文帝纪》云:"(葛荣)遂托以他罪诛太祖第三弟洛生"之后,有"复欲害太祖"句,《北史》删此句,遂使后文成了无源之水。此因删致疑之一例。同样的例证还有不少,如欲知其详,可参阅拙著《〈北史〉掇琐》。

《南史》的删削不当和欠妥之处,也同样不少。首先,《南史》也存在带有规律性的普遍性删削。如南朝诸正史的列传,一般都有关于何人死于何年、年若干岁的记载,人们可以据此而知南朝人多短命的情况。但在《南史》中,不少人的死年及享年数字都被删去,虽然这是个无关宏旨的小事,但也影响对一些人生卒年月的了解,未尝非失。又如南朝诸史的列传,往往记载了何人起家官为何官的情况,而《南史》却往往删去关于起家官的记载,因而影响人们对南朝士族在门阀制度下起家官制度的了解,这对于研究南朝历史来说,并不是一个微不足道的问题。至于非规律性的删削不当和失误,其例证举不胜举。如《宋书》卷二《武帝纪中》所载义熙七年十一月刘裕至江陵的"下书"内容,以及义熙十一年三月刘裕"次江陵"后的下书内容,言及了晋末的许多制度和社会状况,颇为重要,而《南史》均全删削之,致使涉及当时的许多制度及社会状况无法明白,尚幸有《宋书》存在,可以补此缺陷,否则将造成大误。此《南史》删之不当之一例。又如《宋书》卷五《文帝纪》元嘉十七年十一月丁亥诏及元嘉二十七年正月辛未制,所载内容也颇为重要,而《南史》均删之,以致影响人们对当时社会状况和假报官吏俸禄制度的了解。此《南史》删削不妥之又一例。再如《宋书》卷四二《王弘传》所载左丞江奥、尚书王准之、殿中郎谢元、吏部郎何尚之等人关于刑法问题的议论,内容不少,《南史》全部删去;对王弘个人关于刑法和役制的一些看法,《南史》也删削不少,从而影响到人们对刘宋时期法律制度和徭役制度的了解。所有这些,都属于《南史》删削不当者。

至于《南史》因删削致误或致疑的例证,也同样是不少的。《南史》卷一《宋本纪·武帝纪》载桓玄攻克建邺后,"以刘牢之为会稽内史,牢之惧"。刘牢之为什么"惧"呢?从《南史》所载看不出原因。但一查《宋书·武帝纪》,便豁然通悟。《宋书·武帝纪》云:"(桓)玄剋京邑,杀元显,以牢之为会稽内史。惧而告高祖(指刘裕)曰:'使夺我兵,祸其至矣。'"这便是刘牢之“惧”的原因所在。《南史》删此二句，因而使刘牢之“惧”的原因不明，岂非因删而致疑！《宋书》卷五一《刘义庆传》谓义庆“少善骑乘。及长，以世路艰难，不复跨马。招聚文学之士，近远必至”。南朝后期的门阀士族，已多不乘马，而刘宋时期的士人还是好骑马的，那么，刘义庆为什么由“少善骑乘”变到“不复跨马”呢？原因在于“以世路艰难”。这几个字包含了丰富的内涵，反映出宋文帝刘义隆对兄弟大臣的猜疑和迫害，有说不出的苦衷，史家便“以世路艰难”几个字隐约表达其意。但是，《南史》的作者，不明这几个字所表达的隐情，于《南史》卷一三《刘义庆传》中一刀把此五字砍去。这样，就使刘义庆由“少善骑乘”变得“不复跨马”的原因不明，同时又掩盖了当时政治斗争之激烈情况。关于这一点，周一良先生在其《魏晋南北朝史论集续编》中的《〈世说新语〉和作者刘义庆身世的考察》一文里，也对《南史》的删削不当作了论述。

七、《南史》、《北史》增补八书之处举例

《南史》、《北史》除其删削功能外，还有其增补八书史料的功能。我以为其最大优点是增补了超出八书的许多新史料。《南北史》的最大价值所在，也在于此。前人之评论《南北史》者，多言其删削八书烦冗之功，却于其增补八书史料之功言之甚少。即使有所涉及，也只是一笔带过，或者言而不详。我却以为这一点应该大书特书，以显示出《南北史》之重大史料价值。我之所以要撰写《〈南史〉掇琐》与《〈北史〉掇琐》二书，其主要的目的就在于，以大量无可辩驳的事实阐明《南北史》在增补八书史料方面的贡献。现从二书中略取数例以明之。

所谓《南北史》增补八书的地方，是指《南史》与《北史》有记载，而南北朝诸正史的相应部分无记载或记载不全的情况而言，亦即《南北史》所载超出八书相应部分或为八书所无的史料而言。以类别来说，有纪、传的增补，也有非增补纪、传中的内容方面的增补。前者，具有完整性，易于把握；后者，具有零碎性与分散性，难于看出和不便把握。所谓零碎性和分散性，就是说这种增补，分散于各个纪、传之中，有时是整段整段的增补，有时是个别

字句的增补，还有的是带有规律性的增补，即同一性质的史料增补较多。《南北史》增补八书的史料，论其价值是不平衡的。有些增补的史料，价值很大，很能说明当时社会的许多问题和典章制度；有些增补的史料，价值小一些，但也有一定的意义；还有些增补的史料，可以说意义不大，或者是毫无价值的迷信和荒诞无稽的异闻，即使如此，也可以从中看出当时的社会风尚和人们的思想倾向。因此，可以这样认为：《南北史》中增补八书的史料，不论其属于何种类型和何种性质，尽管其价值有大小之分，如果从史料学的角度去考察，都不会是无用的。因此，我们应当千方百计地去发现《南北史》增补八书的新史料。

关于《南北史》以整篇整篇的形式增补八书纪、传者，已在前面第四目中简略述及，此不重复。这里只就第二种类型的增补即分散性的增补举例以说明之。

先说带有一定普遍性的增补情况。以《南史》为例，南朝官制中存在"典签"一官，南朝诸正史关于"典签"一官的渊源、职掌、性质等，不仅没有系统记载，而且连零散的记载也很少。而《南史》则不然，它在许多列传中增补了不少关于典签的史料，而且比较系统，大有助于人们对南朝"典签"制度的研究。此外，《南史》还在许多本纪与列传中，增补了不少关于某帝或某人出生时的祥瑞、个性特征、生活轶事和社会口语等，其中必有不少来源于所谓"小说短书"。这些情况虽然带有一定的迷信色彩，也近乎荒诞无稽，却可以从中窥见当时社会的风尚、语言习惯和人物特征，也未尝无用。这是见于《南史》的带有一定规律性增补的例证。至于利用"小说短书"中的材料，以增补北朝诸正史的情况，《北史》的做法也同《南史》一样。

再说《南北史》在各个本纪、列传中的分散性增补，其例甚多，这里都只能简略举之。以《南史》来说，《南史》卷一《宋本纪·武帝纪》所载刘裕少年时的特异表现及纪末所载武帝轶事，均为《宋书·武帝纪》所无，可见为《南史》所增补。通过这些增补，反映出南朝第一个非高门世族出身的人当皇帝，需要有神话迷信为他作舆论准备；也说明武帝不好声色，颇知劳动人民稼穑之艰难。《南史》卷二《宋本纪·文帝纪》元嘉十六年岁末条，有文帝

"好儒雅，又命丹阳尹何尚之立玄素学，著作郎何承天立史学，司徒参军谢元立文学，各聚门徒"的记载，为《宋书·文帝纪》所无，而这一增补涉及江左学术事业的发展，颇可注意。《南史》卷三《宋本纪·明帝纪》末尾，有一大段记载言及阮佃夫等人"擅威权"之事，为《宋本纪·明帝纪》所无，而这段记载反映出当时严重的政治腐败。《南史》卷四《齐本纪上》载萧道成的个人经历时，多有超出《南齐书》之处，大有助于对萧道成个人历史的了解。《南史·齐本纪·废帝东昏侯纪》末尾载东昏侯之事中，有一大段涉及当时租税制度，徭役制度和官吏凶残等，为《南齐书》同纪所无，甚为宝贵。《南史》卷八《梁本纪·元帝纪》末尾所载元帝轶事，多超出《梁书·元帝纪》，对于认识元帝个人性格特征及当时社会总貌很有用处。《南史》卷一二《张贵妃丽华传》载张丽华有关情况甚详，又言及当时宫内的许多华丽建筑，而《陈书·后妃传·张丽华传》均不载，可见为《南史》所补。《南史》卷一五《刘穆之传附刘瑀传》，记载了刘瑀同何偃之间的矛盾，而《宋书》同人传无，亦见其为《南史》所补。《南史》卷一五《檀道济传》记载檀道济被诛时的情况及被诛后文帝与殷景仁之间的君臣对话甚详，而《宋书》同人传却记述十分简略，许多情况无闻。《南史》卷一六《王镇恶传》记载了宋武帝刘裕在沈田子与王镇恶之间制造矛盾的情况，而《宋书》同人传及《宋本纪·武帝纪》均不载此事，足见亦为《南史》所补。《南史》卷一八《萧琛传》载有南朝郎官之制的演变情况，而《梁书》同人传无，《南史》所补十分宝贵。《南史》卷二一《王僧达传》记载了王僧达以其高门出身傲视他人的行径，不仅有助于了解当时门阀制度的状况，而且可以窥见王僧达其人的所作所为，而《宋书》七五《王僧达传》无此记载。同样的情况，亦见于《南史》卷二一《王融传》，亦可补《南齐书·王融传》之缺。《南史》卷二二《王俭传》所载王俭与齐高帝之间的对话，有助于了解他们密谋夺帝位的内幕，而《南齐书·王俭传》不载，《南史》可以补之。《南史》卷二二《王僧虔传》载有文惠太子镇守雍州时，在"盗发古冢者"处获得不少文物一事，《南齐书》同人传不载，赖《南史》而存之。《南史》卷二八《褚彦回传》所载若干事，均为《南齐书》同人传所无。《南史》卷二九《蔡撙传》所载，也有许多超出《梁书》同人传之处。《南史》卷三十

《何点传》所载何点的有关情况，超出《南齐书》卷五四《何点传》及《梁书》卷五一《何点传》。《南史》卷三八《柳世隆传》所载，亦多超出《南齐书》同人传之处。《南史·顾宪之传》所载，也有同样情况存在。此外，《南史》的《柳惔传》、《临川王宏传》、《李景宗传》等所载，均有超出其相应正史本传的内容的情况存在。其他如《南史》卷七十《郭祖深传》所载其上封事，揭露了梁武帝残民佞佛的弊政，而《梁书》本传不载其事。《南史·范缜传》则增补了他不肯"卖论取官"的一段对话，表现了古代唯物主义的斗争精神与崇高品德。所有上述这一切，已足以证明《南史》增补八书史料之多，于此亦可见《南史》的史料价值之一斑。

再以《北史》来说，其增补于北朝四书的史料也同样不少。《北史·高乾传》与《高昂传》关于劫女、杀婢之事的记载，可以暴露北齐大族的丑恶嘴脸。《北史·崔㥄传》与《王昕传》所载之俗言、口语，颇有风趣。《北史·李弼传》详细记述了北周的军事制度。《北史·苏威传》所载，补充了隋初江南地区地主起兵的原因。所有这些，都是人们所熟知的《北史》所载超出北朝诸正史的地方。因此可以说，《北史》除《魏本纪》几卷外，几乎卷卷都有增补北朝四书的地方，只是有增补多少之分而已。

上述《南史》与《北史》所载之超出南北朝诸正史之例证，仅仅是极小一部分。所有这些增补八书之处的史料来源，大约就是李延寿在《北史·序传》中所说的"又从此八代正史外，更堪杂史于正史所无者一千余卷，皆以编入"而来。他所根据的这些"杂史"，今天均已无法看到。可见李延寿的《南北史》确有保存超出八书之外的新史料的作用与功绩。《南北史》的存在价值，也赖此得以确保。清人王鸣盛说"《南北史》增改无多"，实为偏激不实之词，不足为据。

八、清人对《南史》、《北史》的补表、补志和研究

清代的考据之学兴起以后，有不少学者如同为南北朝的八书补表、补志一样，也为《南北史》作了补表、补志的工作。据《二十五史补编》所收，就有周嘉猷的《南北史年表》、《南北史帝王世系表》及《南北史世系表》，汪士铎

的《南北史补志》及《南北史补志未刊稿》,徐崇的《补南北史艺文志》及徐文范的《东晋南北朝舆地表》。

周嘉猷的《南北史年表》,系将南朝与北朝的年代进行对照,这对于弄清南北朝一些事件的年代是有意义的。不过,这个工作,李延寿在《南史》中已经注意到,他曾把南朝诸代的一些大事,分别写明相当于北朝何帝何年,因而周氏做此表的意义较为有限。周氏的《南北史帝王世系表》,分别按先南朝、后北朝的诸代帝王的世系进行排列,颇有参考价值。他的《南北史世系表》,则是为南北朝诸门阀世族做世系表。他以当时的高门世族为纲依次排列,然后又按各高门世族的不同分支与地域排列其世系,这对于研究魏晋南北朝时期诸高门世族集团的世系以及其地域分布情况,有一定的参考价值。

汪士铎的《南北史补志》共计十四卷,包括《天文志》、《地理志》、《五行志》、《礼仪志》,长达数十万言。多系汇集南北朝诸断代史中之诸志及有关材料而成书,基本上无新材料之增补。他的具体做法,以《地理志》为例,以宋与齐为一篇,梁与陈为一篇,魏与齐为一篇,周与隋为一篇。于宋代地理,以大明八年的州郡设置为准;魏则以武定之世的情况为准;其内容皆仍《宋书·州郡志》及《魏书·地形志》之旧,并无多大参考价值。且缺刑法、职官、食货、氏族、艺文及释老等重要志书,因此,汪士铎的《南北史补志》,量虽大、文虽长,而无实用。他的《南北史补志未刊稿》共十三卷,虽然补入了《舆服志》、《乐律志》、《刑法志》、《食货志》、《职官志》、《氏族志》及《释老志》,其内容也同前书一样,在史料上未能超出南北朝诸断代史,甚至连南北朝诸断代史中的材料也有遗漏,故其参考价值自然不大。

徐崇的《补南北史艺文志》,列举了南北朝时期的各种著作的名称、作者、卷数、资料来源及《隋书·经籍志》有无收录等情况,对于了解南北朝时期的著述情况,有一定的参考价值。

徐文范的《东晋南北朝舆地表》,以年代为经,再以各国的舆地状况为纬,经、纬交织,编织而成,其文长达数十万言。其具体编制方法,以晋末所设二十一州为纬中之纬(《二十五史补编》所载徐文范《东晋南北朝舆地表·序》作"晋初二十州为纬中之纬",然其"凡例"又以惠帝时的"二十一州为断”。故此作二十一州），连缀而下，至于隋炀帝罢郡而止。他之所以以晋末的二十一州为基础，目的在于便于在同一州之下叙述各朝重要年份的疆域变化，以及当时全疆域内所统州县的名称和数量。其中《州郡表》按二十一州之数依次排列，然后于每州之下依朝代顺序举出本州及所统诸郡的变迁状况。《州郡表》之下又有《郡县表》，也按每所统郡依次排列，每郡及所统数下又以朝代顺序述其变迁。这样的表列，有条不紊，有利于看出同一个州或同一个郡在统郡统县方面的变化。特别是他对侨州郡县制度作了一番考证，甚有价值。我们知道，南北朝时期，不论南朝与北朝，都有侨州郡县存在，而且情况复杂，令人望而生畏。徐氏详加考证，把集中于淮南、淮西、沔北、汉东等地区的侨州郡县，一一考出其实土所在，以免读史者为其空名所惑。因此，徐氏的《东晋南北朝舆地表》，实为阅读《南北史》及南北朝诸断代史之重要工具书，不可忽视之。

至于清人之研究《南北史》者，仍可以赵翼、钱大昕与王鸣盛为其代表。

赵氏的《陔余丛考》第八、九两卷，集中探讨了《南北史》的有关问题。他写有《南北史原委》、《南史繁简失当处》、《南史多用齐书原文》、《南史叙事失当处》、《南史与齐、梁、陈三书互异处》、《北史与魏书互异处》、《北史多取魏收书》、《北史删魏书太简处》、《北史较北齐书繁简互有得失处》、《北史与北齐书互异处》、《北史与周书繁简各有失当处》、《北书与周书互异处》、《南北史夹叙法》、《南北史复传》、《南北史自相抵牾处》、《南北史亦有繁冗处》、《南北史多复句》、《南史叙事失检处》、《北史叙事失检处》、《南北史自叙有失实处》、《南史编次失当处》及《隋书应移南北史之后》等二十余篇，分别对《南史》与《北史》中存在的各种问题进行了细致的研究，其中所列史实与见解，颇能发人所未发，有参考价值。例如他看出了《南北史》删削八书失当的问题，而且举出了不少例证，也指出了《南北史》与八书互相矛盾之处，有助于辨析疑难。但是，他未能指出《南北史》在删削八书时的因删致误和因删致疑等问题，有时虽有朦胧的察觉，却一律归之于《南北史》同八书记载互异之处，未免失当。他也未能正式指出《南北史》增补八书史料的类别之分和规律性增补与非规律性增补之别，因而对《南北史》史料价值的认识，还停留在一般的肯定范围之内。因此，赵氏的《陔余丛考》对《南北史》研究的诸文，虽然有其重要的参考价值，但在深度与广度上仍有不够之处。

赵氏的《廿二史劄记》的第十卷与第十一卷，也是集中研究《南北史》的篇目。其中有《南史仿陈寿三国体例》、《南北史子孙附传之例》、《南史删宋书最多》、《南史过求简净之失》、《南史误处》、《南史增齐书处》、《南史与齐书互异处》、《南史增删梁书处》、《南史增梁书琐言碎事》、《梁南二史歧互处》、《宋齐多荒主》、《南史增梁书有关系处》、《宋世闺门无礼》、《宋子孙屠戮之惨》等十七篇之多，其中最后三篇与《南北史》本身无关，第一、二两篇是讲《南北史》的体例，剩下十二篇都与《南北史》的删削与增补有关。值得注意者，赵氏在《廿二史劄记》中充分注意到了《南北史》增补八书史料的问题，但是，他仍然讲得很不够，他只举出了《南史》增补《梁书》的琐言碎事，似乎除此之外无所增补，这是不符合实际的；又说《南史》增补了《南齐书》，似乎其他书无所增补，也不是事实；还说《南史于陈书无甚增删》，同样不符合事实。因此，赵氏的这些说法，供参考则可，全以为据则不可。

王鸣盛的《十七史商榷》的第五十三卷至六十四卷，专讲《南史合宋、齐、梁、陈书》问题；第六十五卷至六十八卷，专讲《北史合魏、齐、周、隋书》事。合之不下十六卷之多，而内容真正涉及《南北史》者并不多，即使有之，也多为攻击《南北史》之文。总之，十六卷中的绝大部分篇目，均为论述南北朝八书者，且多为一些细微末节问题，也非专就《南北史》而立论，故对于研究《南北史》可供参考之处，是不能同赵氏的上述二书比拟的。当然，此书对其他许多问题的考证是很有价值的，不过，这是另外一个问题。

钱大昕的《廿二史考异》的第三十五卷至三十七卷，专考《南史》；第三十八卷至第四十卷，专考《北史》。他对《南北史》的研究不同于赵翼，也不同于王鸣盛，而是对《南北史》的若干具体问题进行考证。考证时，分别以《南北史》所载为纲，然后引用八书原文及其他史籍对《南北史》所载进行考辨，以定其孰正孰误和孰是孰非。因此，《廿二史考异》关于《南北史》部分的考证，对于校勘《南北史》甚为有益。故《南北史》的校勘者，常引用其考证结果。

九、今人对《南史》、《北史》及南北朝史之研究

今人对《南史》、《北史》本身的研究，首推唐长孺、陈仲安、卢振华诸先生。

唐长孺先生对《南北史》的研究，主要体现在他的《〈魏书〉校勘记》中，其引书之富，校勘之细，考证之精，令人叹为观止。随后，《北齐书》与《周书》，也为唐长孺先生所点校。当陈仲安先生点校《北史》时，在不少地方吸收了唐长孺先生对《魏书》、《北齐书》与《周书》的研究成果，其中许多条目，几乎一字一句抄自唐先生对上述三书的《校勘记》。因此，《北史》校勘之精，应当说是与唐长孺先生对上述三书的研究分不开的。故唐长孺先生对上述三书所写的《校勘记》，也应当视为对《北史》的研究成果。

说到陈仲安先生的《〈北史〉校勘记》，也有其鲜明的特色。以《〈北史〉校勘记》的分量来说，除《〈魏书〉校勘记》可以与之比拟以外，南北朝诸断代史及《南史》校勘记都无法与之相比。其之所以分量重，在于陈先生对《北史》同北朝诸史的不同之处做了精心校勘，而且通过《北史》诸篇的内校法订正了不少错误。有时还旁征博引，考证了不少疑难之处，做出了何者为正与何者为误的正确结论。这样的例证，只要翻开《〈北史〉校勘记》，几乎俯拾即是。虽然有些精辟的考证来自唐长孺先生的《魏书》、《北齐书》及《周书》的校勘记，但由陈先生自己发现并加以考证者也不在少数。尽管陈先生的校勘记还存在一些失校之处，但不得不承认陈氏的《〈北史〉校勘记》可以成为专书，而且也是上乘之作。

卢振华先生的《〈南史〉校勘记》，应当说也费了不少心血，作出了他应有的贡献。

比上述三位研究《南北史》本身的学者早一些的学者，有张元济与张森楷的《南北史校勘记》，张熷的《读史举正》，洪颐煊的《诸史考异》与李慈铭的《南史札记》、《北史札记》等。好在这些研究成果之合理部分，基本上都已为唐长孺先生的《〈魏书〉校勘记》、陈仲安先生《〈北史〉校勘记》及卢振华先生的《〈南史〉校勘记》所引用。故用不着在此单独介绍这些著作。

对《南北史》本身及南北朝历史二者都有研究的著作，要数周一良先生所著《魏晋南北朝史札记》中的《南史札记》二十三篇与《北史札记》六篇，合计二十九篇的专题研究。周先生对《南史》与《北史》所考，多为当时的一些特殊语辞的含义，为阅读《南北史》所必须了解者。而且所考诸问题，均为清人赵翼、王鸣盛及钱大昕等名家所未曾发现和未曾研究者。至于其考证之精深，更为清人所不及。且同为考证，周先生的考证方法同辩证法相结合，也不同于清人。因此，周先生在其《魏晋南北朝史札记》中，关于《南史》、《北史》的考证诸文，实为合《南北史》本身的研究与南北朝历史的研究于一体的著作。

拙作《从〈北史〉关于西魏、北周和东魏、北齐封爵制的记载看〈北史〉的简略失当》一文，则是对《北史》本身进行的探究；前述拙作《〈南史〉掇琐》与《〈北史〉掇琐》二书稿，则是从史料学的角度对《南北史》进行研究者。其主要内容约有三个方面：一是考察《南北史》删削不当、因删致误和因删致疑之处，意在证前贤之论和补其漏。二是考察《南北史》增补八书史料之处，属于整篇增补者，则列出篇目，属于分散性增补者，则录出增补之文，藉以明《南北史》的增补之功，供人引用之便。三是补陈仲安先生《〈北史〉校勘记》和卢振华先生的《〈南史〉校勘记》之漏。三者合一，既非单纯校勘，也非单纯考证，既有增补史料之摘录，又有证明其删削不当和因删致误、致疑的论述，内容较杂，故名曰“掇琐”。所述内容，多为长期以来阅读《南北史》之体会，实为踵贤之后的习作，不敢以补前贤之作自诩也。

对南北朝史之研究，同样首推陈寅恪先生与吕思勉先生。陈、吕之后，则有唐长孺先生在其《魏晋南北朝史论拾遗》一书中的《南北朝期间西域与南朝的陆道交通》、《北朝的弥勒信仰及其衰落》等文；在其《山居存稿》中则有《跋敬史君碑》及《北齐标异乡义慈惠石柱颂所见的课田与田庄》等文，均系对南北朝史进行深入的专题研究之力作。此外，还有《南朝寒人的兴起》和《南朝的屯、邸、别墅》等文，也是别开生面之作。周一良先生的《〈世说新语〉和作者刘义庆身世的考察》、《〈南齐书·邱灵鞠传〉试释兼论南朝文武官位及清浊》、《论梁武帝及其时代》、《南朝境内之各种人及政府对待之政策》及《论宇文周之种族》等文，都是周先生研究南北朝史之力作。高敏也曾写有《南朝时期兵户制的逐步解体与募兵制的日益兴起》、《东魏、北齐与西魏、北周时期的兵制试探》、《东魏、北齐的食干制度研究》、《隋炀帝迁都洛阳的原因》、《侯景之乱对南朝后期社会历史的影响》、《隋初江南地区反叛的原因初探》、《隋末农民起义首先和集中爆发于山东地区的原因初探》、《隋末农民起义中少数民族初探》等文也是关于研究南北朝历史的习作。至于研究魏晋南北朝时期史料学方面的著作，近年来高敏的《南北史考索》一书，可以说是挖掘李延寿《南史》、《北史》史料价值的力作之一。此外，还有不少研究魏晋南北朝史的学者，写有南北朝史的研究论文，只因篇幅限制，恕不能在此一一引述，甚以为憾。

十、阅读《南史》、《北史》应注意之点

按照我个人的体验与感受，阅读《南史》、《北史》至少应注意如下几个问题：

第一，应当把《南北史》阅读，同阅读《资治通鉴》结合起来进行。这样做的理由，已在如何阅读《三国志》及怎样读《魏书》的部分述及，在这里，就不再重复其道理。我只想在这里强调一句：结合阅读时，千万不要忽视《资治通鉴》的《考异》和胡三省的注。

第二，阅读《南北史》时，还应当同时查阅清人的补表、补志，以及清人和今人对《南北史》本身所作的一些研究成果。这样做，阅读的速度可能慢一些，但其效果肯定比不这么做要好得多。所以，我主张阅读时要重效果，不重速度。如果能二者兼顾，自然更好。

第三，阅读《南北史》，必须仔细阅读陈仲安先生的《〈北史〉校勘记》与卢振华先生的《〈南史〉校勘记》，与其同时，还应当查阅南北朝八书的诸《校勘记》，通过相互之间的比较，可以获得许多意想不到的启发。特别是对于唐长孺先生所点校的几部正史的《校勘记》，需要仔细阅读，从中可以得到许多有益的东西。

第四，阅读《南史》时，不可忽视《北史》。这是因为：一是南朝的一些人

物,在《南史》中无传,却在《北史》中有传,如梁代的王琳就是如此。二是先仕南朝,后来投降了北朝的一些人物,往往在《北史》中有传。三是一些有关南朝的史料,《南史》无记载,而在《北史》中却有反映。例如关于南朝"典签"问题就存在这种情况。反之,也是一样,阅读《北史》时,也不要根本不顾《南史》。

第五,当你把《南北史》同南北朝八书的相应部分比照阅读时,如果发现《南北史》的某一本纪或列传有超出八书的同一本纪或列传之处时,千万不要立即得出此即为《南北史》超出八书之处的结论,因为《南北史》把八书有志的一些史料融入了相关的本纪与列传之中,那么,你所发现超出部分有可能是属于这种情况,故不能以《南北史》超出八书目之。

第六,在阅读《南北史》的过程中,要充分注意其删削八书的不当和因删致误、致疑之处。例如陈仲安先生的《〈北史〉校勘记》,由于他重视了这一点,故能在其《校勘记》中发现和纠正了一些李延寿误删之处。至于《〈南史〉校勘记》,则基本上没有这方面的内容,因此,阅读《南史》更需要阅读者自己去发现这方面的问题。

第七,在阅读《南北史》的过程中,需要充分注意其增补八书的纪、传,因为这些纪、传,只有《南北史》有之,为八书所无,从史料学的角度来说,这是《南北史》超出八书的新史料,在引用时可以大胆使用《南北史》。对于《南北史》的非完整性增补,亦即分散于八书各本纪、列传中的零星增补也同样应该充分重视,因为这些零星的与分散的增补,也是仅为《南北史》所独有的新史料,在引述时,亦可大胆引用《南北史》以补八书之不足。

第八,在引用《南北史》时,还有一个问题必须特别注意:当同一时代有两部以上史书记述其事时,我们应该引用成书最早的一部,因其具有较大的原始性与可靠性。以《南北史》来说,它主要是删节南北朝八书而成书的,因而相对于八书来说,其原始性与可靠性一般说来不如八书。于是,这就引发一个问题:即关于某一事件或人物,《南北史》与八书都有记载,而且其记述相同时,引用时就宜引用八书而不引用《南北史》;但是,当八书的某卷残缺而后人以《北史》或他书弥补时,就宜引用《南北史》而不宜引用八书之补传。对于这些问题的处理一定要得当。

第九,由于南北朝诸正史存在残缺的情况,尤以北朝的《魏书》与《北齐书》为最,从而就引发后人以《南北史》补八书有关卷帙的问题。对于八书中的何书何卷系以《北史》所补的问题,前人已有精深的研究。但是,也不是所有的问题都解决了。因此,《南北史》的阅读者还应当在这个方面多加留意,以期发现更多的问题。例如今本《魏书》,人皆知其残缺不全者共二十九篇,而据周一良先生所考,还有二十九篇也有残缺不全的情况存在,而今本《魏书》却并未标明,这难道不值得人们注意吗?

读了这么许多应当注意之点,要同时都做到是比较难的。如果没有一种坚韧不拔、甘于坐冷板凳的精神,是根本无法做到的。

《旧唐书》说略

黄永年

一、书名和篇目

《旧唐书》是五代后晋时官修的，有本纪二十卷，志三十卷，列传一百五十卷，共计二百卷。它本名《唐书》，南宋初晁公武的《郡斋读书志》、南宋末陈振孙的《直斋书录解题》、《宋史》的《艺文志》以及现存的南宋绍兴刻本都题《唐书》而没有"旧"字。由于北宋时欧阳修、宋祁等重修了一部新的《唐书》即所谓《新唐书》，以后就在后晋时撰修的《唐书》前加一"旧"字，这应是南宋以后的事情。明嘉靖时闻人铨刻本就题作《旧唐书》，沿用到今天。今天写文章时如果前面已提过《旧唐书》，后面也可省称为《旧书》；和《新唐书》并提，可合称为《两唐书》。

二、唐代的修史制度和实录国史

《旧唐书》是在唐朝实录和国史的基础上撰修的。要讲怎样撰修《旧唐书》，首先得讲唐人怎样记述史事，保存史料，讲他们撰修的实录和国史。

据《旧唐书》卷四三《职官志》，唐代在门下省设置起居郎二员，"掌'起居注'，录天子之言动法度，以修纪事之史，凡记事之制，以事系日，以日系月，以月系时，以时系年，必书其朔日甲子以纪历数，典礼文物以考制度，迁拜旌赏以劝善，诛伐黜免以惩恶，季终则授之国史焉”；中书省也设置起居舍人二员，“掌修记言之史，录天子之制、诰、德音，如记事之制，以记时政损益，季终则授之于国史”。所谓“授之于国史”，就是送交中书省下设的掌修国史的史馆。

《新唐书》卷四七《百官志》起居郎条讲记事记言的沿革。唐太宗贞观初是“每仗下，议政事，起居郎一人执笔记录于前，史官随之。其后，复置起居舍人，分侍左右，秉笔随宰相入殿，若仗在紫宸内阁，则夹香案分立殿下，直第二螭首”。高宗时许敬宗、李义府为相，“命起居郎、舍人对仗承旨，仗下，与百官皆出，不复闻机务矣”。武周长寿中，“宰相姚𤪌建议：仗下后，宰相一人，录军国政要，为‘时政纪’，月送史馆。然率推美让善，事非其实，未几亦罢。而起居郎犹因制敕，稍稍笔削，以广国史之阙。起居舍人本记言之职，唯编诏书，不及它事”。文宗大和九年（835），“诏入阁日，起居郎、舍人具纸笔立螭头下，复贞观故事”。可见起居郎、起居舍人基本上还是能克尽其职，并无间断，只是与闻机务的程度不同而已。至于由宰相记录军国大事，撰写“时政纪”的措施，武周朝外，德宗、武宗和宣宗时都曾实行过，分别见于《旧唐书》卷一四八《李吉甫传》，卷一八上《武宗纪》会昌元年六月条及《唐会要》卷六四《史馆杂录下》会昌三年十月条，《新唐书》卷一八二《裴休传》。

除起居郎所记的起居注和起居舍人所编的制、诰、德音按季送史馆，宰相所记的时政记按月送史馆外，其他部门也得按时把有关材料送交史馆。《唐会要》卷六三《诸司应送史馆事例》就开列：“祥瑞（礼部每季具录送），天文祥异（太史每季并所占候祥验同报），蕃国朝贡（每使至，鸿胪勘问土地、风俗、衣服、贡献、道里远近，并其主名字报），蕃夷入寇及来降（表状中书录状报，露布兵部录报，军还日军将具录陷破城堡、伤杀吏人、掠房畜产并报），改变音律及新造曲调（太常寺具所由及乐词报），州县废置及孝义旌表（户部有即报），法令变改、断狱新议（刑部有即报），有年及饥并水、旱、虫、霜、风、雹及地震、流水泛溢（户部及州县每有即勘其年月日及赈贷存恤同报），诸色封建（司府勘报，袭封者不在报限），京诸司长官及刺史、都督、都护、行军大总管、副总管除授（并录制词，文官吏部送，武官兵部送），刺史、县令善政异迹

（有灼然者，本州录附考使送），硕学异能、高人逸士、义夫节妇（州县有此色，不限官品，勘知的实，每年录附考使送），京诸司长官薨卒（本司责由历状迹送），刺史、都督、都护及行军副大总管已下薨（本州本军责由历状，附便使送），公主、百官定谥（考绩录行状、谥议同送），诸王来朝（宗正寺勘报）。已上事，并依本条所由，有即勘报史馆，修入国史。如史官访知事由，堪入史者，虽不与前件色同，亦任直牒索，承牒之处，即依状勘，并限一月内报。”又记“建中元年（780）十一月二十八日史馆奏：前件事条，虽标格式，因循不举，日月已深，伏请申明旧制，各下本司。从之。大历十四年（779）正月已后，至今年十月已前，所有事迹，各限敕到一月日报。从此已后，外州县及诸军、诸使，每年一度，附考使送纳，在京即每季申，便为恒例。敕旨依”。可见中央和地方各部门向史馆送交史料，也已成为制度，尽管有时执行得不够认真，史馆还能提出来加以整顿，这样就可保证史馆正常进行工作，撰修实录和国史。

实录，是一种极为详细的按年月日记叙的编年史，由史馆里的史官根据起居郎所记的起居注和起居舍人所编的制、诰、德音来撰修。通常一个皇帝修一部，在新皇帝即位之后过不了多久就得修成上一个老皇帝的实录。有的皇帝在位时就叫史官撰修他的实录，有时出于政治原因还一修再修。为了把实录修好，在宪宗即位之初还听从韦执谊的创议，建立了在撰修之前先撰修“日历”的制度。《唐会要》卷六三《修国史》永贞元年（805）九月条记其事说：“监修国史宰臣韦执谊奏：……窃见自顷已来，史臣所有修撰，皆于私家纪录，其本不在馆中，褒贬之间，恐伤独见，编纪之际，或虑遗文，从前已来，有此乖阙。自今已后，伏望令修撰官各撰日历，凡至月终，即于馆中都会详定是非，使置姓名，同其封锁，除已成实录撰进宣下者，其余见修日历，并不得私家置本，仍请永为常式。从之。”后来南宋初年的汪藻还对此有所讲说，见《宋史》卷四四五《文苑·汪藻传》，说“古者有国必有史，故书榻前议论之辞，则有时政记，录柱下见闻之实，则有起居注，类而次之，谓之日历，修而成之，谓之实录”。也就是说，平时把起居注、时政记等编次为日历，皇帝去世后把日历修订一下就成为实录。据《唐会要·修国史》所记载，以及《新唐书》卷五八《艺文志》起居注类所著录,从高祖、太宗、高宗、中宗、睿宗、玄宗、肃宗、代宗、德宗、顺宗、宪宗、穆宗、敬宗、文宗到武宗,中间加进武后,一共十六朝都已修成了实录,其中太宗、高宗、武后、睿宗、玄宗、德宗的实录先后修了两种到三种。此后到昭宗大顺二年(891)还敕修武宗以下的宣宗、懿宗、僖宗实录,但"逾年竟不能编录一字"。昭宗自身及哀帝已是亡国之君,自更没有实录。

至于正式撰修的国史,是指纪传体的本朝史,和《史记》、《汉书》以来的纪传体正史一样要有本纪、列传,还要有志。这方面《唐会要·修国史》里讲的倒不多,其大要散见于《旧唐书》卷五六《长孙无忌传》、卷七三《顾胤传》、卷一〇二《刘子玄传》、《吴兢传》、《韦述传》、卷一四八《柳登传》、卷一七六《崔龟从传》。最早是在高宗永徽时,令狐德棻、顾胤等就已整理出高祖、太宗两朝国史八十卷。玄宗时吴兢又做了修改精简,加上自己和别人续写的,统编成国史六十五卷,他外放离开长安后还续写了二十多卷。后来韦述重定体例,在吴兢旧稿的基础上增补到玄宗天宝年间,编成国史一百二十卷和史例一卷。肃宗时史官柳芳又续修天宝后期到肃宗乾元年间,编成国史一百三十卷。以后史官还续修了一些,但不曾再编定。另外,柳芳个人还用编年体撰成四十卷《唐历》,起自高祖,下讫代宗大历时,到宣宗朝又令宰相崔龟从等把《唐历》再续修三十卷,止于宪宗元和末年。这实际上又成了一种编年体的国史。

以上这些实录和国史,就是撰修《旧唐书》的主要凭借。

三、《旧唐书》的撰修

按照我国惯例,一个朝代灭亡以后,下一个新朝代就要为刚灭亡的旧朝代修纪传体正史。所以在五代的后梁、后唐时都已着手做这方面的工作。《旧五代史》卷一〇《梁末帝纪》龙德元年(921)二月壬申,"史馆上言","请明下制,敕内外百官及前资士子、帝戚勋家,并各纳家传,具述父祖事行源流及才术德业灼然可考者,并纂述送史馆。如记得前朝会昌已后公私,亦任抄录送官,皆须直书,不用文藻。兼以兵火之后,简牍罕存,应内外臣僚曾有奏行公事，关涉制置，或讨论沿革，或章疏文词，有可采者，并许编录送纳。候史馆修撰之日，考其所上公事，与中书门下文案事相符会，或格言正辞询访不谬者，并与编载”。卷三七《唐明宗纪》天成元年(926)九月庚申：“以都官郎中庾传美充三川搜访图籍使。传美为蜀王衍之旧僚，家在成都，便于归计，且言成都具有本朝实录，及传美使回，所得才九朝实录及残缺杂书而已。”卷四二《唐明宗纪》长兴二年(931)四月丁酉：“禁人毁废所在碑碣，恐名贤遗行失所考也”。五月甲子：“都官郎中、知制诰崔棁上言，请搜访宣宗以来野史，以备编修。从之。”这些都可说是给《旧唐书》的撰修作准备。到后晋就正式开始撰修《旧唐书》。《旧五代史》卷七九《晋高祖纪》天福六年(941)二月己亥：“诏户部侍郎张昭远、起居郎贾纬、秘书少监赵熙、吏部郎中郑受益、左司员外郎李为光等同修唐史，仍以宰相赵莹监修。”四月辛丑：“赵莹奏……内起居郎贾纬丁忧去官，请以刑部侍郎吕琦、侍御史尹拙同与编修。”

派宰相监修国史或前代的正史，是历来的惯例，有些监修的宰相其实仅是挂个名以示其事的隆重。这位监修《旧唐书》的宰相赵莹却真的着手来筹划这项工作。《五代会要》卷一八《前代史》有天福六年四月赵莹所上的奏章，其中首先提出要不遗余力地继续收集史料，说“自李朝丧乱，迨五十年，……今之书府，百无二三。……今据史馆所阙唐书实录，请下敕命购求。况(僖宗)咸通中宰臣韦保衡与蒋伸、皇甫焕撰武宗、宣宗两朝实录，又(昭宗)光化初宰臣裴贽撰僖宗、懿宗两朝实录。……虽闻撰述，未见流传。其韦保衡、裴贽今有子孙见居职任，或门生故吏曾托纂修，闻此讨论，谅多欣惬，请下三京诸道及内外臣僚，凡有将此数朝实录诣阙进纳，量其文武才能，不拘资地，除授一官。如卷帙不足，据数进纳，亦请不次奖酬，以劝来者。自(武宗)会昌至(哀帝)天祐垂六十年，其初李德裕平上党，著武宗伐叛之书；其后康承训定徐方，有武宁本末之传。如此事类，记述颇多。请下中外臣僚及名儒宿学，有于此六十年内撰述得传记及中书、银台、史馆日历、制敕册书等，不限年月多少，并许诣阙进纳。如年月稍多，记录详备，请特行简拔，不限资序”。同时，在这个奏章里又对如何撰修作了具体细微的安排，说“所撰唐史，叙本纪以纲帝业，列传以述功臣，十志以书刑政。……请下司天台，自唐高祖武德元年戊寅至天祐元年甲子，为转年长历一道，以凭编述本纪。……请下文武两班及藩侯群牧，各叙两代官、婚、名讳、行业、功勋状一本，如有家谱、家牒，亦仰送官，以凭纂序列传。……请下太常礼院，自天宝已后至明宗朝已来，五礼仪注，朝廷行事，或异旧章出处，增损节文，一一备录，以凭撰述《礼志》。……请下太常寺，其四悬二舞，增损始自何朝，及诸庙乐章舞名，开元十部兴废本末，一一按录，以凭撰集《乐志》。……请下大理寺，自著律令以来，后敕入格条者，及会昌以来所断疑狱，一一关报，以凭撰述《刑法志》。……请下司天台，自会昌已来，天文变异，五行休咎，历法更改，更据朝代年月，一一条录，以凭撰集《天文》、《律历》、《五行》等志。……请下御史台，自定令已后，文武两班品秩升降，及府名使额，寺署废置，官名更改，一一具析，以凭撰述《职官志》。……请下兵部职方，自开元已来，山河地理，使名军额，州县之废置，一一条列，以凭撰述《郡国志》。……请下秘书省，自唐已来，古今典籍，经史子集无撰人名氏，四部大数报馆，以凭撰述《经籍志》"。

赵莹这个奏章得到听从，撰修工作想来也进行得顺利。先后历时四年零四个月，到后晋少帝开运二年（945）六月，这部包括本纪二十卷、志三十卷、列传一百五十卷，共计二百卷的《旧唐书》就撰修完成。这在《旧五代史》卷八四《晋少帝纪》中是作"六月乙丑朔……监修国史刘昫、史官张昭远等以新修《唐书》纪志列传并目录二百三卷上之，赐器帛有差"。前面已说过《旧唐书》的"旧"是后加的，所以这里只说《唐书》；二百卷外多出的三卷自是目录。但对此书真有贡献的赵莹反未名列其中者，是因为他在后晋高祖天福八年（943）三月已外任节度使而改由桑维翰任宰相来监修，少帝开运元年（944）七月又改由刘昫任宰相来监修，书成按惯例得让监修的刘昫来领衔进上。所以此后在《旧唐书》前就题作"监修国史推诚守节保运功臣特进守司空兼门下侍郎同中书门下平章事上柱国谯国公食邑五千户食实封四百户臣刘昫等奉敕撰"，清代刊刻武英殿本更简作"后晋司空同中书门下平章事刘昫撰"，不知究竟者就认为刘昫是《旧唐书》的作者了。

这部《旧唐书》修得怎么样？可以就它的史料价值来作评述，并由此对怎样阅读也作点讲说。

四、本纪

先讲本纪。《旧唐书》从高祖、太宗到昭宗、哀帝共二十个皇帝，加上武后，修了二十卷二十一个本纪。前面说过，从高祖到肃宗有编定的纪传体国史，从高祖到武宗还有编年体的实录，其中除武宗实录仅存一卷外（据《五代会要·前代史》记贾纬奏进所撰《唐朝补遗录》时所说，据《郡斋读书志》衢本卷六实录类所说，这仅存的一卷是记会昌元年正月二月），撰修《旧唐书》时都还尚未散失。所以高祖到肃宗的本纪可直接承用国史本纪的原文，代宗到文宗的本纪也有实录可据以节要改写，而且国史本纪也同样是据实录节写的，所以可说《旧唐书》从高祖到文宗的本纪都直接或间接来源于实录。所谓实录，当然不可能真的都如实记录，如统治集团之间矛盾斗争的内幕就一般不会写到，有时更会歪曲事实掩饰真相，但它毕竟是根据当时记录的起居注、时政记和当时颁布的制、诰、德音等撰修的，至少事情的表面现象不致信笔乱写，不致无中生有，或颠倒事实，更易姓名。而且年月日一般也都正确，因为是当时的记录，事后要窜改也很少在年月日上作文章。加以这些唐人的国史、实录，除顺宗实录由于撰修者韩愈名气大得以幸存至今外，后来都失传了，所以《旧唐书》这部分本纪就更成为了极其珍贵的第一手史料。

武宗的实录只残存一卷，宣宗以后再没有实录，更没有国史，所以在天福六年二月刚开始撰修《旧唐书》时，参与者贾纬就进上所撰《唐年补录》六十五卷。（《旧五代史·晋高祖纪》）《五代会要·前代史》记载此事作《唐朝补遗录》，说是"搜访遗文及耆旧传说"，用来补武宗以后实录的阙略。撰修《旧唐书》武宗以后的本纪时，除参考贾纬的《唐年补录》等私家著述外，只能收拾残存的日历和诏、敕、德音，加上各部门留下的文书档案作为依据，自然没有可能像武宗以前的本纪那么完整齐全。赵翼《廿二史劄记》卷一六"旧唐书前半全用实录国史旧本"条对此曾指出："（宣宗）本纪书吴湘狱案至千余字。（懿宗本纪）咸通八年，并将延资库计账贯匹之数琐屑开入，绝似民间计簿。其除官必先具旧衔，再入新衔，如以某官某人为某官，下至刺史亦书于本纪，是以动辄累幅，虽邸抄除目，无此繁芜也。然亦有未可轻訾者，凡本纪祇略具事由，而其事则详于列传。此书如庞勋之乱，黄巢之乱，李茂贞、王行瑜等之劫迁，朱温之篡弑，即于本纪详之，不待翻阅各传，已一览了如。”自是平允之谈。而且从保存史料的角度来看，能记下延资库计账数字也很好，对了解其时财政状况正有用处。吴湘其人虽仅任县尉微职，案件却牵连到武宗时的权相李德裕，是有关其时党争的文献。更何况当时撰修所依据的文书档案已复散失不传，贾纬的《唐年补录》虽尚见于南宋的《直斋书录解题》，以后也告亡逸，这部分本纪就更见其史料价值。

本纪的史料价值虽高，但按年月日记载有点像流水账，而且一般只记简单的史实而没有写出事情的过程和前因后果，只有骨架子而缺少血肉，即使具有历史知识的人读起来也不易抓住头绪，加深不了印象，因此不如先有计划地读列传，读过后再读本纪，以本纪为纲，整理一下阅读列传所获得的丰富的感性知识，以期对史事形成条理清晰、全面系统的认识。

五、志

赵莹在天福六年四月所上奏章中讲修十个志。修成的《旧唐书》略有变动，即把原要修的《礼志》改称《礼仪志》共七卷，《乐志》改称《音乐志》有四卷，《律历志》改称《历志》有三卷，《郡国志》改称《地理志》有四卷，再是《天文志》二卷，《五行志》一卷，《职官志》三卷，《经籍志》二卷，《食货志》二卷，《刑法志》一卷，又另立《舆服志》一卷，总计从卷二一至五〇共三十卷，有十一个志。这些志的名目和写法与前此唐初所修《晋书》的志、《隋书》的《五代史志》基本相同（只是《晋书》没有《经籍志》，《五代史志》把舆服部分写进《礼仪志》，不另立专志）。总的来说，应该说修得比较好。其史料来源当即如前引《唐会要·诸司应送史馆事例》所说逐年积累下来的，以及赵莹奏中要各部门所提供的，很有价值。不足之处是唐后期的事情不如前期中期讲得详细，这自然是由于后期文献缺失，已无从收拾齐全。尤其是《经籍志》，仅从玄宗开元时编写的《四部群书录》及其略本《古今书录》摘抄一遍，从而只有唐以前和唐初人的著作,开元以后的大量著作在志里无法找见。

这些志中,《职官志》、《地理志》、《食货志》最为重要。官制、地理在本纪、列传中经常出现,必须把这两个志通读,并随时翻检查看。但《职官志》里的官制职掌只是规定如此,实际上其权力之大小常有变化,应用列传中的实例来充实《职官志》的内容。《食货志》则集中讲财政经济,研究唐代财经首先得通读,同时从纪传中注意搜集有关事例加以丰富。《刑法志》是唐代的法制史。《经籍志》是书目,和列传中的《儒学传》、《文苑传》都是研究学术史的资料,也都应通读。《礼仪志》牵涉到原始宗教信仰和南北朝最盛行的三礼之学,在这两方面没有基础者不易读懂,一般浏览即可。《音乐志》研究乐舞者宜精读,《舆服志》研究服饰者宜精读,并可结合出土文物做研究,否则只需浏览。《天文志》、《历志》无天文历法知识者无法读懂,大体翻翻,知道其中写些什么就可以。《五行志》除"天人感应"等迷信成分外,所记灾异也还是有用的资料,可供采择。

六、列传

《旧唐书》从卷五一至卷二〇〇这一百五十卷都是列传。有几种类型:(1)从卷五三至五六,是唐初削平的农民起义领袖和割据者的传。(2)从卷五七至五九,卷六一至六三,卷六五至七五,卷七七至八五,卷八七至九四,卷九六至一〇六,卷一〇八至一一五,卷一一七至一四九,卷一五一至一七四,卷一七六至一八二,是将相大臣和其他重要人物的传。(3)卷一八三《外戚传》,卷一八四《宦官传》,卷一八五《良吏传》,卷一八六《酷吏传》,卷一八七《忠义传》,卷一八八《孝友传》,卷一八九《儒学传》,卷一九〇《文苑传》,卷一九一《方伎传》,卷一九二《隐逸传》,卷一九三《列女传》,都是所谓"类传",即把同一类型的人物集中到一起立传。(4)卷五一、五二《后妃传》,卷六〇《宗室传》,卷六四《高祖诸子传》,卷七六《太宗诸子传》,卷八六《高宗中宗诸子传》,卷九五《睿宗诸子传》,卷一〇七《玄宗诸子传》,卷一一六《肃宗代宗诸子传》,卷一五〇《德宗顺宗诸子传》,卷一七五《宪宗穆宗敬宗文宗武宗宣宗懿宗僖宗昭宗诸子传》,是另一种性质的"类传"。(5)卷二〇〇是安禄山、黄巢等人的传，因被认为叛逆，放在全书最后以示贬斥，也是一种“类传”。(6)卷一九四《突厥传》，卷一九五《回纥传》，卷一九六《吐蕃传》，卷一九七《南蛮西南蛮传》，卷一九八《西戎传》，卷一九九《东夷传》、《北狄传》，这些通称为“四裔传”，是给边陲兄弟民族以及一些外国立的传，不是个人的传。这些列传就史料来源讲又有几种情况：

第一种，承用国史旧有的列传。赵翼《陔余丛考》卷一“旧唐书多国史原文”条就列举《唐绍传》、《徐有功传》、《泽王上金传》中称玄宗为“今上”，《窦威传》、《郭元振传》称开元时为“今”，《陈少游传》、《曲环传》称德宗为“上”，指出这都是承用国史旧传的证据。《廿二史劄记》卷一六“旧唐书前半全用实录国史旧本”条也举出《刘仁轨传》有史臣韦述的议论，《刘仁轨郝处俊裴行俭传》后的“史臣曰”中还称仁轨为乐城，处俊为甑山，行俭为闻喜，指出“不称名而称爵邑，史家无此法”，是“韦述当日尊呼前辈之称”。吕思勉师《隋唐五代史》第二一章第四节也指出：“卢杞、裴延龄等传赞‘史臣曰臣读陆丞相论延龄疏’，田承嗣等传赞曰‘臣观开元之政’，亦显见为唐国史原文。”此外如《刘幽求郭元振张说传》的“史臣曰”称刘徐公、郭代公、张燕公，也是唐史臣对他们的尊称；《郭子仪传》后有“史臣裴垍曰”一大段议论，也显然是录自国史旧传。这里要注意的是裴垍的监修国史，据《旧唐书》卷一四八本传是在宪宗元和四年(809)，已远后于柳芳所编定国史，而《陔余丛考》所列举《陈少游传》、《曲环传》称德宗为“今上”，也非截止于肃宗乾元时(758—760)的柳芳所编国史之能包括，可见柳芳以后撰修的国史至少列传部分到后晋时尚有若干未曾毁失，得为《旧唐书》采用。

第二种，采用实录中所附的小传。实录是编年体，但在记到某人去世时要附上此人的小传，今存韩愈所撰《顺宗实录》中就有贞元二十一年(805)四月癸酉所附张荐的小传，五月辛卯所附令狐峘小传，六月乙亥所附张万福小传，而这些人在《旧唐书》卷一四九、卷一五二里也各有传。两相对看，发现《旧唐书》的传除内容稍详于小传外，有好些地方连词句都雷同。这可能是修《旧唐书》时兼采了小传和其他史料，也可能这些人在柳芳以后续修的国史里已写有传，得为《旧唐书》承用，而国史的传又参考过实录的小传。总之，实录的小传应是《旧唐书》列传的又一来源。

第三种，根据私家的行状、家传和谱牒。《唐会要》卷六四《史官杂录》载史官李翱奏说："凡人之事迹，非大善大恶，则众人无由知之，旧例皆访问于人，又取行状、谥议以为依据。"（《李文公集》卷一《百官行状奏》同）《新唐书》卷四六《百官志》考功郎中条也说："若死而传于史官，谥于太常，则以其行状质其当否，其欲铭于碑者，则会百官议其宜述者以闻报其家。"可见史馆本凭百官的行状和据行状撰写的谥议，来撰写国史的列传和实录的小传，前面所说后梁末帝龙德时征纳家传，后唐明宗长兴时要保存碑碣，也是源本于行状的史料。这些行状、家传等除已被利用来撰修国史、实录外，当仍有许多保存下来为撰写《旧唐书》列传时直接利用。列传末尾所附载的子孙名字官爵，则应多取材于谱牒。

第四种，根据报送史馆的其他材料。如前引《唐会要·诸司应送史馆事例》中所说"孝义旌表（户部有即报）"，"刺史、县令善政异迹（有灼然者，本州录附考使送）"，"硕学异能、高人逸士、义夫节妇（州县有此色，不限官品，勘知的实，每年录附考使送）"，自即是《良吏》、《忠义》、《孝友》、《方伎》、《隐逸》、《列女》等类传的撰写依据。当然也有可能早已据此写入国史，而为《旧唐书》所承用。

第五种，"四裔传"的史料，主要当也来自《唐会要·诸司应送史馆事例》中所说"蕃国朝贡（每使至，鸿胪勘问土地、风俗、衣服、贡献、道里远近，并其主名字报），蕃夷入寇及来降（表状中书录状报，露布兵部录报，军还日军将具录陷破城堡、杀伤吏人、掠虏畜产并报）"。当然也有可能兼从实录、国史中择取，或采自其他记载。

第六种，依靠采访。如类传中《酷吏传》的酷吏多数不得令终，史馆中不可能有此类人的行状、家传，自得多凭采访。此外，某些令终的文武官员在传末却讲点其人的短处，如生活不检点、贪财、无家教之类，这在行状、家传、碑碣上是绝对不会写的，可断定也是来自采访。当然也有可能采访点嘉言懿行，给正面人物的传作锦上添花之举。

由此可见，《旧唐书》列传这部分从史料角度来看是写得比较充实的，是很有价值的。不足之处同样是后期的不如前期中期详细。再是记事还往往有所讳饰,如《廿二史劄记》"旧唐书前半全用实录国史旧本"条所指出的:"《褚遂良传》不载其倾陷刘洎之事,《李世勣传》不载其瞻徇立武后之事,《辛云京传》不载其激变仆固怀恩之事,《田神功传》不载其先为贼将之事。"这自是直接间接依据行状、家传而产生的弊端。还有在年月日上如和本纪相违异时,往往是本纪正确而列传错误。这也是由于列传所根据的行状、家传是此人死后,其子弟和门生故旧所追写,自不如本纪所据实录、国史源出于当日所记的起居注来得准确。

读列传,不能只当历史故事来读,只看到点表面现象,只知道某人怎么好、某人怎么坏,这样容易产生一种错觉,好像历史就是由个别好人或坏人来决定的,出了忠臣良将就天下太平,否则就天下大乱甚至亡国,这岂不成了历史唯心主义的俘虏。因此我建议分期分批地读将相大臣们的传,譬如高祖、太宗作为一个时期,高宗、武后以及中宗、睿宗作为一个时期,玄宗又是一个时期,肃宗、代宗再是一个时期……把同时期的将相大臣传拿来通读。这样就容易从多方面弄清楚此时期的历史状况和历史条件,然后根据历史条件对人物的言行作分析,找出其中带规律性的东西。这也就是列宁在《论民族自决权》中说过的:"在分析任何一个社会问题时,马克思主义理论的绝对要求,就是要把问题提到一定的历史范围之内。"

七、版本

(1)南宋绍兴本。由于后来《新唐书》盛行,《旧唐书》很少有人读,在宋代虽经刊刻甚少传本,如今只残存南宋绍兴时两浙东路茶盐司刻本六十九卷,藏中国国家图书馆。(2)明嘉靖时闻人铨刻本,这是宋以后《旧唐书》惟一的旧刻完本。(3)至乐楼抄本,不知是明抄抑或清初抄,当据南宋绍兴本传抄,清初叶万据以校闻人铨本,但只校了一半,今存清中叶顾之逵临校本,藏中国国家图书馆。(4)清乾隆时武英殿刻《二十四史》附考证本,是据闻人铨本但用他书随便改动正文,考证水平亦差,如说闻人铨本"表全散佚",竟不知《旧唐书》本来就无表,实荒唐可哂!有咸丰时广州陈氏覆刻本,同治时浙江书局重刻本，光绪时宝庆三味书坊覆刻本，成都书局覆刻本，同文书局影印本，五洲同文书局影印本，图书集成局扁铅字排印本，竹简斋剪贴影印本，民国时商务印书馆剪贴影印本，中华书局《四部备要》排印本，开明书店《二十五史》拼页影印附参考书目本，今上海古籍出版社、上海书店《二十五史》影印本。(5)清道光时扬州岑建功惧盈斋据武英殿本重刻本，附刘文淇等撰《校勘记》六十六卷，远胜于武英殿本的考证，又附《逸文》十二卷，多辑自《太平御览》，岑仲勉认为是《御览》所引唐国史、实录之类，但亦便于观览。(6)民国时商务印书馆《百衲本二十四史》中《旧唐书》影印南宋绍兴本六十九卷，其余配以闻人铨本，台湾仁寿本《二十六史》影印百衲本。(7)今中华书局点校《二十四史》本，此本不用百衲本而用据武英殿本重刻的岑本为底本，已属失策，点校亦欠精审，又随便据他书改动原文，似尚不得称为善本。

《新唐书》说略

黄永年

一、书名和篇目

《新唐书》是北宋时官修的,有本纪十卷,志五十卷,表十五卷,列传一百五十卷,共计二百二十五卷。它本来和《旧唐书》一样也名《唐书》,今存各种南宋刻本、元明刻本卷首书名还都不加"新"字。加"新"字始于清武英殿刻《二十四史》本。但《新唐书》这个名称的出现却甚早,书成三十年后吴缜对此书作纠谬时即称之为《新书》,题所撰曰《新唐书纠谬》。司马光撰《资治通鉴考异》引用此书本纪、志、传时也称之为《新本纪》、《新纪》、《新志》、《新传》。以后《郡斋读书志》、《直斋书录解题》著录此书也都称为《新唐书》。今写文章时如前面已提过《新唐书》,后面也可省称为《新书》。

二、撰修

有了后晋时官修的《唐书》,何以到了北宋时又要官修一部新的《唐书》?《新唐书》卷首曾公亮进书表里讲了理由,是认为后晋所修的"纪次无法,详略失中,文采不明,事实零落",并说这是由于撰修者是"衰世之士,气力卑弱,言浅意陋,不足以起其文,而使明君贤臣,隽功伟烈,与夫昏虐贼乱,祸根罪首,皆不得暴其善恶以动人耳目,诚不可以垂劝戒,示久远"。后来吴缜《进新唐书纠谬表》中也说，后晋所修的“缀辑旧闻，次序实录，草创卷帙，粗具规模，仅能终篇，聊可备数，斯盖时异光华之旦，人非宏杰之才，辞采不足以发挥幽潜，书法不足以耸动观听，记述取舍，乖戾舛差”。可见这是彼时的共识，都认为已有的《旧唐书》撰修者水平不高，书的质量差，所以要重修。

重修《唐书》的建议是宰相贾昌朝提出的。庆历五年(1045)五月，仁宗下诏开局重修。撰修人员曾公亮进书表中提到一些，但不完备。精熟宋元史事的清代学者钱大昕编写有《修唐书史臣表》，收入所著《廿二史考异》卷五六里，按年月列出《新唐书》提举官、刊修官、编修官的姓名。提举官即主持撰修工作的，如同《旧唐书》的监修，照习惯由宰相担任，先后任此职的是贾昌朝、丁度、刘沆、王尧臣、曾公亮。刊修官有点近似后世的总纂、总编，前期以宋祁为主，后期多由欧阳修承担。编修官协助刊修官撰修，人数稍多一些，任职时间长的有范镇、宋敏求、王畴、刘羲叟、吕夏卿和梅尧臣。刊修官宋祁、欧阳修都是其时的大文豪。编修官中也有唐史专家。《宋史》卷二九一《宋敏求传》说他“补唐武宗以下六世实录百四十八卷”，他所著书甚多，“王尧臣修《唐书》，以敏求习唐事，奏为编修官”。卷三三一《吕夏卿传》说他“学长于史，贯穿唐事，博采传记杂说数百家，折衷整比，又通谱学，创为世系诸表，于《新唐书》最有功”。至于撰修的分工，据南宋赵彦卫《云麓漫钞》卷五所说，是“欧阳公分修帝纪，宋祁公修列传，而志、表则范镇、王畴、宋敏求、吕夏卿、刘羲叟分修”。《宋史》卷四三二《刘羲叟传》则说他“专修《律历》、《天文》、《五行志》”。范镇等几位修哪些志、表已无从考知。

《新唐书》的撰修历时十七年，到仁宗嘉祐五年(1060)六月全书告成，其时曾公亮任提举官，就由他领衔上进书表。书前所题撰人姓名，据《欧阳文忠公集》附录卷五欧阳发等所述《事迹》说：“旧制惟列官最高者一人，欧阳公官高当书，公曰：‘宋公于传功深日久，岂可掩其名，夺其功。’于是纪、志、表书公名，而列传书宋公。”今《新唐书》传本就都是如此分题，总起来则题欧阳修、宋祁撰。

据吴缜《新唐书纠谬序》，《新唐书》修成进上后，朝廷还付裴煜、陈荐、文同、吴申、钱藻校勘，然后颁行。

三、新、旧《唐书》优劣之争

《新唐书》的撰修者当然认为重修的《唐书》优于《旧唐书》。主要的优点他们认为有两个：其一是曾公亮进书表中所说的："其事则增于前，其文则省于旧。"这"文省事增"是他们自认的一大优点。其二是讲"书法"。所谓"书法"，本是战国、西汉时讲《春秋》之学者提出来的。据这些人说，传世的《春秋》是孔子修的，修时措词用字都有讲究，用这个字是对此人褒扬，用那个字是对另个人贬斥，这所谓"一字褒贬"的方法，就叫"书法"，这些人认为是《春秋》之学的精髓。西汉时人撰写的解释《春秋》的《公羊传》和《谷梁传》，就都大讲这"一字褒贬"的"书法"原理。但却很少为后来撰修史书者所继承。司马谈、司马迁父子的《史记》，班固的《汉书》等史学名著都从没有使用过这种"书法"。纪传体正史讲"书法"实创于《新唐书》。《新唐书》编修官吕夏卿撰有《唐书直笔》四卷，除卷四《新例须知》主要讲《新唐书》废掉《旧唐书》哪些列传、增添哪些列传外，前三卷都讲"书法"。这书是在《新唐书》撰修时作为建议写出的，所以《郡斋读书志》衢本卷七史评类著录该书说，"此其在书局时所建明，欧、宋间有取焉"，而并没有全部遵用。清乾隆时武英殿聚珍版本《唐书直笔》也加案语指出，《新例须知》中列传增损与修成的《新唐书》颇有出入。钱大昕《潜研堂文集》卷二八《跋唐书直笔新例》，更指出《直笔》中所讲"书法"与《新唐书》不合。但至少仍说明撰修《新唐书》时确有志于讲究"书法"，否则吕夏卿何以在《直笔》中用这么多篇幅来阐述建议。赵翼《陔余丛考》卷一〇"新旧唐书本纪书法互有得失"条、《廿二史劄记》卷一六"新书本纪书安史之乱"条，就都找出欧阳修撰修本纪时所运用的若干"书法"。这讲"书法"又是他们自己认为的另一大优点。

但《新唐书》颁行后却引起人们的不满。吴缜的《新唐书纠谬》不仅找出了《新唐书》在史实上大量的差错，并在《纠谬》自序中指出《新唐书》的撰修者是"不知刊修之要而各徇私好"。吴缜主张"史之要有三：一曰事实，二曰褒贬，三曰文采。有是事而如是书，斯为事实；因事实而寓惩劝，斯为褒贬；事实褒贬既得矣，必资文采以行之，夫然后成史（案当作"书"）。至于事得其实矣，而褒贬、文采则阙焉，虽未能成书，犹不失为史之意。若乃事实未明，而徒以褒贬、文采为事，则是既不成书，而又失为史之意矣。《新书》之病，正在于此。其始也，不考其虚实有无，不校其彼此同异，修纪、志者则专以褒贬笔削自任，修传者则独以文辞华采为先，不相通知，各从所好，其终也遂合为一书而上之，故今之《新书》，其间或举以相校，则往往不啻白黑方圆之不同，是盖不考事实不相通知之所致”。这已指出《新唐书》不考事实而徒讲“书法”的毛病。同时吴缜对“文省事增”的“事增”也提出异议，认为增出的事“多采小说而不精择”，而“唐人小说类多虚诞”。其后《郡斋读书志》、《直斋书录解题》也有类似的看法。《郡斋读书志》袁本卷二上（衢本卷五）说：“议者颇谓永叔（欧阳修字永叔）学《春秋》，每务褒贬；子京（宋祁字子京）通小学，惟刻意文章，采杂说既多，往往牴牾，有失实之叹。”《直斋书录解题》卷四说：“本纪用《春秋》例，削去诏令，虽太略，犹不失简古；至列传用字多奇涩，殆类虬户铣溪体，识者病之。”

虽有如上讥评，在宋代以至元、明到清前期仍是《新唐书》占优势，明官刻的南监本、北监本《二十一史》里就只有《新唐书》而无《旧唐书》，明末毛氏汲古阁刻《十七史》里也只有《新唐书》。只有明嘉靖时闻人铨刻《旧唐书》，文徵明在刻书序中才沿用《郡斋读书志》、《直斋书录解题》所说，作了点扬《旧书》抑《新书》之论。到了清代中期，主张新、旧《唐书》二者不可偏废之说才转而占上风。乾隆时武英殿本《二十四史》即同时并列《旧唐书》和《新唐书》，恢复了《旧唐书》的正史地位。《四库提要》说“正史中二书并列，相辅而行，诚千古至公之道”。王鸣盛《十七史商榷》卷六九“二书不分优劣”条也说：“平心观之，二书不分优劣，瑕瑜不掩，互有短长。”并认为：“《新书》最佳者志、表，列传次之，本纪最下；《旧书》则纪、志、传美恶适相等。”赵翼《陔余丛考》卷一〇至一二，《廿二史劄记》卷一六至一八，更以大量篇幅对《旧唐书》和《新唐书》的增损优劣，作了探讨论述。这些论述对阅读新、旧《唐书》都有帮助启发。

下面，就今天的认识，从史料价值对《新唐书》作评述，附带对怎样阅读略作讲说。

四、本纪

先说本纪。《新唐书》本纪之讲"书法",今天看来已毫无意义,决不能再算优点。但《新唐书纠谬》发现《新唐书》本纪和列传的记述有矛盾,认为是《新唐书》的毛病,则仍非公允之论。本纪、列传之有矛盾,是由于其史料来源不同,撰修时不把它统一起来,对保存异说是有好处的,好让后人据以考订真伪,而统一了反有使异说湮没的危险。

《新唐书》本纪不仅要学《春秋》的"书法",还要学《春秋》的求简,二十一朝只撰写了本纪十卷,字数还不到《旧唐书》本纪的三分之一,并且大大地失去了唐人实录和国史本纪的本来面目。因此,从高祖到文宗这十五朝,应以节自实录但节得较详细的《旧唐书》本纪为主要依据,而不能只阅读只依靠《新唐书》的本纪。但《旧唐书》的本纪既从实录节录,自会有节录不当而将有用记载漏略之处。而《新唐书》撰修时,唐高祖至文宗的实录尚均存在,可供撰修《新唐书》本纪时利用。所以《新唐书》本纪之高祖至文宗诸朝有较《旧唐书》本纪内容条目增多之处,当来自实录原书,可用来补《旧唐书》本纪的不足。

武宗以下无实录可资凭借。《旧唐书》只能利用残存的日历、诏、敕以及《唐年补录》等私家著述以撰修,自修得不能令人满意,已如前讲解《旧唐书》时所说。而撰修《新唐书》时,如前所说编修官宋敏求已补撰了武宗以下六世实录一百四十八卷(这是《宋史》本传说的卷数,《宋史》卷二〇三《艺文志》编年类作武宗二十卷,宣宗三十卷,懿宗二十五卷,僖宗三十卷,昭宗三十卷,哀帝八卷,合一百四十三卷),比前此《唐年补录》之仅得六十五卷详细多了。而且《宋史》本传说宋敏求"家藏书三万卷,皆略诵习,熟于朝廷典故",所补实录在史料采择上自多胜于《旧唐书》武宗以下本纪之处,因此武宗以下本纪不能以《旧唐书》为主,要《新》、《旧》并用。其中《新唐书》本纪不仅有时增出条目,有时还能纠正《旧唐书》本纪的错误。如僖宗广明元年(880)黄巢进入长安后,官军反扑,唐弘夫等曾一度突入长安,为黄巢所歼灭,其事《旧唐书》本纪记于僖宗中和二年(882)二月,宋敏求补僖宗实录、

《新唐书》本纪则为中和元年(881)四月,《资治通鉴》则从后者,见《通鉴》卷二五四及《考异》。今据其时身在长安的韦庄所撰《秦妇吟》,证实宋补实录和《新唐书》本纪是正确的。这类事例还有,读本纪时必须注意。

五、志

《旧唐书》十一个志三十卷,《新唐书》有十三个志,从卷一一至六〇共五十卷。将《旧唐书》的《礼仪》、《音乐》二志并为《礼乐志》十二卷,新增《仪卫志》二卷,《选举志》二卷,《兵志》一卷,另将《旧唐书》的《舆服志》改名《车服志》一卷,《职官志》改名《百官志》四卷,《经籍志》改为《艺文志》四卷,再有《历志》六卷,《天文志》三卷,《五行志》三卷,《地理志》七卷,《食货志》五卷,《刑法志》一卷,名称一仍《旧唐书》。撰写这十三个志是花了气力的,它不是在《旧唐书》的志上添加点材料就算《新书》的志,而是全部重起炉灶,不仅新创立的三个志,和《旧志》名目相同或相当的另十个志也都彻底重新写过。所以《十七史商榷》说"《新书》最佳者志、表",是讲对了的。

这十个志在内容上和《旧唐书》出入最大的是《艺文志》,《旧唐书·经籍志》只记到开元时,《新唐书·艺文志》则记到唐末,因此查考唐人著作要主要用这《艺文志》;至于《地理志》,《新唐书》较《旧唐书》也有很多增损,《旧唐书·地理志》总序说"今举天宝十一载地理",河北道末也说"今记天宝承平之地理",惟记州县沿革仍间或提到元和、长庆、大中、景福以至天复、天祐时的情况;据《十七史商榷》卷七九"天祐"条推测,《新唐书·地理志》"叙各道疆域则以开元十五道为正,叙户口则以天宝为正,叙州郡建置沿革则以天祐为正",但实际上出入仍很多;《旧唐书·职官志》开头有高祖到肃宗至德时职官的增损沿革,有正、从九品上下阶的职事官、散官、勋官、爵的名目和所作的解释,《新唐书·百官志》则概行删削,而写了一大段宰相制度和翰林学士制度的沿革,这些都很有用,都应细读。其他职官名称及职掌的大框框虽无甚出入,所述细节及所附加的小注仍多异同损益,也可互相校勘补充;《新唐书·食货志》较《旧唐书》增多一卷文武官禄米、职分田、公廨田、俸料钱等制度沿革的记述,其他记述则两志互有详略,亦间有异同,如租庸调制“非蚕乡则输银十四两”之说就仅见于《新志》;《新唐书·礼乐志》乐的部分将《旧唐书·音乐志》所载乐章全部删去,礼的部分则按吉、宾、军、嘉、凶五礼次序全部重写。此外,《新唐书》的《车服》、《历》、《天文》、《五行》、《刑法》五志和《旧唐书》也均有详略异同,都得同时参考阅读,不宜偏废。

《新唐书》新增的三个志中,《选举志》写得比较好,和其他记述唐代选举的文献相对勘,《通典》的《选举典》只讲到盛唐,《唐会要》的《选部》、《贡举》二门所录原始史料虽多,也苦于零散而无条理,《新唐书·选举志》则将有唐一代近三百年的始末沿革大体理出了个头绪,而且所讲又是关系到唐代政治和社会变革的大事,应该认真阅读;《兵志》讲唐代兵制、马政,当然也是大事,《唐会要》所录兵制史料太零散,《通典》的《兵典》又只讲战例,不讲制度沿革,《新唐书》增加《兵志》自很有必要,可惜志中议论多而条理并不清楚,史料也不够充实。如说“唐有天下二百余年,而兵之大势三变,其始盛时有府兵,府兵后废为彍骑,彍骑又废而方镇之兵盛矣”,就和事实不甚相符。彍骑在唐代兵制演变中并不占重要地位,而节度使的部队来源于“健儿长住边军”这点,在《兵志》中竟完全没有提到,可见此《兵志》实在不能令人满意。当年《新唐志》的编修官吕夏卿就另行撰写过《兵志》三卷,见《郡斋读书志》衢本卷六杂史类,可惜没有流传下来。近人唐长孺撰有《唐书兵志笺证》四卷,(科学出版社 1957 年出版)引用大量文献对《新唐书·兵志》的史料来源作了考索,纠正了其中的错误,是阅读《兵志》、研究唐代兵制的必备参考书;《新唐书》新增的还有《仪卫志》,可供研究仪仗服饰参考,不必细读。

六、表

《旧唐书》无表,《新唐书》恢复了《史记》、《汉书》有表的老传统,编撰了《宰相表》三卷,《方镇表》六卷,《宗室世系表》一卷,《宰相世系表》五卷,从《新唐书》的卷六一至七五,总共有十五卷。这种所谓“旁行斜上”的表当然无从通读,只能粗粗地翻阅一遍,知道表里有点什么,以后需要时去查。

这四种表中,《宰相表》是继承《汉书·百官公卿表》制作的,按年记载某月某日宰相的任免,有姓名和具体职掌,宰相一格下面还附有三师、三公各一格,记载三师、三公的任免。以后有表的纪传体正史几乎都仿此格式编制《宰辅表》(《宋史》、《明史》)、《宰相表》、《三公表》(《元史》)以至《七卿表》(《明史》),来表明中央执掌政权者的任免递嬗。不足之处是,唐代的宦官从玄宗开元时起已成内朝权力之执掌者,成为和外大臣宰相并称的"内大臣",《新唐书》没有给他们编制个详细的《宦官表》,把重要的内职如内侍监、枢密使、左右神策中尉等按年月日和姓名表列出来(《旧唐书·宦官传》、《新唐书·宦者传》所传的人总嫌太少,不能完全说明问题)。另外,翰林学士后来也有"内相"之称,比徒有虚衔的三师、三公重要得多,《新唐书》也没有在《宰相表》里给它增加一格位置。这些可能是史料缺乏,不像宰相任免有实录、本纪可资依据。《新唐书》的《宰相表》和本纪的记载是大体相同的,但使用时也要随时参阅本纪以及《旧唐书》的本纪,注意有无违异。

《方镇表》是根据中晚唐藩镇林立的特殊情况编制的,并上溯到盛唐,以各个藩镇为纲,按年详记其沿革,包括名称的增损更易和管区的盈缩,把紊如乱丝的藩镇初步清理出头绪,研究唐史,尤其研究中晚唐史,检读有关节度使的列传时得随时用来参考。不过,这个表所记沿革"与旧地志所列至德后四十七使及杜氏《通典·州郡门》皆有互异处",如《十七史商榷》卷八三"方镇表与他家互异"条所指出,且和《唐会要》卷七八《节度使》所记也有出入,使用时应该注意。再则这个表不曾把各镇历任节度使的姓名和任免年月列上,也是一大缺陷,直到近代吴廷燮撰作《唐方镇年表》才得以弥补。

《宗室世系表》和《宰相世系表》性质相同,不过《宗室世系表》是就李唐宗室分房,再表列世系,《宰相世系表》是按任职先后,分别列出各姓宰相的先世后裔,都是每一横格列一代,如第二格为第一格之子,第三格为第一格之孙,便于查看。我国自魏晋时士族兴起以来,社会上即重视门阀谱牒,至南北朝后期门阀制度虽渐衰歇,以士族自诩编撰谱牒的余风犹在。因此不仅《隋书·经籍志》要在史部专设谱系这个类目,著录了若干帝王谱、百家谱、某氏某家谱,在《旧唐书·经籍志》、《新唐书·艺文志》仍有谱牒类著录前人及唐人的多种谱牒书。因而《新唐书》编制这《宗室世系表》和《宰相世系表》就既有必要,也有足够的资料作为依据。如今唐人所编撰的谱牒书,除仅存林宝的《元和姓纂》外,都已告失传,因此这《宗室世系表》、《宰相世系表》就更可贵,其价值已不亚于《元和姓纂》,可供研究唐代显贵人物的家族关系并查考其是否魏晋南北朝时的旧有士族。缺点是这一家族中必须有人作过宰相才能名列《宰相世系表》,否则就无从利用此表查考。再则由于其时人们要以士族自诩,伪造世系给自己拉些阔祖宗的事情也屡见不鲜,所说该姓源出古代某某名人更多伪托。《世系表》和《元和姓纂》以及出土的唐人墓志上所载世系往往有出入,对不到一起,即有出于伪造的可能,这点在利用《世系表》时也需要注意。

七、列传

《新唐书》从卷七六至二二五共一百五十卷是列传。(1)卷七六至七七《后妃传》,卷七八《宗室传》,卷七九《高祖诸子传》,卷八〇《太宗诸子传》,卷八一《三宗诸子传》,卷八二《十一宗诸子传》,卷八三《诸帝公主传》,这是一组特殊的"类传",《旧唐书》这些传分散不集中,《新唐书》集中在列传之首便于检阅。(2)卷八四至八七,是唐初被削平者的传。(3)卷八八至一九〇,是将相大臣和其他重要人物的传。(4)卷一九一至一九三《忠义传》,卷一九四《卓行传》,卷一九五《孝友传》,卷一九六《隐逸传》,卷一九七《循吏传》,卷一九八至二〇〇《儒学传》,卷二〇一至二〇三《文艺传》,卷二〇四《方伎传》,卷二〇五《列女传》,卷二〇六《外戚传》,卷二〇七至二〇八《宦者传》,卷二〇九《酷吏传》,卷二一〇《藩镇魏博传》,卷二一一《藩镇镇冀传》,卷二一二《藩镇卢龙传》,卷二一三《藩镇淄青横海传》,卷二一四《藩镇宣武彰义泽潞传》,都是"类传"。和《旧唐书》相比较,增加了《卓行传》,又把中后期节度使们的传集中为魏博、镇冀等八个地区的《藩镇传》,也便于检查阅看。至于传的名称较《旧唐书》略有更改,排列次序亦有所变动,撰修者自认为较《旧唐书》优胜,实亦未尽然。(5)卷二一五《突厥传》,卷二一六《吐蕃传》,卷二一七《回鹘传》,卷二一八《沙陀传》,卷二一九《北狄传》,卷二二〇《东夷传》,卷二二一《西域传》,卷二二二《南蛮传》,是所谓“四裔传”。(6)卷二二三《奸臣传》,卷二二四《叛臣传》,卷二二五《逆臣传》,这《逆臣传》里的安禄山、史思明、朱泚、黄巢、秦宗权等《旧唐书》也是贬在全书最后的,《新唐书》加上《逆臣传》之称,又将仆固怀恩等集中为《叛臣传》,许敬宗等集中为《奸臣传》,一起放在全书最后以示贬斥。不过,其中有些人实不能算“逆”、“叛”、“奸”,不仅黄巢不能算,即卢杞、崔胤等是否真“奸”也有问题,《新唐书》这么安排只是代表撰修者的观点。

从史料来讲,《新唐书》列传大体有三种情况:

第一种情况是完全根据《旧唐书》的列传节略改写,以期做到“其文则省于旧”。遇到这种情况,专读《旧唐书》的传就可以,引用时也只能引用《旧唐书》此人的传,而绝对不能引《新唐书》同一人的传,因为尽可能引用比较原始的史料,是撰写论著必须遵循的原则。何况《新唐书》的文字一味追求古雅,把《旧唐书》原来文从字顺的文字改成涩体,甚至把原来用骈文撰写的奏议、诏令也改成古文涩体,还喜欢用许多早已死去的古字来替代常用字,《陔余丛考》卷一一“新唐书文笔”条就列举了许多例子,这样就更容易使原来的史料走样,应该倍加注意。

再一种是《新唐书》的传承用《旧唐书》作节略的同时,又另外增添了一些史料,有时增添的史料还比较多,有时根据别的史料来写,和《旧唐书》的传有所不同。《陔余丛考》卷一二即有“新书列传内所增事迹较旧书多二千余条”的专条,《廿二史劄记》卷一七“新书增旧书有关系处”、“新书增旧书琐言碎事”诸条也列举《新唐书》列传增添史料的大量实例。此外,清人沈炳震《新旧唐书合钞》中用《新唐书》列传来增补《旧唐书》该传之处也可参考。问题是得弄清楚《新唐书》列传所增出的史料的来源。对此,《廿二史劄记》卷一七“新书立传独详处”条曾指出:“《刘晏》、《李泌》、《陆贽》、《李绛》、《高骈》、《高力士》六传所增于《旧书》几至倍蓰,盖《刘晏传》则本于陈谏所论刘晏之功有二害二利也,《李泌传》则本于李繁所作《邺侯家传》也,《陆贽传》则本于《宣公奏议》也,《李绛传》则本于蒋偕所撰《遗事》七篇也,《高骈传》则本于郭廷诲《广陵妖乱志》也,《高力士传》则本之《巫山记》也(案当作

《高力士外传》),亦可见景文(宋祁谥景文)采辑之勤矣。”当然可以查考者尚不止这些,如《安禄山传》就明显抄自姚汝能的《安禄山事迹》,其他最好也能考出一些,因为史料来源不同,其可信程度也不相同。如《安禄山事迹》、《高力士外传》和《陆宣公奏议》等固都可信,李繁所作《邺侯家传》则《新唐书》卷一三九《李泌传赞》已认为“言多浮侈不可信”,只是“掇其近实者著于传”,其实“近实”与否仍凭撰《李泌传》者主观臆断,因此使用有关李泌史料时宁信《旧唐书·李泌传》而不宜随便引用《新唐书·李泌传》。

还有一种是《旧唐书》未为立传而《新唐书》增补的传,为数极多。钱大昕《廿二史考异》卷四一“新唐书目录”条已开列若干,但仍不尽,我又作了大量的补充(别详后面的《附录》)。这些增补的传里的史料绝大多数不见于《旧唐书》,其来源《廿二史考异》同条里找到了很少一些,大部分应和《旧唐书》中晚唐列传一样根据行状、家传、谱牒,或采访所得,其价值不亚于《旧唐书》中晚唐列传,应注意阅读利用。

八、版本

(1)南宋刻本。由于《新唐书》一向被列入正史,因此宋以来刻本远多于《旧唐书》,今存宋刻《新唐书》有南宋刻十四行残本,旧藏陆氏皕宋楼,今在日本静嘉堂文库;有同上刻元补版印残本,今藏中国国家图书馆;有南宋建阳刻十六行残本,旧藏傅氏双鉴楼,今归中国国家图书馆;有南宋建阳魏仲立刻十行残本,旧藏刘氏嘉业堂。(2)元刻本,后入明南京国子监修补印本。(3)明成化时南京国子监刻本,配成《二十一史》印行。(4)明万历时北京国子监刻《二十一史》本。(5)明崇祯时毛晋汲古阁刻《十七史》本,清中叶席氏扫叶山房覆刻本,赵氏书业堂覆刻本。(6)清乾隆时武英殿刻《二十四史》附考证本,咸丰时广州陈氏覆刻本,同治时浙江书局重刻本,光绪时宝庆三味书坊覆刻本,成都书局覆刻本,同文书局影印本,五洲同文书局影印本,图书集成局扁铅字排印本,竹简斋剪贴影印本,民国时商务印书馆剪贴影印本,中华书局《四部备要》排印本,开明书局《二十五史》拼页影印附参考书目本,今上海古籍出版社、上海书店《二十五史》影印本。(7)民国时商务印书馆《百衲本二十四史》中《新唐书》影印上述静嘉堂藏南宋十四行残本,缺卷用中国国家图书馆、双鉴楼、嘉业堂藏本补配,中国台湾仁寿本《二十六史》又影印百衲本。(8)今中华书局点校《二十四史》本,用百衲本为工作本,参校双鉴楼、嘉业堂旧藏南宋残本和汲古阁本、武英殿本、浙江书局本,缺点仍同点校本《旧唐书》。

附录

《新唐书》较《旧唐书》增出列传的名目,据钱大昕《廿二史考异》卷四一"新唐书目录"条所开列及我所补充,计有:卷七七后妃懿宗淑妃郭氏、懿宗恭宪皇后王氏,卷七八宗室李从晦、李戡,卷八一三宗诸子嗣薛王知柔,卷八三诸帝公主(其中惟平阳公主、太平公主已分别列入《旧唐书》卷五八《柴绍传》、卷一八三《外戚传》),卷八八姜宝谊、元仲文、秦行师,卷九一温佶、温庭皓,卷九五高重,卷九九李安静,卷一〇六杜咸、赵来章,卷一〇七赵元,卷一〇八裴稹、裴倩、裴均,卷一一〇史大奈、冯子猷、契苾明、泉男生、泉献诚、论弓仁、论惟贞,卷一一二韩思彦,卷一一六王抟、陆希声,卷一一七裴伷先,卷一一八韦维、韩朝宗、宋务光、吕元泰,卷一一九武平一,卷一二〇卢袭秀、崔碣,卷一二二韦绍,卷一二四姚合、姚勖,卷一二五苏诜、苏震、苏幹,卷一三一宗室宰相李夷简、李廓,卷一三二柳冕,卷一三六荔非元礼、李国臣、白孝德、张伯仪、白元光、陈利贞、侯仲庄、柏良器、乌承玼,卷一四三元结、戴叔伦、徐申,卷一四五严郢,卷一四六李栖筠,卷一四八康日知、牛元翼,卷一五一董溪,卷一五九樊宗师,卷一六二独孤及、独孤庠、顾少连,卷一六四卢景亮、王源中,卷一六五郑珣瑜、郑裔绰,卷一六六杜孺休、杜觊,卷一七一石洪,卷一七六皇甫湜、卢仝、贾岛、刘乂,卷一七七郑薰、敬晦、韦博,卷一八二萧邺、卢简方、韦琮、裴坦、郑延昌、王溥、卢光启、韦贻范,卷一八三韩偓,卷一八六周宝、王部、邓处讷、雷满、陈儒、刘巨容、冯行袭、赵德湮、赵匡凝、杨守亮、杨晟、顾彦朗、顾彦晖,卷一八七王珙、王珂,卷一八九高仁厚、赵犨、赵昶、赵珝、田頵、朱延寿,卷一九〇刘建锋、成讷、杜洪、钟传、刘汉宏、张雄、王潮、王审邽、刘知谦、卢光稠,卷一九一忠义上王行敏、卢士叡、李育德、吴保安,卷一九二忠义中贾循、雷万春,卷一九三忠义下张兴、蔡廷玉、孟华、周曾、黄碣、孙揆,卷一九四卓行何蕃,卷一九五孝友张士岩、焦怀肃、张进昭、张公艺(以上四人附传序末)、任敬臣、支叔才、程袁师、武弘度、宋思礼、郑潜曜、沈季诠、许伯会、赵师举、徐元庆、余常安、梁悦、康买得(以上六人附张琇传末)、侯知道、程俱罗、何澄粹、李兴(以上二人附侯、程传末)、许法慎、林攒、陈饶奴、王博武、万敬儒、章全益,卷一九六隐逸朱桃椎、秦系、张志和、陆羽、陆龟蒙,卷一九七循吏罗珦、韦丹、卢弘宣、薛元赏、何易于,卷一九九儒学中沈伯仪、彭景真、张齐贤,卷二〇〇儒学下徐安贞、陈贞节、施敬本、卢履冰、王仲丘、康子元、侯行果、赵冬曦、君惜、陆坚、郑钦说、卢僎、啖助、韦彤、陈京、畅当、林蕴,卷二〇二文艺中吕向、郑虔、苏源明、梁肃,卷二〇三文艺下李观、欧阳詹、欧阳秬、李频、吴融,卷二〇四方伎袁客师、杜生、邢和璞、师夜光、罗思远、姜抚,卷二〇五列女房玄龄妻卢、李畬母、汴女李、坚贞节妇李、符凤妻玉英、高叡妻秦、王琳妻韦、卢惟清妻徐、饶娥、金节妇、高愍女、杨烈妇、贾直言妻董、李孝女妙法、段居贞妻谢、杨含妻萧、郑孝女、李廷节妻崔、殷保晦妻封绚、窦烈妇、山阳女赵、周迪妻、朱延寿妻王,卷二〇六外戚郑光,卷二〇七宦者上骆奉先、马存亮、严遵美、仇士良,卷二〇八宦者下刘克明、刘季述、韩全诲、张彦弘,卷二一〇藩镇魏博田怀谏、何弘敬、何全皞、罗绍威,卷二一二藩镇卢龙杨志诚、史元忠、李茂勋、刘仁恭,卷二一三藩镇淄青横海程怀信,卷二一四藩镇宣武彰义泽潞邓惟恭、吴少诚、李佐之、李师晦、李丕,卷二一七下拔野古、仆骨、同罗、浑、契苾、多览葛、阿跌、葛逻禄、拔悉蜜、都播、骨利幹、斛薛、鞠、俞折、驳马、大汉、黠戛斯、坚昆,卷二一八沙陀,卷二二〇流鬼、儋罗、达末娄、达姤,卷二二一上朱俱波、甘棠、喝盘陀、摩揭它、那揭、乌茶、章求拔国、悉立,卷二二一下安、东安、东曹、西曹、中曹、石、怖悍、米、何、火寻、史、那色波、宁远、小勃律、吐火罗、挹怛、俱兰、劫、越底延、谢飓、帆延、石汗那、识匿、似没、役槃、俱蜜、护蜜、箇失蜜、骨咄、苏毗、多弥、伊吾城、师子、陀拔斯单、俱位、新城、末禄、苫、都盘、勃达、阿没、沙兰、罗利支、怛满,卷二二二下罗刹、婆罗、殊奈、哥罗、拘蒌蜜、扶南、投和、瞻博、千支、哥罗舍分、修罗分、甘毕、多摩苌、室利佛逝、名蔑、单单、罗越、两爨蛮、昆明蛮、松外蛮、西洱河蛮、西原蛮，卷二二三下奸臣蒋玄晖、张廷范，氏叔琮、朱友恭，卷二二四下叛臣朱玫、王行瑜、陈敬瑄，卷二二五下逆臣董昌。以上很多是附传性质，不易检寻查对，这里所开列的也不敢说绝无遗漏。

《旧五代史》说略

郑学檬　毛章清

一、作者、修史过程及版本略说

薛居正(912—981),字子平,开封浚仪(今河南开封)人,家世不详。薛居正少好学,后唐清泰初,举进士不第,逾年即发奋登第。先后仕后唐、后晋、后汉、后周各代。入宋,迁户部侍郎。建隆三年(962)入为枢密直学士,权知贡举。乾德初,加兵部侍郎,旋以本官参知政事。五年加吏部侍郎。开宝五年(972),兼判门下侍郎,监修国史,又监修五代史。翌年拜相,太平兴国初加左仆射、昭文馆大学士,旋进位司空。北宋太祖、太宗两朝,薛居正为中央重臣,"自参政至为相,凡十八年,恩遇始终不替"。(《宋史》卷二六四《薛居正传》)

薛居正虽在五代乱世做官,但颇正直。这种正直的品格,正是他以后监修历史时主张秉笔直书的思想基础。他还致力于稳定封建统治、发展社会生产的活动。他拥护并参与了后周世宗柴荣"均定田租"的改革。至宋,继续为此而努力。他从政的履历和实践,也对他指导修史的评判标准的形成产生正面影响。

《旧五代史》的编撰开始于北宋开宝六年(973)四月,次年(974)闰十月成书,历时十八个月。卢多逊、扈蒙、张澹、李穆、李昉等同修。(《渑水燕谈录》卷六,中华书局1981年版)王辟之《渑水燕谈录》则云"太祖诏卢多逊、扈蒙、李昉、张澹、刘兼、李穆、李九龄修五代史，而蒙、九龄实专笔削”。(《玉海》卷四六引《中兴馆阁书目》)多了刘兼、李九龄两人，并指出“蒙、九龄实专笔削”。也就是说，卢多逊、张澹、李穆、李昉、刘兼等五人是执笔者。

据《宋史·卢多逊传》记载，“居正与沈伦并为相，卢多逊参知政事”，居正与多逊两人系同僚。《卢多逊传》还记云：“多逊博涉经史，聪明强力，文辞敏给，好任数，有谋略，发多奇中。太祖好读书，每取书史馆，多逊预戒吏令白己，知所取书，必通夕阅览，及太祖问书中事，多逊应答无滞，同列皆伏焉。”可见卢博通史乘，长于文辞，太祖命其修史，实是知人善任。

《宋史·李昉传》记载，昉在宋初即被“宰相荐其可大用”，由直学士真拜学士，位居多逊之上。太宗即位，加昉户部侍郎，受诏与扈蒙、李穆、郭贽、宋白同修太祖实录。他自谓“晋、汉之事，臣所备经”，是一个详悉当时近代史的重臣。其为文章慕白居易，尤浅近易晓。他是《太平御览》、《太平广记》、《文苑英华》的编纂(主编)，资望极重。

张澹，他和扈蒙的《传》均在《宋史》卷二六九。《张澹传》记其事迹云：“幼而好学，有才藻。”“历官厘务，所至皆治。”是一个既有政绩又有文才的专才。扈蒙“少能文，晋天福中，举进士”，宋初，由中书舍人迁翰林学士。一度被贬黜，后复知制诰，充史馆修撰。也是一个修史专才。

李穆“幼能属文，有至行”。宋太祖称其“性仁善，辞学之外无所豫”。卢多逊称其“操行端直，临事不以生死易节，仁而有勇者也”。(《宋史》卷二六三《李穆传》)文章道德相益彰。刘兼曾知贡举，李九龄有诗集，他们也有一定的知名度。

《旧五代史》之所以在一年半的时间中修成，就是因为有这样一个能力、资望出众的编辑集体。而且他们又多是亲历五代几朝历史变迁，所见所闻于编史极有俾益。尤其制度、人事之记载，易于存真。

五代虽为动乱时期，但史馆组织未废，各朝实录得以及时修成。(参见赵翼《廿二史劄记》)北宋建立后，非常注意搜罗五代遗书；加之北宋的建立是通过政变而不是激烈的战争实现的，对于五代典籍的破坏并不严重。所以修史所依据的实录、诏令还是相当完备和丰富的。尽管实录也有不实的地方，但并不影响《旧五代史》以实录为本、叙事详实的基本优点。

在编写体例上,《旧五代史》是完整的断代史。全书分纪、志、传三部分。《旧五代史》以中原王朝为正统,后梁二纪、后唐五纪、后晋二纪、后汉二纪、后周三纪,合计十四纪、六十一卷。传的部分,后梁十四卷、后唐二十六卷、后晋十三卷、后汉六卷、后周十一卷,合计七十卷。而十国各帝又分为两类:吴、南唐、闽、燕、南汉、北汉、前蜀和后蜀诸统治者均列入僭伪列传,荆南、楚、吴越诸统治者及李茂贞、高万兴、韩逊、李仁福等人视之以方镇。这两类内容的列传共计五卷。此外,《外国列传》二卷,志十二卷。

中华书局点校本《旧五代史》是记载后梁、后唐、后晋、后汉、后周五个前后相衔接的王朝的断代历史。有纪、传、志三部分。其中"志"部分,从现有篇目看,有《天文志》、《历志》、《五行志》、《礼志》、《乐志》、《食货志》、《刑法志》、《选举志》、《职官志》、《郡县志》等十篇,全面地叙述五代的政治、经济、文化等各项制度,为后人了解该时代典章制度提供了方便。尽管各志内容有的已残缺不全,但仍值得参考和肯定。当然《旧五代史》在具体编纂中,人物归类、史事叙述也不是尽善尽美,编纂体例上也有缺点。

《旧五代史》首刻于何时不详,但大致上北宋时期有刊印是可以肯定的。经过八十七年,至北宋神宗熙宁五年(1072),欧阳修私撰的《五代史记》,即后世称《新五代史》问世。欧阳修死后,由国子监刊印。于是"薛史"、"欧史"二史并行于世。南宋中叶以后,薛史流行渐微。到金章宗泰和七年(1207),"诏学官专用欧阳史(按,一般称"欧史",即《新五代史》),于是薛史遂微。元、明以来,罕有引其书者,传本亦渐就湮没"。(《四库全书总目题要》卷四六)由此可知,《旧五代史》到南宋就不很通行,到明代就绝版了。现在的《旧五代史》已经不是薛居正监修的原著。清乾隆四十年(1775)把《旧唐书》和《旧五代史》同列为正史,而薛史原本已不可得,于是由陆锡熊、纪昀、邵晋涵三人,就《永乐大典》所引者甄录排纂并旁及《册府元龟》与其他宋人著作一百余种中引用之文,尽量按照原书的体系,辑补为一百五十卷,又别为《目录》二卷。经过辑录、补正、注释、校勘后的《旧五代史》,基本上恢复了原貌。

清代辑录的《旧五代史》,有乾隆四十九年(1784)缮写的文津阁《四库全书》本(库本)和武英殿刊本(殿本)。库本1921年南昌熊氏曾予以影印出版(即影库本)。中华书局出版的点校本《旧五代史》则以熊氏影库本为底本。

综上所述,《旧五代史》是熟悉五代史事的薛居正监修、卢多逊等人编纂的,所依据史料,主要是五代历朝实录,因此史实较为详实可信,这成为我们今天研究五代十国历史最重要、最基本的参考资料。其次,《旧五代史》的体例,循班、范之传统,综合《宋》、《齐》、《梁》、《陈》各书和新、旧《唐书》之优点,有纪、有传、有志,每代一书,成为名符其实的断代史。所以,《旧五代史》虽然文笔不佳,叙事有冗杂之嫌,但因为有上述长处,一直为史学家所重视。薛居正作为该书的监修,其功不可磨灭。(陈尚君在其辑纂的《旧五代史新辑会证》的"前言"中认为薛居正"不以史才称,大约仅以官高领衔,未必参加实际编修"。)宰相领衔编修国史,有的事属挂名,有的则必预其事,因为宰相按照惯例也会撰写"时政记",或做笔记。《新唐书·裴休传》记休奏言:宰相论政于皇帝面前,"知印者次为时政记",但记录有详略,史馆不得其详,于是休"请宰相人自为记,合付史官"。

关于清辑本《旧五代史》的缺点,学术界多有发现。除了赵翼《廿二史劄记》卷二一、卷二二有关批评薛史的内容外,首先要提到的是陈垣先生分别于1937年、1963年发表的《旧五代史辑本发覆》、《旧五代史辑本引书卷数多误例》。(两文均收入《陈垣学术论文集》第二集,中华书局1982年版)近人陶懋炳、陈尚君、陈智超和原香港大学校长王赓武教授、台湾辅仁大学郭武雄教授等都曾就清辑本《旧五代史》的体例、史源、讳改、文字、史观等方面提出问题。陶先生称薛史"纪传中多有重复,而且两朝之间的记载又经常自决"。其"十志"残缺亦多。(《新、旧〈五代史〉评议》,《史学史研究》1987年第2期)陈尚君称:宋、元、明典籍征及《薛史》而为邵氏未用者有二十多种;所缺传记较多;编次、校录亦颇多问题。(《清辑〈旧五代史〉评议》,《学术月刊》1999年第9期)陈智超称:清辑本《旧五代史》并未完整地把《永乐大典》中的资料辑出,据他的统计,《永乐大典》残本中可以确定为《旧五代史》的引文有七十二段,而辑本只用了六十段;《册府元龟》等书亦多漏引;至于误辑亦可指出多处。(《〈旧五代史〉辑本之检讨与"重新整理之构想”》,《史学史研究》,1999 年第 4 期)郭武雄教授的《五代史辑本证补》(台北商务印书馆 1976 年版)、《五代史料探源》(台北商务印书馆 1987 年版)两书,亦在辑本史料的考析、证补方面多有发微,值得参考。

二、《旧五代史》内容略说

1.本纪

(1)《梁书》本纪包括《太祖本纪》、《末帝本纪》(卷一至十)。《太祖纪第一》案云:“薛史本纪,《永乐大典》所载俱全,独《梁太祖纪》原帙已佚,其散见于各韵者,仅得六十八条,参以《通鉴考异》、《通鉴注》所征引者,又得二十一条。”又“采录《册府元龟》梁太祖事,编年系日,次第编排,以补其缺,庶几略还薛史之旧”。也就是说,《梁太祖纪》是从《永乐大典》、《册府元龟》等书中辑编而成的。

因为《太祖本纪》原卷已佚,全靠辑录资料编成,不免有残缺之感。例如,太祖朝除承袭唐制外,其自身的制度建设很少记载,其情况就不甚明了。如《太祖纪第三》记载:以东都旧第为建昌宫,改判建昌院事为建昌宫使;诏枢密院改为崇政院。朱友文领建昌宫使,“专领金谷”,(《资治通鉴》卷二六八胡注)友文被杀,废置,改称国计使。那么建昌院或建昌宫(国计使)和户部的关系如何?没有更详细的记载。《太祖纪第三》还记载枢密院改为崇政院,以敬翔为院使。敬翔是梁太祖的谋臣,据此判断,崇政院是顾问机构,相当于翰林院,属于内职,对王权决策有影响,但不是决策机构。(马端临《文献通考》卷五八《枢密院》:“后梁革唐世宦官之弊,开元年改枢密院为崇政院,命敬翔为使,始更用士人,其备顾问参谋议于中则有之,未始专行事于外也。”)当时宰相依然循唐制,称平章事,由中书侍郎、门下侍郎出任。后梁两朝(907—923)时间短促,建国立制措施不多,故许多制度记载不详。

当然,一个王朝要存在下去,亦必采取若干轻徭薄赋,恢复生产,缓解民困,稳定政局的政策措施。《太祖本纪》就有几则这类记载:开平元年十二月辛亥,诏长吏于兵罢之日,对参与运输(飞挽)的农民“给复租赋”,以宽民力;开平三年八月,敕“所在长吏放杂差役,两税外不得妄有科配”。也有解民倒悬的意义。这两条资料均录自《册府元龟》,真实性可信,因而有价值。其他史事亦有可据者。如记唐末文德元年正月,朱全忠部李璠、郭言行至淮上,为徐戎所扼,不克进而还。而《新五代史》记李璠之扬州,行密不纳。邵晋涵《考异》据《通鉴》所记,指出:"当以薛史为实录。"

《末帝本纪》记载了贞明六年(920)十月,陈州毋乙、董乙起义事件,有助于我们了解"左道"、"上乘"的信仰和影响。

(2)《唐书》本纪包括《武皇本纪》、《庄宗本纪》、《明宗本纪》、《闵帝本纪》、《末帝本纪》(卷二五至四八),篇幅最多,内容也最丰富。

后唐建国始自庄宗,故《武皇本纪》仅为追记。《庄宗本纪》、《明宗本纪》具有较多史实,是了解五代社会发展、变革的重要依据。庄宗于923年即帝位,改元同光。后唐以复唐为号召,大的制度方面继承唐制,如宰相仍称"同中书门下平章事",依例监修国史。但是有变化,如以枢密使、检校太保、守兵部尚书郭崇韬"权行中书公事"。马端临评论此事时指出:"唐庄宗同光元年,复以崇政院为枢密院,命宰臣郭崇韬兼使,又置院使一人,权牟宰相矣。"(《文献通考》卷五八《枢密院》)其次是改国计使为租庸使。租庸使置于晚唐。据《旧五代史·职官志》,后梁废置建昌宫使,后置国计使。后唐庄宗时仍旧。但后梁、后唐又有租庸使。这一使职应是唐租庸使的延续,相当于唐两税使,其职责是催缴两税及其他税入。国计使之设,使户部度支的职权虚化,所以《旧五代史·职官志》、《五代会要》均缺户部度支的职权运行的记录。同光四年,因为租庸使孔谦被削夺官职,而"敕停租庸名额,依旧为盐铁、户部、度支三司,委宰臣豆卢革专判"。这里"依旧"是依唐代之旧制。《明宗本纪》记载,长兴二年八月,以张延朗充三司使,"三司之有使额,自延朗始也"。就是说,从恢复盐铁、户部、度支三司后,三司由宰相兼判的。中书省奏报是让张延朗任诸道盐铁转运等使,兼判户部、度支事,明宗立新规,以张为三司使,专委张统管财政。

职官制度方面,基本上沿袭晚唐之制,但因长期战乱,地方吏治败坏,急待整顿。《庄宗本纪》记载,庄宗即位后,曾重视地方官吏的任用和管理。如"诏在京诸道节度使、刺史,令各归本任"。节度使管辖三州的每年许奏官三人,管辖二州的二人,“须课绩尤异,方得上闻”。“刺史无奏荐之例”。“州县官在任考满,即具关申送吏部格式,本道不得差摄官替正官”。《明宗本纪》则记载“诸州刺史经三考方请替移”。明宗还禁止州府安排摄官,即所谓试衔,相当于今之试用。明宗的一项重要改革是并三铨为一铨,“宜令本司官员同商量注拟,连署申奏,仍不得于私第注官”。所以后唐的中央和地方吏治有所改善,社会大体上稳定,有利于生产发展。但是吏治上的问题仍然很多。庄宗朝宦官问题比较严重,明宗之后,闵帝、末帝两朝,吏治败坏状况日益严重。

在法制方面也有所改善。后梁自太祖朝起,虽有《大梁新定格式律令》,但枉法滥刑的例子仍然很多。后唐建立后,法治成为社会稳定的先决条件。庄宗李存勖称帝前,就于河东辖境中,禁贼盗,恤孤寡,征隐逸,止贪暴,峻堤防,宽狱讼,王霸之业,自兹而基。即位后,准御史台奏,访闻定州有唐朝法书,下令写副本呈上。同光四年,因镇州四县饿死二千五百人,诏朱友谦及其旧部刺史史武等人国法惩治:族诛。《资治通鉴》记述此事“盖以薛史为据”。同光二年(924)《同光刑律统类》编成。明宗即位,曾强化执法力度。天成元年,孔庄上言:“自兵兴以来,法制不一,诸道州县常行枷杖,多不依格律,请以旧制晓谕,改而正之。”天成二年,大理少卿王郁上言:“凡决极刑,准敕合三复奏,近年已来,全隳此法,伏乞今后决前一日许一复奏。”明宗批准。天成三年,因一个小孩儿戏而误判案件,再次申明“凡有极刑,并须仔细裁遣,不得因循”。长兴二年六月,明宗批准恢复明法科,同开元礼。这几则记载表明,明宗朝在惩治不法和制止滥刑两方面都有所行动,无疑有利于社会稳定。

(3)《晋书》本纪包括《高祖本纪》、《少帝本纪》(卷七五至八五)。后晋高祖石敬瑭是中国历史上的反面人物,但据《高祖本纪》,客观地说,情况并非完全如此。1987年本人撰文对石敬瑭作重新评价。(《关于石敬瑭评价的几个问题》,《厦门大学学报》1987年第1期)《高祖本纪》记载石敬瑭投降契丹,有一段生动的文字:“是夜,帝(石敬瑭)出北门与戎王(耶律德光)相见,戎王执帝手曰:‘恨会面之晚。’因论父子之义。”后石敬瑭又将雁门关以北及幽州割让给契丹，岁输币三十万。石敬瑭无疑是民族投降者，他还按照契丹、沙陀等少数民族的养子习俗，认年龄比他小的耶律德光为父，是属无耻。但在当时多政权并存的环境中，石敬瑭只是一个国内民族投降者，并非如近代那类的“卖国贼”，因为辽也是国内政权；他和契丹主的“父子之义”，属于少数民族养子习俗，似难用封建道德标准衡量。其次，《高祖本纪》还记载了若干发展生产、缓和社会矛盾的措施。他下制：“应明宗朝所行敕命法制，仰所在遵行，不得改易。”诏“国朝文物制度、起居入阁，宜依唐明宗朝事例施行”。明宗朝是五代史上最好时期之一，以其制为准则，是石敬瑭应该有所肯定的一个依据。他改变苛酷的五代盐法条款，下制：“其在京盐货，元是官场出粜，自今后并不禁断，一任人户取便粜易，仍下太原府，更不得开场粜货，其麴每斤与减价钱三十文。”在五代时期，这是比较难得的利民政策。但高祖晚年慕黄、老之教，官吏良莠不齐，治绩难有显著变化。

(4)《汉书》本纪包括《高祖本纪》、《隐帝本纪》(卷九九至一○三)。后晋石敬瑭虽然投靠契丹，但由于契丹统治者不断兴兵南下掳掠，激化了民族矛盾。天福十二年，契丹主竟长驱直入东京(今开封)，掳走晋少帝，建国号辽。当时仍为后晋中书令、北京(今太原)留守、河东节度使的刘知远也派人奉表，契丹主赐诏，呼刘知远为“儿”。契丹主北返后，刘知远得知“契丹政乱”，遂称帝自立，建国号汉，是为后汉。时反抗契丹统治的斗争风起云涌。王琼武装抗击契丹澶州刺史朗五之战，声振河北，契丹“惧甚，由是大河之南无久留之意”。《高祖本纪》、《隐帝本纪》亦有河北军民武装抗击契丹的史料记录，如磁州人梁晖袭相州，武行德等士兵河阴袭契丹运输物资，镇州都指挥使白再荣逐契丹节度使麻答，后来麻答督运洺州，被薛怀让所杀。隐帝杀太子太傅李崧，其罪状之一是“及事契丹，又为亲密，士民惧愤，险佞可知”。足知后汉统治集团内部及士民反抗契丹统治(河北)的情绪是何等激烈。

后汉立国者刘知远原是石敬瑭的亲信，故其制度、政策多延续后晋，本身没有重大建树。

(5)《周书》本纪包括《太祖本纪》、《世宗本纪》、《恭帝本纪》(卷一一○

至一百二〇)。后周是继后唐之后一个有作为的王朝。

《太祖本纪》纪载了郭威的若干政改措施。后汉立国,“百度草创”,郭威均有参与。后汉高祖临终,他和苏逢吉,“同受顾命”。他是枢密使,制授邺都留守,属于藩臣破例兼枢密使者。所以郭威所行制度是继承后晋、后汉的,所谓“以木德代水(德)”,并无很多实际内容。但郭威还是实行一些改革,如开放边贸,听民与蕃人(回鹘等)“私便交易”;准许淮南渡淮北购粮充饥。“诏流人至者,口给斗粟,仍给无主土田,令取便种莳,放免差税”。这是后来改革营田制度的先声。广顺三年正月乙丑诏:“应有客户元佃系省庄田、桑土、舍宇,便赐逐户,充为永业,仍仰县司给予凭由。”这是明确将官田分给佃种人户,“充为永业”的记载,似是唐代给授永业田制度的继续,是土地私有化的过程。此外,郭威取消牛皮禁令,也是缓和民困、宽松法治的一大措施。

《世宗本纪》是记录后周历史的重要篇章。主要内容有:第一,经济政策。关于逃户庄田的处理。世宗柴荣继续太祖郭威的土地政策,重视逃户田产的处理。显德二年乙未诏:“应逃户庄田,并许人请射承佃,供纳租税。”逃户三年、五年或十五年内归业,分别交还其庄田三分之二、一半、三分之一。十五年外归业,不在交还之限。这样,佃耕农户就有机会取得永业权。显德五年七月丁亥,赐诸道节度使均田图一面,“均定天下赋税”。陈尚君《旧五代史新辑会证》卷一百十八辑录有关“均定天下赋税”文字之后,加注(二)引《困学记闻》卷一四《五代史》的相关文字,内有周世宗夜读唐元稹《均田图》时所说“此致治之本也”,足见他实施“均定天下赋税”政策的治国战略眼光。唐两税法颁布后,最大问题是税负不均,而其症结是人户土地面积不实。所谓“均田”就是清查人户实有土地,“据地出税”,使税负合理。因而柴荣的改革,不管其效益如何,有着重要意义。

第二是法制建设,编成《大周刑统》。同时修定、新定一些经济、刑事法规,社会稳定,国势日隆。

第三是推进统一。显德二年,世宗柴荣诏翰林学士承旨徐台符以下二十余人,各撰《为君难为臣不易论》、《平边策》各一首。邵晋涵《旧五代史考异》引《宋史·陶谷传》云："今中原甫定，吴、蜀、幽、并尚未平附，声教未能远被，宜令近臣各为论策，宣导经济之略。"透露了统一中国的愿景与方略。南方的统一行动首从经略淮南开始。战事延至显德五年三月，"淮南平，凡得州十四，县六十，户二十二万六千五百七十四"。

《世宗本纪》记显德六年四月，世宗北征，收复北方益津关、瓦桥关，改名雄州、霸州，当时"边界城邑望风而下"。六月，世宗柴荣突然病危，战事渐寝。但是淮南、北边的领土收复，为北宋统一奠定基础，其功甚伟。

2.列传

(1)《梁书》列传(卷一一至二四，共有传主一〇一人。包括附传主，下同)主要内容节略

《梁书》列传内容最丰富部分是作战记录，一些战例或许对中国战争史的研究有参考价值。如朱瑄、朱瑾两传中，叙述朱瑄兵败被俘被杀后，朱瑾南逃，依于杨行密。朱全忠的悍将庞师古渡淮水，进军淮南，杨行密令朱瑾率师抵御，击败梁军。《朱瑾传》云：庞师古"清口之败，瑾有力焉"。此役终止了朱全忠兼并淮南，尽有江北的野心。清口战役具体经过见《资治通鉴》卷二六一的记载。庞师古轻敌，朱瑾等运用奇袭战术，取得了前所未有的胜利。葛从周是梁军一员骁将，他击败幽州刘仁恭大军，"斩首三万"级，是他兵谋出众的结果，他说，"兵在机，机在上将"，诚至理名言也。赵犨守陈州，赵克裕在亳州、郑州，"妙有农战之备"等记录也值得一提。

其次，列传中记载了唐末梁初局部恢复社会秩序和生产的情况，如《张归厚传》记他权知洺州事，"是郡尝两为晋人所陷，井邑萧条，归厚抚之，数月之内，民庶翕然"，因而朱全忠见之大喜。成汭据归州时即"招辑流亡"，扩充实力，袭据荆南，"抚辑凋残，励精为理，通商训农，勤于惠养"，使这个兵燹之后仅有十七户的州，增至万户。还有李珽监理曹州，"众庶以宁"。虽然唐末梁初战事频繁，若干将吏能顾及治理与民困，就是十分难得的事。

皇室人员，亦有可道之处者。太后王氏(梁太祖朱全忠之母)，有母仪之范。"帝严察用法，无纤毫假贷，太后言之，帝颇为省刑"。皇后张氏史料缺，陈尚君辑本引《北梦琐言》云：每军国大计若中途有所不可，张皇后"一介请

旋,如期而至,其信重如此”。太祖长子《友裕传》云:“从太祖征伐,性宽厚,颇得士心”,是难得人才,后梁未立国即卒于梨园。太祖养子友文,曾任建昌宫使,但文字过简,不详业绩。陈尚君辑本引《册府元龟》所载末帝诏,始知其“尝施惠于士民,实有劳于国家”。

(2)《唐书》列传(卷四九至七四,共有传主一七六人)主要内容节略

《唐书》列传中记载了很多战事。复杂的战争环境,却造就了一批名将。如《周德威传》记其“胆气智数皆过人”,即智勇双全。太原、潞州城保卫战,曾威振敌营。柏乡之役,以逸待劳,大败梁军。另一位骁将李存审,“识机知变,行军出师,法令严明,决策制胜,从无遗悔,功名与周德威相匹,皆近代之良将也”。

和后梁比较,后唐在制度建设和恢复生产发展方面所做的事要多一些。参与制度建设的官员也多一些。庄宗嗣位,军民政事,均委其叔父李克宁管理,但他似无何制度建设,仅是权重而已。后唐建国前后,一些将领就开始恢复性建设,地方政治经济形势有所好转。如《李嗣昭传》云:李嗣昭在潞州“缓法宽租,劝农务稼穑”,颇有成绩。

在庄宗朝,郭崇韬是一个重要人物。《郭崇韬传》记载,他从“专典机务”开始,赞襄庄宗。庄宗从魏州移驻汴州,“令崇韬权行中书令,俄拜侍中兼枢密使”,因而权倾内外。这是五代枢密使职权澎涨、侵蚀相权的一个重要证据。他还置内勾使,“应三司财赋,皆令勾覆”。唐内侍省的勾官是主事。(勾检制度历史悠久,请参阅王永兴《唐代勾检研究》,上海古籍出版社 1991 年版)郭崇韬置内勾使,为以前所没有。张全义治理洛阳成绩斐然,可能是五代时期政绩最突出的人物。《张全义传》记载:全义初至洛阳,该城由于蔡贼孙儒、诸葛爽争据其城,“迭相攻伐”,“井邑穷民,不满百户”。经过张全义招复流散,垦辟荒土,“政事宽简”之管理,“数年之间,京畿无闲田,编户五六万”。中华书局点校本注引《齐王外传》仅是张齐贤《洛阳缙绅旧闻记》的部分内容,陈尚君辑本则注引《册府元龟》记载外,还注引《隋唐五代墓志汇编·洛阳卷》“张濛墓志”资料。张全义经营洛阳的成功是后唐初安的一个缩影。

明宗朝类似张全义的举措,还有历任绛州、淄州、宿州刺史、团练使的周

知裕,其"传"记载说:他"老于军旅,勤于稼穑,凡为郡劝课,皆有政声"。《王思同传》云:王在秦州,"边民怀惠,华戎宁息"。"戎"指吐蕃。他的政绩得到明宗肯定。

关于制度建设的事例还有一些。五代职官、科举、法律、财赋等制度大多承袭唐制,主要问题是执行问题。后唐明宗朝,在某些方面,有几个人执行较为得力。如《任圜传》载,明宗时,圜拜平章事(宰相),"拔贤俊,杜绝倖门",禁孔谦"虚估"之规,"期月之内,府库充赡,朝廷修葺,军民咸足"。"虚估"就是"省估",户部度支制定的征税时的物价定价,一般偏高,实际物价跌落时,民间两税折纳时要多交税钱。唐两税法实行以来,一直是个加重税负的法码,后唐也不例外。任圜能加以禁止,是明宗整顿"法制不一"的行动之一。《张延朗传》记其任三司使后于末帝时,以宰相判三司,上表云:国计一司,"掌其经费,利权二务,职在捃收"。说明五代租庸使、建昌宫使、国计使、三司使等职的职责在于"捃收",即征收两税和其他税项,相当于唐之度支(或两税使、租庸使),并无取代户部的意思。

《唐书》列传还记录了许多人养子"义儿"的事例,足以说明养子遗俗是解释石敬瑭"儿皇帝"的历史原因,也说明讨论历史问题不能随意套用现实观念,如一讲到耶律德光呼石敬瑭为"儿",即断定其属于道德问题,而不作历史深度的分析。

总之,《唐书》列传虽然多记战事与人事,但于后唐及其前后朝代史事亦有可参考之史料。

(3)《晋书》列传(卷八六至九八,共有传主一三五人)主要内容节略

石敬瑭臣属契丹,以致民族矛盾日益尖锐。少帝嗣位,出现了抵抗契丹的行动。《景延广传》记载说,高祖石敬瑭去世,朝廷告哀契丹,"去臣称孙",契丹怒,来谴责。顾命大臣、平章事景延广奏令契丹驻晋的回图使转告契丹主:"先帝(石敬瑭)则北朝所立,今上(石重贵)则中国自册,为邻为孙则可,无臣之理。"这段话逻辑上有问题,但其不愿再作契丹"臣子"的意思明白。

天福八年十二月,契丹"南牧",少帝亲征,进驻澶渊,以景延广为上将,

他守城拒战,契丹退兵。开运三年契丹南下,他又狼狈而还,至终无战功,最后被俘自杀。《王重荣传》记重荣也有不满高祖姑息契丹的言行,天福六年,他起兵并集大批饥民南下"入觐",兵败被杀。还有《何建传》载其移镇秦州,开运三年,契丹主耶律德光入汴梁,赐建诏书,建与将吏曰:"吾事石氏二主,累拥戎旃,人臣之荣,亦已极矣。今日不能率兵赴难,岂可受制于契丹乎!"率众投靠后蜀孟昶。后晋二帝时期,对契丹少有胜事,说明仅有反抗的情绪和言论是不够的,必需有强有力的军队及其统帅。这正是《晋书》列传记载所无。

(4)《汉书》列传(卷一〇四至一〇九,共有传主三七人)主要内容节略

《汉书·后妃列传》记高祖(刘知远)皇后李氏进谏一段话,颇有深意。高祖以财用不足,"议率井邑",即向民户开征新税。李氏以晋高祖为例谏曰:"(后晋建国)虽出于天意,亦土地人民福力同致耳,未能惠其众而欲夺其财,非新天子恤隐之理也。"她提出"恤隐"民户,动用宫中积蓄,"停敛贷之议","中外闻者,无不感悦"。在五代,聚敛无度是司空见惯的事,如《蔡王信传》记高祖从弟蔡王信"黩货无厌",并"喜行酷法";《史弘肇传》称"聚敛刻剥,无所不至";《王章传》记载,五代旧制,民户交纳夏秋税的税粮,每斗另交二升"雀鼠耗",王章则改收二斗"雀鼠耗",还扩大"苗额",以致"民力大困";《刘铢传》记刘"在任,每秋苗一亩率钱三千,夏苗一亩钱二千"。重敛是五代各朝的社会问题,皇后的"恤隐"民户之议虽然很难兑现,但总是一种有远见的利民主张。

后汉的另一个社会问题是滥刑。《史弘肇传》记"弘肇都辖禁军,警卫都邑,专行刑杀,略无顾避"。罪不问轻重,"但云有犯,便处极刑,枉滥之家,莫敢上诉"。有个十分极端的例子:"时太白昼见,民有仰观者,为坊正所拘,立断其腰领。"另一位苏逢吉,后汉初拜相,其人无他能,唯"深文好杀",动辄杀绝。早年在太原事刘知远为判官,刘要祈福,命逢吉"静狱",他就把囚犯杀光。上行下效,使后汉一朝,滥刑十分严重,民不聊生。

过度聚敛和刻意滥刑是社会危机深重的反映。统治者危如累卵时,必然采用这些高压手段以求自保。结果相反,不是被统治阶级内部的某一进

步势力所代替,就是葬身于民众起义的火海。

(5)《周书》列传(卷一二一至一三一,共有传主九一人)主要内容节略

后周是五代历史的转折时期。长期的战乱、反复的聚敛和法制败坏,使农业生产难以及时恢复发展,社会难于安定。《周书·太祖纪》记云,郭威早在后汉任邺都留守兼枢密使时,即进谏规劝隐帝"宜审于听断",即用心理政。他在邺都"尽去烦弊之事","一方晏然"。即位后,除放乾祐元二年以前民户所欠的"夏秋残税及沿征物色,并三年夏税诸色残欠"。特别河北沿边州县因为契丹的蹂践,民困甚于河南,特许免交乾祐三年终以前"积年残欠诸色税物"。

在太祖免除两税和杂税残欠政策推动下,后周王朝开始致力于缓和社会矛盾。其中最著名的事件是周世宗的"均定田租",可惜在《周书》列传中不见记录。如艾颖等三十四人下诸州检定民租一事,见之于《旧五代史·食货志》、《五代会要·租税》。

《周书》列传中,《王朴传》关于朴所撰的《平边策》颇为重要,从中可看出世宗的统一愿景。《平边策》指出:"唐失道而失吴、蜀,晋失道而失幽、并,观所以失之由,知所以平之术。"即后唐政治上失策,而不能收复吴和蜀,后晋政治上失策而失去幽、并,所以要鉴"反唐、晋之失",改革政治,收集民心。其次讲"攻取之道",对南唐,先要取其江北地区,这是古代"得淮南而后得江南"策略的继续。而蜀,若江南平,则蜀可"飞书召之"。对于并州之北汉,"不可以恩信诱,必须一强兵攻之"。以后世宗平江南,北宋统一过程,证明王朴所论有远见。

(6)《世袭列传》二卷、《僭伪列传》三卷、《外国列传》二卷主要内容节略

《世袭列传》传主二二人,分别为李茂贞(附传三人)、高万兴(附传一人)、韩逊(附传一人)、李仁福(附传二人)、高季兴(附传二人)、马殷(附传马希范等)、刘言、钱镠(附传四人),都是唐末方镇军阀及其继承人。其中被列入五代时期十国国主的,有荆南高季兴、楚马殷、吴越钱镠等三人。他们均奉中原王朝正朔,事实上又是独立割据一方。

《高季兴传》记录了高据有荆南自立的简单经过。高在具有战略意义的

荆南,收集后梁旧军,掠劫后唐魏王伐蜀得来的宝货自肥。《资治通鉴》记其事云:“高季昌(按,高季兴之原名)造战舰五百艘,治城堑,缮器械,为攻守之具,招聚王命,交通吴、蜀,朝廷浸不能制。”南平王高季兴在夹缝中左右逢源的生存之道,是十国的一个典型。

马殷于梁贞明年间封楚王。《马殷传》记载其生存之道是:“总制二十余州,自署官吏,征赋不供,民间采茶,并抑而买之。”又自铸铅铁钱,入境商品只以土产、铁钱支付,从中渔利。他卖给中原的茶,所入“岁百万计”,是个精明的商人。陈尚君辑本注引《册府元龟》、《太平广记》、《三楚新录》、《五代史补》等书的记载,充实了楚王马殷及其继承者的史事。

《钱镠传》就载了钱镠从唐末乱世中崛起的简单过程。后梁封钱镠吴越王,后唐改封吴越国王。他勤事中原王朝,贡献不绝。《旧五代史》清辑本关于钱镠的史事过于简略,陈尚君辑本引《诚应武肃王集》、《资治通鉴考异》、《容斋四笔》、《全唐文》及若干考古资料,对吴越史事做了补充。《全唐文》收录的杨凝式的“吴越国王神道碑”云,钱氏“外缮甲兵,内修耕积,好贤宝谷,亲仁善邻,张管子之四维,树《周书》之八枳。开拓疆宇,延任英豪,谋无不臧,人思尽力”。文嫌溢美,而实有可取。钱氏吴越,立足江南,促进了江南开发和拓展了与日本等国的海外联系。

《僭伪列传》传主二十人。杨行密、李昪分别为吴、南唐的开创者。他们的功过在传中略有反映。

杨行密在唐光启三年九月进据扬州(广陵)。他曾遣使大梁(汴州)“陈归附之意”。当他得知朱全忠以李璠权知淮南留后时,遂决意自立。梁将庞师古清口一战大败,朱全忠进军淮南的图谋落空,为杨行密的自立创造了条件。行密卒于天祐三年,长子渥继位,自称吴王。渥被大将张颢所杀,张颢又被徐温所杀。徐温立行密次子杨渭为主,渭称天子(即景帝),国号大吴,改元武义。渭卒,徐温立行密幼子杨溥为主。从杨渭到杨溥,大丞相徐温专权治国,吴地社会相对稳定,经济发展,其国初安。

《杨行密传》的杨渭、杨溥附传,不见徐温治国理政具体记载,《资治通鉴》卷二六九记云:“温但举大纲,细务悉委彦谦,江、淮称治。”卷二七〇云:

温子徐知训在扬州(广陵)“狎侮吴王,无复君臣之礼”,而其养子徐知诰在润州,用宋齐丘策,过江协助徐温处理内乱(朱瑾杀徐知训后自杀案),取得徐温的信任。以后,徐温还镇金陵,总吴国大纲,“自余庶政,皆决于知诰”。

吴国传至杨溥,国政操于徐温父子。徐温死后,其养子徐知诰执政。吴天祚三年(937),即后晋天福二年,杨溥逊位于李昪(即徐知诰),开启了南唐历史。

《李昪传》记“昪自云唐玄宗第六子永王璘之裔”。他在广陵之乱(朱瑾杀徐知训案)后主政。《李昪传》注引《五代史补》所述资料,关于他的身世、事迹,本传所记甚略。所以,要研究南唐史事需参考《册府元龟》、《钓矶立谈》、《江表志》、马令《南唐书》、陆游《南唐书》、《九国志》、《五代史考异》、《十国春秋》等书的记载。相互印证,去伪存真,方可做到实事求是。

《僭伪列传》所记“大燕”刘守光、“南汉”刘陟(即刘龑)、“北汉”刘崇、“前蜀”王建、“后蜀”孟知祥传及他们的继承者附传,简要地反映了他们割据的历史,对照《资治通鉴》等著作,可补五代史之不足。

至于《外国列传》,这里“外国”是指和五代“梁”、“唐”、“晋”、“汉”、“周”各朝存在的边疆政权:契丹、吐蕃、回鹘、高丽、渤海靺鞨、黑水靺鞨、新罗、党项。其中契丹、渤海靺鞨、黑水靺鞨是东北边疆政权,臣属唐王朝,接受封赐;党项、回鹘是西北边疆政权,吐蕃是西南边疆政权,同样臣属唐王朝,接受封赐。新罗,臣属唐王朝,接受封赐;高丽,唐时称高勾丽,武德年间内附,受唐正朔,接受封赐。至五代,这些政权和中原王朝的关系有些变化,如契丹,到耶律阿保机,自称国王,过去的臣属关系不再继续,才有时和时战的关系。唐天祐末年,耶律阿保机自称皇帝,署中原王朝官号,都西楼邑,表明其立国初具规模。契丹一面不断南进,掠劫土地、民众、财富,一面逐步“汉化”,至耶律德光,甚至迫晋为臣。契丹强盛和中原王朝的削弱,反映了地区的社会变革进程的不平衡性,值得研究,并非只是一个民族关系问题。

此外,吐蕃、回鹘、党项、渤海靺鞨、黑水靺鞨、高丽、新罗等边疆政权与中原关系也有诸多变化,各传提供的资料详略不同,难于清晰地说明。

3.志

《旧五代史》的“志”包括《天文志》、《历志》、《五行志》、《礼志上》、《礼志下》、《乐志上》、《乐志下》、《食货志》、《刑法志》、《选举志》、《职官志》、《郡县志》等十二卷。《四库全书总目提要》指出,没有《艺文志》,“此书之失,此为最大”。就内容而言,也是缺漏甚多。

《天文志》述日食、月食、月晕、彗孛、五星凌犯、星昼见、流星、云气等天象,其星变诸门,所记较欧史《司天考》详实。(《旧五代史·天文志·案》)

《历志》简要记录了后晋的《调元历》(马重绩编制)、后周《钦天历》(王朴编制)的主要内容。《钦天历》一直沿用至宋初。

《五行志》多少反映了五代的水、旱、蝗灾和地震情况。

《礼志上》、《礼志下》说明五代虽有礼制大坏的实情,但非全无礼数可言。册封之礼、宗庙之制等依然实行。

《乐志上》、《乐志下》说明“理定制礼,功成作乐”,依然是五代时一些君主在意的大事。周世宗鉴于工师不悉作乐,即“命翰林学士、判太常寺事窦俨参详其制,又命枢密使王朴考其正声”,以复兴雅乐。

《食货志》,辑录者案语指出:薛史《食货志序》,《永乐大典》原缺,卷中唯盐法载之较详,其田赋、杂税诸门,仅存大略。近人研究五代经济史,多以《册府元龟》、《五代会要》、新旧五代史、《宋史》、《文献通考》的列传和其他杂史、野史、笔记的记载作补充、对比,庶几成篇章。

《刑法志》,辑录者案语亦指出:《刑法志序》,《永乐大典》原缺。卷中记录了后梁李燕等共删定《大梁新定格式律令》,后唐庄宗朝卢价纂集《同光刑律统类》,后周太祖朝卢亿等编成《大周续编敕》及世宗朝编成的《大周统类》。五代因地方官员多由武人出任,滥刑专杀现象十分严重,所以整理法律令文,控制滥刑专杀,是一些统治者的要务。如后唐明宗朝恢复死刑的“三复奏”制度,即为一例。

《选举志》述“选授之制”和“贡举之政”。隋唐实行科举,五代“洎梁氏以降,皆奉而行之,纵或小有厘革,亦不出其规辙”。因为五代政局时有波动,举子不免躁进,“近年文士,轻视格条,就试时疏于帖经,登第后耻于赴选”。于是,后唐明宗重申进士及第,应于都堂前“各试本业诗赋判文”,“其中才艺灼然可取者,便与除官”。后晋天福五年还据奏废除了明经、童子、宏词、拔粹、明算、道举等科,纠正举人繁多,试官不严的问题。总之,五代“选授”和“贡举”的问题较多,统治者难于一一革除。

《职官志》的内容基本上承袭中晚唐之制。但建昌宫使、三司使、枢密使等三个官职的性质、作用的变化应属比较重要。其余变动亦有值得治史者关注之处,如后晋天福五年九月诏,“其翰林学士院公事,宜并归中书舍人”。陈尚君辑本注引《续翰林志》卷上:“从宰臣冯道之奏也。”自是舍人昼值者当中书制,夜值者当内制。这段行文使当值的分工更为明确。

《州郡志》卷首录十道名称及其属州,案云:“考薛史诸志之体,《郡县志》当是以《开元十道图》为本,惟载五代之改制,其仍唐旧制者则缺焉。《永乐大典》载薛史原文,疑有删节,今仍录于卷首,以存其旧。”五代各朝州县改属、析置在各州县下有注出。如河南道酸枣县、长垣县条注:“梁开平三年二月,割隶汴州。后唐同光二年二月,酸枣县却隶滑州,长垣县却改为匡城县。晋天福三年十月,酸枣县却割隶开封府。”但也有未注明的,只好对照《五代会要》等著作予以厘清。陈尚君辑本作《地理志》,理由是:“五代不设郡,宋人亦未见引及,疑所据之《永乐大典》卷一七三〇,”“仅作《五代史》而引五代州县名,辑录者顶前代志名而误,今改作《地理志》。”(《旧五代史新辑会证》卷一五〇)

三、《旧五代史》的直笔和缺陷

直笔是中国史学家修史的优秀传统。《旧五代史》的作者们寓直笔于“彰善瘅恶”之中。赵翼认为:“薛史亦有直笔。”他指出:“列传诸臣多与居正同仕前朝,否则其子孙亦有与居正同官于宋者。”但是,《旧五代史》记其言行而不掩其恶。如赵在礼,其孙廷勋,仕宋岳、蜀等州刺史,《旧五代史·赵在礼传》依然暴其在宋州聚敛之罪。这要有秉笔直书的勇气。故赵翼赞曰:“此薛史之终不可没也。”(《廿二史劄记》卷二一)

当然,《旧五代史》的作者们毕竟是封建史学家,回护之处尚多。对梁王朱全忠篡唐、对后唐明宗取代李氏称帝等事件多有回护的记载。更有史实记载失检之处。至于“天命论”、“运数论”之说,更属不经之论,不可肯定。

《新五代史》说略

郑学檬　毛章清

一、作者、修史过程及版本略说

《新五代史》，欧阳修撰。欧阳修，字永叔，庐陵（今江西吉安）人。“幼敏悟过人，读书辄成诵。及冠，嶷然有声”。进士及第，与尹洙、梅尧臣等游，“遂以文章名冠天下”。入朝，为馆阁校勘。范仲淹以言事贬，司谏高若讷独以为当黜，修贻书责之，“谓其不复知人间有羞耻事”，遂因此坐贬。仲淹使陕西，辟掌书记。后复任校勘，进集贤校理。庆历三年，知谏院，继而知制诰。范仲淹等人推行庆历新政，他积极参与，杜衍等相继以党议罢去，修慨然上疏为其辩护，有“正士在朝，群邪所忌，谋臣不用，敌国之福”的名言。于他也左迁知制诰、知滁州。在外十一年，迁翰林学士，奉命修《唐书》（即《新唐书》）。嘉祐五年《唐书》成，拜礼部侍郎兼翰林侍读学士。不久，再拜枢密副使。六年，参知政事。（《宋史》卷三一九《欧阳修传》）

欧阳修《新五代史》何时准备编纂，何时编成的？郭正忠认为，《新五代史》成书时间定在皇祐五年（1053）可以商榷。他举出欧阳修复李淑信所言：“问及五代纪传，修曩在京师，不能自闲，辄欲妄作。”尔后三年，“不敢自废，收拾缀，粗若有成。然其铨次去取，须有义例；议论褒贬，此岂易当？故虽编摭甫就，而首尾颠倒，未有卷第。当更资指授，终而成之，庶几可就也。”十四年后，欧阳修自称“整顿了《五代史》，成七十四卷”。后来又因曾巩的批评，对书稿“重头改换”。郭正忠认为，《新五代史》成书时间应略早于上《免进五代史状》时，即嘉祐五年（1060）。从景祐年间开始至嘉祐五年，历时二十余年。（《欧阳修》，见《中国史学家评传》（中），中州古籍出版社1985年版）

二、《新五代史》内容节略

1.《新五代史》本纪略说

《新五代史》把本纪归为一类，不是按朝代，将本纪和本朝列传归为一类，而且内容较简略。

（1）《梁本纪》（卷一至三）内容说略

后梁太祖姓朱名温，宋州砀山午沟里（今安徽砀山）人。唐末黄巢起曹、濮，温亡入。旋又杀其监军，因王重荣以降，朝廷赐温名全忠。朱全忠扩张势力，最强的对手是李克用。朱全忠于上源驿袭杀克用未果，导致梁晋对峙数十年。唐天复元年（901）封梁王。天祐元年（904），梁王迁天子于洛阳，晋王李克用、岐王李茂贞、楚王赵匡凝、蜀王王建、吴王杨行密欲举兵讨梁，朱全忠遣人弑唐昭宗于洛阳，并杀九王于九曲池，以绝“勤王”。同时以武力攻淮南、襄邓，稳住南方，令北方二李不敢轻举妄动。然后胁迫哀帝进封为魏王、相国，总百睽。开平元年（907）朱全忠即皇帝位，国号梁，升汴州为开封府，建为东都。后梁太祖的主要功迹是打天下，即扫平中原，统一北方。但因战事频仍，无暇理政，其治国业绩，乏善可称。欧阳修在“纪”后言曰：“呜呼，天下之恶梁久矣！”他以为记述梁史，“是《春秋》之志尔”。因为《春秋》对弑君自立的君主，“皆不绝其为君”。“此予所以不伪梁者，用《春秋》之法也”。

乾化二年六月，太祖遇弑，友珪自立，改元凤历。乾化三年（913），左龙虎统军袁象先在均王朱友贞与赵岩、杨师厚等策划下，以禁兵诛友珪。均王朱友贞即位。翌年改贞明。梁晋战争仍在继续，局势江河日下。贞明六年（920），陈州毋乙自称天子，旋又伏诛。龙德三年，末帝崩，梁亡。

（2）《唐本纪》（卷四至七）内容说略

《唐本纪》无李克用“纪”,但在《庄宗纪》中,李克用的事迹叙述还是较详细的。如梁晋对垒中,梁攻燕王刘仁恭,李克用恨仁恭反复无常,不想救他。其子李存勖谏曰:“此吾复振之时也。今天下之势,归梁者十七八,强如赵、魏、中山,莫不听命。是自河以北,无为梁患者,其所惮者惟我与仁恭耳,若燕、晋合势,非梁之福也。”他要其父“不顾小怨”,“以德怀之”,抓住这一“一举而两得”之机。这是一种有战略眼光的建议。李克用以为然,出兵为燕解围,潞州一战,梁军溃败,梁、晋军力对比发生逆转,后梁衰落,而晋势上升。此时李克用去世,李存勖继为晋王,接着新晋王尽有河北。晋王之所以能称帝,实有其智算与实力也。

《庄宗纪》记载简略,述其性格矛盾一面的文字颇为生动:“稍习《春秋》,通大义,尤喜音声歌舞俳优之戏。”孔子作《春秋》,而孔子反对“淫声”。孔子曰:“郑声淫何?郑国土地民人,山居谷浴,男女错杂,为郑声以相诱悦怿,故邪僻,声皆淫色之声也。”(《白虎通义》卷三《礼乐》)庄宗“尤喜”的恰是“淫声”。另一件事是“毁即位坛为鞠场”,可见其不拘传统的儒家礼节。庄宗朝制度方面继承唐制,但藩属的边疆政权如渤海国、突厥、奚、吐蕃、黑水、女真、回鹘、新罗、高丽等使节往来多有记录。

《明宗纪》的记载同样极为简略。明宗李嗣源“世本夷狄,无姓氏”。但却有关心民瘼。“放坊鹰隼”,“除铁禁”之类措施亦属难得。欧阳修在“纪后”言中,对明宗有很高评价:“予闻长老为予言:‘明宗虽出夷狄,而为人纯质,宽仁爱人。’于五代之君,有足称也。”他“在位七年,于五代之君,最为长世,兵革粗息,年屡丰登,生民实赖以休息。”

(3)《晋本纪》(卷八至九)内容说略

《高祖纪》记载了石敬瑭“外求援于契丹”的初衷,后见耶律德光“约为父子”,割燕云十六州予契丹。但宋徐无党注说到“皇帝即位”时,指出:“晋高祖之反,无契丹之助,亦必自立,盖其志在于为帝,故使自任其恶也。”就是说,有没有契丹之助,石敬瑭必然称帝。《高祖纪》还记载“除铸钱令”、“复禁铸钱”和“停买宴钱”,反映了当时钱荒之严重。五代战乱频仍,政局不稳,铸钱业衰落,加之北方铜矿资源短缺,铸钱业自必难以为继。铸钱业的衰落会引起商品经济的萎缩，社会经济发展停滞。

《出帝纪》关于契丹南侵的记载表明，契丹欲吞并河北广大地区，取晋而代之，因此引起晋统治者的不满和反抗。蝗灾的记载值得注意。蝗灾严重，既反映了气候干旱之严重程度，也说明农民生存出现危机，改朝换代的时机已经来临。

（4）《汉本纪》（卷一〇）内容说略

《高祖纪》记刘知远是在契丹灭晋，中原出现统治真空之后称帝的。策划者为桑维翰。后汉与契丹关系紧张，这可从"禁造契丹服器"、将领逐杀契丹兵将的案件中得到证实。

《隐帝纪》记载枢密使郭威的势力扩大，为郭威代汉留下伏笔。

（5）《周本纪》（卷一一至一二）内容说略

《太祖纪》记载，郭威和史弘肇都原是后汉的顾命大臣。史被杀，郭因出镇邺都而免于灭顶之灾。后汉隐帝被弑后，他以监国称帝。与《旧五代史·太祖纪》比较，新史的《太祖纪》没有记载太祖的治国业绩。

《世宗纪》对柴荣的治国活动略有提及，如"御札求直言"，"大毁佛寺，禁民亲无侍养而为僧尼及私度者"，"颁铜禁"，"课民种木及韭"，"颁均田图"，"作《通礼》、《正乐》"，"罢州县课户、俸户"等等，亦可略知其治国方面有作为。欧阳修在"纪后"言中给予世宗以正面评价："而世宗区区五六年间，取秦陇，平淮右，复三关，威武之声震慑夷夏，而方内延儒学文章之士，考制度，修《通礼》，定《正乐》，议《刑统》，其制作之法皆可施于后世。"

2.《新五代史》诸传略说

（1）家人传略说

《梁家人传》包括两皇后、昭仪、昭容、德妃、次妃等六位后妃；宗室广王全昱等五人。其事迹不多，可称道者有以下几则：皇后王氏曾劝太祖勿滥杀："太祖刚暴多杀戮，后每诫之，多赖以全活。"郴王友裕，"从太祖征伐，能以宽厚得士卒心。"他权知许州，"招抚流散，增户三万余。"十分难得。

《唐太祖家人传》包括太祖李克用的正室刘氏、次妃曹氏和庄宗皇后刘氏，太祖李克用四弟、七子以及庄宗五子。李克用是沙陀族人，有养子从军习俗，故其宗室不一定就同一血统，所以欧阳修的“传后”言曰：“太祖四弟，曰克让、克修、克恭、克宁，皆不知其父母名号。”

次妃曹氏生庄宗，因此专宠，但太祖暴怒杀人时，也会“从容谏譬，往往见听”。在《皇后刘氏传》中记载了庄宗佞佛的原因分析，颇为恰当：“庄宗自灭梁，志意骄怠，宦官、伶人乱政，后特用事于中。自以出于贱微，逾次得立，以为佛力。”“惟写佛经，馈赂僧尼。”这也道出了庄宗即位后政治迅速腐败的原因。

太祖李克用六子存乂，“自言有墨子术，能役使鬼神，化丹砂、水银”。这条记载有参考价值，存乂可能是道教术士，他做的“化丹砂、水银”实验，固然出于迷信，其结果有利于提高银的提炼技术，或有其科学技术意义。

《唐明宗家人传》记明宗三皇后、淑妃、愍帝皇后及明宗四子、侄四人。有关明宗朝政事的若干内容为：明宗病，淑妃王氏与孟汉琼“出纳左右，遂专用事”，导致政治腐败；记明宗次子从荣事迹较详，可以从一个侧面了解明宗朝内廷情形。

《唐废帝家人传》记明宗养子从珂的皇后刘氏和二子简况。废帝李重美性格颇为难得，当石敬瑭兴兵南下时，京师震恐，居民出城逃窜，门卫加以禁止。重美说：“国家多难，不能与民为主，而欲禁其避祸，可乎？”“因纵民出。”石敬瑭的兵到京城，皇后要焚宫室，他说：“新天子至，必不露坐，但佗日重劳民力，取怨身后耳！”然后自焚。读完这段记载，可以明白废帝虽废了政治前途，一死了之，但他的善良人性还应肯定。

《晋家人传》记高祖石敬瑭皇后、安太妃、出帝皇后及石敬瑭弟敬威、敬赟、敬晖，子重信、重乂、重睿、重杲，孙延煦、延宝。欧阳修在《重信传》中说：“高祖李皇后生楚王重信，其诸子皆不知其母。”在婚姻关系有“礼”可循的唐朝之后的五代，竟然后晋高祖石敬瑭“诸子皆不知母”，说明沙陀等少数民族习俗的影响不可小视。欧阳修在“传后”言中也说此为“欺其九族，二乱其人鬼亲疏之属”，大为不然。这为唐至五代婚姻史研究提出了一个值得关注的问题。

《汉家人传》记高祖刘知远皇后李氏、二弟、三子，内容简略。皇后李氏也勤于规劝,阻止了高祖刘知远一些敛民之举,算是有眼光。其余记载,少有可取者。

《周家人传》记太祖郭威的皇后、淑妃、贵妃、德妃;次述后兄柴守礼、世宗三皇后、七子。柴守礼是郭威的皇后之兄,以外戚贵,致仕后住洛阳,“颇恣横,尝杀人于市,有司以闻,世宗不问”。他与王溥等将相“朝夕往来,惟意所为”,是典型的豪强。

(2)诸臣传略说

欧阳修诸臣传的“前言”中说:“呜呼! 孟子曰:‘春秋无义战。’予亦谓五代无全臣。无者,非无一人,盖仅有之耳,余得死节之士三人焉。其仕不及二代者,各以其国系之,作梁、唐、晋、汉、周《臣传》。”

《梁臣传》包括附传共二十五人。后梁将领臣僚著名者要数敬翔、葛从周、刘捍、寇彦卿、张归霸、谢彦章诸人。《敬翔传》云:“梁之篡逆,翔之谋为多。”就是说朱全忠篡唐称帝,有赖于敬翔。传文又云:“(敬)翔深沉有大略,从太祖用兵三十余年,细大之务必关之。翔亦尽心勤劳,昼夜不寐,自言惟马上乃得休息。”太祖刚暴,敬翔“微开其端,太祖意悟,多为之改易”。《葛从周传》记葛原为黄巢降将,因卫护朱全忠有功,得为朱之大将。他参加对秦宗权、李罕之等军阀的争夺战,战功甚多。梁晋恶战中,他有胜有败,为晋军所畏惧。与刘仁恭战于老鸦堤,取得斩首敌军三万余的巨大胜利。他有战略思想,认为“兵在上将”,“胜败之机在吾心”,强调前敌指挥员的战略决策和决心。寇彦卿,与敬翔、刘捍齐名。太祖曾言:“敬翔、刘捍、寇彦卿皆天为我生之。”《刘捍传》记载过略,《寇彦卿传》则记其任左金吾卫大将军、充金吾衔仗使时捽死平民梁现一事,御史司宪奏称“请论如法”,太祖只得责授彦卿左卫中郎将,算是降级惩处。刘鄩“素好兵书,有机略”。但在梁晋决战河北时,为晋王李存勗声东击西的战术所败。张归霸“数有战功”,谢彦章是儒将,“临敌御众,肃然有将帅之威”。

《唐臣传》包括附传四十四人,其著名者有郭崇韬、安重诲、周德威、符存审、乌震、孔谦、张延朗、豆卢革、赵凤、刘赞等。《新五代史》卷三五另立《唐六臣传》,记载唐末张文蔚等六臣事迹。

《郭崇韬传》的篇幅较大,内容多于他传。他从中门使起家,“中门之职,参管机要”。庄宗即位,他任兵部尚书、枢密使。杨刘两战,郓州逆袭,“用八日而灭梁”,皆崇韬之谋。置内勾使,以马绍宏为之,“凡天下钱谷出入于租庸者,皆经内勾”,严肃财赋管理。他还建言,“还枢密使于内臣”,即依唐旧制,恢复枢密使的内臣地位,却被庄宗否决。后因切谏庄宗勿“以一身为意”,节制物欲,触怒宦官,于是宦官、伶人切齿。郭崇韬终于在伐蜀胜利之时,被宦官诬陷而遭诛杀。郭崇韬的沉浮预示着庄宗朝的没落。

安重诲是明宗的亲信,也从中门使起家。明宗即位,任左领军卫大将枢密使,还兼兵部尚书,累加侍中兼中书令。安重诲和郭崇韬不同,虽有“尽忠补益”之举,但“威福自出”,无所顾忌,最后被杀,罪名是:“绝钱镠,致孟知祥、董章反,及议伐吴”等。欧阳修“传后”云:“梁之崇政使,乃唐枢密之职,盖出纳之任也。”“至崇韬、重诲为之,始复唐枢密之名,然权侔于宰相矣。”

周德威是后唐一位名将。他“为人勇而多智,能望尘以知敌数”。他指挥的柏乡之役,击溃梁军,使其“横尸数十里”,梁与晋交战数十次,“其大败未尝如此”。他以老谋胜算著称,“常务持重以挫人之锋,故其用兵,常伺敌指隙以取胜。”

符存审为晋王义儿。《符存审传》记载,他为将,“有机略”,大小百余战,未尝败溃。《乌震传》记乌少好学,通《左氏春秋》,“以廉平为政有声”。《孔谦传》记载,孔与乌震相反,“自少为吏,工书算,颇知金谷聚敛之事”。庄宗朝,他因伶官景进的说项出任租庸使,聚敛不法,劣迹斑斑。明宗即位,暴其罪,斩于洛市。《张延朗传》记述租用使一职置废经过和三司使之置立,张延朗是首任三司使,他“以三司为己任,而天下钱谷亦无所建明”。

《豆卢革传》载豆卢革因为名族后裔,被庄宗召为行台左丞相。“革虽唐名族,而素不学问,除拜官吏,多失其序”。庄宗即位,革荐韦说为相,而说亦无学术。他们二人秉承郭崇韬之意,行政无章法,怨声四起。庄宗死,两人因罪罢官、流放,被赐自尽。后唐庄宗用人乱政于此可见一斑。

《赵凤传》云:“明宗武君,不通文字,四方章奏,常使安重诲读之。重诲亦不知书,奏读多不称旨。”于是置端明殿学士,以冯道、赵凤为学士。《赵凤传》还记载,赵凤升任礼部侍郎,讽宰相任圜将端明殿学士结衔置于官员之上,又诏端明殿学士班在翰林学士之上。他还将西域僧进献的佛牙用斧"斫之"粉碎,以证"佛牙"水火不能伤的谎言,宫中施舍因而终止。后因他为安重诲辩护而罢官。《刘赞传》记刘"守官以法,权豪不可干以私"。在后唐,这样的官吏并不多见。

《晋臣传》包括传主三人。《桑维翰传》记其人"丑怪",进士及第,为石敬瑭辟为河阳节度掌书记。参与石敬瑭称帝、投靠契丹"灭唐兴晋"活动。晋高祖即位,他位居中书门下平章事兼枢密使。天福四年出为相州刺史。后晋内部有请与契丹绝好之议,他上言"契丹未可与争者七";出帝时,又说"制契丹而安天下,非用维翰不可"。是个十足的投降派。天福五年,翰林学士、端明殿学士、枢密院学士皆废。桑维翰复任枢密使,恢复置学士。"维翰权势既盛,四方赂遗,岁积巨万"。耶律德光举兵灭晋,出帝命张彦泽召维翰,将其缢杀。

《景延广传》记其反对向契丹称臣而主张"称孙"的奇怪逻辑。契丹闻怒,数度责备,延广对契丹使者说:"先皇帝(指石敬瑭)北朝(指契丹)所立,今天子中国自册,可以为孙,而不可为臣。且晋有横磨大剑十万口,翁要战,则来,佗日不禁孙子,取笑天下。"此番大话,逻辑奇怪,但洋溢着民族正义,应予肯定。后被契丹俘虏,自杀。

《吴峦传》记峦守贝州,抵御契丹围城进攻,直至契丹攻入城,兵败投井而死,颇为壮烈。

《汉臣传》记传主九人。《苏逢吉传》记苏在刘知远为河东节度使时,即为节度判官。当时就"贪诈无行,喜为杀戮"。刘知远称帝后,他为宰相,"然素不学问,随事裁决,出其意见,故汉世尤无法度,而不施德政,民莫有所称焉"。其罪恶罄竹难书,是个历史反角。《史弘肇传》记史本禁军军校,随刘知远镇太原。他以严毅威震军中。刘知远称帝,他领归德军节度使、同中书门下平章事。出帝继位,他和苏逢吉、杨邠同为顾命大臣。他警察京师,"务行杀戮,罪无大小皆死"。后汉之所以是一个滥刑社会,就是因为是这些人掌握生杀大权。

《周臣传》记传主三人。其中《王朴传》所记最重要的史料是《平边策》。其中若干论述，言简而意赅。如：“唐失道而失吴、蜀，晋失道而失幽、并”。“平之术在乎反唐、晋之失而已”。办法是：“必先进贤退不肖，以清其时；用能去不能，以审其材；恩信号令，以结其心；赏功罚罪，以尽其力；恭俭节用，以丰其财；徭役以时，以阜其民。俟其仓廪实、器用备、人可用而举之。”就是说要实行政治改革，有了充足的物资储备和可用人才，即可统一行动。至于“攻取之道，从易者始。”这个易者就是南唐；然后是蜀，而北汉为“必死之寇”，“必须以强兵攻”之。以后，周世宗柴荣和宋太祖、太宗大体上遵循《平边策》的构想，着手统一行动的。王朴的另一贡献是编制《钦天历》。

(3)义儿、伶官、宦者传略说

欧阳修为五代义儿、伶官、宦者立传也是有根据的。《史记》有游侠、佞幸、滑稽、日者、龟策列传，《汉书》有儒林、循吏、酷吏、佞幸等列传。以后各朝史也多依例。所以，从体例上说，已有前例。《义儿传》、《伶官传》反映五代时期的政治特点，值得注意。前面已经述及，石敬瑭接受契丹主耶律德光和自己的关系是“父子关系”，是和沙陀、契丹等少数民族的养子习俗有关。欧阳修在《义儿传》前言中云：“开平、显德五十年间，天下五代而实八姓，其三出于丐养。”这三姓是后唐明宗李嗣源、后唐废帝从珂（王姓）、后周世宗柴荣。《义儿传》再一次证明这一习俗的存在。

《伶官传》反映五代后唐庄宗朝的政治特点。庄宗“好俳优，又知音，能度曲，至今汾、晋之俗，往往能歌其声”。所以他“爱屋及乌”，嬖幸伶人，任其干政。《伶官传》云：“是时，诸伶人出入宫掖，侮弄缙绅，群臣愤妒，莫敢出气，或反相附托，以希恩倖，四方藩镇，货赂交行，而景进最居中用事。”这一段文字基本上可概括伶人干政对政局的影响。

《宦者传》，记载宦官情况。宦官之中，良莠杂陈。张承业，唐僖宗时宦官，崔胤诛宦官，他幸免于难，于是投靠庇护他的后唐庄宗。晋王“凡所以畜积金粟，收市兵马，劝课农桑，而成庄宗之业者，承业之功为多”。后唐灭蜀，郭崇韬有大功，但突然被杀，皆由宦官向延嗣诬陷，断成其罪。宦官之祸，以后唐为最。

(4)《死节传》、《死事传》、《一行传》说略

欧阳修作《死节传》，意在“乱世识忠臣”，旌表他认为五代仅存的“全节”臣子。王彦章，军中号王铁枪，他兵败被俘，不肯投降，说：“豹死留皮，人死留名。”“且臣受梁恩，非死不能报，岂有朝事梁而暮事晋，生何面目见天下之人乎！”忠于梁王朝而不悔。刘仁赡，南唐名将，也是在国主李景“奉表称臣”后，坚持抵抗后周军队，直到病死。世宗柴荣称其“尽忠所事，抗节无亏，前代名臣，几人可比！”还有梁约，忠于晋，坚持守泽州，直至梁兵破城被杀。

欧阳修作《死事传》记载“其初无卓然之节，而终以死人之事者”，一共十五人。《张源德传》记源德在梁晋之战后，河以北六镇数十州尽为晋所有，梁军颓势已显，贝州孤城无援，源德不降被杀。其他如夏鲁奇、姚洪、王思同、张敬达、翟进忠、张万迪、沈斌、王清、史彦超、孙晟等皆为死事不回者。张敬达和王清都是在抗击契丹之战中不肯投降被杀的。

《一行传》记述那些在乱世中“洁身”之士，也是褒扬君子之道。《郑遨传》记遨不求功名利禄。他与李振相善，李振事梁太祖而显贵，欲荐遨为官，遨不从，后来李振得罪，遨竟然徒步千里去看他。(《新五代史·李振传》记李振在梁亡后见郭崇韬，郭说他“乃常人尔！已而伏诛。”可见他没有获罪南徙之事，故郑遨徒步千里看他之事待考。)《石昂传》记后唐时石昂为临淄令，因监军杨彦朗讳“石”，其部下更其姓曰“右”，石昂认为彦朗“以私害公”，遂解官还家，诫子孙不要乱世求仕。后晋时，他又被征召，做了宗正卿。出帝继位，昂数上疏劝谏，不听，他辞官归家。其他如程福赟有怨不辩被杀，李自伦六世同居，都是当时以为忠义而自律者。

(5)杂传说略

杂传的分类专传主共一百四十五人(含附传传主)。包括以下人物：一为唐末五代方镇军阀如王镕、罗绍威、王处直、刘守光、李茂贞等人；二为唐末若干文吏，后转而为朱全忠所用，如裴迪、韦震、孔循等；三为五代各朝的将领(往往也是地方长官)，他们的特点是不专事一主，或朝三暮四，或叛附频繁，如刘知俊，先为朱全忠所用，后奔附于李茂贞；丁会、贺德伦等先附朱

而后归晋之类；四是一批有作为的政治、军事人物，在复杂的乱世中，做了一些顺应历史，解民于倒悬的事。他们的传记相当于传统的《良吏传》。《张全义传》载张在唐末治理洛阳，“督民耕殖”，恢复经济的事迹，他先事梁，后附晋，但从政均有可圈可点之处，在五代乱世，实属不易。《王晏球传》载晏球自梁归唐，率军讨定州王都。契丹大将秃馁将万骑救王都，被晏球指挥击败，其余众溃投村落，为村民以锄耰白梃击杀，“无复遗类”，“中国之威几于大震”。抵抗契丹斗争，从此转败为胜。《郭延鲁传》载郭延鲁以武人出任刺史，他以先父德政自励，民得以赖。欧阳修遂发议论称：“当是时，刺史皆以军功拜，言事者多以为言，以谓方天下多事，民力困敝之时，不宜以刺史任武夫，恃功纵下，为害不细。而延鲁父子，特以善政著闻焉。”以上例子说明，乱世历史并非一团漆黑，一些可歌可泣的事件往往出现在乱世，为后人提供宝贵的历史经验。另一面也说明，杂传中保留许多重要的历史事实，是欧史留下的可贵遗产。

3.《司天考》与《职方考》说略

《司天考》“前言”曰：“呜呼，五代礼乐文章，吾无所取焉。其后世有欲知之者，不可以遗也。”又《职方考》“前言”曰：唐置军节度，号为方镇。“帅强则叛上，土地为其世有，干戈起而相侵，天下之势，自兹而分。”阐明了唐之分裂，起于方镇之制。在简述各代各国所辖州数之后，总结说：“合中国所有，二百六十八州，而军不在焉。”据翁俊雄《唐后期政区与人口》（首都师范大学出版社1999年版）补正，《元和郡县图志》应有方镇四十七个，州三百三十六个。一百多年后，五代仅存二百六十八个州。

崔文印在徐炯《五代史记补考》“校点说明”中指出：“从实际情况看，徐炯共补《五行考》二卷，《百官考》三卷，《选举考》二卷，《食货考》二卷，《赋役考》二卷，《征榷考》一卷，《礼乐考》五卷，《刑法考》二卷，《军旅考》一卷，《艺文考》三卷。无论从内容和规模上，都的确是对欧史的重大补充，完善了欧史‘志’的不足。”（《五代史汇编》，杭州出版社2004年版）这个不足，是欧史最大的缺陷。

徐炯《五代史记补考》部分内容超出《五代会要》所录，如《五行考》、《刑法考》、《艺文考》和《百官考》部分内容,都为《五代会要》所缺或不足。所以,研究五代史事,可参考是书。

4. 世家说略

赵翼《廿二史劄记·薛欧二史体例不同》指出:"薛史于各国僭大号者,立僭伪传,其不僭号而自传子孙者,立世袭传;欧史则概列为世家。"因此欧史世家,实际上就是所谓"十国":吴、南唐、前蜀、后蜀、南汉、楚、吴越、闽、南平、东汉(北汉)。另有《十国世家年谱》一卷,表明欧氏虽称其为世家,亦目之为国也。

《新五代史》对十国的一些重要人物事件的评论也有客观、公允之处。如《吴世家》专立"徐温"一节,说徐温"奸诈多疑,而善用将吏"。温"尤得吴人之心"。李昪代吴,在他的经营下,"吴人亦赖以休息"。他对前蜀王建的评价是:"虽起盗贼,而为人多智诈,善待士。"南汉刘隐"复好贤士",王定保、倪曙、刘濬、李衡、周杰、杨洞潜,赵光裔皆为其用。楚马殷,"退修兵农",积蓄力量。吴越钱元瓘"选吴中士录用之"。闽王审知"为人节约,好礼下士"。以上评论,表明欧阳修肯定十国大多开国者的历史作用,并不以其非正统而横加否定,比较客观,同时注意他们尊儒重士的用人政策,这是欧氏衡量其治国成败的一个标准,足资参考。他对其他十国统治者,罕见肯定,亦属有据。

5. 四夷附录三卷说略

"四夷"即指五代周边的少数民族部落。契丹是当时最强盛的少数民族,它的发展得益于中原汉族政权的削弱和本身的汉化进程。《新五代史》注意到这一现象。如刘守光统治的幽、涿乱,耶律阿保机"称间入塞,攻陷城邑,俘其人民,依唐州县置城以居之"。汉城在炭山东南沿河上,有盐铁之利,"其地可植五谷,阿保机率汉人耕种,为治城郭邑屋廛市如幽州制度,汉人安之,不复思归"。契丹之所以能强盛和这一汉化进程有关。

党项,西羌之遗种。明宗招怀远人,党项利其所得,来不可止。虽然它也屡犯边境,但毕竟在招怀政策中逐渐汉化。

五代时期,回鹘与党项一样,势力有所膨胀。其牙帐在甘州,常来进贡,呼中原王朝为舅,与汉族的联系比较多,亦在不断汉化。

汉化是一种习称,其实就是他们的社会习俗的现代化(指当时而言),其意义当为史学界所肯定。《新五代史》并不着力叙述其汉化过程,但还是涉及,这就局部反映其历史进程。

三、《新五代史》的"春秋笔法"及其史料价值略说

郭正忠先生在述及《新五代史》和《新唐书》"义例"诸问题时,指出:"欧阳修著二史的'义例'特点,主要仿效《春秋》,突出褒贬精神。如叙帝王史事,即位前详,即位后略;使用具有特定含意的词语——两相攻曰'攻',以大加小曰'伐',加有罪曰'讨',天子自往曰'征',以身归曰'降',以地归曰'附',当杀曰'伏诛'……。《新五代史》列传部分,还创设各种类传,如将忠臣、节臣和失节之臣,分别列入《臣传》、《死节传》、《死事传》、《一行传》和《杂传》等等。"[《欧阳修》,见《中国史学家评传》(中)]"义例"的创设,使材料的剪裁有一个框架,这对于历史过程的客观性叙述有一定影响。如在处理《家人传》时,按同其号而别其家原则,"唐一号而三姓,周一号而二姓","唐从其号,见其盗而有也;周从其号,与之也。而别其家者,昭穆亲疏之不可乱也。号可同,家不可以不别,所以别嫌而明微也"。(《新五代史》卷六《唐废帝家人传·论》)至于因"褒贬"的需要而严格使用词语或笔削史料,显然不利直书史事。前人已对欧史"义例"提出批评,并非全无道理,也非句句有理。

《新五代史》所包含的史实有的较《旧五代史》丰富,尤其列传部分如此。《新五代史·伶官传》的丰富史实为《旧五代史》所无,它描述了庄宗"好俳优"的情况。对伶官敬新磨的诙谐、机智以及景进、史彦琼、郭门高之败乱国政,写得生动具体,使史文生色不少。《杂传》的《赵在礼传》所述在礼征收"拔钉钱"的荒唐行径,也为《旧五代史》所不载。《新五代史》关于十国史事记述一般较《旧五代史》详尽。

当然《新五代史》删削《旧五代史》的史料,删削不当者也有,对此清人

王鸣盛已提出批评。至于某些记述错误之处,各史均有,不必以为褒贬依据。

《新五代史》的文字虽有一些特定用法以寓褒贬,但全书文字简洁生动,为《旧五代史》所不能比。

《宋史》说略

裴汝诚

《宋史》包括本纪四十七卷，志一百六十二卷，表三十二卷，传二百五十五卷，计四百九十六卷，是《二十四史》中卷帙最多的官修纪传体断代史。

一、撰修始末

元世祖灭宋之后，即命史官修撰辽、金、宋三史，元仁宗延祐至文宗天历年间（1314—1329）又多次下诏修撰三史。但是这些诏令都成了具文，并没有修成三史，原因是元朝廷内部对于修三史的义例主张不同，一派要"以宋为世纪，辽、金为载记"，即以宋为主，辽、金附于宋，另一派则主张"以辽、金为北史，宋太祖至靖康（即北宋）为宋史，建炎以后为南宋史"，双方各执一说，不能统一，长期未能成书。

元顺帝至正三年（1343）三月下诏分别修撰辽、金、宋三史，以中书右丞相脱脱为都总裁官，中书平章政事铁木儿塔识、中书右丞太平（即贺惟一）、御史中丞张起岩、翰林学士欧阳玄、侍御史吕思诚、翰林侍讲学士揭傒斯为总裁官，并在全国募集史臣和书籍。至正五年十月辛未，辽、金、宋三史成，《宋史》在三史中最后完成，亦仅用时两年半。为什么迁延几十年未成之事，却在短短两年半的时间完成呢？一是不再争论修史义例，决定三史分撰；二是以前代史为鉴诫，以见元王朝得天下和辽、金、宋三朝失天下的缘由，"前人善者,朕当取以为法;恶者,取以为戒”。皇上需要如此,臣子也当知晓,“以前代善恶为勉”;三是熟悉掌故的耆旧故人尚在,前朝的典籍尚未散失,如不抓紧时间修史,人员和典籍发生变故,就难以完成修撰工作了。不难看出,在决定修史问题上,元顺帝的作用是关键所在,而他对修撰三史的目的,则在于以历史上朝代的兴亡盛衰与臣僚共勉,以挽救急剧衰亡中的元王朝。他和史官一起完成了三史的修撰,为后人留下了三部史籍,是应予肯定的,而他欲挽救元王朝灭亡的打算还是未能实现,仅在十年之后,覆灭元王朝的元末农民大起义就爆发了。

《宋史》署名脱脱等撰,因为他是撰修辽、金、宋三史的都总裁;《宋史》的进呈者是阿鲁图,因为他当时是领三史的中书右丞相,循例而已。

二、史官史料

元末修史的主客观条件如何呢?当时文坛巨子、预修《武宗实录》和《文宗实录》的苏天爵,曾给应诏北上担任总裁官的欧阳玄写过一封信,此信收在苏氏《滋溪文稿》卷二五,题《三史质疑》,涉及修史的许多问题,既中肯,也尖锐,今扼要条列如下:

(1)自太祖至宁宗,实录凡三千卷,国史凡六百卷,编年又千余卷,其他宗藩、图谱、别集、小说,不知其几。今天修史,是将这些材料统统加以研究,笔削去取,以成新史,还是仅仅根据宋国史进行编修?

(2)宋理宗、度宗两朝日历残缺,应当访求。史官修史应先用起居注和日历修成实录,有了实录方可修国史。现在理宗实录未完,度宗以后全无实录。现在修撰《宋史》,是按程序先撰实录然后修史,还是直接就动手修《宋史》?

(3)周世宗在削平十国之际死去,宋太祖因其子母孤弱而夺取政权。宋国史说“陈桥兵变者,欺后世也”。陈大任写《辽史》时说:周殿前都点检赵匡胤废其主自立。今修《宋史》,是用陈大任的说法,还是别立说法?

(4)“宋太祖之死,人多疑之,观《长编》所载隐隐可见”。又袁桷曾说:秦王廷美、吴王德昭、秦王德芳皆由赵普而死,今宋国史《赵普传》无一语及之，而李焘私作《赵普别传》姑略言之，果可信欤？

(5)古人修史，到唐修《晋书》、《隋书》，始用众手。然而亦是让他们担任自己学术所长的部分，如让李淳风、于志宁担任撰写志的部分，颜师古、孔颖达则修纪、传，是因为颜、孔博古通今，而李、于通晓天文、地理、图籍之学的缘故。所以《晋书》、《隋书》的质量高于古今各史。欧阳修撰《唐书》、《五代史》，律历志由刘羲叟负责撰写，因为刘氏精通律历。今天的学者，哪一位通晓天文、律历、地理之学？

(6)欧阳修撰《唐书》，凡废除旧传六十一，增加新传三百三十一，志三，表四。如今修三史，旧传当废者有几，传、志当增者有几，如《宋中兴四朝史》诸传尤少，原因是理宗初年修史时，许多前朝人都还在世的缘故。这应当怎么增加？

(7)司马光作《资治通鉴》用力十九年，欧阳修写《唐书》历时十七年，而李焘撰《续资治通鉴长编》垂四十年。今天修撰辽、金、宋三史，"限以岁年"，可以吗？

苏天爵所提各个问题，都是修三史时应该认真对待的，就宋人所有的国史、实录等官修典籍看，理宗、度宗以下不全，理应续修齐整而后动手修《宋史》；宋官方所修典籍和陈大任所写的《辽史》有矛盾，亦和宋人李焘的著作有歧异，这些重大问题，是讨论解决，还是袭用一说？这是资料是否完备与事实是否统一的问题。而有没有专门人才担任各类志的撰写，有没有大手笔增删润色纪、传内容，这可以归之为人才问题。所以苏天爵在《三史质疑》的最后诚恳地指出：先儒说过，"修史者当得人得书"，"今三史笔削宜得其人，考证当得其书，庶几可传于世"。那么，元末修史时的"得人"和"得书"情况如何呢？今从史官和史料两个方面加以考查。

关于史官，《宋史》附录有《修史官员》表：

领三史、中书右丞相、监修国史阿鲁图，他自称"素来不读汉人文书，未解其义"。宰相监修国史，不干实事，这在历代修史时并不是少见的，可是监修国史的宰相竟然不读所写历史民族的文书，对它毫无了解，则恐绝无仅有了。又一位领三史、中书左丞相别儿怯不花亦仅是具衔挂名者，以至在《元史》本传中也无一字涉及他修宋史的记载。

前中书右丞相、都总裁脱脱，在宋史尚未成书时已经离任，只是因系三史都总裁，所以《宋史》成书后，仍署名脱脱撰。

都总裁之下设总裁，修《宋史》的总裁官为七人，他们是实际上的定稿人。今据《元史》有关传记摘要简介于下：

铁木儿塔识（一作帖睦尔达世），于辽、金、宋三史修撰“多所协赞”。他的学术特长是对宋伊洛诸儒的著作深有研究。

贺惟一，后赐姓蒙古氏，名太平，史载他“力赞其事，为总裁官，修成之”。

张起岩，对宋儒道学源委很有研究。史官有自以为是的，每每有不妥当的看法，“起岩据理窜定，深厚醇雅，理致自足”。

欧阳玄，青少年时代，于“经史百家，靡不研究，伊洛诸儒源委，尤为淹贯”。至正修三史，召为总裁官，“发凡举例”，使执笔史官有所依据；史官有议论不公者，不与争论，待其交上稿子，则予以更正改定。至于论、赞、表、奏，全出自欧阳玄之手，与张起岩一样，是撰修《宋史》的主要总裁官。

李好文，曾编撰《太常集礼》五十卷，选择三皇至金、宋时期的治乱兴亡事迹，撰成《大宝录》，又摘录前代帝王是非善恶之所当效法和当鉴戒的事例，编成《大宝龟鉴》。在总裁官中，李好文当是知礼晓史者。

从上述简单介绍中可以看出，他们之中在学术特长上以研究伊洛道学者为主，精于天文、律历、地理者少；史官中存在不同看法，他们不进行研讨，而是交稿后由总裁官直接改定，所以《宋史》被后世讥为“芜杂”，定稿的总裁官难辞其咎，当负主要责任。任总裁者尚有王沂和杨宗瑞。

史官有斡玉伦徒、泰不华、杜秉彝、宋褧、王思诚、干文传、汪泽民、张瑾、麦文贵、贡师道、李齐、余阙、刘闻、贾鲁、冯福可、赵中、陈祖仁、王仪、余贞、谭慥、张翥、吴当、危素等二十三人，分别负责，最终汇为一编。

以修史首需得人，应有各专门知识的学者和增删润色得心应手的大手笔等条件衡量，《宋史》撰修人员并非上乘之选，难称得人。

关于得书的条件，撰修《宋史》时应该是很好的。元灭宋时，任临安留守事的董文炳说：“国可灭，史不可没。宋十六主，有天下三百余年，其太史所记具在史馆,宜悉收以备典礼。”乃得宋史及诸注记五千余册,归之国史院。南宋国史馆的丰富藏书全部为元朝所有。而上引苏天爵给欧阳玄的信中说道,直到元末这些宋国史、实录等依然无损。此外,距离元末修三史之前不久的二十余年,袁桷曾奏上《修辽金宋史搜访遗书条列事状》,按纪、志、表、传所需之书,开列一百五十余种,以备修史之用。搜访遗书的成效如何,不得其详,但在元末修史时,袁桷之孙袁曮,“乃以家书数千卷来上,三史成书,盖有所助”。所以,元末修史时,“得书”这个条件,是优于“得人”条件的。

三、资料来源

《四库全书总目》说,《宋史》以“宋国史为稿本”,清人赵翼也说:“宋代国史,国亡时皆入于元。元人修史时,大概只就宋旧本稍加排次。”这些说法基本上符合《宋史》资料来源的实际情况,现以纪、志、表、传顺序探讨《宋史》资料情况,并对其中一些意见略作说明。

本纪主要记载皇帝处理军国大事的事迹,在以帝王为中心的封建时代,它在实际上就是那个时代的大事记,是关乎全书的纲要。宋朝修国史时,史官要先呈“纪草”,由皇帝亲自审核批准后,史官才可以正式开始修史,这表明皇帝对修撰本纪的重视,也清楚地表明皇帝对修史工作的干预,这种举动是宋以前各代所没有的,是封建专制主义的进一步发展。宋代已修国史有记太祖太宗真宗朝的《三朝史》、记仁宗英宗朝的《两朝史》、记神宗哲宗徽宗钦宗朝的《四朝史》和记高宗孝宗光宗宁宗朝的《中兴四朝史》,理宗朝未成,度宗、瀛国公和二王缺如。可以说大体完备,所欠不多。《宋史》本纪基本袭用宋国史的本纪,最为明显的例子,是前文苏天爵《三史质疑》中提到的第三条“陈桥兵变”记事和第四条“太祖之死”记事,元修《宋史》时已经知道宋国史的这两条记事有回护,有疑问,有不同记载,但在修史时还是袭用宋国史作罢。但是,它也有所增删变化,如赞语显然是元人手笔,又如陈智超曾用今存的《太宗皇帝实录》残本与《宋史·太宗纪》比勘,发现《太宗纪》的一些内容是《太宗皇帝实录》所没有的,有一些又是相同的,可见《宋史》本纪不仅使用了宋国史本纪,也使用了实录的本纪,也还有其他来源。(陈高华、

陈智超等著《中国古代史史料学》,北京出版社 1983 年版)

志的修撰是难点,因为志的内容记载典章制度,既需要专门知识,如前文苏天爵《三史质疑》所说的天文、律历、地理等专门知识和专长学者,又因为一项制度都有个发生、发展、变化的演变过程,这一过程可能和几位皇帝相关,所以就需要前后呼应,以见始末,所以历来修志被认为是全书的难点。

《宋史》十五个志,共一百六十二卷,数量之多,居《二十四史》各史之冠。《宋史》各志门分类别,清晰爽目。明修《元史》时,于《纂修元史凡例》中说:"历代史志,为法间有不同。至《唐志》,则悉以事实组织成篇,考覈之际,学者惮之。惟近代《宋史》所志,条分件列,览者易见。今修《元史》,志准《宋史》。"(中华书局标点本《元史·纂修元史凡例》,中华书局 1976 年版)《宋志》的资料来源如何呢?《宋志》的序文给我们提供了线索,为便于阅览,今按各志分摘于下:

《天文志》十三卷,序称:"今合累朝史臣所录为一志,而取欧阳修《新唐书》、《五代史记》为法,凡征验之说有涉于傅会,咸削而不书。"这说明该志取材于宋国史志,而效法欧阳修的史法,但对有些内容删削了。

《五行志》五卷,序称:"今因先后史氏所记休咎之征,汇而辑之,作《五行志》。"

《律历志》十七卷,序称:"旧史以乾元、仪天附应天,今亦以乾道、淳熙、会元附统元,开禧、成天附统天……备载其法,俾来者有考焉。"《宋史》以宋国史志为法略有调整,但基本上是采用旧志。

《礼志》二十八卷,数量之大占全部《二十四史》礼志一半以上。序称:"今因前史之旧,芟其繁乱,汇为五礼,以备一代之制,使后之观者有足征焉。"基本用宋国史志,但有删削。

《乐志》十七卷,序称:"今集累朝制作损益因革,议论是非,悉著于编,俾来者有考焉,为《乐志》。"

《仪卫志》六卷,序称:"今取(国史)所载,撮其凡为《仪卫志》。"

《舆服志》六卷,序称:"今取旧史所载,著于篇,作《舆服志》。"

《选举志》六卷,序称:"今辑旧史所录,胪为六门。"

《职官志》十二卷，序称："……类而书之，先后互见，作《职官志》。以至廪给、傔从，虽微必录，并从旧述云。"《宋史·职官志》中经常出现"国朝"字样，是元史臣未删改掉的宋国史旧痕，可见"并从旧述"确是属实，但它也有杂用《文献通考·职官考》等史籍撰修的情况。

《食货志》十四卷，序称："宋旧史志食货之法，或骤试而辄已，或亟言而未行。仍之则徒重篇帙，约之则不见其始末，姑去其泰甚，而存其可为鉴者焉。"这就是说，《宋志》基本取材宋国史志，但有删削，并杂用它书以成之。

《兵志》十二卷，序称："今因旧史纂修《兵志》。"

《艺文志》九卷，序称："宋旧史，自太祖至宁宗，为书凡四。志艺文者，前后部帙，有亡增损，互有异同。今删其重复，合为一志，盖以宁宗以后史之所未录者，仿前史分经、史、子、集四类而条列之。"这就表明，宁宗以前的志文，是多用宋国史志，宁宗以后是元史臣依宋国史志体例补撰。

以上十二个志，就各志序文可知，《宋志》基本取材宋国史志，其中又有两种情况：一种是照搬宋国史志，另一种说明对宋国史志有"损益因革"变动。其中变化最大的，是删去宋国史志中的两个志："宋旧史有《老释》、《符瑞》二志，又有《方技传》，多言禨祥。今省二志，存《方技传》。"(《宋史·方技传》)变动最小的是《宋史·律历志》，"惟总序一篇乃元臣之笔。自一卷至三卷，本之《三朝史》；四卷至九卷，本之《两朝史》；十卷至十三卷，本之《四朝史》；十四卷以后，本之《中兴史》。四史体裁，本末画一，史臣汇为一志，初未镕范，故首尾绝不相应"。(钱大昕《廿二史考异》卷六十八)元修《宋史》，过于粗率了。

此外，《地理志》、《河渠志》和《刑法志》的序文没有说明资料来源，先师邓广铭先生在《〈宋史·刑法志〉考正》序中说到《刑法志》的来源时写道：第一，《宋史·刑法志》不是直接以宋代国史中的志作蓝本，稍加删改而成的。第二，《宋史·刑法志》当中的一部分记事，是从马端临的《文献通考》中的《刑考》抄袭而来的。第三，《宋史·刑法志》的记事，除抄用《文献通考》外，还从别的书中采摭了一些。所以它的来源是多元的而不是一元的。(邓广铭《邓广铭学术论著自选集》，首都师范大学出版社1994年版)其他二志的材料来源，尚待考实。据闻我国著名史家徐规先生有《宋史地理志补正》之作,惜未拜读。徐先生是考据专家,对此必有确凿论述。

为什么十五个《宋志》中,有《刑法》等三个志没有依据宋国史相关各志呢?是宋国史缺此三志?断然不能,因为元末得到宋国史是完整无缺的,而这三种志在我国传统纪传体史籍中也是都有的。那么《宋史》这三个志(至少《刑法制》)之所以不同于其他十二个志的做法,就有另一种可能了,这就如前文引用的张起岩、欧阳玄两总裁官传文所说,有的史官自以为是,别有新说,与众不同吧。

《宋史》有《宰辅表》五卷和《宗室世系表》二十七卷,共三十二卷。

《宋史》卷二一〇《宰辅表》序称:"自太祖至钦宗,旧史虽以三朝、两朝、四朝各自为编,而年表未有成书。"又说:"今纂修《宋史》,故。"其下百衲本《宋史》为墨丁,墨丁之下接"采纪、传以为是表"。墨丁所没内容,我们在校点《宋史》时,比勘武英殿本、浙江书局本后知道,是"一以实录为据旁搜博"九字,加上这九个字,就表明该表以宋历朝实录为主,并博采宋国史本纪和列传而作《宋史》的《宰辅表》。如果照百衲本《宋史》,并把墨丁视作刻版时的删除记号,则文字亦通顺,作"故采纪、传以为是表",表明修撰此表时,资料来源仅是宋国史的纪和传而已。为慎重起见,我们当时没有将以上九个字直接补入,而是依然保留正文中的百衲本墨丁,同时于校勘记中说明殿本和局本有这九个字。据《宰辅表》序又称,宋代虽有陈绎奉敕所修二府《拜罢录》和司马公所作《百官公卿表》,并都上之史馆。此后,曾巩、谭世勣、蔡幼学、李焘诸人皆曾续编百官表,然而"表文简严,世罕知好,故多沦落无传"。两者对照,这《宋史·宰辅表》,就只有以官修的宋国史、实录为资料来源了。20世纪80年代中,王瑞来校补宋徐自明《宋宰辅编年录》时,曾大量取校于《宋史·宰辅表》,发现关于宰辅拜罢时间和职官的记载,《宰辅表》和《编年录》往往相同,录误表亦误,表是录亦是,而与《宋史》本纪和列传的记载却往往有歧异。瑞来的结论是,"可见宋代的宰辅拜罢之书多是私家撰述"。(王瑞来《宋宰辅编年录校补》,中华书局1986年版)《宋史》取材于宋国史,《宋史·宰辅表》与《宋史》本纪、列传多有歧异,则可知宋国史亦与《宰辅表》多不同,并可断定元修《宋史·宰辅表》时，并非取材于宋国史、实录的纪与传，而是从私家撰作中取材了。如此看来，殿本和局本《宋史》所补的上述九个字，恐有臆改之嫌，而《宋史·宰辅表》的序文也有诳人之嫌了。再有一个线索亦当考虑在内，即袁桷在《修辽金宋史搜访遗书条列事状》中，关于年表类搜寻遗书里开列了：《百官公卿表》、《宰辅拜罢录》、《宰辅编年录》等私家著述，并说，这些书"目今旧书尚有，而史院无存"而已。因此，不排除过了二十几年修《宋史》时，史臣搜求到这类书，并据以修撰了《宰辅表》。《宰辅表》按照纪年，分为"宰相进拜加官"、"罢免"和"执政进拜加官"、"罢免"，清楚醒目，便于寻检，可与本纪、列传相互印证查考。《宰辅表》序说："夫大臣之用舍，关乎世道之隆污，千载而下，将使览者即表之年观纪及传之事，此登载之不容于不谨也。"至于贤佞、正邪、任用之专否，政治之得失，"皆可得而见矣"。这就是该表的作用所在。

《宗室世系表》十分庞大，中华书局标点本《宋史》共四十册，而此表就占去八册（17—24册），其中名字或漫漶不清，或奇文怪字，刻字排印以及阅读均感吃力。但它却能反映宋室宗亲支脉，服属远近。就我们今日或日后来说，如有出土宋代墓葬且与宗室有关者，亦可聊备查证。《宗室世系表》序称："今因载籍之旧，考其源委，作《宗室世系表》。"这里所说的"载籍"，大约就是指宋宗正寺编修的玉牒、属籍、宗藩庆系录、仙源积庆图、仙源类谱之类，元史臣据以考定而作《宗室世系表》。苏天爵说，这些谱牒元末时尚存。

《宋史》列传二百五十五卷，二千八百余传，规模之大，传主之多，超过《旧唐书》一倍多。它的资料来源也是宋国史、实录，可能参考了王稱《东都事略》和一些墓志、行状等私家撰述。这从以下几个方面可以得到印证：宋国史是北宋详南宋略，《宋史》也是如此。《宋史·文苑传》凡九十六人，其中南宋只有十一人，占九分之一，而南宋文人很多，存世诗文集亦多，但在《宋史》中却没有传。又如《循吏传》全部是北宋人，南宋竟无一席，可见《宋史》诸传这种详略状况，主要系因抄袭宋国史的缘故。至于理宗朝以后的列传，因无宋国史作依据，可能是元人根据修撰不全的实录、日历附传写成，或是使用墓志一类资料撰就，但这类的工作，元末史臣也确实用力不多，所以南宋部分才如此简略。至于说《宋史》北宋部分的列传多和《东都事略》相近,这不能排除修《宋史》时抄袭的可能,同时也应考虑到《东都事略》和《宋史》的资料来源相同,因为《东都事略》的基本资料十之八九亦是源自宋国史,关于此,洪迈在修神、哲、徽、钦四朝国史时,因推荐《东都事略》可供修史使用就曾明白指出了。那么,元人在撰修《宋史》列传时究竟做过哪些工作呢？现在先从一个事例说起。陈襄《古灵集》附录了宋国史的《陈襄传》,我用它和《宋史·陈襄传》相对勘,传文全部相同,可以断定《宋史》的传文照抄宋国史本传无疑。不同的是,宋国史是郑獬、陈襄、钱公辅、孙洙合卷,有"史臣曰"为证。而《宋史》则于此四人之外,又增丰稷、吕诲、刘述、刘琦、钱顗、郑侠,见《宋史》卷三二一。虽说《宋史》增多了传主,一卷之中有十人,但是在这十人之中,《宋史》又分作两档,写了两个传论,其中第一档中包括宋国史的四个人,并增加《丰稷传》,表明《宋史》对宋国史的传主有调整,修史的元臣做了工作。此外,《宋史》的《传论》和宋国史的《史臣曰》也有明显不同,为说明问题起见,今录于后:

《宋国史》史臣曰:"(郑)獬、(陈)襄、(钱)公辅、(孙)洙,用儒学奋身,为治平、熙宁间名侍从,皆以言论据正,为王安石所不容,狙伺间隙,排而去之,无复有为国家爱惜人才之意。洙且用而死,世犹悲之;襄荐士之章,不为一言虚美,惟贤知贤,于是为至,绍兴天子褒诏表而出之,襄之名其足以不朽矣。"

《宋史·陈襄传》论曰:"熙宁行新法,轻进少年争趋竞进,老成知务者逡巡引退,何其见几之明邪？(郑)獬议论剀切,精练民事,青苗法行,獬独幡然求去,至窘迫不堪,弗恤也。(陈)襄奋起海隅,屡折不变,学者卒从而化,乃心民事,死犹不已。(钱)公辅以忤安石见黜,(孙)洙为谏官不能言,至免役取赢,洙方力争,所谓不揣其本者欤!(丰)稷劾蔡京,论司马光、吕公著当配享庙庭,盖亦名侍从也。"

"盖亦名侍从也",语出宋国史"史臣曰",足见《宋史》传论也参考了宋国史的"史臣曰"。此其一。《宋史》"论曰"的内容,加大了批判王安石及青苗法的力度,同时增添了褒奖丰稷名侍从的内容,以其主张司马光和吕公著这两位主持元祐更化的人物应当配享也。此其二。《陈襄传》的传文全同,但传论改作且调整了传主,这就是对勘后的结论。能否根据此例就对《宋史》全部列传得出相同的结论,这是个极严肃的学术问题,难下断语,然而确实存在以上实例,则是不争的。

从以上《宋史》的纪、志、表、传四部分来看,《宋史》全书以宋国史为蓝本,或说《宋史》的资料依据主要来源于宋国史,是符合它的实际情况的。

四、古今评说

《宋史》问世以来,对它进行评说者甚多,大体可分作三个阶段、三种意见。

元末至清初,评议者以《宋史》义例不当而主张重新撰写;清乾嘉至20世纪三四十年代之前,评议者虽也以义例评说《宋史》,但多属考异、纠谬,抨击“芜杂”,而不再提重新修撰;三四十年代迄今,以对《宋史》进行抉原匡谬、考证补正工作为主,以便读者使用。

据赵翼《廿二史劄记》载,元末,周以立因辽、金、宋三史体例未当,欲重修而未能。到明正统(1436—1449)中,其孙周叙继续其未竟之业,工作数年,未及成书而卒。嘉靖(1522—1566)中,明廷拟更修《宋史》,由严嵩领其事,结果也未能成书。明代更修《宋史》的人还有不少,其中最有影响的当属柯维骐及其《宋史新编》。

柯维骐,字奇纯,莆田(属福建)人,明嘉靖癸未(1523)进士。他用二十年时间改修《宋史》,成《宋史新编》二百卷,计本纪十四卷,志四十卷,表四卷,列传一百四十二卷。它将宋、辽、金三史合为一书,以宋为主,辽、金相附,又将南宋二王(益王赵昰,年号景炎;卫王赵昺,年号祥兴)单独成纪,宗旨在于尊崇宋朝。他用心专,用力勤,并取得一定成绩,但最终不能代替《宋史》。先师邓广铭先生在比较了《宋史·刑法志》和《宋史新编·刑法志》之后说:柯维骐的《宋史新编》,把《宋史·刑法志》三卷删并为一卷,又标明门类,加以区分,又从列传中钩出数事移于志中,对于《刑法志》总算用过一番功夫,然而对于志中所有的各种差谬,却全未加以补正,一切都照原样移植在《新编》当中。既然在材料上没能超出《宋史》范围,又对原书的差谬未能补正,在所谓义例上再加大变更,最终也难以为读者所接受,从而也绝然不能代替《宋史》。该书曾于 20 世纪 30 年代由上海大光书局排印出版,但流传不广。

《宋史纪》,明王维俭撰,全书本纪十五卷,表五卷,列传二百卷,志三十卷,共二百五十卷。从它的凡例包括辽、金两朝来看,编撰旨趣大致和《宋史新编》接近。该书有抄本,现存北京大学图书馆。(柴德赓《史籍举要》,北京出版社,1982 年版)

《宋史稿》,陈黄中撰,书成而未刊行。钱大昕《潜研堂文集》卷二八有跋语:"本纪十二,志三十四,表三,列传一百七十,共二百十九卷。"它对《宋史》有更动,如将史弥远、史嵩之入《奸臣传》,而将曾布从《奸臣传》移出。

在这个阶段中,有意重修《宋史》而未能成书者,还有顾炎武、朱彝尊、全祖望、杭世骏、邵晋涵、章学诚等人。(参见《中国古代史史料学》)修成南宋部分的则有钱士升的《南宋书》,但因资料不足亦仅备参考。

第二个时期中,虽然对《宋史》多有批评,但多限于批评它详略失当,繁芜杂乱,不再提出重修《宋史》,甚至还明确表示不同意《宋史新编》的重修办法。这一时期内影响深广的人物当属钱大昕、赵翼,而《四库全书总目》的《宋史》提要,则反映了清王朝的官方意见。

《四库全书总目》认为,《宋史》最无理之处,莫过于将《道学》和《儒林》分别立传;最有理之处,莫过于本纪终止于瀛国公而不录二王,以及辽、金两朝各自成史而不附之于宋。批评《宋史新编》增加景炎、祥兴二王本纪,又以辽、金置于《外国传》,与西夏、高丽同列,属于纲领性的错误,虽然也做了一些"纠谬补遗"工作,取得一些考订成绩,但均是小修小补之功,不足称道。显然,《四库全书总目》与《宋史新编》观点对立。它表面上批评《宋史新编》的编次安排,实际上反映着更深层次上的民族观念和正统思想,而柯维骐重修《宋史新编》的宗旨也在这里。四库馆臣用"最无理者"和"最有理者"这种字眼衡量、批评《宋史》和《宋史新编》,则表示了没有调和余地,所以四库馆臣把《宋史新编》编入《四库全书总目》的别史存目类,并写了一篇措辞犀利、观点鲜明的提要。

钱大昕在《潜研堂文集》、《廿二史考异》等著作中对《宋史》多有批评，并对后世有很大影响，略说如下：

(1)“太宗神功圣德文武皇帝”，钱案：宋诸帝谥皆十六字，独《太宗纪》首止六字，而篇末亦无增加尊谥之文，此史家脱漏也。

(2)《真宗纪》天禧元年四月陈尧叟卒，钱案：《太宗纪》石熙载以前枢密使、官仆射书薨；尧叟亦前枢密使，且加平章事，官亦至仆射而书卒，于例未安。

(3)吕诲以右谏议大夫书卒(熙宁四年)，诲非两府，非使相，其卒不当书于本纪。

(4)“本纪之例，书日食，不书月食”。

(5)“本纪已记其任免，而《宰辅表》失书”。

(6)律历志，惟奉元、会天二法不存。钱案：“……奉元术虽失传，其改造本末亦应见于志，而史家略不及之，此挂漏之大者。”

(7)礼志五：“二月七日，宴群臣于大明殿。”钱案：“史家记日，例书干支，从无以一二数者，惟《宋史·礼志》则否。”

(8)职官志，正言兼说书，自端明巫伋始；副端兼说书，自端明余尧弼始。端明殿学士盖二人所终之官，非说书时已任端明也，当删去“端明”二字乃合史法。

在《考异》中，类似上述八例的条款还有很多，勿须摘引其他，已可清楚看到，从本纪到诸志，书法不一，自乱体例，草率从事，不一而足，使我们了解到《宋史》的芜杂状况，对正确使用《宋史》助益亦多。但是《考异》所列各种问题，毕竟不属体例统一之类，至于被四库馆臣视作关乎大纲的重大问题，钱大昕则是和馆臣及《四库全书总目》相一致的。他在《潜研堂文集·宋史跋》中，明确表示：“彼修《宋史》者，徒知尊道学，而未知其所以尊也。”而他最具有影响的看法，是他在《跋柯维骐宋史新编》中的一段话，他说，读《十七史》不可不兼读《通鉴》，因为《通鉴》之取材有多出正史之处，又能考各史之异同而作出正确裁决判断。朱熹的《通鉴纲目》虽因《通鉴》而成并且没有增加新材料，但义例谨严，还能成为一家之言。柯氏《宋史新编》较比薛应旂《续通鉴》，用功已深，义例亦有胜于《宋史》之处，“惜其见闻未广，有史才而无史学耳”。对于《宋史新编》的批评击中要害，只有才学兼备，方能成就一代之史。接着又说道：“后之有志于史者，既无龙门（司马迁别称）、扶风（班固别称）之家学，又无李淑、宋敏求之藏书，又不得刘恕、范祖禹助其讨论，而欲以一人之精力成一代之良史，岂不难哉！”（吕友仁校点钱大昕《潜研堂文集》，上海古籍出版社1989年版）这就提出了改修《宋史》的条件，一是自身条件，二是书籍条件，三是集体力量的条件，不具备上述条件，以一人之力要改修《宋史》是难以完成的。事实上从清乾嘉以后，再没有人要改写《宋史》了。钱氏的意见是客观的，实事求是的。

赵翼在《廿二史劄记》和《陔余丛考》中也提出了《宋史》的一些问题，并将宋、辽、金三史对应考查，发表了一些颇有内容的评说，譬如指出辽、宋二史相合之处与不相合之处，金、宋二史相合与不相合之处。使人们知道，研究宋史当兼及辽、金史。指出元修宋、辽、金三史有旧本，涉宋、辽、金史的资料源头问题。还指出排次失当，紊乱体例，不必立传而拉杂入传，一事见于两人传内；数人共一事，而立传时以其事分记各传，像各为其事而不相同；又举例说明不晓字义致误，不明地理致误，不考时间致误，不考史实致误，评价是非失当，卷帙虽繁而事迹多有遗漏。凡此种种，赵翼均一一举出例证，对我们了解《宋史》其书，很有参考价值。

陆心源辑撰的《宋史翼》，正传凡七百八十一人，附传六十四人，大多为南宋人。它的《循吏传》收一百二十八人，附传三人，凡一百三十一人，超过《宋史·循吏传》人数十倍。《儒林传》，《宋史》正传六十七人，附传十人，凡七十七人；《宋史翼》收正传六十九人，附传四人，凡七十三人，几乎与《宋史》等。又如《文苑传》，《宋史》正传八十二人，附传十四人，凡九十六人；《宋史翼》则正传一百零三人，附传六人，凡一百零九人，超过了《宋史》所收人数。可以说，《宋史翼》在一定程度上弥补了《宋史·列传》部分的不足和缺漏。（《宋史翼》“影印说明”，中华书局1991版）当然《宋史翼》所增诸传，是否均属应入《宋史·列传》之中，读者尚可取舍。

这个阶段何以侧重批评《宋史》芜杂，不再如同《宋史新编》那样合三史为一书重加修撰呢？依我看来，主要有两个原因：一是乾隆初年已经钦定《二十四史》，辽、金、宋三史分列其中，清代学者自然不可能贸然轻拂皇帝钦定之意另创新说；二是由元末经明代到清乾隆钦定《二十四史》之前，尝试改撰者已有不少人，结果是或有拟议而未见行动，或虽有行动而无成果，或有成果而不能得到学者的赞同，实践结果，就使钱大昕有了上文引用的《跋柯维骐宋史新编》那篇总结性的文字。

第三个阶段开创了研究、补正《宋史》的新局面，开创者就是当代史学大师邓广铭师。早在 20 世纪 40 年代，先生在总结明清两代学者研治《宋史》的情况后，提出了撰著《宋史校正》的计划，并先后发表了该书的两个部分，即《宋史职官志考正》和《宋史刑法志考正》。先生在《宋史职官志考正》自序中写道："明清两代屡有倡议重修之人，且有已将成书刊布者。然对《宋史》本书实未能先为之条分件析，洞察其各部分症结所在；仅模糊笼统谓其义例之未善而遽予更改，谓其文字之芜累而遽予删除，是则所加诸未能征信于世人之书者，仍为不足以取信于世人之道"。在没有研究《宋史》本书，洞察各部分症结的情况下，动手更改它或删除它，其结果是难以取信于世人。先生广征宋代文献，取与《宋史》相校雠，"勘正其谬误，补苴其疏脱，考论其得失，探索其源流，汇为《宋史校正》一书，使《宋史》之长短利病，毕皆呈露，议改修者庶可就此而得所凭藉"。此外，先生又发表了《读〈宋史·王钦若传〉札记》、《〈宋史·刘恕传〉辨正》、《〈宋史·许及之、王自中传〉辨正》、《〈宋史·岳飞、张宪、牛皋、杨再兴传〉考辨》等考论文章。所有这些研究考正《宋史》志、传的论著，均是前所未有的成果。国学大师陈寅恪先生在《〈宋史·职官志〉考正》序中称许道："他日新宋学之建立，先生当为最有功之一人，可以无疑也。"先生一生的治学实践，完全证明陈寅恪先生的远见卓识正确无误。在学习和工作实践中，我体会老师的教导是：要正确认识《宋史》，必须认真阅读和研究它，要找出它的资料来源（即抉源），包括官修的历代实录、国史、会要等，也包括私撰的文集、笔记和史籍，掌握这些官私文献的成书经过、作者生平、版本源流，社会环境和背景，评定它的优劣长短，了解它的特点，尽量仔细地用它和《宋史》比勘研究，才能正确使用《宋史》，才能发现和解决它的错误（即匡谬）。只有“抉源”才能“匡谬”，只有“匡谬”才能正确认识和使用《宋史》。由治书到治史，形成了邓广铭史学的特点：抉源求真，匡谬创新。先生对《宋史》部分志、传的整理与研究，辟草莱，示门径，贡献至伟。

我国著名史家陈乐素先生的遗作《宋史艺文志补正》，由陈智超整理完成并交给了出版社。敬爱的陈老以半个世纪的功力，三易其稿，对《宋志》中错漏百出的《艺文志》加以整理研究，对我国古代目录学和《宋志》的研究作出巨大贡献。我有幸在1984年夏于暨南大学先生处读到一篇抉发《艺文志》诸种谬误的论文，条分件析《艺文志》错误几十类，并亲聆先生教诲，得益良多。遗憾的是至今未能拜读全书，仅就智超的文章知道，陈老的《宋史艺文志考证》包括三个部分，第一篇是《宋史艺文志考异》，这是全书的基础，也是它的内容。凡是《宋志》著录的九千多种古籍，记载与他书有异，或本志上下文有异之处，一一举出，再分析、考证，哪些是《宋志》之误，哪些是他书之误，不能判断是非的也加以说明。《宋志》著录有重复的，也一并指出。第二篇是《宋史艺文志误例》，约二十七万字。它和《考异》不同之处是：《考异》是以一部书为单位，考订《宋志》在撰人、书名、卷数等方面与他书记载的异同及正误。而《误例》则是以《宋志》的各种错误为纲，分析致误的原因，以《宋志》的条目为例证。例如在“撰人之误”这个总题目下，分列“形近而误”、“音近或同”等小题，将《考异》中有关条文内容置于其下。我在1984年拜读的手稿，就是《误例》的一小部分。第三篇是《宋史艺文志研究札记》，这是全书的更高阶段，更重要的成果。令人万分惋惜的是，陈老留下大量笔记和日记中的原始资料，竟溘然长逝了。智超钻研了这些宝贵的资料之后，继续完成了撰写任务，并取名《研究札记》。（参见《陈乐素教授（九十）诞辰纪念文集》，广东人民出版社1992年版）

徐规先生是我国著名学者、宋史专家，由徐先生规划并主持的《宋史补正》工作，已经出版了何忠礼教授的《宋史选举志补正》、龚延明教授的《宋史职官志补正》、梁太济、包伟民教授的《宋史食货志补正》三种，徐规先生亲自审阅三书稿，并完成了《宋史地理志补正》，这些成果为我们正确认识和使用宋志提供了条件。限于篇幅，今以《宋史食货志补正》为例略作说明如下：

《宋史食货志补正》探讨了《宋史·食货志》和宋国史食货志的渊源关系，对比研究了《宋史·食货志》和《文献通考》相应各考的关系，指出《宋志》的主干内容，是以宋历朝国史志为依据节录而成的。《文献通考》相应各考的宋代部分，虽然主要也自宋国史志节录，但《宋志》的节录国史志，并不是通过《文献通考》转录，而是各以己意对宋国史志独立进行取舍的。与此同时，《宋志》也曾以《文献通考》为参考，并从中补充了一些内容。梁、包二位同志将有关宋人记述食货内容的官私资料搜罗殆尽，同时又几乎没有遗漏地吸收了中外整理、研究《宋史·食货志》有关门类的成果，如日本学者周藤吉之先生的众多成果等，用力之勤，令人折服。在此基础之上，两位教授对《宋史·食货志》的史料价值得出结论：一、全面记载有宋一代的经济财政概况，在纵向的时间跨度上，从北宋建国直至南宋灭亡，在横向的范围内，以二十二目涵盖经济财政的几乎所有领域，截止目前，还没有别的任何一部著作可以用来取代《宋史·食货志》。二是内容的丰富，有一些史实为《宋史·食货志》独家所拥有，这就尤其值得珍视了。在撰写《宋史食货志补正》时，梁、包两位教授首先是主要用力找出《宋史·食货志》的资料来源，"笺其所出"，二是"正其错误"，态度十分谨慎，"绝不敢以抉剔《宋志》错误众多自期"，三是"补其疏漏，仅限于《宋志》已经言及的史实而记述欠完备者，或相应的较原始资料中曾连类而书者。而不是修订本《志》或向死者指点应当如何修订"。这种工作态度和方法是科学的，可资借鉴，很受启发。同时两位同志关于《宋史·食货志》资料价值的评价也是公允的，是经比勘各种书籍之后得出的结论，我是赞同的。

此外，关于《宋史》各志的评价，也可举出《兵志》为证。所谓正史撰写《兵志》，始于《新唐书》，设一卷。《宋史·兵志》十二卷，远远详于《新唐书》。而且宋代记载军事活动的材料，有许多是不能公布的，包括皇帝的御集，也得遵守这项国家规定。在这种条件下，撰修《兵志》如此之详，是不容易的。与《宋会要辑稿·兵》、《文献通考·兵考》相比较，有的内容互有详略,但总的说来《宋志》更为充实。如关于保甲的辩论,记载之详超过了《续资治通鉴长编》和《文献通考》。禁军的驻扎分布、训练之制、迁补之制、器甲之制等,或是他书不载,或是他书欠详。在宋国史散佚不存的情况下,主要取材于宋国史志的《宋史》各志,就有其不可替代的资料价值,对它进行考订补正则可,对它进行重修则行不通。《宋志》如此,《宋史》全书也是如此。所以这个阶段内不少学者认识到,《宋史》确实存在许多谬误之处,但至今仍然没有任何一部资料书可以替代它。既然如此,以抉源匡谬为重点的考正、补正工作,则被宋史界越来越多的学者所重视,并在整理与研究《宋史》两个方面,均取得了前所未有的成果。海内外和海峡两岸的中外学者和出版机构做了大量的工作,加强了交流,整理点校和影印排印了多种宋代史籍和研究论著、多种索引,其中不少古籍是元末修《宋史》时国史院尚在搜求的书籍。完全有理由说:今天研究和使用《宋史》的条件空前优越了。

五、撰写原则

《宋史》虽以"芜杂"见讥于世,可是它的撰写原则却贯彻全书,尤其在论、赞、序中的表现更为明显。这个原则是:"先理致而后文辞,崇道德而黜功利。"前者虽有为修史粗疏遮丑之嫌,后者则渗透字里行间,突出例证就是它对元祐更化及其作用的"崇"、对熙丰变法及其影响的"黜"。在《神宗本纪》赞曰中写道:"祖宗之良法美意,变坏几尽。自是邪佞日进,人心日离,祸乱日起。"以抨击神宗任用王安石等实行改革变法。又在《王安石传》论曰里用朱熹的话说:王安石"汲汲以财利兵革为先务,引用凶邪,排摈忠直,躁迫强戾,使天下之人,嚣然丧其乐生之心。卒之群奸嗣虐,流毒四海,至于崇宁、宣和之际,而祸乱极矣"。进而把朱熹此论说成"此天下之公言也"。对王安石变法贬黜不遗余力,而同时则推崇司马光及其主持下的元祐更化。在《后妃传》序中,对元祐更化的后台宣仁高后褒扬道:"宣仁圣烈高后垂帘听政,而有元祐之治。"在哲宗孟后传内说:"宣仁太后之贤,古今母后未有其比。"对于司马光的尊崇更是无以复加:"熙宁新法病民,海内骚动,忠言谠论,沮抑不行;正人端士,摈弃不用。聚敛之臣日进,民被其虐者将二十年。……(光)一旦起而为政,毅然以天下自任,开言路,进贤才。凡新法之为民害者,次第取而更张之,不数月之间,划革略尽。海内之民,如寒极而春,旱极而雨,如解倒悬,如脱桎梏,如出之水火之中也。相与咨嗟叹息,欢欣鼓舞,甚若更生,一变而为嘉祐、治平之治。君子称其有旋乾转坤之功。”如此一崇一黜,《宋史》撰修者的基本观点已是跃然纸上了。

《宋史》既以宋国史为基本资料依据,那么,宋国史的观点又是如何呢?宋人曾说:“国史凡几修,是非凡几易。”国史是非观点的变更,决定于政坛的更迭,同时实录、日历、会要等官修史书也要随之变动,而不同观点的国史、实录等,或遭禁,或被毁。所以宋代官方修撰的史书,反映的是一派一党的观点,传世的官修书籍,是最后修改重撰的史书。以北宋神、哲、徽、钦四朝为例,因为变法、更化等政坛风云变幻,宋实录也在随之更修,是非观点也在不断变化,而最后流传于世的,就是最后完成于高宗、孝宗时期的实录和《四朝国史》,而前此所有不同观点的实录、国史,除在私撰的书籍注文中,以被告或被指责的地位有些记载之外,全书是冥然不见了。对修撰神宗、哲宗两朝实录作用最大的皇帝是宋高宗,撰作执笔的臣僚是范冲,而为神、哲、徽、钦《四朝国史》定调子、定观点看法的,仍然是宋高宗。他在绍兴四年(1134)和范冲有过一次对话,范冲说:王安石尽变祖宗法度,上误神宗,天下之乱实兆于安石,此皆非神宗之意。高宗完全赞同地说:“极是。朕最爱元祐。”又说:本朝母后皆贤,前世莫及。又说:道君皇帝圣性高明,乃为蔡京等所误。(李心传《建炎以来系年要录》“绍兴四年八月朔记事”,上海古籍出版社 1992 年版)在熙丰与元祐两个时期的变法与更化问题上,宋高宗是“爱元祐”;在追究责任时,他与王安石误神宗的说法意合;又说宋徽宗是被蔡京等所误;北宋之亡,兆始于王安石变法,最后是蔡京等误君亡国。于是“是元祐,非熙丰”的观点,王安石到蔡京的误君亡国线索,就成为修实录、撰国史的金科玉律。从宋国史的“是元祐,非熙丰”,到《宋史》的“崇道德而黜功利”,观点是一致的。我们在探讨《宋史》资料来源时,也要研究它的观点和宋代资料的关系。资料可以通过互勘进行,观点则需比较研究,后者更加费力,当须了解宋代官私著述的成书背景、作者观点等,这也是我们使用《宋史》时应当具备的基础知识。

《四库全书总目》批评《宋史》:"大旨以表章道学为宗,余事皆不甚措意。"钱大昕也说:"《宋史》最推崇道学,而尤以朱元晦(熹)为宗。"《宋史》创立《道学传》,以尊崇程朱之学,并在论、赞、序中宣扬道学观点。它认为两宋之亡,都是追求功利,道德沦丧的结果。所以在《进宋史表》里说,"崇道德而黜功利"的目的,是"彝伦赖是以匡扶",匡正扶持被损坏的伦理道德,以稳定社会秩序,而程朱之学,就被视作可以救世的理论了。重视社会道德的作用,总结道德败坏对宋亡的影响,都是无可指责的。问题是崇道德的同时黜功利,将道德规范与功利进取对立,这就陷入了极端片面的境地。反映在记述史事时,简单地将司马光、程朱等人及其政见、学说视为道德规范的化身,而将王安石、蔡京等人比做功利进取的代表,无疑是大错特错了。此外,《宋史》中还掺杂着"天命论"等观点,则是封建时代史书难以避免的,今从略。

六、版本源流

《宋史》的版本比较简单,主要有元至正六年(1346)杭州路刻本(简称元至正本),明成化十六年(1480)朱英在广州据元至正本抄本的刻本(简称明成化本),明嘉靖南京国子监本(简称南监本),明万历北京国子监本(简称北监本),清乾隆四年武英殿本(简称殿本),清光绪元年浙江书局本(简称局本)。1934 年上海商务印书馆用元至正本和明成化本配补影印而成的百衲本(1958 年缩印本个别卷帙有抽换),曾同殿本对校,修补并改正一些错字,是一个优于上述各本的本子。1977 年 11 月第 1 版的中华书局点校本,以百衲本为工作本,参校殿本、局本,吸收了叶渭清先生《元椠宋史校记》和张元济先生《宋史校勘记》等成果,使用了《续资治通鉴长编》、《文献通考》、《宋会要辑稿》、文集等几百种古籍校勘,出校数千条,是目前一个较好的本子。但当时规定,主要做版本对校,只是在点不断、读不通而又无法从版本上校正的地方,才做一些本校和他校工作。强调只校版刻错误,史实出入不管,反对繁琐考证,限于这些规定,在吸取前人成果和校勘范围方面都受到一些影响,留下不少有待解决的问题。好在今天已经有不少同志对它的校勘、标点不妥之处提出意见,在使用点校本《宋史》时,又多了一些参考。

七、参考书目

《〈宋史·职官志〉抉原匡谬》、《〈宋史·职官志〉考正》自序与凡例、《〈宋史·刑法志〉考正》序，邓广铭先生著，载《邓广铭学术论著自选集》，首都师范大学出版社 1994 年出版。邓先生是我国史学大师，新宋史学的开山者，研究《宋史》一书的奠基者。在先生的论著中，除直接校正《宋史》志、传的专文外，在许多论著中随处考校《宋史》有关段落的文字，去伪存真，去粗取精，使人随时得到启发，从而加深对《宋史》的认识，以便正确使用它。

《史籍举要》，柴德赓著。柴先生是我国国学大师陈垣的传人，早年在北京辅仁大学，解放后在北京师范大学讲授《中国历史要籍介绍及选读》课程。此书是据柴先生调至原江苏师范学院历史系讲授《中国历史要籍介绍》课的讲义和手稿整理而成。在介绍《宋史》时，分作《宋史》史料、编撰方法、对《宋史》的批评、重修《宋史》者和《宋史》版本等五个题目，深入浅出，学用皆宜。此外，先生著有《史学丛考》等，为学史者了解明清学术史的重要读物。

《中国古代史史料学》，陈高华、陈智超等著，北京出版社 1983 年初版，天津古籍出版社 2006 年修订版。是系统介绍中国古代史料学的专著，第六章介绍《宋史》史料和特点，于《宋史》的纪、志、表、传分别作出扼要说明，探讨资料来源，评论修撰短长，指出资料价值，评介版本情况，都有很好的参考价值。

《〈宋史·食货志〉的史源和史料价值》，这篇文章是梁太济、包伟民两位教授合著的《宋史食货志补正》的《绪论》，共分作：一、《宋史·食货志》与宋《国史·食货志》的关系；二、《宋史·食货志》与《文献通考》相应诸考的关系；三、《宋史·食货志》的史料价值。该文研讨的问题，不只对《宋史·食货志》是不可缺少的，而且可供研究《宋史》其他诸志乃至全书参考借鉴。《宋史食货志补正》，杭州大学出版社 1994 年出版。

《元修宋辽金三史再评价》，刘凤翥等，载《社会科学辑刊》1981 年第 1 期。文章认为清人以成见对待元修辽、金、宋三史，今人则囿于清人成见，而未能正确对待三史。作者主张，对待历史典籍，应当看它们保存了多少原始资料，至于文字欠修饰，资料少剪裁，则有利于保存原始资料，是《宋史》的优点。

《修辽金宋史搜访遗书条列事状》，见《清容居士集》卷四一，作者袁桷，他于元英宗至治（1321—1323）中奏上，旨在为修三史于民间访求书籍。袁桷祖上多人充任南宋时期的史官，他本人在写此事状时，亦在元国史馆供职了二十余年，是当时熟悉宋代官私著作的重要史官，它揭露宋代国史、实录存在的矛盾、谬误、回护、避忌，甚至有抹去事实等，有利于了解宋国史，它分门别类开列的书目，有利于了解元国史馆没有收藏而民间尚存的书籍，从而有利于了解依据宋国史修撰的《宋史》。但所列书目多为北宋九朝史籍。

《廿二史考异》，清钱大昕撰。钱氏自幼勤奋，好读史部书，一生著述，有近四十部著作，涉及经史子集四部，为清代学术代表人物之一。对《宋史》有《考异》之作，对宋代文献和宋朝人物、事件，有论有跋有咏史诗，研读史学者，可多方受益。

《廿二史劄记》，清赵翼撰。其对《宋史》和宋事，都有不少评说，和《陔余丛考》一样，历来为读史者所重视。

《辽史》说略

李锡厚

元修《辽史》疏漏、错乱，在《二十四史》中历来最为世人诟病。虽然如此，由于传世辽代史料的极度匮乏，因此这部《辽史》对辽史研究来说，却始终具有无可替代的重要性。介绍《辽史》，首先就从本书所反映的历史时代说起。

一、中国历史上的辽朝

我国历史悠久，曾经生息繁衍在中国这块土地上的古代民族都是今天中国各族人民的祖先，他们都曾经对中国这个伟大国家的形成和发展发挥过各自的积极作用。公元10至12世纪初在我国北方广大地区以契丹族为主体建立的辽朝，就曾在中国历史上占有重要地位。

契丹族原是鲜卑宇文氏的一个属部，早在十六国时期，就在今内蒙古东部西拉木伦河（西辽河上游）及老哈河流域从事游牧。宇文部散亡之后，其属部中一些语言、风俗相近似的游牧人重新在这一地区集结，统称库莫奚。登国三年（388），北魏道武帝拓跋珪北征库莫奚，契丹始分化自立，单独见于史籍记载。契丹人进入氏族社会末期——部落联盟阶段。唐代前期先是由大贺氏、后又由遥辇氏经契丹八部联盟“世选”出任可汗。公元10世纪初，契丹出现了一个杰出的历史人物，即辽朝的开国皇帝辽太祖耶律阿保机。

他统一了契丹八部，并先后控制奚、室韦等族，征伐河东、代北等地，势力逐渐强大，于唐天祐四年（907）自立为可汗。他任用韩延徽、韩知古等汉臣建立制度、设官属、建城郭、创文字，促进了契丹的发展。公元916年称帝，建元。接着又征服了西北诸部，扩大了实力。天显元年（926），他挥师东进，一举灭掉了劲敌渤海国。随后，阿保机死于班师途中，未能实现他南下中原的计划。

继辽太祖阿保机而立的是辽太宗耶律德光。天显十一年（936），德光乘后唐统治集团内乱之机，率军南下，立石敬瑭为晋帝，同时取得幽蓟十六州地，建立了兼治塞北与中原的大帝国。会同九年（946），他又借口石敬瑭的继承人、后晋新皇帝石重贵称孙而不称臣是“负恩”，于是南下征讨。次年（947）初，契丹攻下开封，灭掉了后晋。德光原准备对中原实行直接统治，故改元“大同”，建国号“大辽”。但他缺乏统治中原的政治经验，同时又不接受后晋降臣的意见。最后因遭到中原人民的激烈抵抗而被迫撤退，死于北返途中。继太宗而立的辽世宗在位时间虽短，但经他确立的北南面官政治体制，对辽朝解决复杂的民族问题，起了重要作用。

世宗以后，经穆宗、景宗在位时期的休养生息，契丹国力得到恢复和增强，乾亨四年（982），景宗之子圣宗隆绪即位后，在承天太后主持下，统和二十二年（1004），与宋订立澶渊之盟，从而实现了辽宋百年和好。圣宗与兴宗在位期间（982—1055），辽朝国力达于鼎盛。兴宗时，辽宋关系曾一度紧张，重熙十一年（1042），辽朝曾派遣刘六符等使宋，索取瓦桥关以南十县地，最后迫使北宋增币议和。十二年，辽又与西夏罢兵修好。这都说明，当时辽朝的国力仍处于强盛时期。不过，契丹加速汉化，已使辽朝的武力大不如前。此外，每年从宋朝取得的大笔岁币，也使以兴宗为首的统治集团进一步滋长享乐之风，加速腐败。兴宗整天与后妃及左右近侍演戏作乐，并且靡费大笔钱财提倡佛教，广度僧尼。诸多弊政引起广大蕃汉各族人民的不满，兴宗末年，规模大小不等的反抗斗争接连不断。此时，辽朝实际上已经步入由盛而衰的时期了。

重熙二十四年（1055），辽兴宗病故，其长子耶律洪基（一作“弘基”）即位，是为辽道宗。道宗即位后，统治集团内部、特别是皇族内部争权夺利之事层出不穷。寿昌七年（1101），道宗撒手人寰时，辽朝统治已是危机四伏。皇太孙耶律延禧即位，是为天祚帝。女真兴起，先后攻下上京、中京。天祚帝四处逃亡，对女真并不作全力抵抗，而是醉心于制造新的冤案，残杀骨肉，使得流亡中的辽朝统治集团进一步解体。保大五年（1125），天祚帝被金将完颜娄室俘获，辽朝亡。

辽朝灭亡前夕，政权四分五裂，先有燕京地区耶律淳为帝的北辽出现，为时不及一年，先于天祚帝亡于金；继而耶律大石西征中亚，建西辽，传三世历八十余年，于公元1218年亡于蒙古。

唐帝国衰落之后兴起的契丹汗国，继突厥和回鹘两大汗国之后，再一次将塞北各族重新统一在一个政权之下，这样，就形成了与中原的五代以及随后兴起的北宋王朝对峙的局面。陈述先生在论及辽朝的历史地位时，说它与五代及北宋王朝并立，形成了中国历史上又一次南北朝。（陈述《辽金两朝在祖国历史上的地位》，《辽金史论集》第1辑）契丹兴起时，后梁、后唐、后晋、后汉、后周诸王朝政令所及仅限于中原地区。北宋虽然结束了五代十国时期的分裂割据局面，实现了中国南北方大部分地区的统一，但宋太祖赵匡胤生前并没有实现他梦寐以求的"一统太平"。他说："燕、晋未复，遽可谓一统太平乎？"（《续资治通鉴长编》卷一七"开宝九年二月己亥"）后来，宋太宗虽然灭了北汉，今山西地区归入了宋朝版图，但燕云地区却继续在辽朝统治下。依照宋太祖的标准，可以说北宋一代始终都未能实现"一统太平"。所以，称辽与五代以及随后的宋朝并立为南北朝，是符合历史实际的。

辽宋分立与魏晋之后的南北朝相似之处，是这两个时期的南北双方都以"正统"自居。正如南北朝时期南北双方都声称代表中国一样，辽宋对峙时期，北宋自称代表中国，辽这个先于北宋立国的以少数民族为主体的政权也同样声称代表中国。《辽史》卷五八《仪卫志》载：辽太宗"立晋以要册礼，入汴而收法物"，当后汉政权建立、他无法在中原立足时，"席卷法物，先致中京，蹝弃山河，不少顾虑"。于是，据说是秦汉以来帝王的法物尽入于辽。尤其是传国玺一件，更是为后来辽朝的历代君主所珍视，且赋诗云："一时制美宝,千载助兴王;中原既失守,此宝归北方;子孙当慎守,世业当永昌。”(孔平仲《珩璜新论》)辽朝用历代帝王法物妆扮自己的统治,目的就是要证明它的统治代表“正统”,具有合法性。它处处效法中原王朝,“故其朝廷之仪,百官之号,文武选举之法,都邑郡县之制以至于衣服饮食,皆杂取中国之象”。(《东坡应诏集》卷五《策断》)“耶律氏修好中华有年数矣,爵号、官称,往往仿效”。(《苏魏公文集》卷六六《华夷鲁卫信录总序》)这种汉化倾向愈演愈烈,到辽兴宗时,他竟赞扬其父辽圣宗是“远则有虞大舜,近则唐室文皇”。(《圣宗皇帝哀册》,《全辽文》卷六)

前后两个南北朝之间除了相似之处,当然也还有很多不同之处。魏晋之后出现的南北朝,双方相互轻蔑和排斥,南方称北方为“索虏”,北方称南方为“岛夷”;辽宋对峙时期,由于南北双方在文化上的进一步接近以及实力对比趋于均衡,最终则达到相互承认。辽景宗保宁六年(974)涿州刺史耶律琮致书宋雄州孙全兴建议通好,书云:“窃思南北两地,古今所同,曷尝不世载欢盟、时通贽币?”(《宋朝事实》卷二〇《经略幽蓟》)澶渊之盟订立以后,宋朝统治者也接受了辽朝“南北两地,古今所同”的观点,双方交换文书时互称南北朝。于是,辽宋就成了“兄弟之邦”。

魏晋以后与唐以后这前后两度出现的南北朝虽然都有民族大迁徙、大融合,但两者的具体形式和结果却有很大的不同。鲜卑建立北魏时,中原仍处在战乱之中,因此他们得以乘虚而入,在洛阳建立起了自己的统治。当时北方的游牧民族南下进入中原,接受汉民族的生产、生活方式及思想、文化观念。北魏孝文帝将都城由平城(山西大同)迁到洛阳,下令鲜卑贵族都改服汉族衣冠,从汉人姓氏,死后也不得归葬代北。于是,进入中原的游牧民族很快都融合到汉族共同体当中了。唐朝灭亡以后出现的后一个南北朝的民族大迁徙、大融合,主要不是北方的游牧民族南下,而是中原战乱频仍迫使大批汉人北走塞外。虽然契丹统治者也乘中原内部混乱之机南下,但他们掠夺了“生口”及财货随即返回塞北。为安置汉族流民,塞外的大草原上出现了星罗棋布的汉族居民点,这就是契丹统治者建立的所谓“汉城”和“头下州”。契丹境内的汉人从事农业和手工业生产,改变了塞外草原上单一的游牧经济结构,促进了这一地区社会经济的发展。不仅如此,这些汉人还为契丹贵族带去了中原的封建政治观念和政治制度。正是在一些汉族知识分子的直接参与下,阿保机的契丹王朝才得以迅速崛起,契丹族才得以迅速从氏族社会直接过渡到封建社会。初看起来,在辽朝统治下塞北游牧民族自身的物质生产、生活方式似乎并没有发生什么改变,但辽朝的建立却表明他们已经跨进了一个新的历史时代。如果说前一个南北朝时期民族融合的结果主要表现为中原汉族共同体的扩大,那么这后一个南北朝时期民族大迁徙、大融合的结果则主要是中国农业文化地理范围的扩大以及随之而来的塞北游牧民族政治观念、文化思想方面的深刻变化。这种变化有效地促进了中华民族共同心理状态的形成,并为后来的金、元、清诸王朝在塞北兴起以及近代我国各族人民抵御殖民主义者入侵奠定了坚实的历史基础。

二、《辽史》纂修的经过

辽朝初年,庶事草创,当时还没有如同中原各王朝的史官制度。据《辽史》卷四《太宗本纪》,会同四年(941)二月,曾"诏有司编《始祖奇首可汗事迹》"。这当视为辽朝纂修皇室先世历史之始。不过,契丹本无文字,直至阿保机即位后,始创制契丹文字。因此,关于始祖奇首可汗的事迹,只能是得自传说,并无文献作依据。辽朝真正有官方编纂的本朝历史文献,实际上是始于圣宗时期。这一点,现存的元修《辽史》也有所反映。《辽史》有本纪三十卷,太祖到景宗五帝享国七十六年(907—982),只占十卷。然而,圣宗一朝五十一年,却占八卷,而且篇幅与辽初五帝的本纪几乎相等。此无他,皆因为辽初并无完备的史官制度,当时没有留下多少文献。景宗乾亨初,汉臣室昉拜枢密使,兼北、南宰相,监修国史。至统和八年(990),他"表进所撰《实录》二十卷"。(《辽史·室昉传》)这二十卷《实录》的内容,当包括了辽初五帝时期的史事。至兴宗时期,又诏萧韩家奴与耶律庶成等"录遥辇可汗至重熙以来事迹,集为二十卷,进之"。(《辽史·萧韩家奴传》)辽朝这两次修《实录》,都是追记辽初史事。道宗大安元年(1085),史臣又进太祖以下《七帝实录》,即太祖、太宗、世宗、穆宗、景宗、圣宗和兴宗的实录。这是见于《辽史》记载的辽朝第三次纂修实录。辽朝末年,耶律俨曾修《皇朝实录》七十卷。(《辽史·耶律俨传》)这是辽朝第四次纂修立国以来历代皇帝实录。耶律俨字若思,析津(今北京市)人。本姓李氏。咸雍进士。道宗寿昌间,官至参知政事,迁知枢密院事。俨深受道宗信任,道宗弥留之际,俨曾与北院枢密使阿思同受顾命。正因为耶律俨在辽朝地位显赫,而且与契丹皇室关系密切,再加上他有文才,所以成为辽朝实录的编纂者。金灭辽后,耶律俨的《辽朝实录》稿本归金朝廷。《金史》卷四《熙宗本纪》于皇统元年(1141)二月记载,熙宗"自是颇读《尚书》、《论语》及《五代(史)》、《辽史》诸书"。这里所记金熙宗读的《辽史》,当即是耶律俨的《辽朝实录》。上引《熙宗本纪》于皇统八年又记载"《辽史》成"。这是金初纂修的《辽史》。表明金熙宗不仅读辽朝留下的史书,而且他在位期间还曾纂修《辽史》。此事先由广宁尹耶律固承担,《辽史》未及成书,耶律固先亡,于是又由其门人萧永祺续成。耶律固与萧永祺都是契丹人,当时距辽亡不久,他们可能都通契丹文字。估计,当时能见到的契丹文的文献,他们一定都会加以利用的。这部《辽史》有纪三十卷,志五卷和传四十卷,纪、传卷数与今传元修《辽史》相同。书成后,未曾刊行。后至章宗时期又第二次纂修《辽史》,先后有移剌履、贾铉、党怀英及萧贡等人参与刊修,至泰和七年(1207)由陈大任完成,但亦未刊行。熙宗和章宗时期两度纂修《辽史》都未刊行,其原因多半是与辽末女真兴起的一段史事有关。女真原为辽朝属部,《金史》记载其初兴历史,多讳言其原本隶属于辽的史实。因此,如何处理这段史事,是颇费斟酌的。

经宣宗南迁及哀宗自汴京出逃,金亡后,萧永祺《辽史》稿本已散佚无存,耶律俨《辽朝实录》和陈大任的《辽史》稿本也均已残缺不全。元好问曾经言及此事说:"泰和中诏修《辽史》,书成,寻有南迁之变,简册散失。世复不见今人语辽事,至不知起灭凡几主,下者不论也。《通鉴长编》所附见及《亡辽录》、《北顾备问》等书,多敌国诽谤之词,可尽信邪?"(《元文类》卷五一《故金漆水郡侯耶律公墓志铭》)袁桷《清容居士集》卷四一《修辽金宋史搜访遗书条列事状》所列当时搜集到的关于辽朝历史的遗书只有《辽金誓书》和《使辽录》等,且都是宋人留下的。元朝修《辽史》时所能见到的辽朝文献的确非常有限,但却得以见到耶律俨的《辽朝实录》。据苏天爵说:"辽人之书有耶律俨

《实录》,故中书耶律楚材所藏,天历间进入奎章阁。次则僧行均所撰《龙龛手镜》,其他文集、小说亡者多矣。章宗初即命史官修《辽史》,当时去辽不远,文籍必有存者,犹数敕有司搜访事迹。其书又经党怀英、赵沨、王庭筠诸名士之手。章宗屡尝促之,仅二十年,陈大任始克成编。”(《滋溪文稿》卷二五《三史质疑》)既然天历间(1328—1330)耶律俨的《实录》已经入藏奎章阁,那么至正初年修辽史诸公肯定是见到了这部《实录》。

元中统二年(1261)和至元元年(1264)曾两度议修《辽史》和《金史》。南宋灭亡后,又议修《宋史》。作为《辽史》总裁官之一的欧阳玄在《进辽史表》中曾这样提及此事:“我世祖皇帝一视同仁,深加愍恻,尝敕词臣撰次三史,首及于辽。六十余年,岁月因循,造物有待。”(《圭斋文集》卷一三)在这样漫长的一段时间里,始终未修成宋、辽、金三史。元末至正三年(1343)四月,又诏儒臣分撰《辽史》,仅用了不足一年的时间,至次年三月,《辽史》即草草告成。

如果从中统二年元朝开始筹划修《辽史》算起,直到最后成书,前后已历时八十余年。其间遇到的困难除了资料短缺之外,还有一个辽、宋、金三史“义例”即谁为“正统”的问题迟迟确定不了。汉族知识分子坚持大汉族主义的民族偏见,反对实事求是地对待少数民族王朝的历史地位问题。天历二年(1329)揭傒斯在《通鉴纲目书法序》中说:“元魏据有中国,行政施化,卒不能绝区区江左之晋而继之。此万世之至公而不可易焉者而犹或易之,此《纲目》不得不继《春秋》而作,而书法不得不为《纲目》而发也。”(《揭傒斯全集·文集》卷三)这位后来参与修《辽史》出任总裁官的揭傒斯赞成朱熹《通鉴纲目》的书法,反对给予北魏以“正统”地位,当然与之相类似的辽朝也不当视为“正统”。元朝统治者虽然主要依靠汉族士大夫纂修辽、宋、金三史,但他们的立场、观点却不可能与这些封建士大夫完全一致。元朝统治集团的主体是蒙古族,与辽、金王朝统治集团的主体一样都属于北方少数民族。因此,否定辽、金的正统地位,实际上也就等于动摇了元朝本身的正统地位。但是,元朝本身是一个大一统的王朝,这一点与宋、辽、金三个王朝都不一样。他们最初是犹豫应当继承宋还是继承辽、金的法统。由于利弊得失颇费斟酌,因此,直到元朝末年始确定辽、宋、金三史的编修各为一史。这样,元末至正四年,《辽史》终于得以修成。

《辽史》是一部官修史书,由当时的宰相脱脱任都总裁,其下有总裁官,除前面提及的欧阳玄和揭傒斯之外,还有铁睦尔达世、贺惟一、张起岩及吕思诚等人,他们都是知名当世的文人。而实际担当纂修工作的,则是廉惠山海牙、王沂、徐昺和陈绎曾等四人,由他们担任纂修官。廉惠山海牙是畏兀儿人,至治进士,曾任顺州同知,泰定元年(1324)入史馆。至正四年(1344),预修宋、辽、金三史。契丹和回鹘有密切关系,阿保机之妻述律氏就是归化契丹的回鹘人,她的兄弟萧敌鲁及阿古只,皆是阿保机的佐命功臣,分别被喻为阿保机的"手"和"耳"。回鹘文化高于契丹,在创制契丹文字之前,契丹也许曾经使用回鹘文字记事。因此,廉惠山海牙参与修《辽史》,对于理清辽朝早期史事及契丹与回鹘的关系,都会发挥重要作用。王沂先世为云中(山西大同)人,后徙真定(河北正定),元祐初进士,其祖父的六世祖仕辽为户部侍郎。(马祖常《石田集》卷一三《监黄池税务王君墓碣铭》)王沂本人曾任嵩州同知,至顺三年(1332)出任国史院编修官。而至正四年(1344)三月《辽史》书成之时,他在朝廷任知制诰、同修国史兼经筵官。他被选中参与纂修《辽史》,可能与其先世曾仕于辽、熟悉辽朝史事有关。

三、《辽史》的主要内容及严重缺陷

元朝修辽、宋、金三史虽然确定了"各予正统、各系其年号"的原则,但反对给予辽朝以"正统"地位者仍大有人在。至正三年(1343)会稽杨维桢上表称:"中华之统正而大者,不在辽金而在于天付生灵之主也。"(《辍耕录》卷三《正统辨》)汉族知识分子这种极力贬低辽朝历史地位的倾向,自然不利于充分利用当时的客观条件纂修一部内容翔实的《辽史》。何况当时所能见到的辽朝文献又残缺不全。赵汸在论及元朝纂修宋、辽、金三史时的资料条件时曾这样说:"理、度世相近而典籍散亡,辽、金传代久而记载残阙,欲措诸辞而不失者亦难矣哉。"(《东山存稿》卷五《题三史目录纪年后》)

现存元修《辽史》共一百一十六卷,包括本纪三十卷,志三十二卷,表八

卷,列传四十五卷,此外还有国语解一卷。《辽史》修成后,至正五年(1345)与《金史》同时刻版印行,只印了一百部,早已全部失传。元末和明初又有刊行,商务印书馆的百衲本《辽史》,就是用元末及明初几种残本拼凑而成的影印本,虽有讹误,但仍优于目前所能见到的其他刻本。例如明代北京和南京两地国子监的刻本——北监本和南监本,以及清武英殿刻本,又称为殿本,总的说来都不如百衲本。殿本据四库全书本改译契丹人名、官名,更是给读者造成极大的不便。因此,1976 年中华书局出版的点校本,取百衲本为底本,与其他刻本参校,吸收清代以来诸家校勘成果,同时还以本书的纪、志、表、传互校,再与其他史籍对校,是目前最便于使用的版本。

元修《辽史》基本上是对前述耶律俨及陈大任两家《辽史》稍加修定、编排,同时再以《契丹国志》、《资治通鉴》等书的资料补充而成。此外,《辽朝杂礼》、《阴山杂录》以及高丽编纂的《大辽事迹》、《大辽古今录》等书,今天虽已不可得见,但当时尚存,因此《辽史》编者从这些著作中也征引了不少有价值的历史资料。大体上说,《辽史》帝纪(除《天祚本纪》之外)及列传虽然记事简略,但其中所涉及的历史事实,多不见于他书记载。因此,《辽史》这两部分的确有很高的史料价值。尤其是大量的契丹人物传,更是如此。此外,《营卫志》、《礼志》中关于契丹风俗、礼仪的记载,也都是很宝贵的。不过总的说来,内容贫乏和记载史事不完备仍是其最主要的缺点。

《辽史》内容贫乏及记事的不完备,尤其突出地表现在不能如实地反映当时的民族关系。辽王朝治下的人民,汉人占大多数,就是在其统治集团内部,汉人也占有相当大的比例。然而《辽史》一书关于辽朝汉人的历史事迹却反映得很少。《辽史》有列传四十五卷,正传二百四十人,耶律氏和萧氏合起来就有一百八十多人。为数不多的汉臣传当中,有的又几乎完全照录《契丹国志》。如卷七六《张砺传》就是如此。此外,卷七四《韩延徽传》中的绝大部分内容也与《契丹国志·韩延徽传》相同。辽朝的汉人在其境内开发了种植业、商业及手工业,然而《辽史·食货志》中却缺少关于契丹境内汉人经济生活的明确记载。辽朝有一支数目庞大的汉军,但关于汉军之制,在《辽史·兵卫志》中也找不到明确的记载。正因为如此,所以后世往往误认为辽史就是契丹人的历史。

其次,《辽史》记事的不完备还表现为首尾欠缺。圣宗、兴宗和道宗三朝史事在《辽史》中记载较详,在此以前,因为尚无完备的史官制度,《实录》、《国史》都是后来追记和补修的,故记述甚为疏略。记载辽朝建立以前契丹史事的《辽史·世表》,完全是摘编《魏书》、《北齐书》、《隋书》以及《唐书》中的契丹传而成,且间有曲解。此外,《辽史》中关于辽末史事的记载也混乱不堪。元修《辽史》"率据金陈大任等所修《辽史》为底本。大任《辽史》于辽末事迹,记述特简。元人乃于大任旧本之外,参取宋人记载,多所增补,其最要取材之一即叶隆礼之《契丹国志》是矣。《契丹国志》乃杂抄他书而成,天祚一代史事,实多袭辽末燕人史愿之《金人亡辽录》"。(傅乐焕《辽代四时捺钵考·论辽史天祚帝纪来源》,《辽史丛考》)因为未加认真核对,以至将原本是同一人者误为两人。《辽史》中称奚王回离保者实即《契丹国志》中之萧斡,然《辽史·天祚本纪》中二名并存,一似二人。类似这种混乱情况,不独辽末为然。《辽史》卷一六《圣宗本纪》开泰七年(1018)十一月壬戌记载:"刘晟为霸州节度使,北府宰相刘慎行为彰武军节度使。"其实,刘晟即刘慎行,彰武军亦即霸州。此为一事重出。此外,契丹人名、地名的异译被误为二名的情况就更为多见。造成这种情况的主要原因,是因为元修《辽史》主要是因袭耶律俨的《实录》及陈大任的《辽史》旧稿草率成书,同时又兼采南朝记录。不同时代,再加上五代、宋人所记辽事所用人名、地名多与前述二家辽史不同,编纂者不加核对,而是兼收并蓄,于是同人异名被误为二人二事的情况即多有发生。从这样一部残缺不全、混乱不堪的史书反映出的辽朝历史,自然难免有过多的疑点。

元修《辽史》对契丹王朝作为"行国"的制度不甚了了。辽朝皇帝一年四季往返于四时捺钵,在冬、夏捺钵召开北南臣僚会议,处理国政;在春捺钵钩鱼,在秋捺钵围猎,与各部族首领加强联系。这都是契丹王朝政治制度的核心。《辽史》在本纪中记载某月某日"如春水",某月某日"清暑永安山"等,实际上是表明编撰者并不了解辽朝皇帝一年四季都活动于四时捺钵。本纪之外又有《游幸表》记载此事,更误以为四时捺钵是"游幸"。《四库提要》以为《辽史》本纪与《游幸表》记事重复。其实，要害不在重复，而在于对四时捺钵地位的误解。

四、辽史研究的过去和现状

《辽史》成书草率，所以长期以来治辽史者多首先致力于对该书的校勘和补正。有的做文字校勘，有的则分别对地理、纪年、汉臣、方镇、艺文等方面进行订补。有清一朝，治辽史最有成绩者，当数厉鹗。厉鹗字太鸿，钱塘人，康熙庚子举人，著有《辽史拾遗》二十四卷。此书全面补证《辽史》，采摭群书，多至三百五十八种（柴德赓《史籍举要》），为《辽史》纪、传、志、表各部分都补充了大量史料，仿陈寿注《三国志》的办法，有注有补，摘录《辽史》原文为纲，征引他书条列于下。成书后，初刻于乾隆八年（1743）。虽然它引用的书籍绝大多数至今尚存，但却为治辽史者打开了眼界，使人们不再只就《辽史》治辽史，而注意到应在群书中搜寻。乾隆五十九年（1794），杨复吉又有《辽史拾遗补》五卷刊行。此外，乾嘉时代的著名学者如钱大昕也在《辽史》一书的校勘、考订方面下过功夫。

清道光中叶以后，西方殖民主义者首先自东南沿海入侵，紧接着，我国从西到东漫长的北部边疆地区也不断遭到蚕食。民族危机的严重现实迫使向来轻视实学的封建士大夫开始重视实际问题的研究，于是，道咸以后治边疆史地者大为增加，“言经者及今文，考史者兼辽、金、元，治地理者逮四夷，务为前人所不为”。（《观堂集林》卷二三《沈乙庵先生七十寿序》）史学大师王国维关于契丹及辽代史事的著作运用近代科学方法将辽代史事的考证提高到一个新水平。他运用“二重证据法”，继承并发展了乾嘉考据学，解决了辽代历史上一系列重要问题。他所作《西辽都城虎思斡耳朵考》，以中国历代史籍与中亚史籍相参证，证明虎思斡耳朵即波斯历史学家拉施特《史集》中的八喇沙衮，并且辨明虎思斡耳朵为契丹新名，其名行于东方；而八喇沙衮则为突厥旧名，即《唐书·地理志》之“裴罗将军城”。同时，他还从地理上证明二者方位一致，在吹河（今吉尔吉斯境内的楚河）之南岸。他的另一论著《鞑靼考》，则是以汉籍与少数民族文献相参证，首先探明鞑靼之名何时见于突厥文献及汉籍。他考察的结论是:“鞑靼之名始见于唐之中叶阙特勤碑之突厥文中,有三十姓鞑靼(Otuz Tatar),九姓鞑靼(Tokuz Tatar),是为鞑靼初见记录之始。案阙特勤碑立于开元二十年,则鞑靼之名古矣。”(以上见《观堂集林》卷一四)鞑靼之名初见于汉籍,则始于李德裕《会昌一品集》,该书卷五有《赐回鹘嗢没斯特勒等诏书》,提到“达怛”,卷八《代刘沔与回鹘宰相颉于伽思书》也提到“达怛”。时为唐武宗会昌二年(842),较突厥文献提及鞑靼,晚了一百一十年。后来鞑靼与辽金都有密切关系,然而《辽史》中仅三见“达旦”之名,这究竟是什么缘故呢?王国维发现“唐宋间之鞑靼,在辽为阻卜,在金为阻轐,在蒙古之初为塔塔儿,其漠南之汪古部当时号为白达达者亦其遗种也”。他以《辽史》中鞑靼未尽改称阻卜之例,与已改者为同一事,证明阻卜实即鞑靼。再以《续通鉴长编》所记齐妃西捍塔靼与《辽史·圣宗本纪》及《萧达凛传》所记统和十二年、十五年之讨阻卜亦为同一事,从而解决了《辽史》中一再出现的“阻卜”究竟是什么民族的问题。

自20世纪初以来,我国学者在辽史研究领域中的确取得了不少成绩,归纳起来,至少可以列举以下几方面:一、经陈汉章、冯家昇、罗继祖诸先生校勘,《辽史》已初步成为可读之书。诸家校勘成果曾分别著书刊行,今已为中华书局点校本《辽史》所吸收。二、由于金毓黻、罗福颐、陈述诸先生在搜集、整理辽代碑刻方面长期不懈的努力,扩大了可供研究者利用的辽朝基本历史资料的范围。金毓黻的《辽陵石刻集录》、罗福颐的《满洲金石志》和陈述的《全辽文》,都竭尽努力搜集了作者当时所能见到的辽代碑刻文字,并加以考释。近年向南又有《辽代石刻文编》(河北教育出版社1995年版),收辽代石刻文字多达三百二十多篇,其中有许多是近年新出土而以前诸家未曾著录的。三、傅乐焕和姚从吾先生关于辽朝捺钵文化的研究、陈述先生关于契丹世选和汗位继承的研究,初步揭示了辽朝政治体制及社会文化的特点。傅乐焕先生在《辽代四时捺钵考五篇》等论著中,揭示了捺钵在辽朝政治体制中作为朝廷的核心地位,首次正确解读了《辽史·营卫志》。他的论著,中华书局已于1984年结集出版,名为《辽史丛考》。姚从吾先生用西方社会学方法研究《辽史》及王鼎《焚椒录》所记载的道宗宣懿皇后《十香词》冤案,颇有新意。他的著作由其门人辑为《姚从吾先生全集》(共十册),由台北正中书局出版。陈述先生在辽史研究方面的代表性成果有《契丹史论证稿》,1948 年由北平研究院史学所出版,修改后易名《契丹政治史稿》,1986 年由人民出版社出版;《契丹社会经济史稿》,三联书店 1963 年出版。四、近年来,史学界关于契丹部族组织、辽朝经济、政治以及地理问题的研究也取得了很大成绩。

五、推进辽史研究的两个关键问题

在论及辽史研究的现状时,一个不容忽视的问题是日本人长期以来在这一领域内造成的巨大影响。明治维新后的日本,为谋求向外扩张,首先在 1910 年完成了对朝鲜的吞并。由于历史上朝鲜曾经以清朝为宗主国,故日本在实现其吞并朝鲜的野心时,为防止清朝干涉,就先发制人地强调中国与朝鲜之间历来有明确的边界,一再强调鸭绿江、图们江自古以来就是中朝两国的天然界限。然而当他们完成了对朝鲜的吞并之后,并且又急于要把侵略魔爪通过朝鲜半岛伸向我国东北时,于是在中朝边界问题上就来了个一百八十度大转弯,把关于中朝自古以来有明确边界的说法一下子就抛到九霄云外去了,而"朝鲜与满蒙不可分离论"即在这样的历史背景下应运而生。从 1915 年 12 月起,南满铁道株式会社开始出版《满洲朝鲜地理历史研究报告》。他们的辽史研究更是与这种转变密切配合,1919 年"东洋史学"权威津田左右吉在《满洲朝鲜地理历史研究报告》第五本中发表了《辽国制度的二重体系》一文。后来,岛田正郎曾对这一"二重体系"说推崇备至,并将其修正为"二元制"。(《辽朝北面中央官制的特色》,中国台湾《大陆杂志》1964 年第二十九卷第十二期)津田左右吉和岛田正郎将辽朝制度"二元制"说视为一项了不起的发明。其实这个"发明"不过仅仅是为辽朝的南北面官制度贴上了一个标签。在这一新的标签之下对南北面官制度所作的一项重要解释,那就是声称辽朝曾实行"汉人自行管理的行政原则"。辽朝这个以契丹贵族为主体的王朝从一开始就面临着复杂的民族问题。他们用建立头下军州的办法来统治流亡到契丹境内的汉人,"其节度使朝廷命之,刺史以下皆以本主部曲充焉"。

(《辽史·地理志》)所谓“本主部曲”亦即隶属于作为头下州主人——契丹贵族的流民中的成员。当然也不排除契丹统治者使用被俘掠来的汉人作为头下军州的官员。辽初著名汉臣韩知古就是被阿保机妻述律氏之兄俘掠来的私奴。但这并不能解释为辽朝实行了让汉人“自行管理的行政原则”。契丹贵族从来没有放松过对头下军州内的汉人的统治,同时也不断派宗室权贵在燕云地区掌握军政大权。为什么津田左右吉、岛田正郎等人要为辽朝政治制度贴上“二元制”的标签呢?岛田自己解释说:“笔者始终主张尽管辽国为征服中国华北的一部分而仿照中国王朝的制度所建立的国家,并以汉人为其主要的构成分子之一,而其农业经济又是国家财政的重要支柱,但仍未便将辽国视作中原王朝的一环叙述,应归入北亚洲诸民族的兴亡史中申论。”(《辽朝北面中央官制的特色》)岛田的真实意图是坚持要将辽朝的历史从中国历史中划分出去,归入一个他为之设定的范围。朝鲜与满蒙既然“不可分离”,而我国历史上统治东北和华北地区的辽朝又曾经是“二元制”的,那么,把我国的东北合并在他们统治下的朝鲜,也就是“顺理成章”的了。

日本学者在辽史研究领域中长期进行了分裂中国的舆论准备之后,于是,又抛出了辽朝为“异民族征服王朝”的谬论。1944 年一批日本学者秉承“军部”的意图编写的一本《异民族统治中国史》,不仅极力宣扬辽朝制度为“二元制”,同时还声称辽、金、元、清诸王朝是所谓“异民族征服王朝”,其目的在于为他们分裂中国、制造“满洲国”并进而在全中国范围内建立他们的“异民族征服王朝”寻找历史根据。联系自 19 世纪末至 20 世纪 40 年代日本对外侵略扩张的历史,来考察日本的“满洲史”研究,可以发现,他们先是由坚持鸭绿江、图们江自古以来就是中朝国界论,一变而为满洲朝鲜不可分离论,再变则为辽朝制度“二元”论,最后则演变成为其全面灭亡中国服务的“征服王朝”论,这一变化过程表明,他们的“学术研究”完全是为推行侵略扩张的军国主义国策服务的,他们的“辽史研究”纯系军国主义国策的附庸。

日本学者为军国主义侵略扩张的国策服务的“辽史研究”,因受到日本统治阶级不遗余力的支持,出版了数量极多的论著,这种数量优势,致使一些善良的人们总是以为,他们的“辽史研究”即便是为侵略者服务的,也不会是一无是处,其中总还是包含着有学术价值的东西。正是由于有了这种认识,于是就不免在自己的研究中因袭日本人的成说,这样也就在不知不觉中陷入了他们的窠臼。关于契丹部族社会的解体和国家的产生以及契丹族的社会性质等问题,虽然是解放后我国学者以唯物史观为指导提出的全新的课题,但是,由于长期以来日本人鼓吹辽朝制度“二元论”的影响,于是将辽朝社会中的契丹人与汉人分割开谈论契丹国家的产生以及契丹人的社会性质等问题,完全忽视了汉族在政治、经济以及思想文化诸领域对契丹社会变革的影响,结果往往是以抽象的理论公式的推演代替具体历史事实的探索,完全不能得出令人信服的结论。

关于头下制度,在敦煌寺户文书中与头下制度有关的大量资料被发现以后,已经证实这种制度并不是吐蕃、契丹等少数民族本身的制度。契丹人自己的社会组织是氏族和部落,头下是他们用以管理汉人流民的组织。契丹境内的头下与汉城其实是同一件事。遗憾的是,时至今日,人们仍沿袭日本人数十年前的观点,把辽朝的头下看作是契丹人的社会组织。

关于辽的官制,认为只有南面官是采用汉官制度,忽视了汉官制度对北面官制度的影响。北面官的最主要的机构是北枢密院,契丹以枢密院作为最高军事机构,是太宗“南伐”病死于北返途中之后,大同元年(947)八月世宗耶律阮“始置北院枢密使,以安抟为之”。(《辽史·世宗本纪》)北面官中的确保留了契丹原有的部族官制,但如果不是有北枢密院作为统帅,如果不是按照中国封建王朝传统的官制对契丹部族官制进行改造,是形不成辽朝的南北面官制度的。

关于捺钵制度,虽然具有契丹游牧文化特征,但它作为包括皇帝的殿帐以及北南面臣僚会议在内的辽王朝的朝廷,则充分体现了中国传统封建文化和政治制度的特征。内蒙古自治区巴林右旗境内的庆陵遗址,颇能揭示辽朝捺钵的性质和特征。庆陵包括圣宗、兴宗和道宗三个皇帝的陵寝。这三个皇帝在位时正是捺钵成为定制的时期,夏捺钵是皇帝召开北南面臣僚会议及接见宋、夏使节的场所,其地点就在庆陵附近。当年捺钵的建筑虽然已经荡然无存,但庆陵中的永庆陵(东陵)地宫壁画四季山水图正表明该陵寝就是按照四时捺钵的环境为死后的辽圣宗精心营造的。地宫仿木结构的建筑以及门楣之上二龙戏珠的装饰图案,反映出不论是陵寝还是捺钵,都是与封建皇帝的身份相一致的。

《辽史》一书关于辽朝的军事制度的记载非常混乱。契丹有部族军,其实部族军并非在部族之外另有一套组织。契丹的部族组织与军事组织是完全合而为一的,只有辽朝的汉军才有一整套制度。《辽史·兵卫志》记载的征召、给养、命将等事多与契丹部族军无关,可能都是汉军的制度。只有将汉军与契丹部族军区别开来进行研究,才有可能将这些混乱的记载理出头绪。

总之,辽史研究要在一系列重大问题上有所前进,我们的史学工作者必须彻底摆脱日本学者的影响,走出他们的窠臼,实事求是地对待辽史上的民族关系,不能将辽朝等同于契丹,更要充分估计汉族的影响和作用,把辽史视为辽朝境内各民族共同创造的历史。

推进辽史研究的另一关键则是如何努力发掘和充分利用现有资料的问题。辽史研究工作者一直苦于史料贫乏,要推进辽史研究首先必须实现史料的突破。人们为此曾探索过在宋人著作中广泛搜寻,这样做的结果确有相当显著的收获。元朝修辽、宋、金三史缺乏相互照应,《宋史》中确有许多关于辽朝史事的记载,但多半局限于宋辽交往方面,真正涉及到辽朝社会内部的重要史料,终究难于在《宋史》和宋人的著作中找到。因此,要改变辽史研究史料贫乏的现状,除了应当充分重视在大量的宋人著作中搜寻,以期有新发现之外,还应当特别重视考古新发现。近年来,有关辽代的考古新发现层出不穷。对于辽史研究最有价值的当然是新发现的文字资料。历年来出土的辽代墓志,是《辽史》之外最重要的资料,这些墓志既有汉人的,也有契丹人的;既有帝王将相的,也有普通人的。这些墓志如能全部发表,当可为辽史研究提供许多有价值的新资料。不仅出土的墓志、碑刻等可以为辽史研究提供重要的新史料,就是其他器物上的只言片语有时也同样可以为我们了解重大历史事件的真相提供线索。北京房山境内北郑村辽塔出土一块墨书"大蕃天显"文字砖。(《考古》,1982年第2期)关于辽的国号,史书记载本来就有不少疑问,这一发现可以证实,辽朝初年,他们自己曾称自己的国家为“大蕃”。“大蕃”也就是“大契丹”。

近年,有一批精美的辽代金银器流失到国外,其中一些器物有涉及文忠王府与承天太后的的錾文,这些錾文对于了解圣宗时期辽朝的历史有非常重要的价值。景宗死后,圣宗幼年即位,其母承天皇太后长期摄政,而实际掌握大权的则是与承天有着事实上的夫妻关系的权臣韩德让。其中一件盘龙纹顶纯金方盒,盒内錾文是:“太平五年臣张俭命工造成,又供养文忠王府太后殿前。”(中国台湾《文物月刊》第一百二十九期,韩伟《辽代太平间金银器錾文考释》)承天太后死于统和二十七年(1009),韩德让死于统和二十九年(1011)。“文忠”是韩德让的谥号,在文忠王府内设“太后殿”,不仅证实承天太后与韩德让的确是夫妻,而且这种关系是公开的。此外,在他们死后,臣下张俭等人造器供奉,为辽圣宗祈福,仍把他们奉若神明。足见其生前至高无上的地位。同时,这批器物及其上的錾文对于了解辽朝的宫卫制度也非常有价值。《辽史》卷三一《营卫志·宫卫》记载:“辽国之法,天子践位置宫卫。”“太祖曰弘义宫,应天皇后曰长宁宫,太宗曰永兴宫,世宗曰积庆宫,穆宗曰延昌宫,景宗曰彰愍宫,承天太后曰崇德宫,圣宗曰兴圣宫,兴宗曰延庆宫,道宗曰太和宫,天祚帝曰永昌宫。又孝文皇太弟有敦睦宫,丞相耶律隆运有文忠王府。”除了以上十二宫一府之外,太祖长子耶律倍及三子李胡也都有宫卫,前者统和中更谥文献皇帝,后者重熙中更谥章肃皇帝。除了皇帝(包括死后始追谥为帝者)和摄政的皇太后之外,只有韩德让是以“大丞相晋国王”的身份拥有宫卫的。他是死后“官给葬具,建庙乾陵侧,拟诸宫例,建文忠王府”(《辽史·营卫志》)的,与皇帝及太后生前即有宫卫不同。乾陵是景宗陵寝。新发现的金银器錾文却让我们明白了,拟诸宫例建文忠王府,是因为在文忠王府内建有太后殿。韩德让死后享受此等殊荣完全是借助于他与承天皇太后的关系,而并非因为他本人是大丞相。

除了文字材料之外,其他出土文物也同样有助于我们了解辽史上的重要问题。关系到辽朝基本政治制度及文化特征的捺钵制度,《辽史》以及其他的文字资料,对此都没有详尽的说明,但近年的考古发现却不乏与此有直接关系者。这些发现,为我们提供了关于捺钵制度形象具体的资料。发现于内蒙古自治区翁牛特旗解放营子一座辽中期的贵族墓葬,绘于八角形木椁东壁上的一幅绘画,画面上的驼车上张帐幕,即契丹人的"车帐",帐内坐着妇女,车下有乐队、仪仗,一切都准备就序,即将出行。他们是去往何处呢?车帐上画有一个较原物放大了许多的鹰鹘,表示主人出行是要赴春水,参加一年一度的捕鹅雁的盛会。契丹贵族无不以参与皇帝主持的这种活动为无上光荣。墓中的这幅壁画带有显示主人高贵身份的意义。1986年出土于内蒙古自治区哲里木盟奈曼旗青龙山的辽陈国公主驸马合葬墓中的一枚锥,锥末端圆形中空,圆柱形玉柄嵌入其中,并配有银鞘,这是驸马萧绍矩腰间的佩物,应是在春捺钵期间参加捕鹅活动时特用的刺鹅锥。有些墓葬及出土的器物虽无铭文,但也可以帮助我们了解契丹人社会生活方式的演变。历年来在东北及内蒙发现了很多鸡冠壶。这是一种瓷器,但却是摹仿契丹牧民传统的皮袋容器形制烧制的,每个壶上都有仿制皮革缝制的痕迹。瓷器的使用,表明至少当时的契丹权贵已经开始过定居生活了,但瓷器的形制仍然是仿皮袋式的,这也反映出他们对游牧生活的眷恋。此外,在东北、内蒙各地发现的契丹贵族墓葬,多有砖砌的仿木结构的墓门,法库叶茂台辽墓还出土了一个棺床小帐。这个小帐是仿大木作建筑建造的,九脊顶,面阔三间,进深两间,周围是壁板,前有窗,与当时大木作原样无甚差异,而且较地面上同时代建筑后又屡经修葺者尤为真实可靠。更值得重视的是这个棺床小帐是出自叶茂台契丹贵族墓葬,说明自辽前期起,契丹统治阶级的汉化倾向就已经极其明显,他们不再单纯过转徙随时的游牧生活,而是建有考究的祠堂、宅第,与汉族封建地主无异。其他如辽墓中出土的大量五代、北宋时期定窑瓷器,有的还带"官"字款,这些器物都是研究当时中国境内南北两个政权相互交往的重要资料。近年在陈国公主驸马合葬墓中还出土了几件来自中亚的玻璃器皿,则是研究当时辽朝对外关系的重要资料。总之,如果在辽史研究中除了重视文献资料的深入发掘之外,还能充分利用不断出现的丰富的考古资料,那么,只要我们充分运用现有的一切客观条件,刻苦钻研,就一定能改变辽史研究的落后面貌。

《金史》说略

崔文印

《金史》是一部记载我国古代北方少数民族——女真族所建金朝始末的纪传体史书，为元人所修三史之一。全书共一百三十五卷，其中包括本纪十九卷，志三十九卷，表四卷，列传七十三卷。是研究辽、金、宋史不可或缺的重要史籍。

一、撰修概略及主要修史官员

据《元史》记载，早在元世祖中统二年(1261)七月，时任翰林学士的王鹗，就奏请修辽、金二史，并且具体提出，请求以右丞相史天泽监修国史，左丞相耶律铸、平章政事王文统监修《辽》、《金》史，并仍采访遗事。这些请求，虽朝廷"并从之"，(《元史·世祖纪》)但终未见施行。以后，于仁宗延祐间，文宗天历间，都重申此事，但都因"正统"问题争论不休，史书体例难以确定，故只是"议"而未修。

"正统"又称"正闰"，在我国是个极为古老、又极为敏感的问题。按着前人的解释，所谓"正"，即上膺天命，而所谓"统"，即大一统。这就是说，正统，就是指上膺天命的大一统封建王朝。早在孔子修《春秋》时，就在鲁国编年史的元年，先书"春王正月"，以强调周王朝的正统。唐修《晋书》，将偏霸称汉的刘元海、称赵的石勒、称凉的张重华、称魏的冉闵、称秦的苻健、称燕的慕容氏等,全部归于“载记”,亦强调了晋朝的正统地位。欧阳修撰《新五代史》,将中原梁、唐、晋、汉、周王朝诸帝用本纪,而将偏霸一方的吴、南唐、前蜀、后蜀、南汉、楚、吴越、闵、南平、东汉等十国,则皆用“世家”以相区别,而这种区分的决定因素就是“正统”。

具体到辽、金、宋三朝,如果承认宋朝为正统,这就意味着辽、金只能作为《宋史》中的载记,或者如《新五代史》例,不过为“世家”而已。虽然,当时也有一种意见,以宋开国至靖康祸乱为《宋史》,辽、金为“北史”,高宗南渡以后为《南宋史》,但“一时士论非不知宋为正统,然终以元承金,金承辽之故疑之,各持论不决”。(明王圻《续文献通考》卷一七六)此事一直迁延了八十来年,元顺帝至正三年(1343),才由时任丞相的脱脱提出:“三国各与正统,各系其年号。”(《庚申外史》“甲申”条。《丛书集成》本)很清楚,这所谓“各与正统”,实际上也便取消了“正统”,这是对传统史学观念的巨大挑战。而这一巨大挑战的提出和成功的实施,正是我国少数民族,尤其是北方少数民族不断强大的必然结果。不难设想,如果元帝国不是蒙古族而是汉族所建,那么,如何修辽、金、宋三史,可能就是另外一种样子了。从这个意义上说,脱脱“三国各与正统,各系其年号”的提出,不仅从实际上扫除了当时修辽、金、宋三史的障碍,而且从理论上,这一主张显然顺应了我国作为一个多民族国家发展的历史潮流,其意义是不可低估的。

修史需要一笔不小的经费,而元顺帝至正三年,朝廷已是败象横生,难以解决这一问题。脱脱则听取了臣僚的意见,利用南宋贡士庄的钱粮作为修史之费,解决了这一问题。据已故著名学者冯家昇先生考订,所谓贡士庄,大都是南宋灭亡以后,富家大室没收入官的田产,每年都有巨额税收,足以供用修史之费。(《冯家昇论著辑粹》,中华书局版)

由于既解决了三史的义例问题,又解决了修史的经费问题,至正三年三月,朝廷正式下诏“修辽、金、宋三史,以中书右丞相脱脱为都总裁官,中书平章政事铁木儿塔识、中书右丞太平、御史中丞张起岩、翰林学士欧阳玄、侍御史吕思诚、翰林侍讲学士揭傒斯为总裁官”。(《元史·顺宗纪》)次年五月,脱脱罢相,阿鲁图继为中书右丞相。这年十一月,《金史》告成,由于脱脱解决了修史的两个重要问题,故由阿鲁图上奏的《进金史表》,仍承认“臣脱脱以前中书右丞相仍都总裁”。(《金史》所附《进金史表》)故三史皆署“脱脱等撰”,便顺理成章,不难理解了。

在上述提到的总裁官中,揭傒斯在《辽史》完成之后,因得寒疾,七日而亡,故于《金史》的修撰已贡献无多。对修撰《金史》出力较多的是张起岩和欧阳玄,而尤以欧阳玄为最。据《元史》张起岩本传记载,张熟悉金朝的掌故,对宋朝的道学源委亦颇有研究。张起岩作为总裁官,认真审理史官们交上来的史稿,凡有“立言未当,起岩据理窜定,深厚醇雅,理致自足”。(《元史·张起岩传》)说明他在立论和文字上,很下了一番功夫。

欧阳玄则是《金史》的“发凡举例”者,(《元史·欧阳玄传》,下引同)也就是《金史》的纪、志、传等,都由欧阳玄写出样板,供参加修史的诸史官“有所据依”。欧阳玄是位城府很深的人,对史官那些不公允的论议,他虽然有不同看法,但并不去争论,而是等到史官把史稿交上来,“援笔窜定之,统系自正”。这种做法和张起岩的做法极为相似,大有同功之妙。据《元史》记载,《金史》中的“论、赞、表、奏,皆玄属笔”。其功是不言自明的。

至于其他总裁官,大都是“多所协赞”或“力赞其事”而已,(《元史·铁木儿塔识传》)已无具体记载。

二、修史的良好基础

从至正三年三月诏修辽、金、宋三史,到次年十一月《金史》修成,前后共用了一年零八个月的时间。《金史》之所以能在这较短的时间内较好地修成,是与前人为修史打下的基础分不开的。

最值得一提的就是王鹗(字百一,亦作伯翼),他在中统二年奏请修辽、金史并采访前朝遗事的同时,自己亦积极为修史做准备,他为《金史》拟了一个较为完备的框架,这就是:

帝纪九:太祖、太宗、熙宗、海陵庶人、世宗、章宗、卫绍王、宣宗、哀宗。

志书七:天文(五行附)、地理(边境附),礼乐(郊祀附)、刑法、食货(交钞附)、百官(选举附)、兵卫(世袭附)。

列传:(旧实录三品已上入传,今拟人物英伟、勋业可称,不限品从)忠义,隐逸(高士附)、儒行、文艺、列女、方技、逆臣(忽沙虎)。(诸王、后妃、开国功臣在先。)(参见王恽《玉堂嘉话》卷八)

对比《金史》,我们就会清楚地看到,王鹗的框架已全部被《金史》所采纳,只是略作了增补和调整。《金史》在九帝纪之外,增加了《世纪》和《世纪补》,以追述金初世系和三位存号而无位的"皇帝";志书则增加了《历志》、《河渠志》、《仪卫志》和《舆服志》,同时,把王鹗原拟附于天文志的五行、附于百官志的选举,都升为独立的志;而列传,则增加了世戚、循吏、酷吏、佞倖、宦者、叛臣和外国诸传,把王鹗拟的儒行改成了孝友。特别是王鹗提出的"诸王、后妃、开国功臣在先"的原则基本被遵循,只是将诸王和后妃的顺序作了调整,使后妃在先,诸王在后,似更合乎逻辑。尤其值得注意的是,人物的入传标准,亦遵从了王鹗所定,即不限品从,只以人物英伟、勋业可称为定。王鹗原框架没有表,《金史》则增加了《宗室表》和《交聘表》。虽然如此,但王鹗对修《金史》的奠基之功是不可埋没的。同时,也应注意到,从王鹗提出《金史》的框架,到《金史》的正式撰修,毕竟相隔了七八十年,做些必要的增补和调整,也完全在情理之中,丝毫也不影响王鹗对修《金史》的贡献。

王鹗对修《金史》的贡献还不止此,他还利用元初去金未远的有利条件,不失时机地努力采访金朝遗事,使没有实录的卫绍王一朝事迹,大体粗具规模。王鹗采访故金部令史窦祥时,窦祥已八十九岁,他凭记忆,提供了卫绍王一朝二十多条旧事。而曾任金司天提点的张正之,写出了十六条灾异。同时,王鹗还及时地采访了一些金朝名宦的后裔,得到了一些珍贵资料,如张承旨家的手本载旧事五条,金礼部尚书杨云翼的日录载旧事四十条,陈老日录载旧事三十条等。这些"手本"或"日录"之类,类似今天的工作日志或日记,大都属于个人的备忘录,故这类东西如不及时寻觅,便很容易随着主人的去世而渐次消亡了。从这个意义上说,王鹗采访先朝遗事的建议,以及他自己的身体力行,都是十分有卓见和实际意义的。

王鹗还撰有《汝南遗事》四卷,从天兴二年(1233)六月六日哀宗在蔡州被元兵包围记起，按日编录，一直记到次年正月初五为止，共一百零七条，分纲列目，眉目十分清楚，较详细地记载了哀宗亡国的情况，具有重要参考价值。

王鹗之后，成宗大德间，身为应奉翰林文字、同知制诰、兼国史院编修官的袁桷，上有《修辽金宋史搜访遗书条列事状》，向史馆推荐了二百来种具有史料价值的书。袁桷的重点虽然在《宋史》，但他推荐的专记北宋亡国始末的书，如《三朝北盟会编》、《靖康传信录》、《靖康录》、《伪楚录》、《伪齐录》、《建炎复辟记》、《中兴遗文》等，对修《金史》亦足资参考。

由于王鹗、袁桷等人处于元初或元朝前期，故不少珍贵资料得以搜集和保存，他们为元末正式修史打下了坚实的基础。没有这样一个基础，要想修出辽、金、宋三史，至少在元末短期内是不可能的。

最后，还应提及的是苏天爵。苏天爵一生著述宏富，尤其留心近、现代文献的收集和编撰。在他的著述中，《国朝文类》、《国朝名臣事略》，都是搜集的当代文献。据时人赵汸说，苏天爵对属于近代文献的“辽、金逸事，宋代遗文，犹拳拳收购不倦”。（《东山存稿》卷五《书赵郡苏公所藏经史遗事后》）并编有《辽金纪年》一书。此后，又取辽、金、宋三朝文集，将其篇目编为《宋辽金三史目录》，特别是对其中有关治乱存亡的文章，加以疏解，突出其史料价值。遗憾的是，至正三年元顺帝下诏修辽、金、宋三史时，苏天爵正任湖广行省参知政事，未能参与修史之事。故他写了一篇《三史质疑》，寄给了欧阳玄，对三朝史料作了全面分析。就金代史料而言，他指出：“国亡之后，元好问述《壬辰杂编》，杨奂《天兴近鉴》，王鹗《汝南遗事》，亦足补义宗一朝之事。”他指出，叶隆礼的《辽（契丹）国志》和宇文懋昭的《（大）金国志》，“其说多得于传闻。……至如建元改号，传次征伐，及将相名字，往往杜撰，绝不可信”。（《滋溪文稿》卷二五《杂著·三史质疑》）对于存世的金代文集，如《赵秉文文集》，国初刻本亦多回护，当从民间访求别本。他还指出，辽、金大族的墓多在京畿，应搜访他们的碑文。金代名医刘守贞的医术，皆造精妙，苏天爵认为，应当采访他的事迹，将其列入方技传中。这些意见，都是苏天爵长期研究辽、金史的一得之见，并非泛泛之谈。他的一些看法，不要说在当时，就是在今天，仍有其参考价值。可喜的是,苏天爵的这些意见,大部分已被修《金史》的史官们所接受。如,在《金史》中,看不到它受《(大)金国志》的丝毫影响,同时,一代名医刘元素(守贞),确实被收入了方技传中。这些,都足以说明,苏天爵的《三史质疑》,的确对修《金史》产生了积极的影响。

三、《金史》的取材

《金史》的取材较为复杂,不是一两句话能讲清楚的,但《金实录》是修《金史》的重要依据,则是勿庸置疑的。

讲到《金实录》,必须首先指明,女真族当初并没有文字,因之也便没有什么纪录。破辽以后,因与契丹和汉人接触,才开始学习契丹字和汉字。天辅初年,金太祖完颜阿骨打始命完颜希尹撰本国字,完颜希尹依仿汉人楷字,因袭契丹字的模式,结合女真族语,于天辅三年(1119)创立了女真字,世称女真大字;以后,金熙宗完颜亶亦制女真字,于天眷元年(1138)颁行,世称女真小字,两种女真字并行。也就是说,从天辅三年以后,女真族才有了自己纪录的东西,而首先撰著的,就是由完颜勗等采访遗言旧事撰成的《祖宗实录》。此书共三卷,于熙宗皇统元年(1141)修成上奏。所谓"祖宗",即包括始祖(函普)、德帝(乌鲁)、安帝(跋海)、献祖(绥可)、昭祖(石鲁)、景祖(乌古迺)、世祖(劾里钵)、肃宗(颇刺淑)、穆宗(盈歌)、康宗(乌雅束)共十位追封为帝的完颜氏先人。《实录》追记了他们的事迹,"凡部族,既曰某部,复曰某水之某,又曰某乡某村,以别识之。凡与契丹往来及征伐诸部,其间诈谋诡计,一无所隐"。(《金史·完颜勗传》)

熙宗皇统八年(1148),完颜勗又撰成了《太祖实录》二十卷,由时任太师、领三省事的越国王完颜宗弼奏上,熙宗重赏了完颜勗。

世宗大定七年(1167),由右丞相、监修国史纥石烈良弼领衔,同修国史张景仁、曹望之、刘仲渊参修的《太宗实录》完成,并于这年八月上奏。此实录卷数不详。

大定十一年(1171)十月,纥石烈良弼又进奏《睿宗实录》,卷数不详。

大定二十年(1180),由完颜守道修成《熙宗实录》。金世宗夸奖完颜守

道说:“卿祖谷神(按即完颜希尹)行事有未当者,尚不为隐,见卿直笔也。”(《金史·完颜守道传》)

《海陵实录》,又称《海陵庶人实录》,为郑子聃所修。海陵王完颜亮曾亲自出赋、诗、论题,考试群臣,有七十三名中第,郑子聃为第一,大受海陵赏识,连升官三阶。因其对海陵一朝事知之甚详,故世宗专令其修《海陵实录》。由于郑子聃死于大定二十年(1180),故《海陵实录》必完成于该年或之前。

章宗明昌四年(1193)八月,国史院进《世宗实录》,卷数不详。

章宗泰和三年(1203)十月,尚书左丞完颜匡等进《显宗实录》。据《金史》卷十一《章宗纪》,《显宗实录》本作《世宗实录》,卷九八《完颜匡传》所记相同。但我们从上文已经看到,明昌四年,国史院已进奏了《世宗实录》,无须在十年之后,再进《世宗实录》,故清代著名学者施国祁在其名著《金史详校》中说:“世当作显。”(《金史详校》卷二,《丛书集成》本)钱大昕《元史艺文志》亦作《显宗实录》,今从其说。

宣宗兴定元年(1217)十月,宣宗“命高汝砺、张行简同修《章宗实录》”。(《金史·宣宗纪》)兴定四年(1220)九月,《章宗实录》完成,奏进。卷数不详。

宣宗兴定五年(1221)春正月,“撰故卫王事迹,如海陵庶人例”。(《金史·宣宗纪》)但谁撰,是否撰成,均未详。

哀宗正大五年(1228)十一月,王若虚撰《宣宗实录》成,奏进。王若虚因之迁为平凉府判官。但该《实录》卷数不详。

金朝所修诸帝实录情况大体如上。

这些实录,均藏于京城中都的史馆。贞祐二年(1214)五月,登极不久的金宣宗完颜珣,为了躲避元兵的不断南下,将京城从中都迁到了汴京,这些实录,也便跟随着南迁。

哀宗天兴二年(1233),哀宗又迫于形势,弃汴奔蔡,走上了无可挽回的灭亡之路。这时,汴京发生了崔立之变,西面将军崔立,以汴京全城为奉献,投降了元军。元将张柔进驻了汴京。据《元史》记载:张柔“于金帛一无所取,独入史馆,取《金实录》并秘府图书”,“卫送北归”。(《元史·张柔传》)中统二年，最初议修辽、金史时，张柔便把这些实录献了出来。不过，据苏天爵说，张柔所获的《金实录》并不全，缺《太宗实录》和《熙宗实录》。同时，由于金宣宗完颜珣，痛恨他的同父异母兄弟金章宗舍弃自己而把皇位传给了其叔父——完颜永济，即卫绍王，故把南迁汴京之前所修《章宗实录》的成稿弃在了中都而未带，张柔所获的《章宗实录》是在汴京所修，由于其时“中原新经大乱，文籍化为灰烬，故其书尤疏略”。（苏天爵《滋溪文稿》卷二五《三史质疑》）不过，相对而言，金朝的有关资料还是比较丰富的。金既设有国史院，“掌监修国史事”，（《金史·百官志》，下引同）又设记注院，“修起居注，掌记言、动”。故苏天爵又说：“金亦尝为国史，今史馆有太祖、太宗、熙宗、海陵本纪。”（苏天爵《滋溪文稿》卷二五《三史质疑》）可与《实录》互为补充，足供修《金史》之用。但卫绍王一朝的实录终究是没有见到，多赖王鹗及时采录了卫绍王一朝的遗事，得以补足《金实录》的不足。故阿鲁图《进金史表》特别指出：“张柔归金史于其先，王鹗辑金事于其后。”（《金史》后附）充分肯定了他们对修《金史》的贡献。

对于修《金史》来说，《金实录》虽然十分重要，但仅仅靠《金实录》亦显然是不够的。不要说金初的“实录”只是追记，金末的实录并不完备，即便是《章宗实录》，诚如上文已提及的，由于中原战火和宣宗南迁汴京，亦修得相当疏陋。所以，要把《金史》修好，就必须在《金实录》之外另找材料，以补《实录》的不足，而元好问和刘祁的有关著作，正起到了这一作用，多被《金史》所采纳，故明末清初的著名学者顾炎武明确地说：“《金史》大抵出刘祁、元好问二君之笔，亦颇可观。”黄汝成《集释》引钱氏说：“贞祐南迁以后事迹，多取元、刘两家。章宗以前，则实录俱在，非出二人笔也。”（《日知录集解》卷二六《金史》条，《四部备要》本）元朝修史诸臣则坦陈：“刘京叔（祁）《归潜志》与元裕之（好问）《壬辰杂编》二书虽微有异同，而金末丧乱之事犹有足征者焉。”（《金史·完颜奴申传》）

元好问，字裕之，号遗山，太原秀容人，为鲜卑拓拔氏的后裔。他早年曾师从陵川郝经受学，淹贯经传百家，并长于写诗。宣宗兴定五年（1221）中进士第（清顾嗣立《元诗选》初集甲集谓其“金宣宗兴定三年登进士第”，疑是笔误，今仍从《金史》卷一二六《元好问传》作兴定五年），历任内乡和南阳县令。哀宗奔蔡时,他以行尚书省左司员外郎留守汴京,金亡之后,大抵以收徒教书为事,再未进入仕途。惟一与政治有关的,是壬子年,即公元1252年,元好问与他的学生张德辉北上觐见尚未登极的元世祖忽必烈,请他“为儒教大宗师”,(《元史·张德辉传》)忽必烈接受了这一称号,并蠲免了儒户的兵赋。

作为金朝的遗民,元好问惟一想做的事就是修撰《金史》,他认为:“金源氏有天下,典章法度几及汉、唐,国亡史作,己所当任。”(《金史·元好问传》,下引同)前面已经谈及,金亡国之时,《金实录》皆被万户张柔取得,元好问便打算向张柔借取这些《金实录》,以便撰修《金史》。不料,此事却被一个叫乐夔的人得知,极力加以阻挠,故元好问的这一愿望未能实现。但元好问并没有就此而止,他仍抱着“不可令一代之迹泯而不传”的信念,在家中构筑一亭,名野史亭,他便住在亭上,进行著述,“凡金源君臣遗言往行,采摭所闻,有所得辄以寸纸细字为记录,至百余万言”。元好问写有一首《野史亭雨夜感兴》的诗,他写道:“私录关赴告,求野或有取。秋兔一寸毫,尽力不易举。衰迟私自惜,忧畏当谁语?展转天未明,幽窗响疏雨。”(《元诗选》初集甲集)不难看出,虽然借《实录》私自修史有人“赴告”而被迫中止,但他仍认为“求野或有取”,尽管此事“不易举”,但仍“尽力”以为之,当时传世的,即有《壬辰杂编》和《中州集》二书。

所谓“壬辰”,即金哀宗天兴元年,公元1232年。此书现已亡佚,其内容究竟如何,幸顾嗣立《元诗选》初集丁集选有欧阳玄的诗五十九首,其中《送振先宗丈归祖庭》一诗的注,提到了《壬辰杂编》,并涉及了该书一些内容,对我们了解《壬辰杂编》不无益处。其注云:“近年奉诏修三史,一日于翰林故府中,攟金人遗书,得元遗山裕之手写《壬辰杂编》一帙,中言安平都尉完颜斜烈,汉名鼎,字国器,尝镇商州,偶搜伏于竹林中,得欧公子孙甚多,以欧公之故,并其族属乡里三千余人悉纵遣之。”可见《壬辰杂编》所记并不仅限壬辰一年之事,而是旁及壬辰前后。特别应该指出的是,上面所引《壬辰杂编》这段话,已全部被《金史》所采纳,其《完颜斜烈传》云:“斜烈名鼎,字国器,毕里海世袭猛安。年二十,以善战知名。自寿、泗元帅转安平都尉,镇商州,威望甚重,敬贤下士,有古贤将之风。初至商州,一日搜伏,于大竹林中得欧阳修子孙,问而知之,并其族属乡里三千余人皆纵遣之。"看得出,所采《壬辰杂编》中的文字,几乎没有什么改动,足见对这部书十分重视。

《中州集》全称《翰苑英华中州集》,亦称《中州鼓吹翰苑英华》,是元好问在邢具瞻《国朝百家诗略》基础上,编辑的一部金代诗词选集。除显宗和章宗两位皇帝不计外,共收有二百四十九位金代诗人的两千零六十首诗词之作,诚如中华书局上海编辑所 1959 年 4 月初版《中州集》之《前言》所说:"这个集子在当时虽是选集,但在今天看来,金源一代可传的诗词,实在也可说是包括殆尽了。"

元好问编选《中州集》有两个目的,一是保存金代文献。关于这一点,他在《中州集》的《序》中已讲得十分清楚。他说:"亦念百余年以来,诗人为多,苦心之士,积日力之久,故其诗往往可传。兵火散亡,计所存者,才什一耳。不总萃之,则将遂湮灭而无闻,为可惜也。乃记忆前辈及交游诸人之诗,随即录之。……目曰《中州集》。嗣有所得,当以甲乙次第之。"尤其是末两句,更能显出元好问保存金代文献的用心。二是"以诗存史"。这里有以下几点值得特别注意:(一)是元好问给每位入选诗人(除两位皇帝外)都写了小传,历叙其生平梗概,兼评其诗词优劣。(二)是不求入选诗人的诗词多寡优劣,但求不遗漏一位诗人,所以,有的只有一首,有的却选百首以上;有的诗人毫无名气,诗作也极为平庸,但都因为元好问的以诗存史的目的而得以入选,而且,并不以此影响小传的详略。如辛集第八高邻,只收了他《马嵬》一首绝句,却为他写了二百五十来字的小传,足见一斑。元好问《自题中州集后》有云:"平世何曾有稗官,乱来史笔亦摧残。百年遗藁天留在,抱向空山掩泪看。"(《中州集》附录)清楚地道出了他的存史之意。(三)是只收物故人的作品,健在诗人的作品,不在收录之列。《中州集》没有元好问本人的作品,正合这一入选原则。

《金史》中的列传,广泛采摭了《中州集》中的小传。由于《中州集》小传较为概括和浓缩,又由于有些小传中不少文字评论该人的诗文,故《金史》全采小传的情况不多,但部分采摭则确是不少。如《中州集》甲集第一个人物宇文虚中,小传写道:“诸贵先被叔通(按,虚中,字叔通)嘲笑,积不平,必欲杀之,乃锻炼所藏图书为反具。叔通叹曰:‘死自吾分。至于图籍,南来士大夫例有之,喻如高待制士谈,图书尤多于我家,岂亦反邪?’有司承风旨,并置士谈极刑,人至今冤之。”而《金史》卷七九《宇文虚中传》则写道:“乃罗织虚中家图书为反具,虚中曰:‘死自吾分。至于图籍,南来士大夫家家有之,高士谈图书尤多于我家,岂亦反耶。’有司承顺风旨并杀士谈,至今冤之。”其采摭之迹相当明显,但最后一句《中州集》小传作“人至今冤之”,是说人们直到今天仍为他报冤,而《金史》列传却丢掉了“人”这个至关重要的主语,其优劣自不待言。同时,从校勘学角度讲,抄落文字也是一种常见的现象,是后者采摭前者留下的另一种痕迹。

刘祁的《归潜志》,是《金史》采摭的又一部重要典籍。刘祁字京叔,山西浑源人。他从八岁开始,便跟随着祖父、父亲游宦于南京(今开封),他的父亲刘从益,官至御史大夫,应奉翰林文字,故刘祁从小就结识了不少名官显宦和文人学士。哀宗奔蔡,他被元军包围于汴京,亲历了崔立之变。此后,他辗转两千里,于金亡那一年,即公元1234年,他回到了故乡。这时,他想到“昔所与交游,皆一代伟人,人虽物故,其言论、谈笑,想之犹在目。且其所闻所见可以劝戒规鉴者,不可使湮灭无传,因暇日记忆,随得随书,题目《归潜志》。归潜者,予所居之堂名也。因名其书,以志岁月,异时作史,亦或有取焉”。(刘祁《归潜志序》)正因为如此,故他的写作态度十分严谨,他感慨说:“嗟乎,此生何属亲见国亡?至于惊怖、劳苦万状不可数。廼因暇日,记忆旧事,漫记于编。若夫所传不真及不见不闻者,皆不敢录。”(《归潜志》卷一一《录大梁事》)足见此书所记,都是作者刘祁耳闻目睹之事,具有第一手材料的性质。

《归潜志》共十四卷。前六卷,除海陵王完颜亮、显宗完颜允恭、章宗完颜璟、世宗之子完颜允中四人不计外,共有一百二十来人的小传。这一百二十来人,既有文人、显宦,也有武将、僧人、名医等等,而且大都是作者“昔所与交游”,故写来多很真切。如金世宗的孙子完颜璹,即与刘祁多所往来,刘祁在密国公完颜璹的小传中写道:“天兴初,北兵犯河南,公已卧病,予候之,因论及时事,公曰:‘敌势如此,不能支,止可以降,全吾祖宗。且本夷狄,如得完颜氏一族归我国中,使女真不灭,则善矣,余复何望?'"(《归潜志》卷一《密国公琦》条)这段话是完颜琦私下对刘祁讲的,已被《金史》采入《完颜琦传》。(《金史·完颜琦传》)如果不是刘祁与完颜琦很熟悉,这些肺腹之言是难以听到,更不要说写入史书了。这就是《归潜志》这些小传的难得之处。

如果说《归潜志》前六卷是纵向勾勒了作者所识诸人的生平概略的话,那么,该书七至十卷,则侧重在杂记这些人的遗闻轶事,从横向丰富了这些人的举止言谈,使所记人物更加立体化,更加丰满,这是《归潜志》记人物的又一难得之处。如赵秉文,为金代的文学名士。由于他官高,又长于书法,故求其写字的人特别多,"公甚以为苦"。(《归潜志》卷九《赵闲闲本好书》条,下引同)他当礼部尚书时,就在厅事的墙壁贴出榜示:"当职系三品官,为人书扇面失体,请诸人知!"致仕以后,仍在住宅门前榜示:"老汉不写字。"但诚如刘祁所说:"相识辈强请亦不能拒。"刘祁写道:"又一日,公在礼部,白枢判文举诸人邀公饮丹阳观。公将往,先谓诸人曰:'吾今往,但不写字耳。如求字者,是吾儿。'文举曰:'先生年德俱高,某等真儿行也。'公笑,又为书之。"前面已经提及,赵秉文致仕后,在门榜示"老汉不写字"。"有一僧将求公作化疏(按,即化缘的文字),以钉钉其手于公门,公闻,遽出,礼之,为作疏且为书也"。(《归潜志》卷九《赵闲闲本喜佛学》条)这些轶事,不可能被正史采入,但它们却真实地再现了赵秉文的为人,至少可使我们在正史刻板的政治面貌之后,看到了一个有血有肉,与同事关系融洽,又颇富同情心的另一个赵秉文,这对我们全面考察这位历史人物还是不无益处的。

还有些记事,虽类似轶事,但却颇能说明问题。如金宣宗好刑法,为政尚威严,所以,宣宗朝的高官大多较苛刻。如右丞徒单思忠,好以麻椎击人,绰号"麻椎相公";转运使李特立人短小,但办事锋利,绰号"半截剑";而雷渊为御史,在蔡州杖杀了五百多奸豪,绰号"雷半千"。(见《归潜志》卷七《宣宗喜刑法》条)他们这些人本身虽非酷吏,但他们的绰号,形象地说明了宣宗时"政尚威严"的事实,故《归潜志》这段记事,只小有改动,已全部采入了《金史》之《酷吏传》。

值得注意的是,《归潜志》这一部分还有一些刘祁对金末时政的感慨,多能切中时弊。如他批评“金朝兵制最弊,每有征伐或边衅,动下令签军,州县骚动”,他批评“金朝近侍之权甚重”,批评“南渡之后,为宰执者往往无恢复之谋”,(见《归潜志》卷七《金朝兵制最弊》、《金朝近侍之权甚重》、《南渡之后》条)均分别被采入《金史》卷四四《兵志》,卷一一一《完颜讹可传》,卷一一五《完颜奴申传》。

《归潜志》卷一一为《录大梁事》,记金末元兵包围汴京,末帝出逃蔡州及崔立之变等。由于作者刘祁即在汴京城中,故所记大都是亲历或耳闻目睹之事,具有较高的考史价值。如《元史》卷二《太宗纪》载:“四年壬辰春正月戊子,帝由白坡渡河。庚寅,拖雷渡汉江。”而《录大梁事》开篇即说:“正大八年辛卯冬十一月,余居淮阳,北兵由襄汉东下,时老祖母、老母在南京,趋往省焉。”说明,托雷率兵自江汉东下不在壬辰而在辛卯。姚燧《牧庵集》卷一六《兴元行省瓜尔佳公神道碑》亦云:“庚寅,睿宗拔凤翔,明年,从破宋大散关,夹嘉陵、汉水如凤、沔。……东抵均,诸城皆拔。”(《牧庵集》卷一六,《丛书集成》本)庚寅的明年正是辛卯,与刘祁所记吻合,足证史书之误。

由于哀宗频于奔命,记注简略,再加之史官为贤者讳,致使《哀宗纪》的有关记述,确失之太简,如天兴元年七月“甲申,飞虎军士申福、蔡元擅杀北使唐庆等三十余人于馆,诏贳其罪,和议遂绝”。而《归潜志》的记录却较详:“秋七月,北兵遣唐庆等来使,且曰:‘欲和好成,金主当自来好议之。’末帝讬疾,卧御榻上,见庆等掉臂上殿,不为礼。致来旨毕,仍有不逊言,近侍皆切齿。既归馆,餉劳。是夕,飞虎军数辈,愤庆等无礼,且以为和好终不能成,不若杀之快众心。夜中,持兵入馆,大噪,杀庆等。……迟明,宰执趋赴馆视之,军士露刃,诣马前请罪,宰执遑遽慰劳之,上因赦其罪,且加犒赏。……识者知其祸不可解矣。”这里,把飞虎军杀唐庆的来龙去脉叙述得十分清楚。由于军士已露刃,宰执才在遑遽中慰劳了他们,而金哀宗不过顺水推舟而已。实际上,他已经无可选择,要么向元军屈服,要么向飞虎军屈服。这些记载,对我们考明史实,显然都很重要。从这个意义上说,《归潜志》的不少记载,确有补史的意义。

《归潜志》卷一二包括两项内容,一是《录崔立碑事》,一是《辩亡》。前者详细记载了崔立降元,自以为有救一城生灵之功,要求为其立碑颂德。此事虽然谁都不愿参与，但又得罪不起号称郑王的崔立，只好勉为其难，只叙其事而已，绝无褒词。刘祁因为被迫参与了其事，故“因书其首尾之详，以志少年之过”。(《归潜志》卷一二《录崔立碑事》)刘祁的态度显然是诚恳而值得肯定的。

《辩亡》则是刘祁经历过亡国之后，痛定思痛，分析金国所以灭亡的原因，主要是从宏观角度评价了金历朝皇帝及金朝的国政。如他称海陵王完颜亮“虽淫暴自强，然英锐有大志，定官制、律令皆可观。又擢用人才，将混一天下。功虽不成，其强至矣”。多被研究者称引，是其名论。又说，金国所以不能长久，主要在其“分别蕃汉人，且不变家政”。所谓“家政”，即治理女真族的老一套，如猛安、谋克之类。以不变的老一套，来对付已经发生了极大变化的新形势，其失败亦是必然而合乎逻辑的。刘祁的分析，可谓要言不繁，一箭中的，很值得研究金史者参考。

《归潜志》的一三、一四两卷，大多是一些个人感怀、人生箴言及他人投赠的诗文杂录等。这一部分修《金史》者采用不多，但却保存了不少金代文献，在今天看来，亦是十分珍贵的。

《金史》除以《金实录》为依据，参取了《壬辰杂编》及《归潜志》等书外，《金史》诸志还参取了一些文献，今按参取先后顺序，叙列如下：

章宗泰和四年(1204)六月，“司天台长行张翼进《天象传》。金代的司天台专掌天文历数、风云气色，密以奏闻”。(《金史》卷五六《百官志》二)司天台共设长行五十人，长行是一种有专业知识的人员。司天台的教授，才可“试补长行”。(《金史》卷五六《百官志》二)《金史》之《天文志》未言所本，此书当是其一。

金末名家杨云翼，曾于宣宗贞祐三年(1215)以礼部侍郎，兼提点司天台，著有《五星聚井辨》、《象数杂说》等，亦当是《金史》之《天文志》、《五行志》所本资料之一。

《金史》的《历志》是根据司天监赵知微的《知微历》撰修。《金史》卷二一《历志》上说：“是以终金之世，惟用《知微历》，我朝初亦用之，后始改《授时历》(按，即《庚午元历》)焉。今其书存乎太史，采而录之，以为《历志》。”赵知微的《知微历》，是在杨级《大明历》的基础上重修而成。金初始用《大明历》,正隆、大定间发现《大明历》所推与实际日食不合,大定十七年(1177)才命赵知微重修《大明历》,于大定二十一年(1181)完成。这时,翰林应奉耶律履亦造了《乙未历》上呈,比较的结果,《知微历》较精密,故采而用之,直到金亡国。

《金初州郡志》、《正隆郡志》和《士民须知》,皆为《金史》之《地理志》所本。需要指明的是,《地理志》的前序并未指明究竟采摭了何书,或以何书为依据,但文中却引证了上列三书。

安肃州"属县一"安肃县下注云:"按金初《州郡志》,雄、霸、保、安、遂、安肃六州皆隶广宁府。《太宗纪》载天会七年分河北为东、西路,则隶河北东路,岂以平州为南京之后,以六州隶广宁也? 不然,则《郡志》误。"(《金史》卷二四《地理志》)

河南府,"属县九"下注云:"《正隆郡志》有寿安县,纪录皆无。"(《金史》卷二五《地理志》)

彰德府邯郸县属镇有三下注云:"《士民须知》惟有邯山镇。"(《金史》卷二五《地理志》)

以上均可证明,《金史》之《地理志》撰述,参用了上述三书。这三书现均已亡佚。

这里还需要指出,《士民须知》今已亡佚,但从《金史》引证的情况看,其书的内容远远超过地理,它还涉及金朝官制等一系列问题。

《金史》之《百官志》记载,凡封王,大国有恒、邵等二十个王封,次国有泾、郑等三十个,小国亦有濮、遂等三十个。其中有一个"蒋"王,《金史》引"《士民须知》云:旧为葛"。(《金史》卷五五《百官志》)又,《百官志》记"御史台,登闻检院隶焉"。下注云:"见《士民须知》,《总格》、《泰和令》皆不载。"(《金史》卷五五《百官志》)《百官志》又载武器署设有直长,亦注云"见《士民须知》,《泰和令》无"。(《金史》卷五六《百官志》)《百官志》关于诸乣的记载,亦特别注明:"《士民须知》有苏谟典乣、胡都乣、霞马乣,无失鲁乣、移典乣。"(《金史》卷五七《百官志》)不难看出,《金史》的撰修者很重视《士民须知》这部书。它对官方的地理、律令等记载,作了很多宝贵的补充。

《金纂修杂录》四百余卷,《大金集礼》四十卷,为修《金史》之《礼志》所本。

金的礼乐制度是在世宗时开始建立起来的,这是因为金初南下,把汴京的礼器全部运到中都。于是参校唐、宋故典,设了两个机构,即"开详定所以议礼,设详校所以审乐,统以宰相通学术者,于一事之宜适,一物之节文,既上闻而始汇次,至明昌初书成,凡四百余卷,名曰《金纂修杂录》"。(《金史》卷二八《礼志》一)由于此书由通学术的宰相亲自主执,又由于一事一物的微细末节都上奏于皇帝,经认可之后再行汇次,故其书"凡事物名数、支分派引,珠贯棋布,井然有序,炳然如丹"。(《金史》卷二八《礼志》一)此书撰成之后,尚书左右司、春官、兵曹、太常寺等,都各掌一部,以便施行。故此书影响之大在金代当属首屈一指。

《大金集礼》,《金史》之《礼志》只称其为《集礼》,《张行简传》则称其为《国朝集礼》,他说:"今虽有《国朝集礼》,至于食货、官职、兵刑沿革,未有成书,乞定《会要》,以示无穷。"(《金史》卷一〇六《张行简传》)"大金"二字似后人为易识别而加。原书四十卷,但卷十二至卷十七凡六卷,已基本佚去,只残存了少量文字。《金史》卷二八《礼志》一序,在谈到宣宗南迁、图籍散佚的情况时说:"故书之存,仅《集礼》若干卷,其藏史馆者又残缺弗完,姑掇其郊社宗庙诸神祀、朝觐会同等仪而为书,若夫凶礼则略焉。"其所谓"又残缺弗完",与今存《大金集礼》正相符。《金史》之《礼志》,几乎全部照抄了其中的文字,这是《金史》采摭它书所没有的现象。

此书未著作者,《四库全书总目》根据黄虞稷《千顷堂书目》,认定是"明昌六年礼部尚书张玮等进"。按,这里的"张玮",当是"张暐"之误。考《金史》卷一〇六《张暐传》,张暐虽"历太常、礼部二十余年,最明古今礼学",但未载其有著述传世。据《金史》卷十《章宗纪》载,明昌六年张暐所进乃《大金仪礼》而非《集礼》。卫绍王大安二年(1210)杨云翼曾奉命校过此书,记载十分清楚,是不容与《集礼》混为一谈的。但是张暐的儿子张行简却著述颇多,"自初入翰林,至太常、礼部,典贡举终身……所著文章十五卷,《礼例纂》一百二十卷,会同、朝献、禘祫、丧葬,皆有记录,及《清台》、《皇华》、《戒严》、《为善》、《自公》等记，藏于家”。(《金史》卷一〇六《张行简传》)这里特别值得注意的是，《金史》之《礼志》小序，在谈到宣宗南播，图书散逸的情况时，突出指出了“宰相韩企先等之所论列，礼官张暐与其子行简所私著《自公纪》，亦亡其传”。(《金史》卷二八《礼志》)接着才谈到了“故书之存，仅《集礼》若干卷”云云。足证，《金史》所称的《集礼》，即现存于今的《大金集礼》，其作者并非“张玮”，而是张暐，而最大的可能是，该书的作者是张暐与他的儿子张行简。

《金史》的《刑志》，主要根据金朝各时期的律令所修。重要的有熙宗时的《皇统制》，这是金代第一部成文律书。这部律书，以女真旧制为基础，“兼采隋、唐之制，参辽、宋之法，类以成书”。(《金史》卷四五《刑志》)海陵时又修《续降制书》，对《皇统制》作了一些补充，两种律书并行参用。世宗夺得帝位以后，对前两朝的律书进行了删繁正失，撰成了《大定军前权宜条理》和《续行条理》。后来，又把《军前权宜条理》中的通常施行的条文辑出，成为定法，这就是《大定重修制条》，共十二卷。章宗继位以后，又参酌时宜，“历采前代刑书宜于今者，以补遗阙，取《刑统》疏文以释之，著为常法，名曰《明昌律义》”。(《金史》卷四五《刑志》)又将与宋在指定地点进行贸易的榷货、边部、权宜等事项，编成了《敕条》。泰和年间，再次修定前法，参以古今律书，撰成《泰和律义》三十卷，共包括法律条文五百六十三条。同时，还有《律令》二十卷，共包括律令六百二十条；《新定敕条》三卷，共有条文二百一十九条；《六部格式》三十卷等，皆为《金史》之《刑志》所本，故《刑志》的内容较为充实。

《金史》的《选举志》、《百官志》，多采《泰和格》、《泰和式》、《泰和令》、《总格》及《士民须知》等书。

《选举志》所载如何科考等，多据某年某年之规定，说明其规定多具临时性质，即使作为“故事”，也只是参酌而已。但章宗泰和间的规定都称作“泰和格”，说明已是相对稳定，且已成文的条格。在考试科目上，《选举志》云：“在《泰和格》，复有以时务策参以故事，及疑难经旨为问之制。”(《金史》卷五一《选举志》)又云：“泰和格，诸进士及第合授资任须历遍乃呈省，虽未尽历，官已至中大夫亦呈省。”(《金史》卷五二《选举志》)这是对及第进士考核转资的规定。再如金朝的“武举，尝设于皇统时，其制则见于《泰和式》，有上中下三等。”

(《金史》卷五一《选举志》)都可见《泰和格》、《泰和式》是《选举志》的重要采摭对象。

《泰和令》、《总格》是关于金朝官制的有关法规,《百官志》多所引证。如尚书省有左右司,其右司设有尚书省祗候郎君管句官。这里便引证了"《泰和令》,以左右女直都事兼"。(《金史》卷五五《百官志》)再如武器署,设顿舍官二员。这里亦注云:"《泰和令》、《总格》作四员。"(《金史》卷五六《百官志》)有些规定,《泰和令》等不载,亦为注明,如登闻检院隶属于御史台,便注明:"《总格》、《泰和令》皆不载。"(《金史》卷五五《百官志》)这些引证,足资考史之用,具有重要价值。

《金史》的《宗室表》,谱列了完颜氏的宗族世系,但序中亦未言所据。就《金史》全书考察,我们前面已提到了完颜勗所撰《始祖以下十帝实录》,当是重要所本。另外,完颜勗还撰有《女直郡望姓氏谱》,(《金史》卷六六《完颜勗传》)亦足资参考。比完颜勗稍早,即景祖的第八子完颜阿离合懑,曾与斜哥同修《本朝谱牒》,(《金史》卷七三《阿离合懑传》)也足资修《宗室表》参考取资。

在《金史》之列传中,明确提到所本的只有《列女传》中的《韩庆民妻传》。其传末写道:"世宗读《太宗实录》,见庆民夫妇事,叹曰:'如此节操,可谓难矣。'"(《金史》卷一三〇《韩庆民妻传》)可以说明,传中有关记载,是从《太宗实录》采摭而来。

又据《韩玉传》记载,韩玉曾"作《元勋传》,称旨,章宗叹曰:'勋臣何幸,得此家作传耶!'"(《金史》卷一一〇《韩玉传》)又,金末文人王鹗,曾作《王子小传》以自叙生平。这些如果在元代尚存,必然是写相关列传的绝好依据。但究竟如何,因文献无征,也只能存疑了。

《金史》的取材,大致情况如上。由于《金实录》的大体具在,它为修《金史》打下了坚实的基础,在这个基础下,再旁及刘祁、元好问诸人的有关著述,《金史》得以较快修成,便是情理之中的事了。

四、《金史》的得失

在元人所修辽、金、宋三史之中,《金史》是公认较好的一种,它既不像

《辽史》那样简陋，又不像《宋史》那样繁复臃肿。清代学者赵翼称“《金史》叙事最详核，文笔亦极老洁，迥出《宋》、《辽》二史之上”。(《廿二史劄记》卷二七《金史》条。又，原文作“迥出《宋》、《元》二史之上”，“元”字显系笔误，今改作辽。)这里用了一个“最”字，又用了一个“极”字，评价之高已无以复加了。

综观《金史》全书，其创意确属不少。

首先是“纪”部分的安排，帝王列本纪，这是纪传体史书的特点，也是相沿未变的传统，《金史》当然也不会例外。关键是，如何安排那些有号无位的“假皇帝”们，《金史》编撰者的处理显然很有章法和创意。他们以金的立国为界，凡在金立国之前被追封为“帝”的完颜氏祖先，皆入《世纪》，冠于全书之首，而把金立国之后追封为“帝”的完颜氏宗属，皆入《世纪补》，殿于本纪之末，使“纪”这部分井然有序。从实际内容看，《世纪》实际是追述了女真族在建国之前的历史概貌，包括其地域、风俗民情、生活习尚等，这是读《金史》应该具备的必要知识，而《金史》开篇伊始，就以《世纪》的形式，把这些交待了出来，它既体现了历史的固有顺序，又从整体交待了女真族的来龙去脉，其安排是颇具匠心的。至于把金建国之后追封为帝的完颜氏宗族，这主要是指熙宗之父完颜宗峻，号景宣皇帝；世宗之父完颜宗辅，庙号睿宗；章宗之父完颜允恭，庙号显宗，均列入《世纪补》，显然是考虑到全书体例的统一，同时也分清了层次，是颇为可取的。

在纪传体史书中，表的设置由来已久，司马迁和班固都很注重表，《史记》有十表，《汉书》有八表。欧阳修和宋祁也很重视表，他们在《新唐书》中设制了十五种表。表有直观性，可把复杂的问题简单化、明朗化。元人修史发扬了前辈史学家的优良传统，在《辽》、《金》、《宋》三史中，都有表的设置，而尤以《金史》中的《交聘表》最有创意。宋金以淮河为界，互相对峙，是我国历史上出现的又一次南北朝。其间，南北有战有和，战时兵戎相见，和时使臣往还。特别是使臣，种类繁多，有贺正旦使，贺皇帝生辰使，这都是固定的。另外，皇帝登极或去世，亦互有告登位，贺登位、告哀、吊慰等使。金除和宋有互派使臣的关系外，和西夏及高丽，也有这种关系。故《交聘表》除时间一栏外，共有宋、夏、高丽三栏，将使臣到来或派出的时间、任务等，一一写在表中,眉目十分清楚,收到了文省事豁之效。诚如《交聘表》小序所说:“故识其通好与间有兵争之岁,其盛衰大指可观也已。”(《金史》卷六〇《交聘表》)足见《交聘表》不仅是金与邻国关系的寒暑表,而且也是金朝自身国力的显示表,其意义是多方面的。

《金史》的列传也很有值得称道的地方。清代学者赵翼说:“《金史》则每一大事,即于主其事之一人详叙之,而诸将之同功一体者,可以旁见侧出,故有纲有纪、条理井然。”他认为,这种“各就当局一二人叙其巅末,而同事诸将自可以类相从”的做法,“最得史法”。(以上关于赵翼的引文,均见《廿二史劄记》卷二七《金史》条)例如镇压山东杨安儿起义,主要见于卷一〇二《仆散安贞传》,其他如同卷《蒙古纲传》,便都是略为涉及了,只是对《仆散安贞传》的若干补充。灭辽,南取汴京,俘虏徽、钦二帝,则详见卷七四《宗翰》、《宗望传》,而《宗翰传》尤详于前者,《宗望传》则详于后者,都可看出《金史》在写法上有主有从,尽量避免重复的用心。

以上,均是《金史》的长处。

但作为一部一百三十五卷的大书,仅用不到两年的时间便修撰完毕,毕竟缺乏推敲和进一步完善之功,故其缺欠也是显而易见的。

首先是《世纪补》的入纪标准,我们在前面已经说过,它所收入的是金立国之后,有尊号而无实位的“假皇帝”。但是,有一个人却未收,这就是海陵王的父亲完颜宗幹。完颜宗幹是金太祖阿骨打的庶长子,是金朝的开国功臣之一。他的儿子完颜亮弑熙宗夺得帝位以后,追谥宗幹为献古弘道文昭武烈章孝睿明皇帝,庙号德宗。世宗大定二年(1162),削去了庙号,改称明肃皇帝,又过了二十年,才因“海陵大逆……明肃亦当缘坐”,(《金史》卷七六《宗幹传》)追削帝号,降封为辽王。不过,这不能构成完颜宗幹不能入《世纪补》的理由。因为熙宗的父亲,即景宣皇帝完颜宗峻,早在海陵登极之后,就已削去了帝号,降封为丰王,他的帝号是金世宗追补的罢了。如果仅按金世宗的标准为标准的话,那么海陵王入本纪不就大成问题了吗?既然海陵王列入本纪,并未因其被贬为庶人而入列传,那么,完颜宗幹的不入《世纪补》,当是元朝史臣的处理失误则是毋庸置疑的。

另外，元朝史臣在采摭诸书修史之时，并未对所采摭的资料加以权衡考订，率而操觚，以至留下了不少难解或可议之处。

我们在上文《金史的取材》一节中，已经介绍了《金实录》，这些所谓的“实录”，尤其是有关金初及金开国前的“实录”，都是金立国后所追记，这就难免没有故意美化和窜改历史之处。例如《辽史》卷二八《天祚纪》天庆七年(1117)载：“是岁，女真阿骨打用铁州杨朴策，即皇帝位，建元天辅，国号金。杨朴又言，自古英雄开国或受禅，必先求大国封册，遂遣使议和，以求封册。”而按着《金史》之《太祖纪》记载，金建国却提前了两年，而且年号叫收国。赵翼认为，这是“《辽史》之疏漏也”。(《廿二史劄记》卷二七《辽金二史各有疏漏处》)其实，在这里我们宁肯相信《辽史》，而绝不能相信《金史》，因为《金史》这一部分“实录”，实际是很靠不住的，它除了真的追记，更多的则是为了美化而杜撰。近几年，刘浦江先生通过宋人记载和出土文物，已有力地对“收国”年号的存在提出了质疑。(刘浦江《关于金朝开国史的真实性质疑》，见《辽金史论》，辽宁大学出版社1999年版)另外，像杨朴这样一位为阿骨打出谋划策的人物，《金史》之《太祖纪》提都没提，这足以说明《太祖纪》的真实性是要打折扣的。须知杨朴这个人并不是《辽史》伪造，《金史》卷八四《耨盌温敦思忠传》就提到了这个人，他是作为太祖时的“笔杆子”出现的，阿骨打要辽帝册他为皇帝，不满辽朝的册文，而自为册文，其“润色”者就是这位杨朴。可见他确实是一位在金朝开国之初很有分量的人物，而这样一位人物在《太祖纪》中被抹煞，它说明了什么问题，不是发人深省吗？

除杨朴外，还有位武将叫韩常，他是金初天会间仅存的几个汉军之一——“韩常之军”首领。金军南侵宋时，此人曾与完颜宗弼出生入死，并冒着生命危险，救宗弼于重围之中。(《金史》卷七七《宗弼传》)这样一位重要人物，《金史》却没有给他立传。反映了《金史》赖以依据的《金实录》，的确是不实，而《金史》的编撰者却不加思考，全盘接受了这些不实之辞。

更为严重的是《海陵本纪》，在这卷本纪中，几乎不记大事，而专记海陵王的“中萬之丑”。故当时曾在章宗时任尚书省令史、左司郎中，在卫绍王时曾任参知政事，在宣宗时曾任尚书右丞与尚书左丞的贾益谦，对此甚为不满。他明确指出:“然我闻海陵被弑而世宗立,大定三十年,禁近能暴海陵蛰恶者,辄得美仕,故当时史官修实录多所附会。”(《金史》卷一〇六《贾益谦传》)贾益谦反问:“史官修实录,诬其淫毒狠骜,遗臭无穷,自今观之,百可一信耶?”(《中州集》壬集第九《贾益谦小传》)看得很清楚,对海陵王完颜亮的丑化,是金世宗用高官美差换来的。不用说,丑化政敌,就是美化自己,而上有所好,下必甚焉,《海陵庶人实录》所以百不一信,关键正在这里,而这些,都被《金史》之《海陵本纪》所吸收,它的可信程度如何,便不言自明了。

由于元人修史过分依赖《实录》,故本该不入《金史》的人,也在《金史》中占了一席之地。如前面已经提到的《列女传》中的《韩庆民妻传》,其传文写得十分清楚:“庆民事辽为宜州节度使。天会中,攻破宜州,庆民不屈而死,以其妻配将士,其妻誓死不从,遂自杀。”(《金史》卷一三〇《列女传》之《韩庆民妻传》)明白无误,韩庆民及其妻为不折不扣的辽人,如果一定要给韩庆民妻立传的话,正应列入《辽史》之《列女传》,而绝不应列在《金史》的《列女传》。元修《金史》的史官所以出现这样的错误,不是别的,仅仅是因为《太宗实录》记载了这件事而已,便不加思索,全盘照录了。

与此相反,为崔立立传,显然又是经过了缜密“思索”。崔立叛金降元,本来应该列入《叛臣传》,而却与完颜奴申、聂天骥、赤盏尉忻同传。完颜奴申时为参知政事兼枢密副使,崔立叛变后第二个被杀的就是这位完颜奴申。而聂天骥抗击崔立反叛,“被创甚……竟郁郁以死”。(《金史》卷一一五《聂天骥传》)而赤盏尉忻,亦在“崔立之变明日,召家人付以后事。……自缢而死”。(《金史》卷一一五《赤盏尉忻传》)不难看出,与崔立同传的三位,均可称为金的忠臣,而把崔立混在其中,实在是不伦不类。这种做法,没有别的解释,只因崔立投降的是元朝,把降元的人归入叛臣,岂非有忤当局?于是便出现了这种本是叛臣而不入《叛臣传》的局面,这也可以说是时代的烙印吧!

对于采摭元、刘二书,《金史》的修撰者亦多照录,较少考订。如金末文人《李纯甫传》云:“擢承安二年经义进士。……正大末,坐取人踰新格,出倅坊州。未赴,改京兆府判官。卒于汴,年四十七。”(《金史》卷一二六《文艺》下《李纯甫传》)从“正大末”到“年四十七”,传文基本取自《归潜志》卷一《李翰林纯甫》条，但《归潜志》未明确说其为承安二年经义进士，只云："踰冠，擢高第，名声烨然。"(《归潜志》卷一《李翰林纯甫》条)但《归潜志》卷五《冯内翰璧》条，却记有"与李屏山、王从之同年第"的话。考《金史》卷一一〇《冯璧传》，确云其为"承安二年经义进士"，卷一二六《王若虚(从之)传》亦云，"擢承安二年经义进士"，《中州集》丁集第四《屏山李先生纯甫传》称其"承安年进士"，足证《金史》本传所载不误。哀宗正大共八年，第九年正月改元开兴，同年四月又改元天兴。正大八年为1231年，由此上推四十七年，李屏山当生于1185年，即世宗大定二十五年。由1185年再推算到章宗承安二年，即1197年，李屏山才只有十三岁，与"踰冠，擢高第"相去绝远，且十三岁只能应童子试，不可能中进士。足见其生卒年必有差误。不过，李屏山之死，属于诊治医生误用药，故金代名医张子和把这一误治病例收在了他写的《儒门事亲》一书中，其叙李屏山的病症云："元光春，京师翰林应奉李屏山得瘟疫证，头痛身热口干，小便赤涩。"这里最可注意的是"元光春"三个字，因为他得病不久就死了，可以说明，他不是死在"正大末"，而是死在元光春。宣宗的元光只有两年，并且是在兴定六年八月"以彗星见，改元，大赦"的。(《金史》卷一六《宣宗纪》下)正如著名史学家陈垣先生所指出："且凡未改元前，条教、号令及民间契约，必仍用前元。"(《二十史朔闰表例言》，《二十史朔闰表》，中华书局1962年版)因此，这里的"元光春"，必定是元光二年，即公元1223年的春季，由此上推四十七年，他当生于1177年，即金大定十七年。这样，由大定十七年反推到承安二年(1197)，李屏山正好二十一岁，与刘祁说他"踰冠，擢高第"，正相吻合，足见《金史》关于李纯甫的卒年记载是错误的。而这一错误，则在于《金史》的编撰者不加思考，盲目信任所采摭的材料。顺便提及，刘祁的确与李纯甫很熟，且《归潜志》中专记李纯甫轶事的就有五六条之多。其记错李纯甫的卒年也是有原因的，因为元光二年十二月庚寅(即二十二日)，宣宗去世，哀宗继位之后，于壬辰(二十四日)宣布"明年正月戊戌朔，改元正大"。(《金史》卷一六《宣宗纪》)看来刘祁本来是想写"元光末"，但又与"正大"相混，于是误成了"正大末"，但他记李纯甫卒年四十七是不会记错的，这样，正大末与其承安二年中进士就发生了年龄上的矛盾，而这一矛盾，《金史》的修撰者是不应看不出来的，但又不肯作一些必要的考察，于是便留下了这样错误。

《金史》的《礼志》在抄撮《大金集礼》时，也有脱漏，甚至张冠李戴的错误，最典型的一例是卷三十六《礼志》九，在叙述大定七年“受尊号仪”时，从“通事舍人引摄侍中版奏‘中严’讫”以下，全部误抄了《大金集礼》卷一所载《天德贞元册礼》的文字，而大定七年“受尊号仪”，却载于《大金集礼》卷二。不错，就大体来讲，其仪式可说是大同小异，但金世宗大定七年的“受尊号仪”其所用乐歌，却绝不同于海陵王。按着误抄的文字，皇帝服衮冕以出后，“工鼓柷，奏《乾宁之曲》”，举宝官由正门入后，“宫悬奏《归美扬功之曲》”。(以上引文均见《金史》卷三六《受尊号仪》)这些乐歌皆与《天德贞元册礼》同。而大定七年世宗受尊号所用却是《泰宁之曲》，“宫悬奏《天保报上之曲》”。(《大金集礼》卷二《大定七年册礼》，《丛书集成》本)这与《金史》卷四〇《乐志》下所记《殿廷乐歌》相同，足证《金史》礼志这一部分之误。

《金史》还有一些明显失考的地方。如卷一三四《西夏传》，载其正大“三年二月，遵顼死。七月，德旺死，嗣立者史失其名。明年，夏国亡。”而《宋史》卷四八六《夏国传》分明记载：“宝庆二年春，遵顼殂。……丙戌七月，德旺殂。……清平郡王之子南平王晛立，二年丁亥秋，为大元所取，国遂亡。”原来嗣位者史书并未失其名。辽、金、宋三史同修，却失考如此，也确实令人惊诧。

由于《金史》的编纂者只依据已有的材料，不能像司马迁写《史记》那样，“罔罗天下放失旧闻”，(《史记》卷一三〇《太史公自序》)故不少当时显然能够找到，又有很高价值的史料，并没有吸收到《金史》中来。如徐梦莘《三朝北盟会编》卷一七八的“粘罕以病殂”条，载有粘罕《狱中上书》和金熙宗《下粘罕诏》两个重要文件，这里涉及“御林牙兵忽然猖獗，干冒陛下”，宗翰奉命前往抗击，大败而归。而熙宗的《下粘罕诏》更指责他“不谓持重兵权，阴怀异议，国人皆曰可杀，朕躬匪敢私徇。奏对悖慢，理当弃礫”。已是剑拔弩张，必杀之而后快了。据《三朝北盟会编》同卷所引《金虏节要》称，粘罕的心腹高庆裔被熙宗杀掉以后，“粘罕以庆裔之故，绝食纵饮，恚闷而死，虽非梃刃所及，近乎非正命也”。(《三朝北盟会编》卷一七八《粘罕以病殂》条)而《金史》卷七四《宗翰传》却寥寥数语，“熙宗继位，拜太保、尚书令，领三省事，封晋国王。乞致仕，诏不许。天会十四年薨，年五十八。”连一点儿君臣争斗的痕迹都没有留下，就这一部分记载与实际情况来说，写得实在是苍白无力，这就不能不是修史诸臣不能旁及其他史料所致了，这是颇为令人遗憾的。

最后，我们还须指出，《金史》不志艺文是其一大不足。诚如清代学者赵翼所指出，“金代文物远胜辽元”。(《廿二史劄记》卷二八《金代文物远胜辽元》)金朝不仅在立国之初就创制了女真字，而且还把不少古籍译成了女真文，如，“大定四年(1164)，诏以女真字译书籍。五年，翰林侍讲学士徒单子温进所译《贞观政要》、《白氏策林》等书。六年，复进《史记》、《西汉书》，诏颁行之”。(《金史》卷九九《徒单镒传》)我们在本文《金史的取材》一节中已经谈到了《中州集》，其所收诸家，除两位皇帝不计外，共是二百四十九位，其作者数量已比较可观。特别是金灭北宋之时，“取汴经籍图书”，(《金史》卷一二五《文艺传》上)藏于中都，而这些图书，又被元人所得。这就是说，由于这部分图书依然大致存在，又加之金代文人颇多，修这一代藏书之盛的《金史》艺文志并非没有条件和可能，只是当时修史诸臣太不愿下搜集的工夫罢了。

写到这里，我们已经大略谈了《金史》的得与失，那么，从总体上我们应该怎样评价这部《金史》呢？

首先，因为《金史》成于众人之手，虽有欧阳玄等总裁官作最后勘定，但毕竟限于统一体例和修改论赞为多，故存在一些不足，自在情理之中，而且几乎是自唐以后，官方所修诸史的通病，这就更不足怪了。其次，元修《金史》，在“各与正统”的前提下，充分利用了《金实录》等有关资料，较完备和系统地记载了金朝一百多年的兴衰史，这是超越前人的，也为后人留下了一部具有较高史料价值的史书。尤其在今天，其所征引的《金实录》、《壬辰杂编》等都已亡佚的情况下，其价值就更显得可贵，这是必须予以充分肯定的。

五、校读《金史》成就概述

自《金史》于元末修成并刊刻之后，学者校读不乏其人，其中，顾炎武的《日知录》、钱大昕的《廿二史考异》、赵翼的《廿二史劄记》等，都有相关的内容。而一生专志于校读《金史》的,则是嘉庆间的施国祁。当时,他能看到的《金史》刻本是明嘉靖、万历间所刻南北监本,清康熙二十五年重修之北监本,乾隆四年之武英殿刻本及改译本,同时,他还从蒋槐堂处借到了元至正刊本。施国祁倾二十年之力,以南监本为底本,校以诸本,共校读了十多遍,于嘉庆十六年(1811)完成了《金史详校》十卷。又因《金史详校》卷帙较繁,"乃列举条目,为《金源劄记》"(《清史稿》卷四八六《施国祁传》)上下两卷。同时,《金史详校》之后,还附有《史论五答》,对《金史》有关问题作了较详的阐述。凡此,都对今天研读《金史》大有裨益。

由于《金史》没有艺文志,倪灿有《补辽金元艺文志》之作。同时,金门诏亦撰有《补三史艺文志》,皆对《金史》有所补益,是研究金代文化不可不参考的。

在近现代学者中,首先值得一提的是金毓黻先生,他在20世纪30年代辑印的《辽海丛书》,其正集收书八十三种,有关研究辽金史的不少资料,如《金小史》、《松漠纪闻》等,都收在了其中,用起来十分方便。今有1984年辽海书社缩印本。

已故学者冯家昇先生,早年写有《〈辽史〉与〈金史〉、〈新旧五代史〉互证举例》一文,对了解四史所记异同颇有帮助。此文已收入《冯家昇论著辑粹》,1987年由中华书局出版。

陈述先生于1960年在科学出版社出版了他的《金史拾补五种》,这五种共包括《金史氏族表》六卷、《女真汉姓考》二卷、《金赐姓表》二卷、《金史同姓名表》一卷、《金史异名表》一卷。对了解金代的皇室宗族世系有一定帮助。同时,同名、异名表亦可作为工具书使用。不过,此书粗疏和偶误不少。笔者于1983年写成《金史人名杂考》一文,即读《金史拾补五种》的札记。该文分"句读类"、"失考类"、"存疑类"、"偶误类"四项,逐一对其书的疑似之处进行了考辨。该文发表于中华书局出版的《文史》第二十辑,可以参考。

在陈述先生之后,对《金史》用力最勤的是吉林大学的张博泉先生,他于1986年在吉林文史出版社出版了以他为主的《金史论稿》。本书共分三编,第一编为《绪论》,第二编为《辽代女真部族制度研究》,第三编为《金史猛安谋克制度研究》。其中尤其是第一编，共分四章，其第一章就是研究《金史》本身的，既探讨了“德运”之争与元修《金史》的关系，又论述了《金史》的史料来源及其编修特点与史料价值等。特别是该编第三章，介绍了国内外研究金史的现状，并展望了金史研究的前景，都足资参考。

张博泉先生后来又主持今注《金史》，稿已初就，可惜张先生却因病于2000年辞世了，令人叹惋。

刘浦江先生是近些年研究辽金史的一个亮点，1999年，他在辽宁大学出版社出版了他的论文集《辽金史论》，共收文二十篇。我们在本文前面已经提到，刘浦江先生对金朝的开国史提出了有力的质疑，很引人注目。刘浦江先生是在著名学者邓广铭先生指导下，从“彻底解决《大金国志》一书的真伪问题”（《辽金史论·自序》）入手而研究辽金史的，故他的《再论〈大金国志〉的真伪》一文写得很有功力。他对金代的户口、金代的户籍制度等都有专论，颇可参考。

还有两位研究者值得介绍。

一是吉林社会科学院的周惠泉先生，长期致力于金代文学研究，他的《金代文集概观》，评介了包括《中州集》在内的十六种金代的别集和总集，对了解金代的史料，颇有益处。同时，他的《金代文人生平考述》，亦多有新论。本文提到的李纯甫（屏山）的生卒年，就是首先由周惠泉先生考出的。周先生的文章，大部分都收在了1999年由台湾文津出版社出版的《金代文学研究》一书中。

另一位值得介绍的是胡传志先生，他也是研究金代文学的，对《中州集》的研究尤其独树一帜。他认为，《中州集》的编撰特点，“归结到一点，就是少选常见作品，多选即将失传的作品。这里蕴含着元好问努力保存文化的苦心孤诣”。（《〈中州集〉研究》第三章，《金代文学研究》）此说颇有见地。他的有关文章，均收在了2000年由安徽大学出版社出版的《金代文学研究》一书中，可以参看。

顺便提及，上文提到的《大金国志》，它是旧题为宋人宇文懋昭所撰的一部纪传体金国史，是在《金史》成书之前的一部较为完整的金史。这部书主要是抄撮宋人和金人的有关资料而成,但编撰水平较为低劣,不称良史。但因其所引某些资料另有来源,可作校读《金史》的参证,故历来研究金史的人都仍注意它。此书有 1986 年中华书局校证本。

另外,清统治者自称是金人的后代,故曾对《辽》、《金》史的人名进行过一次雅化改译,由于"旧名传习已久,新译所改,人所罕知,有猝迷其为何人者"。(李慈铭《越缦堂读书记》同治辛未条)因此,笔者在 1980 年点校《金史纪事本末》时,特编了《金史人名清元异译对照表》,用四角号码编排,附在了《金史纪事本末》之后,读者只要按清译名第一个字的四角号码去查找,就会看到对应的元译名,用起来还算方便。

另外,读《金史》常碰到一人多名或多人同名的现象,清人汪辉祖特编过《三史同名录》,陈述先生的《金史拾补五种》中也有相关内容。1980 年,笔者在中华书局出版《金史人名索引》,充分吸收了上述成果,在《索引》中都作了区分,可以帮助读者识别。

最后,学习或研究《金史》,掌握一些有关女真文的知识还是很有必要的。女真文虽然已是废弃的"死文字",但不断出土的金代文献则多有这种文字,它们对印证史书记载颇有价值。我国学者金光平、金启琮二先生,长期致力于女真文研究,于 1980 年在文物出版社出版了《女真语言文字研究》一书,对我们了解女真文甚有益处。

六、《金史》的版本与整理

《金史》自元至正四年(1344)十一月修成上奏以后,至正五年六月,元顺帝即下令杭州开雕,此即所谓杭州官刻,是《金史》最早的刻本。可惜这个刻本流传稀少,编《天禄琳琅书目续编》的诸臣已感叹此本"真为希觏"。(《天禄琳琅书目续编》之《金史》条)

明嘉靖七年(1528),南京国子监据元杭州官刻重新开雕,由南京国子监祭酒张邦奇和司业江汝璧共同校刊,这就是明南监本,是南京国子监所刻《十七史》之一。

明代北监本刻于万历间。入清以后,康熙二十五年(1686),由国子监祭酒常锡布等人重修了此版刊印，书口皆有“康熙二十五年重修”八字，可视为明北监本的修补版。

乾隆四年(1739)，武英殿刊刻了《金史》。此后，又有改译本，刊刻于道光七年(1827)。

《金史》还有江苏书局、同文书局以及光绪间古今图书集成局的铜扁体字本等。

1975年，中华书局出版了点校本《金史》。点校本以百衲本影印元至正刊本(其中八十卷是初刻，五十五卷是元朝后来的覆刻)为底本，参校了北监本和殿本，并且充分吸收了施国祁《金史详校》的成果，写成了校勘记，是目前最便使用的本子。这个本子先由我国著名学者傅乐焕先生初点，可惜傅先生于1966年5月不幸辞世。70年代初期，再次整理《金史》，则由张政烺先生负责并最后完成。白寿彝先生和赵守俨先生作为当时点校组的领导，对解决各史疑难问题贡献了不少力量，这都是不应忘怀的。

《元史》说略

陈高华

《元史》是明朝初年官修的一部史书,《二十四史》的一种。

一、《元史》的纂修经过

12 世纪末到 13 世纪初,蒙古族在北方草原崛起。1206 年,蒙古族首领铁木真统一草原各部,建立大蒙古国,号成吉思汗。随后,蒙古国不断发动战争,一面南下攻打金、夏,一面西出略取中亚、西亚等地。1227 年灭西夏。1234 年灭金。紧接着又与南宋发生冲突,双方之间的战争先后延续四五十年之久。1260 年,蒙古国第五代大汗忽必烈即位。他积极推行汉法,改国号为大元,建都大都(今北京)。1279 年灭南宋,统一全国。统一以后,残酷的阶级压迫和民族压迫激起各族人民的不断反抗。14 世纪中叶,爆发了全国规模的农民战争。群雄蜂起,互相兼并。兴起于淮西的朱元璋,渡江南下,逐步壮大自己的势力。1368 年,朱元璋在南京建立明朝,年号洪武,出兵攻克大都,元朝灭亡。

就在洪武元年冬天,朱元璋下令修《元史》,以宋濂、王祎为总裁,从各地征起"山林遗逸之士"十六人为纂修。第二年二月,在南京天界寺置史局,开始了纂修工作。(宋濂《宋文宪公全集》卷七《吕氏采史目录序》云,洪武元年十一月下诏修史。同一作者在《元史》点校本卷末附录《目录后记》则云十二月下诏，明年二月开局。另据《明太祖实录》卷三九，洪武二年二月“诏修《元史》”，接着记朱元璋对参与修史者的训谕。显然，这时修史者已集中于南京，真正启动应在前一年冬天）宋濂是婺州路浦江县（今浙江浦江）人，元末有名学者。朱元璋渡江后不久，宋濂便与刘基等人应聘入幕府，被尊称为“浙东四先生”。朱元璋的许多文告，都出于宋濂之手，后来被推崇为“开国文臣之首”。（《元史·宋濂传》）宋濂为人谨慎小心，对朱元璋的意图能忠实贯彻。王祎是婺州路义乌县（今浙江义乌）人，与宋濂关系密切，“居同郡，学同师”，朱元璋曾将宋、王两人称为“江南二儒”，认为各有所长。（《明史·忠义一·王祎传》）在决定编纂《元史》时，朱元璋选中宋、王两人，是长期观察的结果，决非偶然。参与修撰的十六人，都来自江南各地，以两浙（浙东、浙西）居多。这批人员的选择标准是“不仕于元”的“山林遗逸之士”，朱元璋认为，只有这样才能保证“笔删之公”。（宋濂《吕氏采史目录序》）编纂工作名义上由丞相李善长监修，实际上由礼部尚书崔亮具体负责。

从洪武二年（1369）二月开始，到同年八月，完成了自元太祖到宁宗十三朝史事的编纂工作，共一百五十九卷，另有目录二卷。元朝末代皇帝顺帝时期的史事，因为资料缺乏，当时并未进行。宋濂等将已修成的部分呈送给朱元璋，史局工作告一段落。朱元璋根据编纂工作的实际情况，分遣使者十二人，分赴全国各地采访顺帝一朝史迹，仅北平（即今北京，明初改大都为北平）一地所得资料“以帙计者八十”，所拓碑文四百通；山东所得资料四十帙，所拓碑文一百通。（宋濂《吕氏采史目录序》）各地采集的资料汇集后，在洪武三年（1370）二月重开史局，宋濂、王祎仍为总裁，参与修撰者十五人，除一人曾参与上届史局外，其余十四人都是新从各地征调来的。和上届史局的组成一样，新的修撰人员也都来自江南各地，以两浙居多（其中高逊志是萧县〈今安徽萧县〉人，属河南行省。但他长期在嘉兴、平江〈今江苏苏州〉寓居，实际上亦可归入浙西之列）。除个别人外，都是“山林遗逸之士”。同年七月，将顺帝一朝史事补修完成，共五十三卷。宋濂等“合前后二书，复厘分而附丽之，共成二百一十卷”。上进以后，在这一年十月便镂版印行。（《元史》点校本卷末附录《目录后记》）

建国之初,百废待兴,特别是元朝皇帝虽然退出塞外,仍拥有强大武力,伺机反扑。在这样紧张、复杂的形势下,朱元璋急于修撰《元史》,目的是想说明元朝气数已尽,明朝天命有归,在思想上巩固自己的统治地位。因此,他对这一项文化工程是抓得很紧的。宋濂为李善长起草的《进元史表》中说:"特诏遗迹之士,欲求议论之公。文辞勿致于艰深,事迹务令于明白。苟善恶了然于目,庶劝惩有益于人。此皆天语之丁宁,足见圣心之广大。"(《元史》点校本卷末附录)参与首届史局的赵汸说过自己参与这项工作的心态:"士之在山林,与在朝廷异,其于著迹亦然。""今吾人挟其山林之学,以登于朝廷之上,则其茫然若失,凛然不敢自放者,岂无所惧而然哉。尚赖天子明圣,有旨即旧志成书,凡笔削悉取睿断,不以其不能为诸生罪,蒙德至渥也。"(《送操公琬先生归番阳序》,《东山存稿》卷二)从这些记载可以看出,编纂人员的挑选,指导思想和编辑体例的确定,文字风格的要求,一切重大问题都听命于朱元璋,宋濂、王祎不过奉行朱元璋的意旨而已。因此,在一定意义上可以说,《元史》的真正总裁,应该是朱元璋。

《元史》成书后当年刻版付印,最早的版本通常称为洪武本。后来又有南监本和北监本。清代有殿(武英殿)本、乾隆四十六年本、道光四年本等。乾隆四十六年本对译名进行了错误百出的妄改,而且就在殿本的木板上剜刻,"有时所改之名不能适如原用字数,于是取上下文而损益之,灭裂支离,全失本相",(张元济《百衲本元史跋》)从而造成了很大混乱。1935 年商务印书馆影印的百衲本《元史》,是以九十九卷残洪武本和南监本合配在一起影印的,在各本中最接近洪武本的原貌。1976 年中华书局出版的点校本《元史》,以百衲本为底本,用其他各种版本进行校勘,此外还参考了前人对《元史》的校勘成果,并大量利用了各种原始资料,从而使许多史文的讹误得以改正。这是迄今为止最好的一个本子。当然,《元史》涉及众多的译名和特殊制度,点校的难度远在其他诸史之上,中华书局点校本亦有一些需要改正之处,已有一些学者提出意见。

二、《元史》的结构和史料来源

《元史》是一部纪传体史书,它的结构和以前的同类史书是一样的,也就是分为本纪、志、表和列传几个部分。两次开史局，最后定稿的《元史》共二百一十卷，共有“本纪”四十七卷，“志”五十八卷，“表”八卷，“列传”九十七卷。其中可以明显看到两次纂修的痕迹，如“表”中“三公表”、“宰相年表”均分为两卷，后一卷专记顺帝一朝；“志”共有十三门，内六门（“天文”、“五行”、“河渠”、“祭祀”、“百官”、“食货”）均另立卷（作“下卷”）记顺帝一朝制度，其余七门则无顺帝朝的记载。

“本纪”的前三十七卷包括太祖、太宗、定宗、宪宗、世祖、成宗、武宗、仁宗、英宗、泰定帝、文宗、明宗、宁宗共十三朝，主要是根据“实录”修成的。元世祖忽必烈即位后，积极推行“汉法”，其中之一便是建立修史制度。而修撰历朝皇帝的“实录”，则是修史制度的主要内容。忽必烈时代修撰太祖以来累朝实录，此后每朝皇帝去世，继位的皇帝便会为之修撰“实录”，成为惯例。明朝军队攻克大都时，获得元十三朝实录，运回南京。宋濂在代李善长写的《进〈元史〉表》中说：“上自太祖，下讫宁宗，据十三朝实录之文，成百余卷粗完之史。”实际上，《元史》的志、传，都另有所本（见下），但本纪部分，则是以历朝实录为据，这是可以肯定的。

元史的《顺帝本纪》，共十卷，数量之大，仅次于《世祖本纪》（十四卷）。这一方面是因为顺帝在位时间长（三十六年），另一方面也是因为有丰富的资料作为依据。顺帝一朝史事，没有实录可作参考。但是第二次开史局前，派人到各地搜集资料，吕复（字仲善）去北平，“凡诏令、章疏、拜罢奏请，布在方册者，悉辑为一。有涉于番书，则令译而成文。其不系公牍，若乘舆行幸，宫中隐讳，时政善恶，民俗歌谣，以至忠孝乱贼灾祥之属，或见于野史，或登之碑碣，或载群儒家集，莫不悉心谘访”。（宋濂《送吕氏采史目录序》）“悉辑为一”，应是将官方的案牍资料加以系统的整理。顺帝一朝的本纪，显然是以北平搜集到的系统整理过的资料作为基础，吸收其他地区搜集的资料编成的。元朝仿效前代中原王朝，有比较完备的修史制度，朝中设官修起居注，“书百司奏请，及帝所可否，月达省、台，付史馆，以备纂修之实”。吕复应该收集到这一类资料。

《元史》的“志”共五十八卷，分十三门。内《天文志》二卷，《五行志》二卷,《历志》六卷,《地理卷》六卷,《河渠志》三卷,《礼乐志》五卷,《祭祀志》六卷,《舆服志》三卷,《选举志》四卷,《百官志》八卷,《食货志》五卷,《兵志》四卷,《刑法志》四卷。前面说过,“志”中大部分是首届史局时修成的,一部分是第二次史局修成的。对两者的史料来源,有必要分开说明。

“志”中首次修成部分,主要依据《经世大典》。《经世大典》是元文宗时官修的一部政书,始于天历二年(1329),成于至顺二年(1331)。它是按照《唐六典》和《宋会要》的体例,采辑元代的典故纂修而成的,大体上是将有关的案牍文字略加删削,没有作太多的加工润色。用编纂者的话来说,就是“质为本而文为辅”。全书共八百八十卷,分十篇,内“君事”四(帝号、帝训、帝制、帝系),“臣事”六(治典、赋典、礼典、政典、宪典、土典)。“臣事”六典下又分若干子目,举凡职官、赋役、礼仪、宗教、军事、刑法、造作等各个方面的制度,无不罗列其中。每一子目中的记事,一般按时间前后排列(少数例外)。《经世大典》没有刻版印行,成书以后,便保存在翰林国史院。明军攻占大都以后,此书应是和十三朝实录同时运到南方的。

根据学者研究,《元史》多数志的篇目,是与《经世大典》的“臣事”六典有对应关系的。以《元史·食货志》为例,前四卷(第五卷是顺帝一朝史事)分经理、农桑、税粮、科差、海运、钞法、岁课、盐法、茶法、酒醋课、商税、市舶、额外课、岁赐、俸秩、常平义仓、惠民药局、市籴、赈恤等篇,不仅可以在《经世大典》的《赋典》(“臣事”六典之一)中找到相应的子目(惟一例外是“额外课”,为《经世大典》所无),而且各篇的顺序,也和《赋典》是大体相同的。《赋典》中的“海运”门,保存在现存《永乐大典》残本中(明代修《永乐大典》,将《经世大典》拆散,分别收入各字韵下。《经世大典》部分内容,赖以保存),将它和《元史·食货志》的“海运”相比较,便可发现,两者存在繁简之分,也就是说,前者内容较后者丰富,后者实际上是将前者删削而成的。因此,《元史》的《食货志》前四卷,主要是根据《经世大典》的《赋典》,是可以肯定的。其他多数“志”的情况,大体相同,但在《经世大典》之外,吸收利用其他资料的多寡,有所区别。《元史·祭祀志一》的前言中说:“凡祭祀之事,其书为《太常集礼》,而《经世大典》之《礼典》篇尤备。参以《实录》与《六条政类》，序其因革，录其成制，作《祭祀志》。”说明《祭祀志》是以《经世大典·礼典》为主，参以《太常集礼》、历朝《实录》以及《六条政类》（见下）而成的。

《元史》诸志中，只有《天文志》在《经世大典》中没有相应的子目。这和其他各志是不一样的。《天文志》包括两部分，一部分是关于“仪象”即天文仪器的记载，另一部分是关于“日月五星之变”的记载。前者很可能是以《经世大典·礼典》的“历”门为据的，因为现存“历”门的序言中提到世祖时作各种仪器及“测景之所”“凡二十有七”，正好与《天文志》所载相符。（《国朝文类》卷四一《经世大典序录·礼典·历》）后者是分目（“日薄食晕珥及日变”、“月五星凌犯及星变上”、“下”）按时间前后顺序排列的，应是从列朝《实录》中摘录有关资料编纂而成的。

第二次史局补修顺帝时期诸志共六卷，分别是《天文志二》一卷（卷四九），《五行志二》一卷（卷五一），《河渠志三》一卷（卷六六），《祭祀志六》一卷（卷七七），《百官志八》一卷（卷九二），《食货志五》一卷（卷九七）（宋濂在《目录后记》中说二次开局修“志五”，不确），和《顺帝本纪》一样，这六卷专门叙述顺帝时代史事的《志》，是以二次开局前从各地搜集到的资料编纂而成的。前引文献说明，北平访史者搜集资料的一个方面是“灾祥”，还有“民俗歌谣”，这些无疑是卷五一《五行志二》的资料来源。在顺帝一朝的各种资料中，应该特别提出讨论的是《六条政类》一书。前引《祭祀志》序言中提到《六条政类》。此外，《食货志五》的序言中说：“食货前志，据《经世大典》为之目，凡十有九，自天历以前，载之详矣。若夫元统以后，海运之多寡，钞法之更变，盐茶之利害，其见于《六条政类》之中，及有司采访事迹，凡有足征者，具录于篇，以备参考。”说明二次开局时新补诸志，利用了《六条政类》。据《元史》记载，至正七年（1347）三月，“戊午，诏编《六条政类》”。八月三日，“壬戌，《六条政类》书成”。但此书早已散佚，无法窥其面貌。令人高兴的是，20世纪80年代整理出版的《析津志辑佚》一书，收有归旸的《中书省〈六条政类〉题名记》一文，使我们对该书情况有所了解。《六条政类》是在整理中书省收藏的公文案牍基础上编成的，“得卷五十二万一千九百七十有八宗，籍卷册合八万五千五百四十三帙，所用之条三万有奇”。份量是很大的。所谓“六条”,显然是指中书六部分管的六个方面。编辑的方法是“以岁之远近”,“汇其因革”,也就是以时间先后叙事的。《六条政类》既是对案牍的全面整理,内容应不限于顺帝一朝。也就是说,《元史》诸志中的顺帝以前部分,以《经世大典》为主,但有些也参考了《六条政类》。至于二次开局补修诸志,大多是以《六条政类》为主的,特别是《河渠志三》、《食货志五》最为明显。

《元史》有《后妃表》、《宗室世系表》、《诸王表》、《诸公主表》各一卷,《三公表》、《宰相年表》各二卷。《三公表二》(卷一一一)和《宰相年表二》(卷一一三)都是开列顺帝一代人物,可以肯定是二次开局时补修的。前四种表和《三公表一》、《宰相年表一》都止于文宗时,和《经世大典》成书时间相符,正好说明主要是以《经世大典》为据修成的。具体来说,前四种表应是以《经世大典》的“君事”为基础,参以实录和其他资料(如《岁赐录》等)制成的。《三公表一》和《宰相年表一》则是以《经世大典》的《臣事》中《治典·三公、宰相年表》为主要依据的。《元史》两表的序言和《经世大典》中的“三公”、“宰相年表”的序言大体相同,显然是将后者略加删削而成的。序言如此,内容亦可想而知。

《元史》列传共九十七卷。以前正史的列传一般都是以传主的时代先后排列的。《元史》列传则是以民族和地域分类,再按时代先后编排。元朝的制度,将全国居民按民族和地域分为四等,即蒙古、色目、汉人、南人,蒙古、色目在政治上享有特殊地位,汉人、南人则受到种种歧视,其中尤以南人地位最为低下。《元史》列传中蒙古、色目人居前,汉人、南人在后,正是元朝四等人制的反映。这种编纂原则,是其他正史中没有的,可以说是《元史》列传的一大特点。

《元史》列传的资料来源是多方面的。首先是《国朝名臣事略》和《经世大典》的“臣事”门。苏天爵是元代后期著名学者,长于史学,所作《国朝文类》和《国朝名臣事略》两书,在保存文献方面有很高价值。《国朝名臣事略》所收共四十七人,都是元朝前期的名臣,辑录各人的有关资料。全书前四卷是蒙古、色目人,以后为汉人。上面所说《元史》列传的编纂特点显然是受此书影响的。《元史》中有不少列传便是以此书中辑录的资料撰写的。《经世大典》主要是记载元代各种典章制度的政书，已见前述。元文宗时修《经世大典》，曾向“宗藩大臣”、“文武百僚”征求文献，除了供“君事”诸篇使用外，还将“其人其迹之可述者”收入了“臣事”六典中《治典》篇的“臣事”目。现存残本《永乐大典》中一些出自《经世大典》的人物传记，即由此而来。《元史》列传中不少没有其他资料来源的蒙古、色目人物传记，应即出自《经世大典·治典·臣事》目。

此外，《元史》列传中的许多人物，是根据元代各家文集中的碑铭传记以及史局四出采访时收集的碑文写成的。不少文集和碑文，至今仍存，两相对照，可以清楚看出彼此之间的关系。如王恽《秋涧先生大全集》，刘敏中《中庵集》，马祖常《石田集》，黄溍《金华集》，姚燧《牧庵集》，吴澄《吴文正公集》，苏天爵《滋溪文稿》，虞集《道园学古录》、《道园类稿》，许有壬《至正集》等，以及苏天爵编纂的《国朝文类》，在《元史》列传的编撰中，起了不同程度的作用。

《元史》列传中的最后部分是三卷《外夷传》，记述“外夷”（海外国家和地区）的状况以及它们和元朝之间的关系。《外夷传》主要是以《经世大典·政典》的“征伐”篇中有关各目为资料来源的。现收在《国朝文类》卷四一的《经世大典·政典·征伐》，保存了原书的部分内容。此外，收在《广仓学窘丛书》中的《元高丽记事》，是《经世大典·政典·征伐》中的“高丽”目。将《国朝文类》的有关部分以及《元高丽记事》两者与《元史·外夷传》相比较，便可看出，后者是以前者为基础删削改写而成的，《元史·外夷传》中各国（地区）的记事，一般止于成宗贞元、大德时，个别止于文宗时，都没有顺帝一朝的记载，就是因为以《经世大典》为据的缘故。

关于《元史》编纂的分工问题，有关记载甚少。可以肯定的是，胡翰负责英宗本纪、睿宗、拜住、忙哥撒儿、方技等传以及《五行志》等，宋僖负责《外夷传》，高启负责《历志》、《例女传》、《孝友传》等，王祎负责《忠义传》等。前代修史，往往采取分类专人负责的办法，这样便于体例一致，而且可以发挥各人的专长。《元史》的修撰则不同，对于各类（志、传、纪）都采取若干人分头执笔的办法，每个修纂人员，既要承担本纪，又要负责传、志，互相交叉。《元史》各朝本纪详略不均，列传互相之间矛盾和不一致地方众多，除了资料来源以外，与上述分工的办法是有很大关系的。

三、后代对《元史》的评价

《元史》成书仓促，纰漏甚多，“书始颁行，纷纷然已多窃议，迨后来递相考证，纰漏弥彰”。(《四库全书总目》卷四六《史部·正史类二》)但《元史》是朱元璋钦定的官书，明代学者不敢多加议论。到了清代，一则学者不再有政治上的顾忌，二则史学大盛，名家辈出，不少人对《元史》作了比较深入的研究。有这两条原因，检讨《元史》得失成为学术界的一种风气，著名学者顾炎武、朱彝尊、钱大昕、赵翼、魏源等都对此发表意见。

顾炎武指出，《元史》中有一人两传的现象；“本纪有脱漏目者，列传有重书年者”；“诸志皆案牍之文，并无熔范”等。(《日知录》卷二六《元史》)朱彝尊认为《元史》一书急于成书，前后复出，“其文芜，其体散，其人重复”；“至于作佛事则本纪必书，游皇城入之《礼乐志》，皆乖谬之甚者”。(《史馆上总裁第三书》，《曝书亭集》卷三二)纪晓岚主持的《四库全书总目》在评论《元史》时，引用了顾炎武、朱彝尊的批评，同时指出：“《元史》之舛驳，不在蒇事之速，而在于始事之骤。”也就是说，准备工作做得不够充分，没有认真策划，便急于上马。“今观是书，三公、宰相，分为两表，礼、乐合为一志，又分祭祀、舆服为两志，列传则先及释老，次以方技，皆不合前史遗规。而删除艺文一志，收入列传之中，遂使无传之人，所著皆不可考，尤为乖迕。又帝纪则定宗以后，宪宗以前，阙载者三年，未必实录之中竟无一事，其为漏落显然。至于姚燧传中述其论文之语，殆不可晓，证以《元文类》，则引其《送畅纯甫序》，而互易其问答之辞，殊为颠倒，此不得委诸无书可检矣。”尽管如此，《总目》也肯定了《元史》的一些优点：“若夫《历志》载许衡、郭守敬之《历经》，李谦之《历议》，而并及庚午元历之未尝颁用者，以证其异同；《地理志》附载潘昂霄《河源考》，而取朱思本所译梵字图书，分注于下；《河渠志》则北水兼及于卢沟河、御河，南水兼及于盐官海塘、龙山河道，并详其缮浚之宜，未尝不可为考古之证。读者参以诸书而节取其所长可也。”指摘诸多缺漏，但又适当肯定其可取之处，态度是比较平和的。

清代大史学家赵翼作《廿二史劄记》，对于《元史》持基本肯定的态度。他认为，“《元史》大概亦尚完整”，因为元代纂修历朝《实录》多有熟于掌故之人，而明初修史诸臣即据《实录》“抄撮成书，故诸列传尚多笔而无酿词。其《天文》、《五行》诸志，则有郭守敬所创简仪、仰仪诸说；《职官》、《兵》、《刑》诸志，又有虞集等所修《经世大典》；《水利河渠》诸志，则有郭守敬成法及欧阳玄《河防记》以为据依，故一朝制度，亦颇详赡。顺帝一朝虽无实录，而事皆明初修史诸人所目击，睹记较切，故伯颜、太平、脱脱、哈麻、孛罗、察罕、扩廓等传，功罪更为分明。……故一部全史，数月成书，亦尚首尾完具，不得概以疏略议之也”。赵翼亦指出《元史》种种不足之处，如：“惟中叶以后，大都详于文人而略于种人，则以文人各有传志之类存于世而种人无之，故无从搜括耳。”《元史》有“自相歧互处”，“《元史》人名不画一”，等等。(《廿二史劄记》卷二九《元史》及有关诸条)与赵翼同时期的另一位大史学家钱大昕是清代最渊博的学者，他精研元代历史，对于《元史》深为不满，持否定的态度。他说：“史之芜陋，未有甚于《元史》者。”(《潜研堂文集》卷一三《答问十》)“古今史成之速，未有如《元史》者，而文之陋劣，亦无如《元史》者。……开国功臣首称四杰，而赤老温无传；尚主世胄不过数家，而郓国亦无传。丞相见于表者五十有九人，而立传者不及其半。太祖诸弟止传其一，诸子亦传其一，太宗以后皇子无一人立传者。本纪或一事而再书，列传或一人而两传，《宰相表》或有姓无名，《诸王表》或有封号无人名。此义例之显然者，且纰缪若此，固无暇论其文之工拙矣。”他还特别指出“元史不谙地理”。(《十驾斋养新录》卷九《元史》、《元史不谙地理》)在此以后，近代著名启蒙学者魏源对《元史》也有批评，其意见和钱大昕等差不多。(《拟进呈元史新编表》，见《元史新编》卷首)

总的说来，清代学者中对《元史》评价很不相同，有的基本肯定，有的则持否定的态度。基本肯定的意见，主要认为《元史》是部比较完整的作品，大体能够反映有元一代的历史面貌，而且收罗了一些珍贵的资料。否定的意见，则认为《元史》有不少不合正史体例的地方，大量抄录原始文献未能镕铸,不少史实有误或有遗漏。两种意见,差别很大,其他正史的评价可以说是没有这种现象的。尽管两种意见有很大的不同,但认为《元史》有许多疏漏则是一致的。

为什么《元史》有很多问题?清代学者也作过分析。除了前面已提及者之外,钱大昕的批评是比较全面的:《元史》纂修"综前后仅三百三十一日。古今史成之速,未有如《元史》者,而文之陋劣,亦无如《元史》者。盖史为传信之书,时日促迫,则考订必不审,有草创而无讨论,虽班、马难以见长,况宋、王词华之士,征辟诸子皆起自草泽,迂腐而不谙掌故者乎!"(《十驾斋养新录》卷九《元史》)钱大昕认为,《元史》的陋劣,一是因为时间过于仓促,未能认真推敲;二则因为宋濂、王祎等只会写文章,并不熟悉一代掌故。在另一处钱大昕又说:"金华、乌伤两公本非史才,所选史官,又皆草泽迂生,不谙掌故,于蒙古语言文字,素未谙习,开口便错。即假以时日,犹不免秽史之讥,况成书之期又不及一岁乎!"(《潜研堂文集》卷一三《答问十》)除了上面所说两个原因外,又加上不懂蒙古语言文字。

清代学者的这些评论,对于我们全面了解《元史》的面貌,是有参考作用的。从官修正史的角度来看,《元史》的缺陷是很明显的,前人的种种指摘都是有道理的。但是,我们今天衡量一部古代史书的价值,主要应着眼于它的史料价值。如前所述,《元史》全面记述了元代的史事,而且其本纪除顺帝一朝外,全是已失传的元代历朝实录的摘抄,志、表和部分传记都源自官修《经世大典》、《六条政类》等书,它们也已散佚。就是列传部分,所据文献很多亦已失传。《元史》对它依据的史源加工不多,保存较多的本来面目,与其说是缺点,宁可说是优点,史料价值较高。至于人物传记的重出,译名的不统一,史实的乖舛等等,确实都是存在的,但这并不影响《元史》作为研究元代历史的基本资料的地位。也就是说,在今天我们研究元代历史,必须从阅读《元史》入手,这是其他文献所无法代替的。

四、后代重修的几种《元史》

明初官修《元史》时间匆促,问题很多,受到不少批评。但在明代,人们不敢对这部钦定的史书加以改作。进入清朝以后,不少人试图用纪传体改写《元史》,成为清代史学的一个重要的内容。

《元史类编》四十二卷,邵远平作。邵远平是康熙三年进士,官至詹事府少詹事兼翰林院侍讲学士。他的祖父邵经邦撰《宏简录》,记唐宋辽金史事。邵远平志在继其祖父的事业,撰书以记元代史事,故此书又名《续宏简录》。此书只有纪、传,没有志、表,"凡天文、地理、历律制度,皆按年入纪,令人一览而尽,故于本纪独详"。(《元史类编·凡例》)全书是以《元史》为基础改作的,但已注意到利用《元典章》和其他一些罕见的资料,补写了一些《元史》没有的人物传记。书中还用正文下加注的办法,对若干史实作了考订。这些工作尽管做得很粗糙,但还是很有意义的。

《元史新编》九十五卷,作者魏源。全书分纪、传、志、表,与一般正史略同。在史料方面,他"采四库书中元代各家著述百余种,并旁搜《元秘史》、《元典章》、《元文类》各书,参订旧史"。(魏源《拟进呈元史新编表》)此书是较早用《元朝秘史》来补《元史》的一部著作。魏源是我国近代最早注意世界情况的学者,著名的启蒙思想家,著有《海国图志》综论当时的世界形势。他用元代的有关记载,"更加《海国图志》中所载英夷印度之事",来考订元代西北地理。(《元史新编·凡例》)虽然粗疏,但在这方面仍有开创之功。

《元史译文证补》三十卷,洪钧撰。洪钧是清朝的状元,光绪十五年(1889)起,出使俄、奥、荷、德等国,接触到西方有关蒙古史的著作。他以《多桑蒙古史》和俄译波斯文史籍《史集》为主,参考其他资料,撰成此书。由于《元史译文证补》的问世,中国学术界才知道,研究元史,除了中国的文献以外,还有丰富的波斯文和其他文字的史料。但洪钧本人不懂外文,主要靠译者转述,错误颇多,而且洪钧未及全部定稿即病故。现在的刊行本有十卷有目无书。

《元书》一百零二卷,曾廉撰。曾氏在政治上是顽固的守旧派。此书以《元史新编》为蓝本,主要讲究所谓"春秋之义",在史料搜集和史实考订方面都没有什么可取之处。

以上是清人几部重修《元史》的著作。此外,还应该提到的是,著名学者钱大昕亦曾有志重修《元史》，但因种种原因，未能完成，只留下《元史氏族表》和《元史艺文志》两篇和其他一些零星作品。1997 年才公开发表的《元进士考》(收在《嘉定钱大昕全集》内)是钱氏搜集有关元代科举人物的名录，应是为重修《元史·选举志》准备的资料，可惜未能完篇。以钱氏的功力，重修《元史》，一定能有许多创见，这从以上几篇作品便可想见。这是使后人深感遗憾的。

进入民国，重修《元史》的余风未衰，又出现了两部著作，一是屠寄的《蒙兀儿史记》，一百六十卷(现存一百四十六卷)。屠氏为清末进士，生平致力于元史研究，曾亲身到东北、内蒙考察。除了广泛搜集汉文文献，证以实地调查之外，他还让儿子学习外文，翻译有关资料。《蒙兀儿史记》一书，采用正史体，分纪、传、志、表，“自为史文而自注之，其注纯属《通鉴考异》的性质而详情特甚。凡驳正一说，必博征群籍，说明所以弃彼取此之由”。他的许多考订，从现在来看仍有一定价值。但所利用西方文献有很多缺点。另一是柯劭忞的《新元史》，二百五十七卷。柯氏为清末进士，入民国后以遗老自居，从事著述。《新元史》完成出版(初刻于民国十一年，1922)后，当时北洋政府大总统徐世昌(他与柯是同年进士)下令列于正史，这就是“二十五史”的由来。日本东京帝国大学因此书授予柯氏文学博士学位。《新元史》搜罗资料相当丰富，有不少可供参证的地方，“然篇首无一字之序，无半行之凡例，令人不能得其著书宗旨及所以异于前人者在何处，篇中篇末又无一字之考异或案语，不知其改正旧史者为某部分，何故改正，所根据者何书”。《元史类编》、《元史新编》、《元史译文证补》、《蒙兀儿史记》都采取史文加注的办法，使读者便于查考，易于鉴定得失，这是一个好的传统。《新元史》改变了这一做法，全书不注出处，不仅给读者造成不便，而且降低了本身的科学价值。应该指出的是，进入 20 世纪以后，西方史学思想已传入中国，使中国史学界的观念发生根本性的变化。纪传体这种史书编纂形式已经完全落后于时代的要求。自屠、柯之后，再也没有人从事这样的工作了。

《明史》说略

王天有　李新峰

一、《明史》的编纂

《明史》由清朝特设明史馆编纂，原书题为"总裁官、保和殿大学士张廷玉等奉敕修"。事实上，《明史》共经三度修纂，自顺治迄乾隆，凡历九十五年，参预修撰的人员前后也有二三百人，成为中国历史上设馆修史规模最大、历时最久的一次。

《明史》创修于顺治二年（1645）五月。据王先谦《东华录》，清世祖"命内三院大学士冯铨、洪承畴、李建泰、范文程、刚林、祁充格等纂修《明史》"。其时清朝统治者入关未久，正遭到汉族人民的激烈抵抗。而这一年五月，清兵攻入南京，俘虏了南明弘光帝朱由崧，清王朝表面上确立了在全国的统治。清廷主持修纂《明史》，主要是强调清朝已成为明朝合法继承者的政治意义；另一方面，也想借修史的名义，诱降知识分子。这次修史仅仿《资治通鉴》体例，编成长编若干卷，进展不大。原因之一是史官任非其人，冯、洪、李辈，均系由明降清，自然无心论述旧朝史事。范文程虽系清朝开国第一儒臣，然此时已经老迈，难以担当修史重任。另外，史料不备也给修史造成极大的困难。此后清廷虽屡下诏书，采访遗书，但并无成效，加之与南明的战争尚在进行，《明史》首次纂修遂告搁置。

《明史》第二次纂修始于康熙四年（1665）。当时清王朝已完全平定南方，于是重开史馆。不过，《明史》大规模纂修工作到康熙十八年（1679）才真正展开。这年五月，清圣祖敕命内阁学士徐元文为监修总裁官，翰林院掌院学士叶方蔼、右庶子张玉书为总裁官，以右庶子卢琦等十六人，同彭孙遹、陈维崧、朱彝尊、尤侗、毛奇龄、潘耒等五十人为纂修，编写《明史》。此前三月，清廷曾召试博学鸿词科，录取彭孙遹等一等二十人，李来泰等二等三十人，分授编修、检讨各官，故将他们全数置于明史馆。第二年，徐元文、叶方蔼又推荐李清、黄宗羲、曹溶、汪懋麟、黄虞稷、姜宸英、万言等参与修史，如本人不愿到馆，也可将其所著史书抄奏。（《清史稿·徐元文传》）上述这些人多是前明遗民，甚至不乏早期抗清活动的参加者。而当时"三藩之乱"尚未平定。近代学者孟森在《清史讲义》第二章《巩固国基》中评论说："康熙之制科，在销兵有望之时，正以此网罗遗贤，与天下士共天位，消海内漠视新朝之意，取士民之秀杰者以作兴之。……此事宜与平三藩之时代参观，弥见圣祖作用。"虽然李清、黄宗羲严辞不出，但黄宗羲还是支持其子黄百家与弟子万斯同入京修史。这说明清圣祖借重开明史馆笼络知识分子的策略收到一定成效。

此次正式修纂《明史》，在史料的准备方面，比以前有所突破。叶方蔼、朱彝尊等都论及购书、聚书为当务之急。朝廷命下后，一时出现了四方藏书捆载入都的盛况。但是，由于避忌及各种技术原因，史籍的搜罗工作仍不理想。如戴名世《南山集·与余生书》指出："前日翰林院购遗书于各州郡，书稍稍集。但自神宗晚节，事涉边疆者，民间汰去不以上，而史官所指名以购者，其外颇更有潜德幽光，稗官碑志，记载出于史馆之所不及知者，皆不得以上，则亦无以成一代之全史。"不过，修史最重要的参考资料非《明实录》莫属。如潘耒撰写《食货志》，即将洪武至万历朝《实录》中的有关内容，抄出六十余本。崇祯一朝缺乏《实录》，造成了纂修上的困难，总裁则接受汪楫的建议，选馆臣六人先纂长编，倪灿、乔莱参预其事，万言更以一己之力别成《崇祯长编》一书。

在修史人员方面，卢琦等十六人才具有限，显然不足与彭孙遹等人相提并论，不过，即使后者也不见得都是优秀的史才。加上人事变更，真正同修史相始终的为数并不多。毛奇龄在《西河合集·史馆兴辍录》里披露:“自上开制科,以予辈五十人充《明史》馆官,而数年之间,即有告归者,有死者,有充试差者,有出使外国者,有作督学院使者,且有破格内生中堂并外转藩臬及州府者。自康熙己未至辛未,在馆者不过一二人,余或升侍郎,或转阁学,或改通政使,全不与史事,而旧同馆官亦俱阑散。向之争进者,今亦告退。不惟史不得成,即史馆亦枵然无或至者。在五十人,多处士难进易退,且又老迈,十余年间,不禄者已三十人矣。第不知同馆多人,并不限数,何以一任其兴辍若此!”而真正高瞻远瞩,足当史才而无愧者,当属万斯同。万斯同(1638—1702),浙江鄞县人,字季野,晚号石园,卒后学者私谥贞文。万氏是黄宗羲的高足,自述其史学谓:“吾少馆于某氏,其家有列朝《实录》,吾默识暗诵,未尝有一言一事之遗也。长游四方,就故家长老求遗书,考问往事,旁及郡志邑乘、杂家志传之文,靡不网罗参伍,而要以《实录》为指归。”(方苞《望溪文集》卷一二《万季野墓表》)他抱着保存国史的坚定信念,自处平民,投身于《明史》纂修,并深为大学士徐元文所倚重:“时史局中征士,许以七品俸,称翰林院纂修官。学士欲援其例以授之。先生请以布衣参史局,不署衔,不受俸。总裁许之。诸纂修官以稿至,皆送先生覆审。先生阅毕,谓侍者曰:‘取某书某卷某叶,有某事当补入;取某书某卷某叶,某事当参校。’侍者如言而至,无爽者。”(全祖望《鲒埼亭集》卷二八《万贞文先生传》)徐氏罢后,接替者继续延请万氏于家,委任不贰。因此,万斯同得以在二十多年的时间里,不居纂修之名而隐操总裁之柄,鞠躬尽瘁,先佐徐元文完成史稿四百一十六卷,又助王鸿绪扩编到四百六十卷,实为《明史》的头号功臣。

《明史》的修纂体例也在这个阶段逐渐明确并得到落实。鉴于一方面明朝史事颇有不同于前代的内容,另一方面,后世对朝政的抑扬、人物的臧否多意见不一,所以无论在大局或细节上,均有待详密的斟酌与探讨。而明末政治、学术、文艺等领域的派系纠纷一直延续到清初,加剧了围绕修史的争论。顾炎武、黄宗羲等人没有直接参预史局的工作,但对修纂体例的确立起了积极作用。顾炎武是徐元文的舅父,主张纂修明史应以邸报为主,两造异同之论,一切存之,以待后人自定。黄宗羲则通过万斯同、黄百家影响史局。

全祖望《梨洲先生神道碑文》:“宗羲不入史局,而史局大事必咨之,其所辩论,史局常依之资笔削焉。”在此基础上,《明史》草稿乃大致草创就绪。据尤侗《西堂合集·明史拟稿叙》,当时修史工作的分配原则是:以五十位博学鸿词获得者为主体,共分五组,先编洪武至正德间的史事,由总裁与诸纂修酌定阄派,后又分嘉靖、隆庆、万历为一编,则错综其姓氏而阄派如前。《明史》稿本最初分撰情况如下:汤斌撰《太祖本纪》,徐嘉炎撰《惠帝本纪》,朱彝尊撰《成祖本纪》,吴任臣撰天文、五行、历志,徐乾学撰《地理志》,潘耒撰《食货志》,陆棻撰《选举志》,王源撰《兵志》,姜宸英撰《刑法志》,尤侗撰《艺文志》,汪琬撰后妃、诸王、开国功臣传,曹禾撰靖难十六功臣传,毛奇龄撰流贼、土司、外国传,乔莱撰《儒林传》,严绳孙撰《隐逸传》,张烈撰刘健、李东阳、王守仁、秦竑、李成梁、金铉、史可法诸传等。不过由于纂修时间长,同一志目,一人撰后,继又有人撰。如《食货志》,初撰为潘耒,用功甚勤,后因事被黜归里。继有王原纂修稿(今存)。再后王鸿绪加以删削,至张廷玉总裁《明史》时又加改动,方始定稿。

继徐元文为总裁的,先后有张玉书、陈廷敬、汤斌、徐乾学、张英、王鸿绪等。总计十余年间,汉族大臣被任命为史馆总裁的已超过十人,满族大臣尚不在内。其中王鸿绪任事最久,至康熙五十三年(1714),他便以个人名义上列传二百零五卷,雍正元年(1723)又进合本纪和志、表一百零五卷,共上《明史》三百一十卷。王氏《横云山人集·雍正元年进呈明史稿疏》称:“计自简任总裁,阅历四十二年。或笔削乎旧文,或补缀其未备,或就正于明季之老儒,或资访于当代之博雅。要以恪遵敕旨,务出至公,不敢无据而作。今合纪、志、表、传共三百零十卷,谨录呈御览。”《明史》至此大体告成,上距康熙十八年已四十五年之久了。而后人论《明史》成书的经过,往往视王氏为“攘窃”,并诋其史识卑下,如黄云眉《明史纂修考略》即谓:“王鸿绪目睹同馆凋谢,史事阑珊,遂生攘窃他人成稿之奸心。……岁月愈邈,公然以多人心血之结晶,归诸一己之笔削而无所忌惮矣。……鸿绪于此事既非内家,而分合有无,妄自立异;又假手于刻薄无知之馆客,任意颠倒,是非毁誉,漫无准的。”平情而论,王氏以总裁身份,当馆臣殂谢之余,自我标榜,无足深责;至于史识高低，万氏《明史稿》俱在，两相参看，实亦未易轩轾。总之，《明史》纂修过程过于拖沓，修史人员过于芜杂，这才是问题的症结所在。

据王先谦《东华录》，第三次修纂《明史》在雍正元年(1723)七月。清世宗特谕大学士说："有明一代之史，屡经修纂，尚未成书。……朕思岁月愈久，考据愈难，目今相去明季，将及百年。幸简编之记载犹存，故老之传闻未远，应令文学大臣，董率其事，慎选儒臣，以任分修。再访山林积学之士，忠厚淹通者，一同编辑。俾得各展所长，取舍折衷，归于尽善。庶成一代之信史，足以昭示于无穷。"并以隆科多、王顼龄为《明史》监修官，徐元梦、张廷玉、朱轼、觉罗逢泰为总裁官，孙嘉淦、乔世臣、汪由敦、杨椿等二十五人为纂修，各分数卷，主要任务是修改王鸿绪的进呈稿。据杨椿《孟邻堂集·上明史馆总裁书》，此次开馆不久，人员又迁转流失，致力其事的不过杨椿、汪由敦、吴麟等数人。杨椿分撰永乐至正德列传，胡宗绪撰嘉靖、隆庆、万历三朝列传，而十二朝本纪及后妃、诸王、并洪武、建文、天启、崇祯各朝列传由汪、吴两人负责。另有郑江撰《明史稿》二十四卷，梅瑴成与修《历志》。其他不甚可考。这次修史历时十数年，为功甚少。直至乾隆四年(1739)，才终于以张廷玉领衔定稿，上《明史》本纪二十四卷，志七十五卷，表十三卷，列传二百二十卷，目录四卷，共计三百三十六卷。张廷玉在《上明史表》中回顾纂修历程说："聚官私之记载，核新旧之见闻。签帙虽多，牴牾互见。惟旧臣王鸿绪之史稿，经名人三十载之用心，进在彤闱，颁来秘阁。首尾略具，事实颇详。……苟是非之不谬，讵因袭之为嫌。爰即成编，用为初稿。"清修《明史》，前后长达九十五年，至是始竣，有武英殿刻本传世。今天通行的《明史》，即此张廷玉进呈本。

《明史》刊行之后，又一再修改。到乾隆四十年(1775)五月，清高宗下令改译《明史》中的少数民族人名。四十二年(1777)年五月，他借口《英宗本纪》过于疏略，命英廉、程景伊、梁国治、和珅、刘墉等，将所有《明史》本纪"逐一考核添修，务令首尾详明，辞义精当，仍以次缮进，候朕亲阅鉴定，重刊颁行，用昭传信"。随后又命于敏中、钱汝诚等为总裁，宋铣、刘锡嘏等七人为纂修、协修，考证全史。不过，《明史》的这一修定及考证本并未正式刊行，影响不大。

二、《明史》的篇目

《明史》共三百三十六卷，规模在《二十四史》中仅次于《宋史》。要阅读《明史》，首先要大体了解其纪、志、表、传的篇目结构，以及各部分的基本内容、体例特点、史料价值、阅读难度等。

《明史》目录共四卷，在全书之首，而不列入《明史》正文。从目录可以明了：《明史》卷一至卷二四为本纪，卷二五至卷九九为志，卷一〇〇至卷一一二为表，卷一一三至卷三三二为列传。列传的目录最为详细，独占三卷。类传和附传中每位传主的名字均列其中，以顶格、空格等方式标示等级、层次，一目了然，颇便披览。

《明史》本纪以皇帝世系为序，以编年体形式，记载重大的政治、军事事件和灾异、赈济、蠲免措施等。全文包括明太祖（年号洪武，在位三十一年）、建文帝（建文，四年）、明成祖（永乐，二十二年）、明仁宗（洪熙，一年）、明宣宗（宣德，十年）、明英宗（正统、天顺，前后共二十二年）、景泰帝（七年）、明宪宗（成化，二十三年）、明孝宗（弘治，十八年）、明武宗（正德，十六年）、明世宗（嘉靖，四十五年）、明穆宗（隆庆，六年）、明神宗（万历，四十八年）、明光宗（泰昌，一月）、明熹宗（天启，七年）、明思宗（崇祯，十七年）等十六位皇帝的本纪，共二十四卷。各本纪篇幅以皇帝在位期间重大事件多寡而定，如明太祖、明成祖等，在位时间虽远不若中后期的明世宗、明神宗，所占篇幅却各有三卷，而后者各仅两卷。总的看来，本纪内容十分简明扼要，许多本纪所占篇幅尚不如某些列传。本纪可提供明代发生大事的线索，而不足以了解具体史实。

本纪为每位皇帝附简单评赞，短小精悍，反映了修史者对某皇帝以及某时期的见解，颇有可观。如评太祖的个人事业"崛起布衣，奄奠海宇，西汉以后所未有也"；评成祖的武功，造就"幅员之广，远迈汉唐"，但又指斥其"革除之际，倒行逆施"，均公允持平之论。又如评向称昏庸的英宗："前后在位二十四年，无甚稗政。至于上恭让后谥，释建庶人之系，罢后妃殉葬，则盛德之事可法后世者也。"更在认为英宗荒唐误国的泛泛之论外，揭示了其仁厚平和的一面。

本纪的体例有两处可注意者。首先,南明诸帝王不入本纪。明朝历史起于洪武元年(1368)明太祖朱元璋建国,止于崇祯十七年(1644)明思宗朱由检自缢,凡二百七十六年。《明史》的历史时间则起于元顺帝至正十二年(1352)明太祖朱元璋起事,终于清世祖顺治十八年(1661)永历帝朱由榔被吴三桂杀害,共三百一十年。不过,由于清王朝进入北京后,即以正统自居,不承认明亡后明宗室先后在南方建立的四个政权。《明史》不以南明诸帝入本纪,而是泛泛称王,甚至不立专传,只立附传。所谓南明四王中,在南京建立弘光政权的福王朱由崧事迹附载于《福王朱常洵传》,在福建建立隆武政权的唐王朱聿键事迹附于《唐王朱桱传》,在浙江绍兴称监国的鲁王朱以海事迹附于《鲁王朱檀传》,在广东肇庆建立永历政权的桂王朱由榔事迹附于《桂王朱常瀛传》。

其次,建文、景泰两朝列入本纪,即卷四《恭愍帝纪》和卷七《景帝纪》。建文帝是明太祖之孙,在位四年,被其叔朱棣即后来的明太宗(成祖)发动战争取代,不知所终。《明实录》将其事附于《明太祖实录》。景泰帝是明英宗之弟,于明英宗在土木之战被俘后登基,在位七年,后被英宗复辟取代。《明实录》以其事附于《明英宗实录》。《明史》的体例尊重历史事实,钱大昕称赞"斟酌最为尽善"。(钱大昕《十驾斋养新录》卷九《明史》)

《明史》中的志可约略分为两大类。一类是在各正史中均向称难读的《礼志》、《乐志》、《天文志》、《五行志》、《历志》等。《历志》增加了一些表,使得文意通顺,便于明了内容,其附图更为前志所无。《五行志》记录地震水旱灾情等比较简单,且有缺漏,而专写五行的孙之騄《二申野录》今尚存,内容详赡得多。对普通读者而言,阅读这几种志的机会比较少。

另一类则是系统记载政治、经济、地理、文化等的《食货志》、《职官志》、《刑法志》、《选举志》、《河渠志》、《地理志》、《艺文志》等。对专业工作者而言,它们具有很高的史料价值和参考价值。而对业余爱好者和初学者而言,从这些志入手阅读《明史》,既便于了解明朝的基本状况,又便于熟悉比列传和本纪艰涩一些的文风,为通读《明史》打下良好的基础。

《地理志》共七卷,是各志中篇幅最大的。它按照京师(大体相当于今北京、天津、河北等地)、南京(相当于今江苏、安徽、上海)、山东、山西、河南、陕西、四川、江西、湖广(相当于今湖南、湖北)、浙江、福建、广东、广西、云南、贵州的顺序,详细介绍了两京十三省各府州县自元代以来的建置沿革、四至方位、境内山川等,但未记载府州县一级区划单位的人口数据。比起《大明一统志》等专门志书而言,《明史·地理志》内容简略,无大用处,但体例严谨,条目清晰。如卷四五《地理志·广东·琼州府》部分,顶格书写琼州府沿革等,然后低二格介绍本府所驻的琼山县、直接管辖的澄迈、临高、定安、文昌、会同、乐会各县,然后升一格介绍府属的儋州、万州、崖州,在各州后降一格介绍州属的昌化县、陵水县、感恩县。这种层次分明的格式,十分便于浏览和查阅基本地理信息。

《选举志》共三卷,依次介绍了学校、科举、荐举、铨选制度的详细历史。明朝入仕有通过学校选拔、科举考试、推荐三条途径,科举尤为重点。铨选则指有任官资格者的选拔任命制度,与前三者并非同一性质。本志还在铨选一部分中介绍了官员考课制度。尽管以上内容历来归于选举志,但本志分类标准不一,未免头绪芜杂。又兼文求古雅,而颇多案牍孑遗,读来易生周折。尽管如此,由于选举特别是科举,在明朝社会中占有现代人难以想象的重要地位,所以本志还是有必要详细阅读。

《职官志》共五卷,介绍明代各级机构、官员的设置沿革、品级、职能等。第一卷介绍内阁、六部等中央核心议政、政务机构。第二卷介绍都察院、大理寺、翰林院、国子监等中央其他高级机构和重要部门,包括在都察院挂衔的总督、巡抚等。第三卷介绍一般性质的中央机构如太常寺、太仆寺等,也包括级别很低但地位重要的六科,以及管理首都的顺天府等。第四卷介绍南京各机构,以及各级地方行政机构如布政司、按察司和府州县等。第五卷介绍军事机构如五军都督府、都司卫所,包括作为中央常备军的京营、明朝中后期拥统兵之权的总兵设置,以及土司等。了解职官制度是了解明朝政治制度、阅读各类史料的前提,所以本篇是各志中需要优先和反复阅读的章节。

《食货志》共六卷，介绍明代经济状况。第一卷介绍户口与田制，即全国各时期人口、移民状况，土地制度，特别包括明代经济生活中占突出地位的军民屯田和贵族庄田。第二卷介绍赋役，即继承宋元的夏税秋粮和里甲正役、均徭、杂泛差役等，更包括后期两税合一、量地计丁、折银代役的一条鞭法。第三卷介绍漕运和仓库，即全国的物资调配状况。因明朝人口、经济、文化重心在南方，而政治、军事重心在北方，所以由运河自东南地区向北京运输物资的漕运乃国家命脉所系。第四卷介绍盐法和茶法，即政府控制或干预盐、茶的生产和买卖的政策，包括鼓励商人以开垦边境田地换取盐引的开中法，以及关乎民族关系的茶马贸易等。第五卷介绍钱钞、坑冶、商税、市舶、马市，其中对明朝货币由钞向银的转变、激化明后期社会矛盾的矿监税使、关系倭寇兴衰的市舶政策、与蒙古、西藏的官方贸易等，都有系统的论述。最后一卷介绍有关皇室的上供、采造等事务，其中造成明朝财政紧张的宗室俸禄负担与各边镇开支状况，尤可注意。本志为潘耒编写，体例严谨，内容丰富，清以后评价很高，但也存在不堪推敲之处。

《河渠志》共六卷，介绍全国水文治理和水利利用状况。黄河独占两卷，运河与海运合占两卷，其他河流如淮河、漳河、胶莱河等占一卷，各地水利工程占一卷。从篇目分配上不难看出，治理黄河下游水灾和保证运河南北畅通，是明朝政府的重要内政工作。而最后一卷对南、北直隶地区和浙江、江西等地的水利工程建设，记载十分详细。

《兵志》共四卷，介绍明代军事制度。第一卷为“京营、侍卫上直军、四卫营”，京营是永乐以后设立的中央常备军，名义上是全国军队的主力；侍卫上直军是警备皇城、保卫皇帝的近卫军，在战争中无甚作用；四卫营是明中后期崭露头角的皇帝私人武装，但规模不大，在军事体制中也无重要地位。第二卷为“卫所、班军”，介绍全国军士的编制状况，即五军都督府层层下属的都指挥使司、卫指挥使司乃至千户所、百户所等设置状况，以及各地卫所军士番上京师充京营兵的制度。第三卷为“边防、海防、民壮、土兵”，介绍明朝为防蒙古和女真而在北边先后设置的九个军镇：辽东（驻今辽宁北镇）、宣府

（驻今宣化）、大同、延绥（驻今榆林）、宁夏（驻今银川）、甘肃（驻今张掖）、蓟州（驻今蓟县）、太原、固原，以及海岸防御体系在抗倭战争中的演变，和卫所军士以外的内地民兵与边地土兵等。第四卷介绍军政等内容，包括清理军伍、训练、赏罚制度、火器与车船制造、马政等。本志的体例有些凌乱，叙事多公文语气，应与《职官志》介绍武官部分参看。

《刑法志》共三卷，介绍明代法律。第一卷记律例内容和演变，第二卷介绍都察院、刑部、大理寺等三法司审刑详则，第三卷则专门介绍明朝法外用刑之政，特别是廷杖和厂卫。廷杖是皇帝责打大臣的杖刑，手段严酷，用意卑鄙，可称明代政治野蛮黑暗的典型。厂卫是东厂和锦衣卫的合称，东厂是宦官把持的特务机构，锦衣卫的北镇抚司专司“诏狱”。二者作为皇帝的亲信特务机关，在明代政治生活中引人注目。本志出自姜宸英之手，详略得当，考订精微，向称善篇。

《艺文志》共四卷，按经、史、子、集顺序，介绍了明代书籍的书名、卷数。本志由藏书家、《千顷堂书目》作者黄虞稷撰写，搜罗详赡，但对明代以前的著述概不涉及。这固然由于有明一代著述卷帙浩繁，不记前代书已蔚成大观，而且方便查考，但毕竟不便于综观有史以来的学术发展史。

《明史》的表由万斯同主修，可补纪传之不足，其分量比一般正史稍重。在体例方面，除从旧例的《诸王》、《功臣》、《外戚》、《宰辅》外，比以往正史增设了《七卿表》。明代自立国后不久废宰相，分散事权于六部，以都察院纠劾百司。后虽阁、部并重，习惯上仍比附中央政府中名义上最重要的九种官职为九卿。九卿中，通政使、大理寺卿非政本所关，所以又称其他的吏、户、礼、兵、刑、工六部尚书和都察院左、右都御史为七卿。《七卿表》仿自《汉书·公卿表》，是谈迁在《国榷》中首创，为《明史》择善而从。

列传共二百二十卷，占全书三分之二，是《明史》的主干部分，可略分为类传和专传两大类。类传包括《后妃》、《诸王》、《公主》、《循吏》、《儒林》、《文苑》、《忠义》、《孝义》、《隐逸》、《方伎》、《外戚》、《列女》、《宦官》、《阉党》、《佞幸》、《奸臣》、《流贼》、《土司》、《外国》、《西域》等，其中《阉党》、《流贼》、《土司》是新创名目。关于“阉党”，《四库全书总目》说：“盖貂珰之祸,虽汉唐以下皆有,而士大夫趋势附羶,则以明人为最夥,其流毒天下亦至酷。别为一传,所以著乱亡之源,不但示斧钺之诛也。”关于“流贼”即明末农民军,其“至于亡明,剿抚之失,足为炯鉴,非他小丑之比,亦非割据群雄可比,故别立之”。关于“土司”,其“控驭之道与牧民殊,与敌国又殊,故自为一类焉”。明朝在西南地区的统治较前代巩固,多以羁縻当地土著首领即土司的方式进行间接管理。各土司辖区经长期发展,也逐渐在全国的军事、经济领域占一席之地,成为明朝不可忽略的重要组成部分。可见,新创三传为明代社会的突出问题提供了系统而集中的史料。

专传以时间顺序为大纲,而十分讲究具体的编制次序,其最具匠心的是以重大事件或官职为线索,集众人传记为一卷。元代修《宋史》,数人共一事者,必各立一传,而传中又不互见,似乎各为一事,并无关联,结果既造成庞杂重复,又不便读者翻检。有鉴于此,《明史》采取了两个办法。首先,遇到数人或十人共一事时,则举一人立传,他人在后各附一小传。如卷一八八《刘菃传》,后附十余人小传,皆弹劾正德时权阉刘瑾者。又如卷一八九《夏良胜传》,附劝阻正德皇帝南巡而受杖者一百四十多人。其次,即使同事者另有专传,也不另述此事,而是注明“语在某人传中”或各传稍互见。如《孙承宗传》,记其柳河之役,只注“语在马世龙传中”。或如《陈奇瑜传》记“与卢象升同破贼乌林关等处”,《卢象升传》则记:“与奇瑜同破贼乌林关等处。”

另外,对较不重要的人物的附传,《明史》也在体例上采取了三种新原则。第一,除了每一大事只为一人立详传外,人、事之相类似或相关联者,也多附在同一传内。如《扩廓帖木儿传》中,附有同样矢志助元抗明的蔡子英小传。又如《柳升传》中,附有同以进攻安南(今越南)而得入史传的崔聚等传。第二,尽量避免以往正史乐于采取的子孙附传办法,对父祖子孙各有事功可记者,尽量不采取附传形式。如张玉、张辅父子,一著功于靖难战争,一著功于进攻安南战争,两不相干,所以各自为传。其他重要者如周暄、周金,耿九畴、耿裕,李遂、李材,陈以勤、陈于陛,郑晓、郑履仁,王忬、王世贞、王世懋,刘显、刘綎,杨廷和、杨慎等父子,莫不循此例。第三,避免子孙附传的原则有重要例外,而各自有因。如徐达、常遇春等子孙各附本传,是为叙开国功臣等贵族的世次,仍是略仿《汉书》之例。又如杨洪、李成梁等子孙附传,则因其家世为将。再如马芳之子马林、孙马爌均附本传,则为彰显其三代死于国难。这类例外并不多见,但往往事涉关键。

列传作为全书主体,保存原始史料较多,尤其注意收录重要的原文奏疏,其主要者可分为三类。首先,历朝弹劾宦官、大臣弄权的奏疏,如蒋钦劾正德时权阉刘瑾,沈炼、杨继盛劾嘉靖时权臣严嵩,吴中行、赵用贤、邹元标劾万历时权臣张居正,杨涟劾天启时权阉魏忠贤等,均全文录入,以示表彰。其次,争论重大问题时意见相左的奏疏并存不废,以待读者定是非,如嘉靖时期的大礼议,主张皇帝以孝宗为考的毛澄,与支持以本生父亲兴献王为考皇帝的张璁、桂萼、方献夫等的奏疏,均存各传中。第三,人罹冤狱、事涉冤情者,往往以原文奏疏或诰词明作者之议论,如《李善长传》末载王国用为李鸣冤之疏(李善长是明朝建国功臣之首,被朱元璋指为胡惟庸党诛杀),《于谦传》末载成化中复官赐祭的诰词(于谦于土木之变后力挽狂澜,英宗复辟后被杀),《熊廷弼传》末载韩爌请为给还首级归葬之疏(熊廷弼被冤杀后传首九边)等等。

列传以卷为单位,文末也附有论赞。《明史》作者不仅在剪裁史料的过程中,通过弃取材料和斟酌体例来体现自己的史学观点,而且也在论赞这个狭小的舞台上,尽量表达自己对历史人物和史实的褒贬,乃至对重大事件的立场和评论,其中不乏与当时流行的看法牴牾者。如大礼议诸臣传赞谓:"'大礼'之议,杨廷和为之倡,举朝翕然同声,大抵本宋司马光、程颐《濮园议》。然英宗长育宫中,名称素定。而世宗奉诏嗣位,承武宗后,事势各殊。诸臣徒见先贤大儒成说可据,……而未暇为世宗熟计审处,准酌情理,以求至当。争之愈力,失之愈深,惜夫。"寥寥数语,执论公允,纠正了当时的循声附和之说。

篇幅较大的列传,先介绍传主的姓名、字、籍贯、出身和早期生平,然后在历数成年生平同时,较详细地记录其一生中最可注意的几项事迹,直到记其卒年,然后附其子嗣、赠谥情况等,最后有作者的简单评论,往往包括时人、后人的评价。篇幅小者可以省略某些条目如事迹、评论等。以《明史》卷二二六(列传第一一四)为例,篇名为《海瑞(附何以尚)、丘橓、吕坤、郭正域》,合四(五)人传记为一卷,而非多人合传,说明人物关系历史较重。以其中海瑞传为例:"海瑞,字汝贤,琼山人。举乡试。"然后开始举其入仕后经历,在记由南平教谕迁淳安知县后,记录海瑞惩罚为非作歹的胡宗宪之子的故事。记海瑞被擢升户部主事后上书嘉靖皇帝,因其事迹十分著名,故叙述原委清楚,甚至照录了奏疏全文。后记其巡抚应天,推行扬贫抑富政策,亦不厌细节,直到记其"(万历)十五年,卒官"。此后续记:"瑞无子。卒时,佥都御史王用汲入视,葛帏敝籝,有寒士所不堪者。因泣下,醵金为敛。小民罢市。丧出江上,白衣冠送者夹岸,酹而哭者百里不绝。赠太子太保,谥忠介。"最后兼引海瑞之言,评其为学尚刚、力倡井田的主要事迹:"意主于利民,而行事不能无偏云。"

三、《明史》的评价

对《明史》的评价,在不同时代,从不同角度,进行评价的标准和得出的结论大不相同。《明史》修成后,清朝人因其体例精善、叙事得当而大加褒扬。近代以来的史学家,则多因其内容不够周全、叙事多避忌甚至篡改史实而发当年清人因惧怕文祸而不敢发者。现代读《明史》者,则因关注角度和使用目的不同,而对其评价各异。

清人赵翼在《廿二史劄记》中盛赞《明史》,主要强调三点:一是"修于康熙时,去前朝未远,见闻尚接,故事迹原委多得其真"。二是"经数十年参考订正,或增或删,或离或合,故事益详而文益简"。三是"是非久而后定,执笔者无所徇隐于其间,益可征信"。总结起来就是:叙事可信,文省事增,持论公允。

其实清人对《明史》的褒扬,并非完全真心实意,而是有避嫌畏祸之心。同以赵翼为例,他对很多章节的安排提出了质疑,但行文十分小心。如《周延儒之入奸臣传》一题下,应加"不当"二字,才与内容和体例符合,但却从略。《刘基、廖永忠等传》,下未接"疏舛"二字。《乔允升刘之凤二传》,下未

接“重复”二字。(柴德赓《史籍举要》)

对备受表彰的《明史》写作体例,也不乏异议。如汪由敦著《史裁蠡说》,对《明史》体例就略有辨正。全祖望在清高宗即位之初,有《移明史馆帖子》六通,提出:一、《艺文志》不当断代。二、本代之书籍,应略及大意。三、增立《属国表》。四、增立《土司表》。五、不仕二姓者宜入《忠义传》,不宜入《隐逸传》。六、附《元遗臣传》于《明史》。这些对《明史稿》的婉转批评触及了二姓、遗臣、属国等敏感话题,无一被《明史》采纳。

总的看来,清人直接批评《明史》者极少,若昭梿在《啸亭杂录》中认为《明史稿》“奏牍多于辞令,奇迹罕于庸行”,也不过是泛泛而论。近代以来,文网松弛,魏源开始比较直率地攻击《明史稿》:“食货、兵政诸志,随文抄录,全不贯串,或一事有前无后,或一事有后无前,其疏略更非列传之比。”(《魏源集·书明史稿一》)二者都避开了《明史》而去斥责《明史》所本的《明史稿》,仍是畏惧心态使然。

现代史学家对《明史》编纂体例尽管没有太多指斥,对其叙事之疏漏却多所发挥。确实,因《明史》成于众手,水平参差不齐,存在不少谬误。又经年累月,辗转誊录,难免错讹、重复和脱漏。其中,因修纂者本身水平所限或疏忽造成的缺漏,大体可分五类。

第一是违乱体例。如《艺文志》著录有宋代人邓名世《古今姓氏书辨证》,不符合只收明代书籍的体例。又如虽然从体例上已尽量避免内容重出,但仍不能全免。如《明史》卷一二四《陈友定传》与卷二八六《林鸿传》,均载郑定事迹,而文句大体相同,显然同出朱彝尊《曝书亭集》卷六三《林鸿传》。

第二是内容矛盾。如关于明末海盗刘香的下落,《明史》卷二六五《施邦曜传》记其因被官军挟持母亲而“就擒”,卷二六〇《熊文灿传》又记其因被官军攻击,“势蹙,自焚溺死”。

第三是史据不足。如《选举志》介绍八股文为明太祖和刘基手定,但在《实录》中和关于刘基的文集碑传中皆不见证据,可见其来自传闻,不如顾炎武所说的八股文始于成化年间可信。

第四是粗率失真。如《食货志》说一条鞭法“嘉靖间数行数止,至万历九年乃尽行之”,虽然概括简明,却忽略了很多地区在万历九年以后施行一条鞭法的事实。又如《外国传》在《和兰传》中以英国与荷兰为一国,尚可归咎对西方地理缺乏常识,但介绍与明清之际历史颇有关涉的佛郎机,竟然不区分葡萄牙和西班牙,就难以自辩了。

第五是引文疏误。如《食货志》说正德时有皇庄三百余处,而检其所本《明经世文编》夏言的奏疏,显系三十余处之误。

因长年转录、各家删改造成的与《明史稿》相关记载矛盾的错误,大体又可分三种。

第一是条目脱漏。如《明史》卷二八五《赵壎传》列明初修《元史》的文士三十人,指出姓名者仅二十九人。朱彝尊《曝书亭集》卷六二有《王廉传》,记其曾参与修《元史》,而王正是首先拟写《文苑传》的。可知《明史》正是缺载了本有成稿介绍的王廉。

第二是妄改致误。如《明史》卷三《太祖本纪》载:“十五年十一月戊午,置殿阁大学士,以邵质、吴伯宗、宋纳、吴沉为之。”除宋纳明显为宋讷之误外,邵质不见于《明史》其他章节与其他各书。王氏《明史稿》于此处并不记人名。《太祖本纪》的原作者汤斌所作《拟明史稿》卷三,于此处作刘仲质,证以《明史·七卿表》与《明太祖实录》,知汤斌无误,则此处《明史》妄改原作,实不知所本。

第三是删简无当。如上引卷二八六《林鸿传》附王偁传:“洪武中领乡荐。”朱彝尊《曝书亭集》卷六三《王偁传》原文为:“中洪武二十三年乡试。”《明史》把明确的事实改得模糊了。又如卷一二四《陈友定传》附王翰传:“友定败,为黄冠,栖永泰山中者十载。”朱彝尊原文为:“留永福山中,为道士者十年。”《明史》之改不但徒求雅驯,殊无史识,还把地名“永福”改错为山名“永泰”了。

清朝覆灭前后。文人志士以揭露清朝统治者以文字狱钳制人心的罪恶为务,对明末清初大量被湮没、篡改的史实更是钩沉发微,大白真相于天下。《明史》为政府主持纂修,且成于众手,则必每有曲笔,不利于清王朝者必然回护。编纂的绝大部分时间在康熙二年明史狱之后，正是文字狱大行其道的时期，修史者必然有所警惧。何况，清代皇帝汉化程度很高，注意力及于《明史》修纂，惟恐史臣进退予夺，触露所讳，因此往往借督责为名，施以钳制。雍正时期《明史》再修，因世宗性好猜忌，动辄以文字加罪于人，总裁、监修等但求无过，不惜割裂史文，抹杀史实，致使《明史》定本的可信度又较《明史稿》降低。所以自20世纪以来，《明史》的曲笔受到了史学家的严厉批评。其为清朝回护、篡改、避忌的内容，可分三类。

第一，满族的先世建州三卫，为居于长白山地区的女真族，长期臣属于明朝。清朝统治者讳言这段不利于己的历史，所以《明史》中涉及建州女真与明朝政府的关系，始终语焉不详。如《地理志》中公然漏载明朝在辽东边外设立的大量卫所，建州女真的事迹仅见于《张学颜传》、《李成梁传》等。

第二，清朝是塞外少数民族入主中原建立的，对汉族蔑视少数族的偏见采取了激烈的矫正措施，波及到《明史》，就导致记载与少数民族有关史实时过于疏略。特别是《明史》对明初史事记载不足，因为统治者讳言明朝驱逐蒙古于漠北的事实，正如讳言女真臣属明朝一般。所以，像明太祖讨伐元朝的檄文这样重要的历史文件，《明史》也居然不予收录。

第三，明清之际史事，特别是南明君臣事迹，牵扯到清军的屠杀、压迫与抗清斗争。清朝政府一直对南明耿耿于怀，对潜在的反清思想更是不遗余力地扼杀，故这段历史在《明史》中也是篇幅简略。如南明三王在列传中的地位，由王鸿绪《明史稿》中的单独立传，降格为《明史》中的附传。南明诸政权疆域数千里，首尾二十年，居然被称为“土寇”，连抗清名臣张煌言这样的人物也不立传。

另外，美化皇帝、官僚、缙绅，丑化农民战争领袖的倾向，虽然不如过去认为的那样严重，但毕竟有歪曲夸大之嫌。如因明朝在由靖难之役上台的朱棣及其子孙世袭统治下，就讳言建文皇帝之死，只存不知所终一说，对朱棣“革除”的残暴，毕竟揭露不足。而说张献忠军杀人如麻，尽管有大量的事实根据，但若统计《明史》的记载，则张献忠在四川杀人达数亿，这显然不符合当时的人口状况。对明代中期影响广远的刘六、刘七事迹，也是分散于各传，尽力歪曲。

最后，《明史》的编纂者主要是来自东南地区的文人，地域观念不免影响取舍。如江浙人士多被立佳传，明代后期的东林党人更是受到一味的赞誉回护。嘉靖、万历以后，内阁柄政者大多为东南缙绅，其或上下相承，人谓“传衣钵”，或结党纷争，不免意气误国，《明史》对此类人物、事迹言之甚详，对其他方面缺乏足够记载，未免有失偏颇。

对现代的初学者和爱好者而言，《明史》是学习明史首先要阅读的读物和资料。首先，《明史》在《二十四史》中，无论编纂年代还是所记时期，均为距离现代最近者。它文字通顺平易，既无典故堆砌，又无艰深文法，只要具备明代政治和经济的基本知识，就可以顺利阅读。其次，《明史》编纂最晚，便于吸收经验；纂修时间长，虽过于拖沓，毕竟经过反复酝酿；更兼由史学专家修撰，体例、行文、叙事皆佳，其水平在《二十四史》中位列上乘，早为定论。如果从《职官志》、《选举志》、《食货志》、《兵志》、《地理志》等入手，既便于直接了解明朝政治、经济的基本状况，又利于熟悉比列传和本纪稍微艰涩一些的文风，是适宜的选择。

而对于专业学者和想深入了解明史的爱好者而言，评价《明史》不能以它的体例、行文为准，而要以其史料价值为归依。《明史》的史料来源可分为三大部分，可以此为出发点，判断其史料价值。

第一是官方史籍，包括明实录、邸报和明代官修史书。明实录的独特史料价值，除了其详细记载政治、军事事件，还体现在每当有大臣卒时，则附以大臣小传；除皇帝诏谕外，大量收录大臣奏疏。邸报是朝廷内部传阅的材料，主要是奏章的底本。明后期的实录记载有所缺略，崇祯朝更是未修，并往往因私人恩怨而多褒贬弃取，所以《明史》记明后期史事多凭邸报。官修史书除《明会典》等外，还有明后期的官修正史。万历二十二年（1593）到二十五年（1597），明朝政府组织大量人力修纂本朝正史，虽然半途而废，却也留下不少已成型的著作，对后代的史学编纂体例、内容均产生了深远的影响。其中史继偕《皇明兵制考》、吴道南《国史河渠志》、杨继礼《皇明后妃妃嫔传》等，有大量内容为《明史》相关志、传所继承。（李小林《万历官修本朝正史研

究》,南开大学出版社 1999 年版)

第二是方志和文集。明代各府州县热衷修志,经济文化发达地区更不止一次地重修,文人刊刻文集的风气也随着明朝中后期印刷出版业的繁荣而大行其道。明人文集在清初至少存有两千部,方志亦多,其保存明代社会经济与文化史料之丰富,非此前任何时代的同类著作所可比拟。朱彝尊《史馆上总裁第二书》说:"(文渊阁)中故书十亡其七,然地志具存,著于录者尚三千余册。"又建议凡属文集、奏议、图经(地志)、传记等皆需采访。可知《明史》编纂对此二种史料是认真搜罗利用的。

第三是各家私史。明朝重视当代史的史家较多,这是由于嘉靖以后,印刷业繁荣使书籍普及到社会各阶层,实录流传在外,政府组织修史,遂使修史之风大盛,历经百年而不衰。著名史学家王世贞、郑晓、焦竑、朱国桢的著作,多为《明史》所本。如王世贞《弇州史料》中的《锦衣志》、《中官考》、《马政考》及《史乘考误》等,俱为纂修明史者利用。而据汪由敦《松泉文集·致明史馆某论史事书》,王氏《明史稿》中的《张居正传》,也是从其《嘉靖以来内阁首辅传》中删节而成的。又如焦竑的《献征录》,受到万斯同的高度评价:"搜采最广,自大臣以至郡邑吏,莫不有传。……可备国史之采择者,惟此而已。"(万斯同《石园文集》卷七《与范笔山书》)是《明史》万历以前列传部分的重要来源。此外,李贽《续藏书》、朱国桢《明史概》、尹守衡《明史窃》、谈迁《国榷》,以及大量史家笔记如叶盛《水东日记》、陆容《菽园杂记》、沈德符《万历野获编》、朱国桢《涌幢小品》,皆为修史者采择。

明代二百七十六年历史中,尽管中央政治动荡不安,君臣更迭频繁,权力斗争错综复杂,却很少波及社会广大阶层的生活稳定。除靖难战争外,即使是皇帝被俘的土木之变,或者中后期的南倭北虏,也未对社会秩序产生根本性影响。国内大体保持了二百多年的和平与稳定,给图书的保存和流传提供了条件。与文化事业高度繁荣的宋代相比,明代虽然在文化水平方面大大逊色,但其印刷业的发达却远远过之,使书籍普及到社会各阶层,各类图书的编纂空前繁荣。明代遗留的浩瀚丰富的图书资料,使《明史》得以依托实录和档案、邸报等原始史料,大量采择浩繁的官修正史、会典、方志、文集、碑传、笔记等，并充分吸收各家私史的成果。从这一点看，《明史》在史料运用方面尽量网罗备至，在《二十五史》中也可谓上乘了。

但是，《明史》在史料价值方面，也存在着无法符合当代学术研究的要求和规范的缺陷。与其他正史相比，《明史》编纂精准，简明清晰，但正史固有的缺点，也因此更明显，即重政治、军事而忽略社会、经济内容。这对于当代史学研究重视社会经济材料、综合认识社会各领域状况的要求，是格外严重的缺陷。

《明史》所据史料尽管丰富，但在修纂过程中，对明代大量伪史料缺乏辨识，庄氏史狱更毁掉大量史料，修史拖沓也导致遗失了不少史料，（陈守实《明史抉微》，载包遵彭主编《明史论丛》第二册，台湾学生书局1968年版）当时已经列为禁书的材料，《明史》也无从充分运用。

对于现代读史者而言，无论是纂修《明史》主要根据的实录、《会典》，还是《明经世文编》、《献征录》等大量清朝禁书，目前均可得见，所拥有史料不见得少于纂《明史》时。故从史料出现先后的角度看，《明史》不具备第一手史料的价值。

《明史》尽管有疏漏避忌，其剪裁史料、考证史实的水平仍超越前代，但这种高超的水平导致大量原始史料的面目不再现于《明史》。这些被删削的具体记载，如详细的作战记录、官职名目等，恰恰是史学研究的珍贵史料。

所以，对专业研究者而言，《明史》中的志多为系统而优秀的研究成果，发人之所未发，本纪、列传中的评赞反映了修史者的见识，皆为他处所不可得见的珍贵史料。而占全书主体的本纪、列传内容，引用时需要核对其所来自的原文，尽量不要作为原始史料。

总之，《明史》行文简练概括，体例精详，史料来源充足，是学习明朝史的基本读物。但《明史》在修纂过程中，受到从政治形势到文化氛围，从民族荣辱到个人恩怨等多种因素的制约，虽投入大量人力物力，却仍然错漏百出，贻人口实。它经多次删削修订后，叙事取舍多受外界因素干扰，可信度降低，而用于修史的原始史料绝大多数还可以为今天的学者所见，所以《明史》的大部分内容已经不是可以直接引用的原始史料。比较其他正史在各自断代史中的地位,《明史》的阅读价值很高,史料价值相对较低。

四、《明史》的研究

《明史》问世至今,不过二百六十余年,但研究《明史》的著作与论文层出不穷,可按内容分为二类。一类是考索《明史》的编纂过程,就其编写规程、史料来源、叙事限制等,探讨《明史》的优缺点。另一类是以《明史》全书或某部分为纲,采用《明史》或用或未用的原始史料,纠正《明史》的记载疏漏、结论错误、记事曲隐等缺陷,往往由此发挥,蔚为独立论著。

前一类大多为篇幅不太大的论文,且为近现代人所著,便于初学者观览,以下试举四种。

黄云眉《明史编纂考略》,见《金陵学报》一卷二期,1931 年 11 月;又载于黄氏著《史学杂稿订存》,山东人民出版社 1960 年版。作者鉴于"《明史》一书,清代学者以其为钦定之故,率有褒无贬,或箝口不言,以远疑虑",对赵翼等人的褒扬言论深为不满,所以"揭其编纂始末于此,就正宏达,亦以见赵氏所言之非为实录,而《明史》之不可不重加估计云"。本文从史料搜集、史才征召、体例斟酌三方面,详细考订了《明史》编纂的前后原委,然后以"总裁之攘窃"和"时主之箝制"为题,专门抨击《明史》编纂时外力干涉学术的弊端,从而痛诋《明史》的编写水平和史料价值。这是现代最早出的详细研究《明史》史源、按现代标准评价《明史》的论文,内容丰富,向称名篇,然立论未免过于激烈。

李晋华《明史纂修考》,哈佛燕京学社版。本文在上述黄云眉文和伦明《清修明史稿考》的基础上,更加详细地介绍了《明史》纂修的方方面面,收录了大量原文材料,篇幅约黄云眉文三倍。作者目的,主要不在评价《明史》优劣,而在"为其治明史之初步工作",所以于持论则不明加褒贬。全文分十部分,依次为"四朝诏谕"、"朝野学者之建议"、"纂修中之三时期"、"历任纂修各官姓氏"、"明史稿与明史通评"、"纂修各官所拟史稿考"、"明史因袭成文之例证"、"明史诸本卷数比较表"、"钦定明史与三修明史人地名改译表"。其中对各官所拟史稿的考证,于探究史源贡献良多,而其对写作体例、编纂体制的分析，诚如顾颉刚序所言：“他日史馆重开，定例发凡，闭求依据，则是书也，足以示其典型。”

谢国桢《史料学概论》第五章第二节《明史》，福建人民出版社1985年版。本书介绍中国古代文献资料和一般目录学知识，作者是明清史学家和版本目录学家，对明代典籍特别是《明史》独具灼见。本文短小精悍，用很小的篇幅简介《明史》的纂修过程，评价《食货志》、《职官志》等的优缺点，对《明史》避忌、篡改的内容作出了多条独到的判断，最后认为《明史》不愧巨著，但缺点也是显著和严重的。文中还为初阅读《明史》者介绍了明代赋役、公文、字号等方面的专门术语，并提供了重要列传的简目，还认为阅读《明史》之前不妨先看《明史纪事本末》。全文通俗简明，貌似散漫，实则可瞩目之点甚多。

许大龄《我阅读〈明史〉的一些体会》，见《文史知识》1984年第三期；又载于许氏著《明清史论集》，北京大学出版社2000年版。本文对《明史》的史料价值持大体肯定的态度，认为《明史》“不是第一手史料，如果与其他史料配合使用，还是具有较大说服力的”，持论可谓公允。作者认为《明史》体例完备，史料充实，也因政治造成隐讳、避忌，因辗转誊录造成重复、脱漏和错误。本文对初学者提出六点重要建议：《明史》通顺易读，志难、本纪简略而列传容易，只要先了解明代政治、经济的基本状况，年代、职官、地理、人名的基础知识，就可以顺利阅读；注意学习赵翼《廿二史劄记》研究《明史》的对比法；史文的校勘和考异工作，是发现、解决问题的良好典范；《明史》对明实录特别是明后期实录多所辨正，不可尽信原始史料；读《明史》可参阅《罪惟录》、《国榷》与《明史纪事本末》；研究或了解专题特别是社会经济问题，不可过于依赖《明史》。

其他不少短文或章节也对《明史》的纂修和价值多所发挥，恕不详列。

后一类则多为篇幅宏伟的著作，是学习明史者必备的研究成果，也是业余爱好者不可忽视的深入阅读的阶梯。以下试举三种。

王颂蔚《明史考证捃逸》，《嘉业堂丛书》本。此书内容是乾隆四十二年改订《明史》时纂修官所作的考证，光绪时，由军机处行走王颂蔚在方略馆发现并派人抄成四十二卷。考证可分四方面:校正某些错字、倒字、脱字、衍文或脱文;指出有关年代、职官、地理和各种制度的错误;用本证或他证法发现一些矛盾记载待考;以实录等材料略补列传不足。本书虽然残缺不全,所考亦多细枝末节,但对读者学习、发现、解决问题,多所裨益。

黄云眉《明史考证》,八册,中华书局1979—1986年版。作者穷尽心力撰此二百万言巨著,自言"致力之中心,在提取明史范围内所包含之若干问题,根据《明史》已采用或未采用之可靠资料,作较深入之探讨,俾将进而揭发明代封建统治之真实面貌及其本质。此与累朝旧史考证专为旧史要求服务之目的截然不同"。全书本《明史》为纲,对可以补充材料、考订正误、校勘文字的任何文句,均详列原文和新材料,并附以考证。其价值不但覆盖、超越了《明史考证捃逸》,更如作者自言,范围不限于旧式考订中的文字、是非等,而是为阅读《明史》和研究明史各问题提供了广泛的资料线索,深入论证了各类重大问题,是《明史》研究和阅读的必备书。

李洵《明史食货志校注》,中华书局1982年版。《食货志》比起《明史》其他各志,史料多经排比,阐述较为系统,但"编纂出自多人之手,迭经删修改写,故史实、文字、资料出处等方面,多有讹误,称引之际,颇多顾虑"。作者首先穷究《食货志》的资料来源,又探明其编纂方法、过程和编者先后接替、原稿修改情况等,然后以包括王原的《食货志》原稿在内的各种材料,对《食货志》全文进行逐字逐句的校注。本书不但经改字、补字校勘完善了原文,更校正史实,系统深入地探讨了明代经济史的各个领域,成为研究《明史》部分篇章的代表性著作。其注释通俗易懂,注重介绍背景知识,又是阅读《明史》各志的入门书。

《清史稿》说略

王钟翰

一、《清史稿》简介

1.清史馆的开设

清王朝是继蒙元之后统一全中国的第二个少数民族建立的封建王朝，也是中国最末的一个封建王朝。从顺治元年（1644）清兵入关开始，到宣统三年（1911）武昌起义为止，经过长达二百六十八年之久的长期统治，终于被民主革命先驱者孙中山（文）先生领导的武装起义所推翻。

第一任中华民国临时大总统孙中山先生就职于南京。为谋求中国南北的真正统一，宁愿让位于北京的北洋军阀袁世凯。袁世凯继承历代封建新王朝建立后为过去的一代王朝修史的传统惯例，于民国三年（1914）开设了清史馆。

清史馆设馆长一人，下设纂修、协修各若干人，又校勘及办事员若干人。史馆规模之完备，人员之齐全，酬金之优厚，几不减清初当年明史馆开设之规模，此则藉以显示新朝对胜朝的追念和报恩。而自民国六年（1917）以后，袁氏窃帝自亡，以后历届北洋政府财政艰窘，屡减经费以至于无，《清史稿》工作遂全局停顿。

2.主要编纂人员

清史馆设立后，袁世凯重礼延聘原东三省总督、后退居青岛的赵尔巽为馆长,复聘总纂、纂修、协修先后百数十人,而名誉总纂、纂修以及顾问尚未计算在内。史馆中执事者又有提调、收掌、校勘等职。是时遗老中有主张修史者,亦有以为不当修者,最后应聘者多,又有以《东观汉纪》即当世所修,何嫌何疑者,加之当时一代大师缪荃孙先生为国史馆前辈,以史事自任,巍然为之表率。到馆之总纂有柯劭忞、吴廷燮等,纂修有金兆蕃、吴士鉴、邓邦述、章钰、张尔田等,协修有俞陛云、姚永朴、袁金铠等,校勘有叶尔恺、李景濂、成昌等。

迨至民国五年(1916),由于袁世凯妄图窃国改制自帝,未百日而终告失败身亡,中华民国名存实亡,北洋军阀相继专政,代替了清王朝的封建统治。至民国十六年(1927)清史馆馆长赵尔巽乞款于东三省大帅张作霖与黑龙江督军吴俊陞,而以袁金铠为之介,果得款。于是重加整顿历年馆中所纂诸稿,预期三年告成。甫逾半载,而赵尔巽年迈多病,俟全稿删定成书,恐不及待,遽纳袁金铠刊稿待定之议,再乞款于张作霖,即命袁一手总理发刻,而袁又以金梁(原宣统朝后期内务府大臣)任校勘,期一年竣事。未几,赵尔巽卒,柯劭忞代之。柯与袁金铠意见不合,不阅史稿,即付金梁手。金几握全权,随校随刊,多所窜改。再越年,夏,北伐革命军直捣京师,监闭禁城。清史馆在东华门内,史稿校刻未竣者尚有十之一二,金梁移归私寓续成之,不免改窜尤多。

3.史稿的禁锢

北伐革命军抵达京师前夕,史稿已印一千一百部,被金梁私运至奉天(今辽宁省沈阳市旧城)者四百部。此四百部史稿中又由金梁加入《张勋、张彪传》,其他如《艺文志·序》亦由金重写抽换。而存留于京之七百部仍保持旧貌。于是史稿有关内本与关外本之别。既而南京国民政府发现史稿中多有违碍之处,据傅振伦兄所撰《清史稿评论》指出:不奉民国正朔,乃只用干支,叙事复不明显,态度暧昧,有反民国之嫌,兹举数例如次:(1)《劳乃宣传》云:"丁巳(按,应作民国六年,下同)复辟(指张勋合谋宣统复辟),授法部侍郎。"(2)《沈曾植传》云:"丁巳复辟,授学部尚书,壬戌(民国十一年)卒。"(3)《世续传》云:"世续辛酉年(民国十年)卒。"(4)《伊克坦传》云:"癸亥年（民国十二年）卒。”(5)《周馥传》云：“移督两江（光绪）三十三年，请告归，越十四年（当作民国十年）卒。”(6)《冯煦传》云：“闻国变，痛哭失声，越十有五年（应作民国十五年）卒。”诸如此类，不胜枚举。

最为严重的是，对清末变法维新与革命运动的记载竟付阙如，书则视为反动派或反革命，例如：(1)有清一代，汉族志士起而走险，揭竿而起均不予书，诸如朱氏后裔、明代臣民之抗清，洪（秀全）杨（秀清）之倡义，党（指国民党）人之排满，秘密结社之组织，均不详载；(2)清代屡兴大狱，慑服汉人，其事多不著录；(3)《德宗本纪》光绪二十三年条下有云：“无言康有为上书请变法书。”二十四年条云：“八月丁亥，皇太后（指慈禧）复垂帘于便殿（指养心殿）训政。诏以康有为结党营私，莠言乱政，褫其职，与其弟广仁（注云即有溥），皆逮下狱。有为走免。”又云：“戊子（光绪十四年）诏捕康有为与梁启超。”而《本纪·论》则曰：“德宗亲政之时，春秋方富，抱大有为之志，欲张挞伐，以濯国耻。已而师徒挠败，割地羆平；遂引新进小臣，锐意更张，为发奋自强之计，然功名之士，险燥自矜，忘投鼠之忌，而弗恤其罔济，言之可为於邑。今观康有为之弟传，而有为之传独缺，此殆门户之见欤？”非也。实则从清朝最高统治者的立场出发，为维护封建帝王权力不受旁人操持而立言耳，又何维新与守旧“门户之见”之有哉？

《清史稿》刊成于民国十七年（1928），论者以其诽谤民国为能事，发现反民国、反革命，藐视先烈，与断代修史体例不合。北京故宫博物院因而递呈南京行政院请禁发行。不数月而遭国民政府之禁锢。查禁之原动力，或谓出于李石曾，或谓出于谭组庵（延闿）。一则目李石曾之父《李鸿藻传》为不佳；一则因谭延闿之父谭钟麟未予立传。其实亦不尽然，必究其因素，无非南北互争，内外相倾，彼此结合而成之耳。不得谓李、谭二人之私心而遭禁锢之灾也。

《清史稿》禁锢之令未解，首先提出异议者为清史学界前辈、北京大学历史系教授孟心史（森）先生，题为《清史稿应否禁锢之商榷》一文，末云：“审查结果，或有可嫌之处，要之已尽具于是。是本书无谤史之价值，但当指明其应酌正之体例，并出党史以供参照，为据稿修为正史时之标准，无毁弃此大宗史料之必要。且若有可嫌，必关外本之嫌尤重。故当日在事之馆员，删成关内之本。然令关外本捆载以入异邦（尤以日本为多），竟为毁禁之所不及，则所锢者国人之耳目，而为异国添研究我国史书之资料，使我学术界欲广佚闻，恒裨贩于异国史学家之著述，心知其可耻，而无如之何。此不能不望政府当局为学界一垂怜，而弛其购买或翻印之禁也”。随之唱和提出解禁者，则为原燕京大学中文系教授容希白（庚）先生，先后发表了《清史稿解禁议》与《为检校清史稿者进一解》两文，前文指出：“夫学校皆有历史一门，欲知中华民国肇建之由，不能废清代二百六十八年之历史而不讲，即不能废此一百册《清史稿》而不用，使政府果有改编之志，国人犹可少忍须臾。今改编既无其期，而研究历史者不能蔽聪塞明，则政府之威信有不暇顾者矣。在昔专制之世，普天之下，莫非王土，生杀予夺，惟意所欲。取违碍之书而销毁之，岂不掀髯自得曰：莫予毒也已。然十世之下，销毁之书犹有存焉者。今北平图书馆、北大图书馆、清华图书馆等国立机关，皆有收藏，私开阅览。甚至辇毂下之江苏省立国学图书馆，称以正史，列于书目，政府威信自践踏之。而私立学校，如燕京大学图书馆、辅仁大学图书馆、岭南大学图书馆，昔皆预约购得前半部者，亦不能不忍痛再斥巨金购以供用。关外之本捆载入关，每部索价五六百金。政府之禁令徒为奸人牟利之具。假使关外之民欲翻多本，运销关内，政府将若之何？”

后文则云：“孟心史先生之论，至为允当。清帝逊位后，民国所订优待条例，首云大清皇帝辞位之后，尊号仍存不废。中华民国以待各外国君主之礼相待。在此条例被取消之前，窃号自娱，原为中华民国所允许，则彼时之不奉民国正朔，再颁谥典，无足怪者。即收诸遗老于列传中，以为效忠者劝，亦当不为旧道德所非难。其他体例不合、体例不一致，殊不足为禁锢之理由。古书体例不合、或体例不一致者何限，政府可胜禁乎？为政府计，与其锢诸文官处图书馆，何如将所存二百四十五部，除酌留若干部为检校之用外，尽数颁发各大图书馆；其经预约者，一律发还下半部，以供众览而听取国人之公评。”仔细考之，当时南京国民政府颁布之禁令，实际上只能禁行于长江流域地区，华北及东北三省为日本帝国主义势力范围之内，国民政府禁令所不能及,因知《清史稿》之禁锢令虽禁而禁不得,虽不解禁而自解禁矣。

二、体例问题

1.划一体例

《清史稿》是民国初年设立的清史馆编纂所成的,记述清朝一代近三百年历史的未定稿。众手修史,自《晋书》以降至于明,讨论日密,虽有枝节之论例,而无划一的条文,有之自清史馆始。按照中国历代封建王朝"正史"(《二十四史》包括《明史》而不包括《新元史》)的体例,《清史稿》分为纪、志、表、传四大部分,共五百三十六卷,为结束《二十四史》的正史而成为《二十五史》之史。

(1)本纪书例

清沿于《明史》,但亦有出入,兹标录其本纪书法于后:①每帝首书徽号名讳(《太祖本纪》首书太祖奉天广运圣德神功肇纪立极仁孝睿武端毅钦安弘文定业高皇帝,姓爱新觉罗氏,讳努尔哈齐。始祖书姓,余帝不书)。②郊天必书。③年月重要政治必书。④征伐必书(名城陷复)。⑤巡幸必书。⑥大赦必书。⑦大灾水旱天变地震。⑧捐免钱粮赈灾恩政。⑨外国朝贺(必在每年之末,达赖、班禅来朝亦多书)。⑩订约改约(领土变迁)。⑪改定制度。⑫大学士、军机、各部尚书、都察院升迁,外省督抚罢免,必书。⑬封爵之重要者。⑭卒葬某陵。⑮上尊号及立后。⑯郡邑增改。右本纪书例,虽有讨论建议,然未尽实行,姑附载于兹。

(2)列传书法划一条例

清史开馆之初,联合讨论,拟定列传划一之办法:①名字姓氏籍贯例。改名书后名,原名某某。近人字号用其通称较著者。旗籍者曰满、蒙、汉军某旗人,驻防曰某地驻防,有抬旗者,曰升隶某旗。②世系出身例。祖父显贵有传者曰某官某之孙之子。甲科曰某朝某年进士。举人拔贡以下曰举人拔贡。捐纳曰捐赀为某官。③升擢差遣例。升转曰迁,晋阶曰擢,越级曰超擢,由京而外曰出为,由外而京者晋阶曰内擢,同级以下曰召授,行取者曰行取授某官。文武互改曰改授,兼官曰兼,补官曰补,先罢后补曰旋实授。量移曰调,未补官者升阶曰晋秩。五等爵曰封,世职曰予。④降革谴罪例。降职曰镌几级,革职曰褫职。降职曰降,革爵曰夺,革衔翎曰夺。拿问曰逮。罪至死者曰伏法,免死者曰论大辟或减或释。未革职而罚往某处或边疆者曰命往某所效力。⑤赠谥恤典祠祀例。赠官必书,谥必书,恤典非异数不书,配享太庙、从祀文庙、入祀贤良祠、特建专祠、附祀专祠、入祀名宦乡贤孝悌昭忠等祠书。⑥年月日例。入仕之始必书年,迁擢之年宜详,军事尤宜详。一年数战纪月,一月数战纪日,卒年可考者书之。⑦地名官名例。悉用今制,勿用古名,勿用简称。边地译名有异同,宜划一,与《地理志》相符。入关以前满官名从当时之称,改名以后用今名。⑧录载奏疏例。言官之疏非忠说最著者不载,部臣之疏非确知是人主议者不载,疆臣之疏非大有关系者不载。奏疏原文不能无修节,其中当时通用名词,不宜改易。

前述列传划一条例,虽为列传划一而设,然综观全书,虽大体照例划一而行,其中偶亦有未尽遵行者(详下),是则书成众手,各自为政,八载方克完稿,而仓卒间付梓,总纂又未阅稿删定,固未可苛求于某一人也。

2.内容特点

《清史稿》仓促成书付刻,故以《稿》为名,以待正也。其缺点显而易见者有:(1)内容与序例不合者,如《舆服志》与《兵志》。《艺文志》辑佚不列丛书,而又将《词学丛书》列入。又《文苑传》与《儒林传》多有重复。(2)断限参差不齐,如本纪断至宣统逊位,以后复辟,付之阙如,而逊位之年号有长达宣统十一二年者。(3)叙事不明,如《德宗纪》三十一年(1905)载泽等启行,甫登车(火车),即被炸弹,而不详载何故。(4)无时间观念,如《地理志·台湾篇》载户口原额人丁,不标明年代。(5)重古轻今,如《天文志》断至乾隆六十年(1705)为止,清亡于宣统三年(1911),中历二百余年均付阙如。(6)一人两传,如谢启昆既见卷三六五,又见卷四八九;王照圆既已单独立传,又附见卷四八二《儒林·郝懿行传》。(7)曲笔失实之处亦复不少,如各本纪与《外邦志》中斥外国人为“夷”;甚至在《地理志·台湾篇》以郑成功为海寇,而吕留良、金人瑞、曹雪芹(霑)等均未被列入《儒林传》或《文苑传》之内。

《清史稿》载笔失实之处固多,然据事实录,直笔亦复不少,如:(1)《本祖纪》明言以太祖(努尔哈齐)为建州卫都督佥事,使亲弟舒尔哈齐贡于明,太祖亦多次入贡于明。(2)《高宗本纪·论》明云:"惟耄期(指乾隆晚年)倦勤,蔽于权倖(指和珅)"。(3)《文苑·严复传》载其《天演论·自序》,《吴汝纶传》与《梅曾亮传》均采其所著论文之语。(4)《阿哈出传·论》"或谓猛哥帖木儿名近肇祖(孟特穆),子若孙亦相同。然清先代遭乱,幼子范察得脱,数传至肇祖,始克复仇,而猛哥帖木儿乃被戕于野人(七姓野人),安所谓复仇?若以范察当凡察,凡察又猛哥帖木儿亲弟也,不得为数传之祖。清自述其宗系,而明得之于简书,非得当时记载如《元秘史》者,固未可以肊断也"。今《清史稿》取太祖未起兵前建州三卫事可考见者著于篇,以阿哈出、王杲为之纲,而其子弟及同时并起者附焉。此纪述清之先世,洵属得体。

3.与《明史》异同

明史馆开设于清顺治二年(1645)以大学士冯铨等纂修。康熙四年(1665),史馆复开,以满文译《明实录》未数十卷而罢。十八年(1679)再开史馆,命徐元文为监修,叶方蔼、张玉书为总裁,而以博学鸿儒五十人入翰林,与卢琦等十六人为纂修。监修徐元文发凡起例,历十二年而《明史稿》粗成,本纪二十四卷,志七十五卷,表十三卷,列传二十二卷,凡四百一十六卷。《清史稿》本纪二十五卷,志一百四十二卷,表五十三卷,列传三百十六卷,共五百三十六卷。《清史稿》虽模仿《明史》而仍有变更之出入,即全稿卷数大大超过《明史》五分之一强。

据参与清史馆工作者之研究,《清史稿》志目十有六,《明史》志目十有五。是《明史》志目,《清史稿》皆有,惟改《五行》为《灾异》、《历》为《时宪》,而并《仪卫》于《舆服》,则《明史》目十五,《清史稿》并为十四,而增《交通》、《邦交》二志,而从《兵志》中之铁路、轮船、电报、邮政分出为《交通志》,别立《邮传志》为单行,此其大略也。

三、版本问题

民国十五年(1926)清史馆馆长赵尔巽年迈,纳袁金铠刊稿待定之议,期一年竣事。乃国民革命军自广州北伐,直趋京师之前夕,《清史稿》仿清初王鸿绪之于《明史》题“稿”,言修正尚有待也。《清史稿》共印一千一百部,以革命军即将入城,金梁私运四百部至关外。余存七百部于北京史馆,由故宫博物院接收。民国十八年(1929)故宫博物院根据当时已发表的傅振伦兄所撰《清史稿评论》,列举反革命、藐视先烈、不奉民国正朔、违反史家详近略远之原则、重复、烦冗、漏略、采录不广、曲笔、生人入传(《后妃传》中有健在之皇后郭博勒氏)、称谓歧出、遗误疏略、印刷之误等近三十条之失,呈请国民党政府封禁。政府不察,遽下令禁锢。故宫博物院所存七百部,捆载而南,封存于南京教育部。

运出关外的四百部《清史稿》,被称为“关外本”,后来北京清史馆旧人发现关外本由金梁对原稿私自做了改动。原史馆旧人将存留的《清史稿》又略加少许抽换订正,以复旧观,故被称为“关内本”,称为正本。后来金梁又将关外本略加改动,重印过一次,被称为关外二次本,则前此未改之本被称为关外一次本。

关内本与关外两次本之版本异同,大致如下:关内本删去关外一次本原有的《张勋传附张彪传》中的《张彪传》、《康有为传附康广仁传》中的《康广仁传》以及金梁所撰《校刻记》。而关外二次本只删去关外一次本的《张彪附传》,并抽掉《公主表·序》和《时宪志》末附的《八线对数表》七卷,增加了陈黉举、朱筠、翁方纲三传。按关内本此卷原是《劳乃宣传》、《沈曾植传》,无《张勋传》、《康有为传》。传后有论,其文为“论曰:乃宣、曾植皆学有远识,本其所学,使获竟其所施,其治绩当更有远到者。乃朝局迁移,挂冠神武,虽皆侨居海滨,而平居故国之思,无时敢或忘者。卒至憔悴忧伤,赍志以没。悲夫!”清史馆对张勋、康有为原定暂不立传,是金梁将二传底稿私自付刻。今关外一次本于《张勋传》后附有《张彪传》。

又关内本抽换了关外一次本的《艺文志·序》,因增入的《序》过长,以致脱夺自《易》类《易经通注》、《日讲易经解义》、《周易折中》、《周易述义》、《易图解》、《周易补注》、《易翼》、《读易大旨》、《周易裨疏》、《考异》、《周易内传》、《发例》、《周易大象解》、《周易外传》、《易学象数论》、《周易象辞》、

《寻门余论》、《图书辨惑》、《读易笔记》、《周易说略》、《易酌》、《易闻》、《田间易学》、《大易则通》、《闰》、《易史》、《周易疏略》、《易学阐》、《读易绪言》、《易经衷论》、《读易日钞》、《周易通论》、《周易观象大指》、《周易观象》、《周易浅述》、《周易定本》、《易经识解》、《易经筮贞》、《周易明善录》、《易原就正》、《周易通》、《周易辨正》、《合订删补大易集义粹言》、《周易筮述》、《周易应氏集解》、《仲氏易》、《推易始末》、《春秋占筮书》、《易小帖》、《太极图说遗议》、《河图洛书原舛编》、《乔氏易俟》、《大易通解》、《周易本义蕴》、《周易传注》、《周易筮考》、《学易初津》、《易翼宗》、《易翼说》、《周易劄记》、《易经详说》、《易经辨疑》、《周易传义合订》、《易宫》、《读易管窥》、《读易观象惺惺录》、《读易观象图说》、《太极图说》、《周易原始》(李南晖撰)、《天水答问》、《羲皇易象》、《羲皇易象新补》、《孔门易绪》、《易图明辨》、《身易实义》、《先天易贯》、《易互》、《周易玩辞集解》、《易说》(查慎行撰)、《易说》(惠士奇撰)、《周易函书约存》、《约注》、《别集》、《易笺》、《周易观象补义略》、《索易肊说》、《周易孔义集说》、《陆堂易学》、《易经揆》、《易学启蒙补》、《易经诠义》、《易经如话》、《周易本义爻征》、《周易图说正编》、《易翼述信》、《周易原始》(范咸撰)、《周易浅释》、《易学大象要参》等八十八种之多。关内本有《赵尔丰传》的传文长达二千四百字,而关外二次本压缩至九百二十字,不啻减去了一半以上。关内本《赵尔丰传》作者以赵尔丰为清史馆馆长赵尔巽之亲弟,作此长传,不免有迎合讨好馆长之嫌,故以删削为是。

上面既已述及关内外三种版本的异同得失,而今天最佳最新的版本当推由中华书局于1977年12月出版的《清史稿》点校本了。它的好处在于以关外二次本为工作本,又将三种之详略异同均注出附录于每传之后,是不啻有中华书局出版的《清史稿》一部,而三种关内外不同之《清史稿》俱备于此矣。

四、史料价值

1.有无史料价值

民国十七年(1928)刊刻出版的《清史稿》,一般持论者认为其主编(馆长）赵尔巽乃末代大官僚，并非知名文人学者，故均加以非议：书虽鸿篇巨制，究非足以传世之作。其实，《清史稿》为官修之书，历代官书挂名主编（总纂、总裁或馆长）总其成者，例以有名望的达官贵人任之，而不以有无真才实学苛求其人也。再者在馆秉笔诸人不下百数十人，多为前朝遗老或遗少，重在资历与旧望，念念不忘“国可亡，史不可亡”，以此报答胜朝恩典，每以遗山（元好问，金亡，不仕。著有《遗山集》与《中州集》）自况。他们自然是站在末代清王朝统治者的立场来叙述清代历史的。

诚然，《清史稿》成于众手，遗老遗少各自为政，如一盘散沙，每人编写，与他人很少联系或商榷，几无照应。史文有详略，多有不尽人意之处，甚至纪、志、表、传间有自相牴牾者，固在所难免。或谓《清史稿》为一部文献史料汇集之书，史料自史料，即使有牴牾亦有裨于读史者自相纠正，而不必淹没，其原文固如此也。尽管《清史稿》存在着这样或那样的许多缺点或错误，而它所根据的迄今依然完好保存的大部分文献资料，如《清历朝实录》、《清四通》、《清五会典》、《军机处录副档》以及有清一代各部署则例不下数千上万种，我们今天固然仍可找到见到，但《清史稿》的编纂者们能把大量的文献资料和档案经过目验手披，审定挑选，重新安排，汇集在一起，作了初步的整理，这就使读者和历史研究工作者能够得到比较系统详细的有关清代三百年间各方面研究领域的素材，而且有些志，如吴承仕《礼志·丧服章》深通《三礼》，言礼十分精切；又有些传，如张孟劬（尔田）师据吴伯宛所修《后妃传》，复增未备者十之三，归而删定成《清列朝后妃传稿》二卷，世尤重之。同时有些清末人物的传不见《满汉名臣传》和《国史列传》，并非取材于常见的一般史料，必当另有所本。由此以观，这部《清史稿》具有一定的史料价值和参考价值者，在此不在彼，可知也。

2.《清史稿》的流传

如果说《清史稿》有被禁锢的嫌疑的话，那么，关外两次本被禁锢的嫌疑尤为烈。故当时在世之北京馆员，略事补缀，删订成关内本。然南京政府之号令不但不达关外三省，即华北亦有所不及，终于大量关外本捆载以入异邦（日本为最多）；所禁锢者仅为大江南北地区，而关外及华北一带为禁锢令所不及。然则所禁锢者仅只国人之耳目，实则《清史稿》成为异国文人学士研究探讨我国清代史的不可或缺之宝贵资料。即使我国史学界欲得一部《清史稿》以从事清史研究而不可得，恒裨转贩于异国史学界之第二手著述，心知其事之可耻，而又无如之何。

有实例为证，长年旅居香港之知名宿学汪宗衍老人既不能得睹《清史稿》之关内本，只好写信转托上海商务印书馆馆长兼总编张元济先生为之代购一部关外本。张先生辗转托人从沈阳买得一部，于是越梯航，道大连，至香江而转广州，终于达港。不由中原，盖多次检查没收堪虞也。迨抗战事起，国军退让，从南京迁武汉，再迁重庆偏安，自顾不暇，然则《清史稿》书不明令解禁而书畅行无阻，是书不解禁而亦自解禁矣。

大家都知道，凡从事历史教学与研究之人，不能废清代二百六十八年之历史而不读不讲，即不能废此数百卷的《清史稿》而不用。当日南京国民政府之威力禁令，只达长江以内，非特国外各大图书馆可为保存《清史稿》之最佳场所，再以政令表面上可及而实际上不可及之北平，如北平图书馆、北京大学图书馆、清华大学图书馆以及其他国家机关，如北平研究院等皆有收藏，私自公开阅览。甚至辇毂之下的江苏省立国学图书馆，目录中将《清史稿》称之为正史，以补迁、固以降迄于末代《二十五史》（不包括《新元史》）之缺，是南京国民政府自立的禁锢令而自践踏之。至于私立大学，如燕京大学图书馆、辅仁大学图书馆、岭南大学图书馆、金陵大学图书馆、福建协和大学图书馆、四川华西大学图书馆等早已预约订购之《清史稿》全部，书款一次付清，分两次取书，已取得前半部，而禁锢令下，下半部付之阙如。则已购得前半部者自不能不斥巨金，以求得后半部而成为完整无缺的全部《清史稿》。从此，关外本之《清史稿》大量捆载入关，每部索价高于原价之五六倍甚至十余倍之多，于是当时政府之禁令成为奸商牟利之有利工具。日本商人竟将多卷本之《清史稿》缩印成两大本，后又缩印成两小本者，皆为洋装，大都均据关外二次本付印。更有甚者，竟有辗转贩卖之书贾假借金梁之名，仿效关外本偷印者。此又伪中之伪，牟利不择手段，以盗名谋利而妄图蒙蔽世人之耳目者也。

3.流传之影响

民国十七年(1928)南京国民政府下令查禁《清史稿》,而旋禁旋不禁,禁令不出国门(南京所辖地区)一步,等于不禁。今其书既流传于海内外,而学术界引为瞩目者,即纂修《清史稿》之诸多名家之底本(手稿与清本),仍大有追踪探原之余地。如列传自以夏闰枝(名孙桐)、金钱孙(名兆蕃)为总汇。夏氏总阅列传,自嘉、道以后,咸、同、光、宣皆归之。后光、宣无暇顾及,由校刻之人以原稿付印。汇传则《循吏》、《艺术》二传,皆其所撰。《忠义》初亦拟有条例,后交章式之(名钰)整理。清史馆第一期中,多撰嘉、道等列传及汇传;第二期中,专任修正嘉、道两朝列传,又撰《艺术传》。金氏任列传清初至乾隆朝总阅。馆长赵尔巽初推夏闰老总阅列传,闰老、钱孙分任,汇传、《孝义》、《列女》亦归整理。第一、二期中,曾与邓邦述合撰太祖(努尔哈齐)各本纪及清初各传,康、乾列传。按金氏所纂共二百六十四册,其子问源于十年浩劫期间全部捐献于上海文物管理委员会。夏氏手稿是否尚存夏家,是宜首先注意者一也;夏氏稿内诸表,多出作表名家吴廷燮之手,吴氏早故于江宁(今南京市)原籍,而书稿却藏于北京私寓中,被充作还魂纸料,斥卖殆尽。又唐邦治夙号表谱专家,馆长赵尔巽延之家中,获见清室爱新觉罗《玉谍》,后唐氏独成《清皇室四谱》(一、列帝,二、后妃,三、皇子,四、皇女),单行(上海聚珍仿宋印书局排印,民国十二年〈1923〉十月),为世所重。而《大臣》、《藩服》、《督抚》各表,订正史事尤夥,全稿统归南京文物管理委员会,是宜注意者二也;秦树声极毕生之力,纂修《地理志》,文辞浩博,今《清史稿》断自宣统三年(1912)为止,以后所改地名,自有专史,其中《江苏》一卷,由张孟劬(尔田)师所撰,咸谨严有法,方物郦道元,所阙无几,其稿原藏其家,是宜追查者三也;《清史稿》历十五年,总纂、纂修以逮协修,不下数十百人,留稿未用者必不少,正不妨汇总为一集,庶与《清史稿》正史相勘校,得以览其有无异同得失,是宜引为注目者四也;至若史馆开馆时所征集历朝大臣之传状、事略以及各种著述稿本、刊本,皆应一一为之广为搜集,制成一目录,并馆中所遗存的各种档案文献资料,均纳入一大厨中,俾后之留心史馆与《清史稿》之有心人有所查考和借鉴,是宜引起史馆当事人留意者五也。

此外，必须引起注意者，民国十七年（1928）上海中华书局出版了《清史列传》八十卷，二十册，即《国史列传》正本。原清代国史馆所修诸朝列传部分，以刊印于民国时代，故书名改题为《清史列传》。是书于嘉庆以前各王公大臣之家世著述，无不详载，而《清史稿》列传部分，格于类例，多所刊落。因此，《清史列传》的史料价值尤高，为史家所重。凡同一人同一传，既见《清史列传》又见《清史稿·列传》部分者，莫不弃《清史稿》而引用《清史列传》，以《清史稿》之传过简，又多有年无月，甚至年月俱无；与之相反，《清史列传》叙事详明，年月俱全，甚至个别传中尚有日可查者，虽或有被斥为纯属流水账簿之诮，但读者因人依时、沿流溯源以求，每得事半功倍之益。

本书一开始就已提及，《清史稿》成于众手，编纂各自为政，很少彼此照顾；完稿以后，又未经复核改定，匆忙刊行，校对也很不认真。因此体例不一，繁简失当，往往发生年月、事实、人名、地名的差误、遗漏、颠倒、错行以及文理不通的现象。此外，还有史事详略、传末论断的错误。

尽管此书存在许多这样或那样的错误和缺点，它根据的大部分文献材料如《清历朝实录》、清代的《国史列传》、《清四通》、《清五会典》，有清一代各部署则例和全国省州县地方志以及一些档案资料等，绝大部分我们今天亦可以见到，但编纂者将大量的资料汇集起来，初步作了一番整理，这就使读者能够得到比较详细系统的有关清代史事的素材，而且有些《志》（如《地理志》等）和《传》（如《后妃传》和清末人物的传等），并非取材于常见的史料，当另有所本。因此，我们不能否认，《清史稿》这部书仍有它的参考价值。

4.史馆与时代背景

一般人只知道清史馆创建于民国初年，其实清朝于乾隆二十五年（1760）已开国史馆于东华门内，重简儒臣之通掌故者司之，将旧传尽行删削，惟遵照实录、档册所载，详录其人生平功罪，案而不断，以待千古公论，真修史之良法也。后又重修《王公功绩表传》、《恩封王公表》、《蒙古回部王公表传》等书，一遵是例。嘉庆五年（1800）上复命补修列圣本纪及《天文》、《地理》诸志，《儒林》、《列女》等传附之，一代之史毕具于此。其续录者以十年为限，陆续修之。必须指出的是，康熙中所纂《三朝功臣传》和雍正中所修

《八旗通志》诸王公大臣传,但一语未及国史馆,而正式提到"特命开国史馆"则在乾隆二十五年(1760),似清国史馆的设置年代第一次是在康熙二十九年(1690),第二次才是在乾隆二十五年。国史馆虽首创于康熙二十九年,并已开始进行纂修,但终康熙一朝六十一年间,迄未编辑成书。所以雍正(清世宗胤禛)一登位,即命续修三朝国史,著将国初以来文武诸臣内立功行间、诚敬任事、卓越之才,有应传述者,行文八旗,将诸王、贝勒、贝子、公以及文武大臣之册文、诰敕、碑记、功牌、家传等项详加查核,以及有显绩可记者,亦著详察,逐一按次,汇成文册,悉付史馆,删去无稽浮夸之词,务采确切事实,编成列传,如此,可以垂之万世。这时国史既然包括雍正朝在内,雍正朝以前为《四朝国史》,则乾隆朝所修自然而然地被称为《五朝国史》了。

第二次国史馆正式开馆应该在乾隆三十年(1765)。乾隆认为,从前国史编纂时,原系汇总进呈,未及详加确核,其间秉笔之人,或不无徇一时意见之私,抑扬出入,难为定评。今已停办年久,自应开馆重事辑修,著将国初以来满、汉大臣已有列传者,通行检阅,核实增删考正,其未经列入之文武大臣,内而卿贰以上,外而将军、督抚、提督以上,并宜综其生平实迹,各为列传,均恭照实录所载及内阁红本所藏,据事排纂,传示来兹。按所云"恭照实录(即《清实录》)所载"文武大臣之事实远不如《明实录》之详明,不足为训。我们要知道,清朝历次开馆修编的《国史列传》,实为《清史列传》所据稿本来源之一。今《清史列传》全书共分八门:一、宗室王公;二、大臣(划一传档正编、次编、续编、后编,新办大臣传,已纂未进大臣传);三、忠义;四、儒林;五、文苑;六、循吏;七、贰臣;八、逆臣。所谓"划一传档",所谓"新办"、"已纂未进"的大臣传,无疑是出于清历朝国史馆多次纂修的大臣列传。今包含将近三千人的《清史列传》,只不过选录了其中当时保存到今的列传的一部分,按时别类,依时间先后编排而成。同时说明,《清史稿》固成于众手,仓促刊刻付梓,为世人所诟病。殊不知清史馆即等于清朝的国史馆,《清史稿》所依据之史料亦多沿用增删订补的历朝《国史》,则绝无疑义者也。

5.一代史料的结集

《清史稿》草创之初,于式枚(拟开馆办法九条)、吴士鉴(陈纂修体例)、袁嘉穀(陈清史凡例商榷)、梁启超(清史商例第一书)、金兆蕃(拟修清史略例)以及张宗祥、卢彤等皆有搜罗档案,广采遗书之建议。于氏议搜罗档册有云:"史馆大库,庋藏历代史稿,方略稿本,大臣列传初稿、屡改稿。嘉庆以前大臣列传,宗世著述,无不详载;嘉庆以后,则非公牍所有,一字不许阑入。其人学行言语,无所表见,一篇详履历,录谕旨奏疏而已。须将史馆旧稿,巨编零册,摺包旗档,全数发出,编号备查。"又档案以旧时军机处、方略馆为大宗,然抄存之档,均系外折,若京师各衙门奏折,奉旨以后,即日发下,由本衙门领回;军机处并不录档。庚子(光绪二十六年,1900)之役,各衙门档案损失惨重。又云:"满蒙字档须延认识满文蒙文者编号并摘由,以备利用。再者清朝文人,考古则优于历史,征今则不如前明。推原其故,满员知之而无记载;汉员则不使知之,即知之而亦不敢记载。"此有清一代档册载籍之所以难得也。

兹就清史馆所采集之各处典籍资料,分别略记于下:

(1)史馆大库。其中有各朝实录(《光绪实录》后借于清室)、起居注、各种方略、国史馆满汉臣工传,又《忠义》、《儒林》、《文苑》、《循吏》、《列女》等传,汇录内外大臣奏疏,《天文》、《地理》诸志,各省方志,各种书簿,各种官制表。

(2)军机处档案。有满档、摺包、随手档、外交档等,自雍正七年(1729)设军机处起,至清末止,其中历年虽有缺略丧失,然尚不过多,实为清史之第一手资料。吴向之(廷燮)撰清史各表曾利用之。有关鸦片战争及剿白莲教诸折,均系实录、《东华录》之材料,仅军机处中之十一耳。且当时避讳之事,为实录删削,此中尚可见之。

(3)方略馆。方略有正副抄本及刊本,各种略全。尚有禁书,乾隆时从《四库全书》抽出者,亦存其中(如李清《南北史合注》禁书,即存其中)。

(4)东华门内内阁大库。多清初档案及地图、各杂件,可为清史之辅助史料,惜清史馆无暇过问利用。

(5)各部署则例及各省督抚署档册。辛亥革命之际,多焚毁散佚,清史馆曾行文调取抄录稿件,大部丧失,不能得其全。

(6)内务府档案。清史馆亦常行文调取,然未能顺手利用。

(7)内阁存国子监之章奏京报五六十大捆。移置天安门楼,部中以烂字纸贱价售之纸店,为罗振玉等高价收购,辗转鬻人。内尚有残本宋元书籍、殿试策等件,尤以入关前太宗(皇太极)书馆秀才奏折为珍稀史料,殊不易得,而清史馆诸公均未注意于此。

(8)采访书籍。清史馆曾行文各省,征求有关清史书籍,江浙两省抄录私家著述文集有关史料者数十函,其中多未刊之稿,每函十册,十函即有一百册之多,后不知下落。

江浙外,尚有云南清代硕学之士的著述书目,不分卷,明季遗逸著述书目一卷,乃辑刊云南丛书处编送。

又有甘肃省征书局编辑的《清代甘肃文献录》,不分卷。

山东送有曲阜《清儒著述记》二卷,孔祥霖编。

此外各省呈送省志、州、县志及书籍者亦不少;又有私人呈送其本人著作者,其中有刊本,亦有抄本或誊清本。

(9)各省图书馆书目。惟《京师大学堂书目》及江浙图书馆书目送清史馆,余多未送。

6.作为清朝末代的正史之《二十五史》

《清史稿》为结束《二十四史》之史,清以后史之体例如何,自当别议。史学界大都认为,清代之史,修于政体改革、五族共和之后,无忌无讳,虽为公家修纂,大可据事直书,信今传后,然而所成就者,芜杂紊乱,仅足供资料之用,未可谓之史也。

近年出版面世的《中国历史大辞典·史学史》卷中《二十五史》条云:“1921年北洋政府大总统徐世昌下令,以柯劭忞所著《新元史》列为正史,与旧有《二十四史》合称《二十五史》。”

《二十五史》的书名、作者为:(1)《史记》,西汉司马迁;(2)《汉书》,东汉班固;(3)《后汉书》,南朝宋范晔;(4)《三国志》,西晋陈寿;(5)《晋书》,唐房玄龄等;(6)《宋书》,梁沈约;(7)《南齐书》,梁萧子显;(8)《梁书》,唐姚思廉;(9)《陈书》,唐姚思廉;(10)《魏书》,北齐魏收;(11)《北齐书》,唐李百药；(12)《周书》，唐令狐德棻等；(13)《隋书》，唐魏徵等；(14)《南史》，唐李延寿；(15)《北史》，唐李延寿；(16)《旧唐书》，后晋刘昫等；(17)《新唐书》，北宋欧阳修、宋祁；(18)《旧五代史》，北宋薛居正等；(19)《新五代史》，北宋欧阳修；(20)《宋史》，元脱脱等；(21)《辽史》，元脱脱等；(22)《金史》，元脱脱等；(23)《元史》，明宋濂等；(24)《新元史》，民国柯劭忞；(25)《明史》，清张廷玉等。

这里须要提出的有两个问题：第一个问题是在20世纪60年代末70年代初，毛泽东主席和周恩来总理批示《前四史》已标点完，仍须将全部《二十四史》标点完，同时，也应整理标点《清史稿》。大家都知道，由北京中华书局已出版的《二十四史》，从第一部《史记》起到最后一部《明史》每一部每卷之末都附有《校勘记》，出校的少则不到十条，多的上十数条或二十余条。此乃校勘学之优良传统，惟《清史稿》独无。今中华书局标点本的《清史稿》中的史实错误及同音异译的人名、地名、官名、部落名等在同一篇中作了统一。清朝避讳字，尽量改回。对少数民族名称，除习见的泛称（如苗、蛮等）以外，均已加以改正（如猺改瑶、獞改壮等）。史文的脱、误、衍、倒、简和异体、古体字等，也均作了校改，但都没有出校写成《校勘记》，附于每卷之末。当时标点校勘人员向中华书局领导提出这一问题，而得到的回答是，上报标点《清史稿》时没有提出要写《校勘记》，现在写了，如果追问下来，反而不好，多一事不如少一事为妥，这才是上策。

第二个问题是《清史稿》为结束《二十四史》之正史，应列为《二十五史》才是。中华书局标点出版的《二十四史》就将过去流行的上海开明书店出版过的《二十五史》中的柯劭忞新纂的《新元史》摈弃不取，是完全正确的，因为《新元史》的史料价值还赶不上旧《元史》。大家都已知道《清史稿》体例不全，彼此牴牾不少，赶不上《明史》，这当然是客观的事实，但谁都承认《清史稿》的编纂者把大量的资料，还有不少不常见的史料汇集起来，初步作了整理，得到一部比较详细系统有关清代近三百年的史书，中华书局遵照毛主席、周总理的批示，又加了整理校勘，正式出版发行，通行海内外，为什么不将其与《二十四史》合而成为《二十五史》呢？国务院古籍整理出版领导规划小组组长李一氓同志就曾在《光明日报·史学周刊》上发表的一篇文章中提到中华书局标点出版过的《二十五史》，那当然是指《清史稿》而非《新元史》。

五、《清史稿》订误

《清史稿》刊成于1928年，通行本为关外、关内及金梁影印本，坊间缩印者皆从此三本出。《清史稿》成于众手，总纂柯劭忞以高年精力不济，未有划一体例，未亲自阅稿，仓促付梓，恒有牴牾。金梁本虽略经修正，然亦有间经误改者矣。

1977至1978年间，中华书局印行标点分段本，则以金梁本为工作本，而其校改、标点尚不无差失，亦有新刊误者：年、时、月、日、朔、人名、地名、官爵、书名，以及史文之脱、误、衍、倒、错简，明、清两代避讳字，多未及校订。旅居香港之宿学名家汪宗衍先生尝取纪、志、表、传互校，参以他书，从事校勘，日就月将，积稿盈箧，共二十余万言，于1985年2月由澳门文会书舍出版，书名为《清史稿考异》。此为《清史稿》（中华书局标点本）出版后进行最全面的刊误之第一部。

《考异》一书析为十八篇，凡一千七百余条。其《职官》一表，更订颇少。中华书局本分期出版，间有疑滞，一一为之纠正：（一）校点，如人名"杨古利"，按金梁本作"扬古利"，本传及《封爵表》同，"杨"误；（二）记载，李自成之死有"自缢"及"土人所杀"两说，迄今无定论；（三）年月，《太祖纪》：丁亥（1587）六月攻哲陈部，而《实录》在八月，《安费扬古传》在六月，以六月为是；（四）甲子名岁，如圣祖、世宗、仁宗、文宗、穆宗、德宗、宣统诸纪，皆于纪年之下系以甲子，不合古法；（五）失书月序，如《圣祖纪》"康熙四十六年……戊戌，次台庄"，失书二月；（六）干支日序，《清史稿·本纪》之职官干支日序，多与各表歧异，往往以两日至数日或二三月混为一日书之；（七）人名，《世祖纪》"故明唐王朱聿钊据福建"，据《明史·诸王传》，"钊"当作"键"；（八）人名（对音），《太祖纪》"使武里堪侦敌"，按《武理堪传》，《太祖实录》又作"兀里堪"，同音异译；（九）避讳，清世宗胤禛雍正二年（1724年）

本有“不必迴避”之谕，然真定府改正定府，佟养真改佟养正，见本传，今康熙以前人物，尚有名“允”、“膺”、“荫”、“禛”、“祯”、“正”、“贞”等字未改回者也；(十)地名，《太宗纪》云“祖大寿屯沙窝门”，按《阿巴泰传》、《阿济格传》、《多尔衮传》、《多铎传》均作“广渠门”；(十一)地名(对音)，《太祖纪》“逾岭驰以告”，据《太祖实录》云“过夏鸡岭”，《武理堪传》云“将夜度沙济岭而进”，则“沙济”为“夏鸡”对音字异耳；(十二)官爵，《太宗纪》“其帅明兵部尚书刘之纶领兵至”，按《代善传》作侍郎刘之纶，《明史·庄烈帝纪》作“兵部右侍郎刘之纶败殁于遵化”，又《明史·刘之纶传》云“死后久之乃赠尚书”，是“尚书”当作“侍郎”。(十三)书名，《洪钧传》云：“尝撰《元史释文证补》，取材域外，时论称之”，而以《艺文志》作《元史译文证补》为是；(十四)数字，《太宗纪》云：“多尔衮、杜度等……俘获人口五十余万”，按蒋氏《东华录》则云：“左翼多尔衮疏曰：俘人口二十五万七千八百八十，右翼杜度疏曰：俘人口二十万四千四百二十三，合共四十六万二千余，相差好几万；(十五)字句，《太宗纪》云：“明太仆寺卿监军道张春、总兵吴襄、锺纬等以马步兵四万来援，壁小凌河”，而蒋氏《东华录》作“逼小凌河”，一字之差，失之远矣；(十六)行段错排，《太宗纪》云：“天聪八年夏四月丁丑，尚可喜来朝，命为总兵官，乙亥，以太祖弟之子拜音图为总管”，按四月丙辰朔，丁丑二十二，乙亥二十，是将丁丑(二十二日)错排于乙亥(二十日)之前了；(十七)互见，《觉罗拜山传》云：“又有郎球、巴哈纳……自有传”，按觉罗巴哈纳，见列传二五，而郎球无传；(十八)重传，《列女传》一既为王照圆立传矣，而《儒林传》三之《郝懿行传》又附入其妻王照圆，岂非一人两传乎？又阿什坦《文苑传》一自有传，而《留保传》首又附见阿什坦事，垂四十余言，亦重出也。

上举十八种类型例证，每一类型仅举出一二例，而未一一枚举，可详参看汪氏《考异》上下两卷之尤为有得也。

这里还须提出的另外一本对中华书局标点本《清史稿》进行纠谬刊误的书，即佟佳江所著的《清史稿订误》(吉林大学出版社 1991 年版)一书。佳江认为《清史稿》书成之后，又遭禁锢，长期以来社会上很少流行。清朝去今不远，留有大量的实录、政书、地志、传记和档案等文献资料，因此，《清史稿》不为广大清史研究工作者所重视,亦是出于情理之中。不过,《清史稿》毕竟汇集一代之史事,成为正史《二十四史》之末一代正史,具有一定的参考价值。早期研究清史的专家孟森对禁锢《清史稿》深表不满,强调指出《清史稿》在清史研究中的作用和地位。同时,翦伯赞甚至认为《清史稿》应列入历代正史之列,成为《二十五史》(按原作《二十六史》,因上海开明书店出版过包括柯劭忞所著《新元史》在内的《二十五史》,故此云《二十六史》),殊不知中华书局标点本《二十四史》,即未收《新元史》)之一部,可见评价之高。

佟佳江《订误》一书,仅就中华书局标点本《清史稿》而作,根据《清历朝实录》、《清四通》、《清五会典》等文献资料,并吸收时人的研究成果,对《地理志》、《职官志》、《皇子世表》、《公主表》、《藩部世表》、《诸王表》、《藩部传》七部分进行考订和纠谬,而对于孤证采取两种办法:一、凡是《清实录》与《清史稿》记载不同的,以《实录》为主;二、其他文献资料与《清史稿》牴牾的,两说并存,不下断语。

兹将《订误》有关志、表、传各部之订误,各举一二例,表列于下:

《地理一·直隶》云:"穆宗中兴以后,台湾、新疆改列行省,德宗嗣位,复将奉天、吉林、黑龙江改为东三省,与腹地同风。"按新疆省置于德宗光绪十年(1884),台湾省置于光绪十一年(1885),具见两省条下,并非设于穆宗同治中兴之后。

《职官一·宗人府》云:"其属:堂主事,汉主事。……堂主事掌清文奏稿;汉主事掌汉文典籍。"据《乾隆会典》卷一:"堂主事二人(宗室旗员分半用),掌奏疏稿案;汉主事二人,掌汉文册籍。"是堂主事与汉主事为平行对等的两个职官。但《光绪会典事例》卷一九云:"堂主事,宗室二人,汉主事二人。"故宗人府堂主事分为宗室主事与汉主事两类,不当堂主事与汉主事并称。

《皇子世表一》:"拜三,伯林子,封三等男。"按《清通考·封建考四》载:"赠三等梅勒章京拜三(山),五祖皇曾孙,天聪元年(1627)五月阵亡,八年(1634)正月赠。"是拜山之三等男系卒后追赠,不当称"封"。

《公主表》:"莽古济,天聪三年(1629)卒。下嫁琐木诺杜棱。生卒无考。天聪九年(1635)九月,以骄暴削格格号。……琐木诺杜棱,博尔吉济特氏,蒙古敖汉部长。尚主,赐济农号。"本段文字错误有三:一、班第,博尔济吉特氏,敖汉部台吉,太祖婿琐诺木杜棱弟之子也。琐木诺杜棱应作琐诺木杜棱;二、莽古济曾嫁哈达部落首领孟格布禄之子吴尔古岱,天聪元年十二月,以哈达公主下嫁敖汉部落琐诺木杜棱,故莽古济下嫁琐诺木杜棱是在天聪元年,不是三年;三、《太宗实录》"天聪九年九月,众议:哈达公主降庶人,褫其夫琐诺木浓农爵号,上皆免之"。而本表编者误《实录》而作"削格格号"。

《藩部世表一》:垂扎布,阿拉布坦长子,乾隆三十二年(1767)卒。按《高宗实录》卷七七五,乾隆三十一年十二月,谕曰:"科尔沁亲王吹扎布(即垂扎布)年班来京,现因病身故,朕心深为悼惜,著加恩赏银三千两,派永璧带领侍卫十员,前往赐奠。"是垂扎布卒于乾隆三十一年而非三十二年。

《诸王传一·景祖诸子》云:"礼敦生而勇敢,景祖讨平硕色纳、奈呼二部,礼敦功最,号曰巴图鲁。太祖兵起,礼敦卒久矣。……崇德四年(1639)八月,封武功郡王,配享太庙。"而《太宗纪二》云:"崇德元年夏四月丙戌,追赠族祖礼敦巴图鲁为武功郡王。……配享(太庙)。"是追封礼敦巴图鲁为武功郡王,并配享太庙在崇德元年而非四年。

《藩部传一》云:"博第达喇子九:长齐齐克,号巴图尔诺颜,为土谢图汗奥巴、扎萨克图郡王布达齐二旗祖;次纳穆赛,号都喇勒诺颜,为达尔汉亲王满珠习礼、冰图郡王洪果尔、贝勒栋果尔三旗祖。"此段抄自《王公表传》卷十七《科尔沁部总传》。最初册封(尽管当时没有确定封爵制度)应从奥巴算起,作为建旗领扎萨克事则应从巴达礼算起,应以土谢图亲王巴达礼旗为是。